Michael Kämper van den Boogaart (Hrsg.)
Deutsch-Didaktik
Leitfaden für die Sekundarstufe I und II

Die Autorinnen und Autoren

Prof. Dr. Jürgen Baurmann lehrt an der Bergischen Universität Gesamthochschule Wuppertal im Fachbereich Germanistik Didaktik der deutschen Sprache und Literatur. Er ist Leiter der Arbeitsstelle „Theorie und Praxis des Schulbuchs" und Mitherausgeber der Zeitschrift „Praxis Deutsch".

Dr. Gisela Beste ist Lehrerin am Gymnasium, Moderatorin in der Lehrerfortbildung und Lehrbeauftragte am Institut für deutsche Literatur/Literaturdidaktik an der Humboldt-Universität zu Berlin.

Angelika Buß ist wissenschaftliche Mitarbeiterin am Institut für deutsche Literatur/Literaturdidaktik an der Humboldt-Universität zu Berlin und Lehrerin an einem Oberstufenzentrum.

Prof. Dr. Michael Kämper-van den Boogaart lehrt am Institut für deutsche Literatur der Humboldt-Universität zu Berlin deutsche Literatur und ihre Didaktik.

Prof. Dr. Peter Klotz lehrt Didaktik der deutschen Sprache und Literatur an der Universität Bayreuth. Er ist Mitherausgeber der Zeitschrift „Didaktik Deutsch".

Prof. Dr. Bodo Lecke lehrt Didaktik der deutschen Sprache und Literatur am Fachbereich Erziehungswissenschaften der Universität Hamburg mit dem Schwerpunkt Literaturdidaktik, Didaktik der Massenkommunikation/Medienpädagogik.

Dr. Wilhelm Matthiessen ist Seminarlehrer für das Fach Deutsch am Luitpold-Gymnasium München.

Prof. Dr. Ingelore Oomen-Welke lehrt an der Pädagogischen Hochschule Freiburg Deutsche Sprache und Sprachdidaktik mit dem Schwerpunkt Deutsch als Zweitsprache und interkultureller Deutschunterricht. Sie ist Vorsitzende des Fachverbandes „Symposium Deutschdidaktik".

Prof. Dr. Elisabeth K. Paefgen lehrt am Fachbereich Erziehungswissenschaften der Universität Hannover Neuere deutsche Literatur und Literaturdidaktik. Sie ist Mitherausgeberin der Zeitschrift „Didaktik Deutsch".

Prof. Dr. Cornelia Rosebrock lehrt an der Johann-Wolfang-Goethe-Universität Frankfurt am Main Neuere Deutsche Literaturwissenschaft mit den Schwerpunkten Literaturdidaktik, literarisches Lernen und Lesesozialisation.

Dr. Barbara Schubert-Felmy ist Lehrbeauftragte am Institut für deutsche Literatur/Literaturdidaktik an der Humboldt-Universität zu Berlin.

Prof. Dr. Kaspar H. Spinner lehrt Literaturdidaktik an der Universität Augsburg und ist Mitherausgeber u.a. der Zeitschrift „Praxis Deutsch", und der „Forschungen zur Fachdidaktik".

Dr. Angelika Steets ist Lehrerin, außerdem Lehrbeauftragte am Institut für Deutsch als Fremdsprache/Transnationale Germanistik der Ludwig-Maximilians-Universität München.

Michael Kämper van den Boogaart (Hrsg.)

DEUTSCH DIDAKTIK

Leitfaden für die Sekundarstufe I und II

Die in diesem Werk angegebenen Internetadressen haben wir geprüft (Redaktionsschluss Januar 2003). Dennoch können wir nicht ausschließen, dass unter einer solchen Adresse inzwischen ein ganz anderer Inhalt angeboten wird.

 http://www.cornelsen.de

Gedruckt auf chlorfrei gebleichtem Papier ohne Dioxinbelastung der Gewässer.

Bibliografische Information
Die Deutsche Bibliothek verzeichnet diese Publikation in der Deutschen Nationalbibliografie; detaillierte bibliografische Daten sind im Internet über http://dnb.ddb.de abrufbar.

Dieses Werk berücksichtigt die Regeln der reformierten Rechtschreibung und Zeichensetzung.

5.	4.	3.	2.	1.	Die letzten Ziffern bezeichnen
07	06	05	04	2003	Zahl und Jahr der Auflage.

Redaktion: Annegret Hauser, Berlin
Layout und Satz: Uta Eickworth, Berlin
Umschlaggestaltung: Magdalene Krumbeck, Wuppertal
Druck und Bindearbeiten: Clausen & Bosse, Leck
Printed in Germany
ISBN: 3-589-21642-5
Bestellnummer: 216425

Inhalt

Einführung 9

I Allgemeines

Lehrpläne und Deutschunterricht (Michael Kämper-van den Boogaart) 12
1 Zum Begriff Lehrplan 12
2 Curriculum und Kerncurricula 15
3 Streit um den Lehrplan: Historisches zur Entstehung
  eines Kernfachs höherer Bildung 20
4 Funktionen und Wirkungen von Lehrplänen 24
5 Lehrpläne machen 27
6 Das Fach Deutsch im Lehrplan der Sekundarstufen 28
  KMK-Bedingungen 28
  Aufbau von Lehrplänen 30

Medienpädagogik, Literaturdidaktik und Deutschunterricht (Bodo Lecke) 34
1 Literatur und Medien im „Verbund" 34
2 Zur Integration von Literaturdidaktik und Medienpädagogik 35
3 „Medienkompetenz" – nur eine Lieblingsmetapher der
  Medienpädagogik? 37
4 Positionen – Tendenzen – Reaktionen 39
5 *Genera dicendi* – Die Lehre von den Sende-„Formaten",
  Textsorten und Literaturgattungen 41

Integrativer Deutschunterricht (Peter Klotz) 46
1 Vorklärung 46
2 Binnenfachliche Integration 48
  Binnenfachliche Affinitäten 49
  Integration von Sprach- und Literaturunterricht 51
3 Fächerübergreifende Integration 56
4 Distanzierende Blicke auf Integration 58

Deutschunterricht in der multikulturellen Gesellschaft (Ingelore Oomen-Welke) .. 60
1 Fragen und Probleme 60
2 Erste Antwort: Alle gleich machen 62
3 Zweite Antwort: Zwei Optionen offen halten 64
4 Dritte Antwort: Interkulturell lernen und handeln 66
5 Vierte Antwort: Über die Grenzen blicken 69
6 Fünfte Antwort: Europa lehren 70
7 Sechste Antwort: Vielsprachiger Deutschunterricht 72

Fachdidaktik und Wissenschaft (Michael Kämper-van den Boogaart) 75
1 Fachdidaktik Deutsch: Kleine Germanistik für kleine Leute? 75
2 Politik oder Wissenschaft: Konflikte im Namen der Bildung 77
  Wissenschaft als Legitimation 78
  Bildungsformel: Weltanschauung, nicht Wissenschaft 80

3 Fachdidaktik Deutsch: Zwischen Schulfach,
Fachwissenschaften und Praxis 83
Praxisrelevanz in der Geburtsurkunde 83
Kreft: Literaturwissenschaft wird Literaturdidaktik 84
Zwischen Fachwissenschaft und Autonomie 86
Wissenschaft und/oder Praxis 87
4 Fachdidaktik als Wissenschaft in jüngster Zeit 89
5 Praktischer Nutzen fachdidaktischen Wissens? 93

II Literaturdidaktik

Umgang mit Texten in der Sekundarstufe I (Barbara Schubert-Felmy) 95
1 Die Schülerinnen und Schüler in der Sekundarstufe I 95
2 Der Textbegriff 96
3 Vom Umgang mit Texten 97
4 Ziele beim Umgang mit literarischen Texten
und der Entwicklungsstand der Lernenden 98
5 Wege und Inhalte zur Erreichung dieser Ziele 103
Textnahes Lesen: Nacherzählung und Inhaltsangabe 103
An Vorstellungsbilder der Lernenden anknüpfen 108
Arbeit mit einem Lesetagebuch oder Lesebegleitheft 113
Arbeit mit dem Lesebuch 115
6 Schlussbemerkung 116

Umgang mit Texten in der Sekundarstufe II (Wilhelm Matthiessen) 117
1 Literaturunterricht in der Sekundarstufe II 119
Grundsätzliche Zielsetzungen des Literaturunterrichts 119
Literaturhistorisches Wissen 120
Gattungspoetologisches Wissen 123
Fachwissenschaftliche Methoden im Literaturunterricht 125
2 Schreiben über Texte – Schreiben zu Texten 125
*Textbezogenes, gestalterisches Schreiben in Abgrenzung
zum kreativen Schreiben* 129
Schreiben im Internet 130
*Textbezogenes informierendes Schreiben: Formen von
Textzusammenfassungen und propädeutischen Schreibens* 130
Analysieren von poetischen und pragmatischen Texten 132
Interpretierendes, heuristisches Schreiben 133
Argumentierendes Schreiben: Erörtern 134
Essayistisches Schreiben 136
Wissenschaftspropädeutisches Schreiben 137
3 Sprechen über Texte – Literarische Gespräche führen 140

Kanonprobleme (Angelika Buß) 142
1 Der Kanon: Definition und Probleme 142
2 Zur Geschichte des Kanons im Literaturunterricht 144
3 Kanon und Literaturunterricht: Gegenwärtige Positionen 146
4 Fazit 152

**Lesesozialisation und Leseförderung – literarisches Leben
in der Schule** (Cornelia Rosebrock) 153
1 Lesesozialisation, literarische Sozialisation 153
  Bedingungen der Lesesozialisation 154
  Verlaufsformen der Lesesozialisation 157
2 Literarästhetische Rezeptionskompetenz als Ziel des
  Literaturunterrichts 161
3 Leseförderung 165
  Was fördern? Leseverstehen, reading literacy
  und literarische Rezeptionskompetenz 166
  Leseförderung im Deutschunterricht 171

**Handlungs- und produktionsorientierte Verfahren im
Literaturunterricht** (Kaspar Spinner) 175
1 Begriff 175
2 Literaturtheoretische Hintergründe 175
3 Pädagogisch-psychologische Hintergründe 177
4 Verhältnis zum Schreibunterricht 178
5 Wichtigste Vertreter 179
6 Kritik 181
7 Methodische Varianten 183
8 Funktionen 184
9 Mediendidaktische Aspekte 187
10 Beurteilung produktiver Leistungen 189

Textnahes Lesen und Rezeptionsdidaktik (Elisabeth K. Paefgen) 191
1 Erläuterung der Begriffe 191
  Ein Beispiel vorweg 193
2 Poststrukturalistische Texttheorie und textnahes Lesen 197
3 Von der Rezeptionstheorie zur Rezeptionsdidaktik 199
4 Von der Rezeptionsdidaktik zur Krise der Interpretation 205

III Sprachdidaktik

Lernbereich Sprache in der Sekundarstufe I (Angelika Steets) 210
1 Zwischen Sprachreflexion und Grammatik 210
2 Sprachliche Handlungsfähigkeit und Grammatikunterricht 212
  Wozu Grammatik? 212
  Konzeptionen von Grammatikunterricht 213
3 Grammatische Probleme im Fokus 217
  Zur grammatischen Terminologie 217
  Wortarten 218
  Aspekte des Satzes 220
  Vom Satz zum Text 224
4 Rechtschreibung im Fokus 226
  Zur Rechtschreibdidaktik 226
  Groß- und Kleinschreibung 228
  Kommasetzung 230

Lernbereich Sprache in der Sekundarstufe II (Angelika Steets) 232
1 Von der Sekundarstufe I zur II 232
2 Grammatik: Fortsetzung der Sekundarstufe I 233
Die indirekte Rede und der Konjunktiv 234
Textgrammatische Aspekte 237
3 Sprache und Geschichte 238
Sprache im Wandel 239
Sprache als Spiegel der Zeit 241
4 Sprachen in der Sprache 243
5 Sprachtheorie 246

**Schulisches Schreiben im Schnittpunkt von Schreibdidaktik
und Schreibforschung** (Jürgen Baurmann) 249
1 Zur Ausgangslage 249
2 Schreiben in der Schule: prozessorientiert? 253
3 Schreiben und Überarbeiten 256
4 Schreiben beurteilen und benoten 260

Sprechen und Zuhören, Mündlichkeit (Gisela Beste) 263
1 Modellierungen von Kommunikation 263
2 Mündliche Kommunikation im Unterrichtsgespräch 265
3 Mündliche Kommunikation als Unterrichtsgegenstand 266
Gesprächsformen 267
Gesprächsanalyse 268
Redeformen 270
Vorlesen, Rezitation und mündliches Erzählen 271
4 Mündliche Kommunikation im Unterricht bewerten 272

IV Unterricht vorbereiten

Unterrichtsplanung (Michael Kämper-van den Boogaart) 274
1 „Feiertagsdidaktik" *vs.* situative Unterrichtsplanung 274
Kritik großdidaktischer Planungsmodelle 274
Handlungs- und Erfahrungswissen 276
Was dennoch für Feiertagsplanungen spricht 277
2 Sachanalyse – Didaktische Analyse 278
3 Lehr- und Lernziele 281
4 Phasenmodelle im Literaturunterricht 282
Krefts Phasenmodell 283
Waldmanns Phasenmodell 284

V Anhang

Literaturverzeichnis 288

Register 318

Einführung

PISA-Schock, Reform der Lehrerausbildung, Qualitätsverbesserung im Unterricht – Schlagzeilen wie diese bestimmen die bundesdeutsche bildungspolitische Diskussion, welche durchaus hohe Erwartungen an die Leistungen der Fachdidaktiken stellt.

In einer solchen Situation richtet sich der vorliegende Leitfaden in erster Linie an Lehramtsstudierende und an Referendarinnen sowie Referendare im Fach Deutsch. Beiden Gruppen bieten die in diesem Band versammelten Beiträge wichtige Orientierungshilfen. Alle wesentlichen Aspekte deutschdidaktischer Theorie und Praxis für die Sekundarstufen werden vorgestellt und kommentiert. Wichtig ist uns dabei, auch auf strukturelle Probleme und objektive Schwierigkeiten hinzuweisen. Vielfach nämlich neigen besonders unerfahrene Lehrende dazu, Widersprüche zwischen Planung und Verlauf eigenen Unterrichts einseitig auf persönliche Unzulänglichkeiten zurückzuführen. Dies besonders, wenn ihnen Mentoren, Betreuer und Seminarleiter bewusst oder unbewusst vermitteln, dass eigentlich alles einfach und klar wäre. Wer den Leitfaden studiert, wird sehen, dass die Deutschdidaktik eine Vielzahl von Einsichten und Vorschlägen bereithält; den einen für alle und alles passenden Königsweg jedoch kennt auch sie nicht.

Wer findet im Leitfaden was?

- Studienanfängerinnen und -anfänger finden in der vorliegenden Gesamtbeschreibung deutschdidaktischer Arbeitsfelder eine wichtige Orientierung für ihre didaktischen, aber auch für ihre fachwissenschaftlichen Studien. Sie erfahren, welche Wissensgebiete in der Schule von Belang sind und auf welche Bezugstheorien didaktische Entscheidungen in der Unterrichtsplanung zurückgreifen. Nützlich ist eine themenorientierte Lektüre auch für das Unterrichtspraktikum.
- Studierende, die vor dem ersten Staatsexamen stehen, finden im Leitfaden einen Überblick über einschlägige fachdidaktische Schwerpunkte, der einen wertvollen Beitrag zur Prüfungsvorbereitung darstellt. Die zahlreichen und auf Aktualität bedachten Literaturhinweise lassen sich zu spezielleren Studien, etwa als Anregungen für Staatsexamensarbeiten, nutzen.

▪ Studienreferendarinnen und -refendare finden in diesem Band eine Grundlage für die fachdidaktische Absicherung ihrer Unterrichtsvorhaben. Stufenbezogene Anregungen für den eigenen Unterricht findet man in den Kapiteln zum Sprach- und Literaturunterricht in Sekundarstufe I und II. Zentrale Kapitel des Leitfadens bieten sich zudem als Arbeitsgrundlage für Fachseminarsitzungen an. Die bewusst problemorientiert und realitätsnah gefasste Darstellungsweise des Bandes sollte im Übrigen dazu beitragen, dass seine Nutzerinnen und Nutzer in den mitunter schwierigen Auseinandersetzungen der zweiten Phase mit dem gebührenden Selbstbewusstsein agieren.

▪ Gedacht wurde auch an bereits erfahrene Lehrkräfte, die sich, etwa in der Rolle eines Fach- oder Seminarleiters, über den gegenwärtigen Stand der deutschdidaktischen Forschung kundig machen wollen.

Wie ist der Leitfaden entstanden?

Anders als bei Sammelbänden oft der Fall, handelt es sich beim Leitfaden nicht um einen Tagungsband oder Ähnliches. Vielmehr wurde das inhaltliche Konzept erst in Gesprächen mit vielen an der Schule und der Hochschule tätigen Kolleginnen und Kollegen entworfen. In diese Gespräche gingen sehr konkrete Fragen ein, so zum Beispiel:

▪ Was sind bei Ihnen klassische deutschdidaktische Prüfungsfelder in Staatsexamina?

▪ Welches fachdidaktische Hintergrundwissen erwarten Sie von Referendarinnen und Referendaren? Wo bestehen akute Desiderate?

▪ Wo sehen Sie die Kernfragen fachdidaktischer Arbeit heute? Welche fachdidaktischen und bildungspolitischen Entscheidungen werden den zukünftigen Deutschunterricht prägen?

▪ Wie sähe eine den unterrichtspraktischen Bedürfnissen angemessene Systematik der Gegenstände fachdidaktischer Forschung und Publizistik aus?

Erwartungsgemäß deckten sich die Antworten auf diese Fragen nicht immer. Oft bestimmte das jeweilige Arbeitsfeld (z.B. Hochschule oder Studienseminar) die Einschätzung einzelner Fragen. Der Leitfaden folgt mit Bedacht dieser Pluralität: Seine Autorinnen und Autoren repräsentieren mit ihren Erfahrungen die unterschiedlichen Standorte. Deutlich wurde in den Diskussionen auch, dass manche Bereiche am besten gesondert und themenspezifisch abzuhandeln sind. Andererseits ist der Zusammenhang des im Sprach- und Literaturunterricht Gelernten im Blick zu behalten. Und natürlich sind die gegenwärtigen Standards der Didaktik maßgeblich. Während einige deutschdidaktische Publikationen stark stofforientiert verfahren und etwa davon ausgehen, dass eine Didaktik literarischer Gattungen oder bestimmter grammatischer Sachverhalte existiere, operiert der Leitfaden stärker mit Blick auf die Vorgänge des Lernens. Zudem bezieht er dessen Rahmenbedingungen ein, z.b.: die Rolle curricularer Vorgaben, die notwendige Bindung an die Fachwissenschaften, die Reaktion auf multilingual zusammengesetzte Klassen und Kurse, die veränderte Mediensozialisation der Lernenden oder auch eine realistische Einschätzung der Bedeutung individueller Unterrichtsplanung. Eine weitere Rahmenbedingung bildet die Identität des Schulfaches Deutsch. Davon auszugehen, bedeutet, dass der Leitfaden die Ausdifferenzierung der Lern- und Forschungsbereiche Sprache und Literatur zwar reflektiert, jedoch beachtet, dass keine Lehrkraft nur Literatur- oder nur Sprachunterricht betreibt.

Aus diesen und anderen Einsichten resultierten die folgenden Gliederungsprinzipien: In einem ersten Teil werden allgemeine Aspekte des Deutschunterrichts thematisiert. Der zweite und dritte Teil setzen jeweils mit Darstellungen zum Unterricht der beiden Sekundarstufen ein, die für den zweiten Teil Lernprozesse im Bereich Literatur, für den dritten Teil im Bereich Sprache thematisieren. Auf die Darstellung der Bildungsgänge folgen in diesen Teilen jeweils themenspezifische Abhandlungen. Den Abschluss des Bandes bildet ein übergreifender und insbesondere an Referendarinnen und Referendare gerichteter Beitrag zu Grundfagen der Unterrichtsplanung und der in diese Planung eingehenden Kompetenzen.

Naturgemäß kommt es auch bei dieser klaren Bandanlage zu Überschneidungen. Hier helfen den Nutzern entsprechende Querverweise sowie das Register. Zudem sind allen Beiträgen Kurzzusammenfassungen des Herausgebers vorangestellt. Aus Gründen der Lesbarkeit wird in den Beiträgen auf die durchgängige Nennung der männlichen und weiblichen Form bzw. auf unschöne Kopplungsvarianten verzichtet.

Abschließend sei – namenlos – den vielen gedankt, die mit ihrem Engagement das Zustandekommen des Leitfadens ermöglichten. Seine Leserinnen und Leser möge er auf dem Weg zu einem gelungenen Deutschunterricht begleiten und unterstützen.

Berlin, im Januar 2003
Michael Kämper-van den Boogaart

I ALLGEMEINES

Lehrpläne und Deutschunterricht

Michael Kämper-van den Boogaart

Dieses Kapitel erläutert und problematisiert Grundfunktionen von Lehrplänen, um eine Vorstellung von den staatlichen Rahmenvorgaben zu vermitteln. Dabei werden die jüngsten historischen Debatten um die Einführung von Kerncurricula ebenso in den Blick genommen wie die historischen Wurzeln der Deutschlehrpläne. Dargestellt wird auch, wie – empirischen Untersuchungen zufolge – Lehrpläne die Schulpraxis tatsächlich bestimmen. All dies verdeutlicht schließlich, mit welchen Schwierigkeiten es Lehrplanmacher wie -nutzer zu tun haben.

1 Zum Begriff Lehrplan

Unter einem Lehrplan versteht man in Deutschland die Kodifikation von Unterrichtsinhalten und Unterrichtszielen. Im öffentlichen Schulwesen wird diese in Form von Verwaltungsvorschriften durch die Kultusministerien der Länder vorgenommen.[1] Die Strukturen der Kodifikation können sich unterscheiden: In der Regel werden Inhalte und Ziele für die einzelnen Unterrichtsfächer vorgegeben, aber auch Angaben zu fach- und fächerübergreifenden Projekten gemacht sowie der Beitrag des Faches für allgemeine Bildungsziele ausgewiesen. Diese Festlegungen können schulartenübergreifend erfolgen: So bezieht sich etwa der gegenwärtige Berliner Rahmenplan für die Sekundarstufe I gleichermaßen auf die verschiedenen Schularten, auf die Hauptschule also ebenso wie auf das Gymnasium[2]. Hierbei kann, wie in Brandenburg, innerhalb des gemeinsamen Plans nach Bildungsstufen differenziert oder, wie in Berlin, fast ganz auf Differenzierung verzichtet werden. Alternativ dazu sind auch separate Lehrpläne für die einzelnen Schulformen möglich. So wird etwa in Nordrhein-Westfalen an der Gesamtschule mit anderen Lehrplänen als am Gymnasium gearbeitet.

Ein weiterer Unterschied der Kodifikation kann die Differenzierung nach Jahrgangsstufen betreffen. Häufig werden die einzelnen Klassenstufen als Einheit betrachtet, zuweilen werden Doppeljahrgangsstufen, also die Klassen 7 und 8 usw. als Einheiten zusammengefasst.

---

[1] Mittlerweile ist dies die Regel.
[2] Leitend sind hier bildungspolitische Prämissen über die Einheitlichkeit oder Differenziertheit des Regelschulsystems.

Ein gravierender didaktischer Unterschied betrifft die Art, Lernziele und Lerninhalte oder Stoffe in Beziehung zueinander zu setzen. Stärker *lernerorientiert* aufgebaute Lehrpläne akzentuieren die zu entwickelnden Kompetenzen der Schüler, stärker *stofforientierte* Lehrpläne bestehen in einer Abfolge von Lernstoffen, die zumeist – so im klassischen Mathematikunterricht – einer etablierten Fachsystematik folgen. Entsprechend unterschiedliche Sichtweisen drücken sich oft bereits in der sprachlichen Codierung aus: Während lernerorientierte Pläne bemüht sind, die Ziele und die Praxis des Unterrichts in verbalisierter Form wiederzugeben, tendieren stofforientierte Lehrpläne zu einem knappen Nominalstil. In der einen Variante häufen sich Formulierungen wie die folgende: *Die Schülerinnen und Schüler erfassen im Gespräch über Differenzerfahrungen die je eigenen Lesehaltungen.* In der anderen Variante heißt es eher (und knapper): *Kenntnisse einschlägiger Interpretationsverfahren.* Man sollte sich allerdings nicht täuschen lassen: Oft genug lässt sich auch eine stofforientierte Lehrplanung durch sprachliche Tricks als lernerorientierte verkaufen. Im Übrigen ist es nicht ausgemacht, ob oder in welchem Maße sich die Fixierung von Kompetenzerwerbsprozessen von Inhalten – im Sinne von Lernstoff – trennen lässt (siehe unten).

Die unterschiedlichen Ausprägungen der Kodifikation, die den Ansatzpunkt kontrastiver Lehrplananalysen bieten können, haben erheblichen Einfluss auf die Rolle, die der pädagogischen Autonomie der in der Schule Handelnden beigemessen wird. Lehrpläne, die zum Beispiel keine Differenzierung der Schulformen kennen, können naturgemäß nur weiter gefasste Orientierungen geben. Das Maß an Verbindlichkeit ihrer Vorgaben bleibt also recht beschränkt. In diesem Fall spricht man von *Rahmenplänen* und meint damit, dass die Pläne lediglich einen allgemeinen Rahmen setzen, der für weitere Planungsaktivitäten vor Ort Raum lässt.

Der zur Disposition gegebene Freiraum kann von der einzelnen Schule bzw. ihren Fachkonferenzen genutzt werden, um der Schule ein besonderes Profil zu geben, das etwa die soziokulturellen Bedingungen der Schülerschaft in besonderer Weise berücksichtigt oder infrastrukturelle Ressourcen, geographische Besonderheiten bzw. vorhandene Kompetenzen des Kollegiums beachtet. So kann die Schule etwa einer multilingualen Population Rechnung tragen, die Kontakte mit einem Theaterbetrieb oder die Unterstützung durch eine Medienstiftung nutzen. Schulen in Grenznähe können durch Kontakte mit Nachbarschulen ein gesamteuropäisch orientiertes Profil verfolgen, während sich andere Schulen vielleicht in besonderer Weise fächerübergreifend in musischkreativen Projekten engagieren. Eine entsprechende Entwicklung individueller Schulprofile wird gegenwärtig hoch gehandelt. Dabei werden recht unterschiedliche Argumentationen vorgebracht: In eher neoliberaler Manier setzt man auf Qualitätsverbesserung durch Konkurrenz. Einer individuellen Schulkultur werden auch sozialintegrativ heilsame Wirkungen zugeschrieben. Andererseits soll so auch den besonderen Lerneingangsvoraussetzungen der Schüler besser entsprochen werden.

Weit gefasste Pläne stärken in jedem Fall die Autonomie der Lehrpersonen und zuweilen auch die Autonomie der Lerngemeinschaft. Dies gilt zwangsläufig, wenn die Schule, wie häufig genug, nur eine geringe Kooperationspraxis entwickelt. Hier wird schnell die Kehrseite der hochwertig anmutenden Rede von der Autonomie sichtbar. Für die Öffentlichkeit ist nämlich nur schwer entscheidbar, wie die Autonomie tatsächlich vor Ort genutzt wird. Autonom agiert auch der Lehrer, der sich allzu gern von seinen Schülern verführen lässt, über Gott und die Welt zu plaudern.

Bedenken über falsch genutzte Freiräume werden immer wieder geäußert. Sie profitieren vom Klischee des faulen oder überspannten Lehrers – naturgemäß hoch im Kurs, wenn das Leistungsvermögen der Schule insgesamt in Zweifel gezogen wird, so nach der Veröffentlichung der PISA-Studie. In einer solchen Situation werden verständlicherweise die Grenzen der Autonomie beschworen. Wie aber lässt sich die Autonomie sinnvoll begrenzen, wenn an der Idee von Rahmenplänen festgehalten wird? Ein Zauberwort in dieser Debatte lautet *Evaluation*. Als Mittel, die Qualität der unterrichtlichen Lernerfolge auszuwerten, gelten vor allem Tests und insbesondere Vergleichsarbeiten. Diese können schulintern organisiert werden und Leistungsdifferenzen innerhalb einer Jahrgangsstufe erfassen, was pädagogische Reaktionen ermöglicht. Eine andere Variante sind zentrale Tests. Ein einschlägiges Beispiel hierfür ist das Zentralabitur, für das zur Zeit wieder mehr Bildungspolitiker plädieren. Dasselbe gilt für zentrale Abschlussprüfungen nach der 10. Klasse.

Für solche zentralen Modelle, die in anderen Ländern etwa unter dem Stichwort *Assessment-Modell* strukturbildend sind, mag einiges sprechen. Klar – und in einem gewissen Maße auch beabsichtigt – ist in jedem Fall, dass zentrale Tests die Autonomie der tatsächlichen Lehrplanung einschränken. Dies gilt für die kollektive Autonomie der Schulgemeinschaft ebenso wie für die individuellere der Lehrpersonen und ihrer Schüler.

In diesem Zusammenhang wird auch von der Kultusministerkonferenz (KMK) die Notwendigkeit betont, sich – nach Möglichkeit länderübergreifend – auf Kerncurricula[3] (engl. *core curricula*) zu verständigen. Was ist damit gemeint?

---

3 Vgl. Tenorth 2001a, 10–20.

2 Curriculum und Kerncurricula

Das Wort *Curriculum* ist im deutschsprachigen Raum ein Vorläufer des Begriffs *Lehrplan*. Es bezeichnete im frühen 17. Jahrhundert

> den Umfang des Wissens, das Heranwachsende angeeignet, d.h. gelernt haben müssen, wenn sie für ihr Leben und Arbeiten in der jeweiligen Gesellschaft vorbereitet sein sollen (Vollstädt u. a.1999, 12).

Wie noch in *Curriculum vitae* (Lebenslauf) sichtbar, impliziert der Gedanke an ein solches Wissen auch den Aspekt der Verlaufsform seines Erwerbs, also der zeitlichen Abfolge von Erwerbsschritten – oder mit dem Fachbegriff: den Gedanken der *Sequenzierung*. Anders als in den angelsächsischen Ländern trat in Deutschland seit dem 18. Jahrhundert der Begriff des Curriculums hinter die Rede vom Lehrplan zurück. In den 1960er-Jahren erlebte er ein Comeback, das auf den Versuch zurückging, die deutschen Schulen durch Importe US-amerikanischer Bildungspolitik zu reformieren. Curriculum wurde in dieser Diskussion zur missverständlichen Zauberformel einer grundlegenden Lehrplanrevision.[4] Während in den USA Theorien des Curriculums sich an einer vergleichsweise heterogen und pragmatisch strukturierten Schulwirklichkeit abarbeiteten, verband sich in der BRD auf der Basis ganz anderer Voraussetzungen mit Curriculumtheorie die Erwartung einer systemischen Interpretation „von Lernereignissen zur administrativen Schulpolitik mit wissenschaftlichen Mitteln".[5]

„Curriculare Lehrpläne" transformierten Lehrpläne zu Lernplänen, indem sie etwa auch Unterrichtsverfahren und Lernzielkontrollen „wissenschaftlich" zu normieren suchten. Als Alternative zu diesen so genannten geschlossenen Curricula, die dem Lehrer alle unterrichtlichen Entscheidungen vorgaben, wurde bald der Gedanke offener Curricula propagiert. Hier werden lediglich die Lernziele, nicht aber die Verfahren, sie zu erreichen, vorgegeben.

Auch wenn, etwa in der Lernzieldiskussion, Impulse entsprechender Curriculumtheorien wirksam geblieben sind, handelt es sich doch um Konzepte aus einer bildungspolitischen Reformphase, deren Scheitern heute als irreversibel gilt. So lässt sich von Curriculum nun wieder reden, ohne die Theorien der späten 1960er-Jahre zu implizieren. Entsprechend verwischen sich die semantischen Unterschiede zwischen den Begriffen Lehrplan und Curriculum. Da der Begriff des Curriculums weniger an staatliche Planungen gebunden ist, wird

---

4 Vgl. den entscheidenden Titel dieser Diskussion bei Robinsohn 1969b.
5 Vgl. Künzli 1991, 180-209, 194f.

er zuweilen für die Kennzeichnung eher ungeplanter Lernprozesse gebraucht oder für nicht kodifizierte Planungen beansprucht. So sprechen Vollstädt u. a. 1999 von Curricula mit Blick auf die schulische Ebene, also auf die Praxis, während der Begriff des Lehrplans der staatlichen Ebene vorbehalten bleiben soll (Vollstädt u. a. 1999, 13). Gleichzeitig wird aber auch von Curriculum gesprochen, wenn es um Schulsysteme geht, die gar keinen Lehrplan im engen Sinne kennen, jedoch einen Schulunterricht, der in Richtung auf Abschlussprüfungen einen curricularen Verlauf hat. Meyer benutzt die Begriffe Lehrplan- und Curriculumtheorie synonym und definiert:

▪▪ *Ein Curriculum ist ein begründeter Zusammenhang von Ziel-, Inhalts-, Methoden- und Organisationsentscheidungen* (Meyer 2001, 16).

Während für ihn curriculare Fragen wesentlich Fragen nach den Lehrinhalten sind, insistieren Diederich und Tenorth darauf, dass Inhalte immer „mit Lernzielen und Lernformen verknüpft" seien. Gegenüber einem „undifferenzierten Begriffsgebrauch, der sorglos Lehrplan und Curriculum, Inhalte und Themen oder Lernziele und Aufgaben gleichsetzt", bestehen sie zumindest auf der Unterscheidung zwischen *Lehrplan* und *Kanon*:

▪▪ *Dabei steht der Begriff des Lehrplans für die historisch ausgeprägte und je variabel kodifizierte Gestalt des Schulwissens, vor allem seine Gliederung in Schulfächer, der Begriff des Kanons dagegen für die relativ (d.h. hier: im Vergleich zu Lehrplänen) invarianten Prinzipien und Regeln, denen die Konstitution der Lehrpläne folgt* (Diederich/Tenorth 1997, 89).

Ob sich dieser Begriff des Kanons theoretisch stringent entfalten und als Konstrukt einer empirisch ausgelegten Theorie der Schule nutzen lässt, muss hier nicht interessieren. Wichtig erscheint mir, dass von *Kanon* häufig lockerer gesprochen wird. Analog zu den Gepflogenheiten der Debatten um einen Lektürekanon als Teil der verbindlichen Lehrplanung[6] schweben Bildungspolitikern eher konkret fassbare Inhalte oder Stoffe vor, wenn sie von der Notwendigkeit sprechen, sich auf einen Kanon zu vermittelnden Schulwissens zu einigen (Tenorth 2001a, 12). Dieser Kanon von Inhalten soll, so offensichtlich die Erwartung, die geforderten Kerncurricula repräsentieren. So heißt es beispielsweise im Zweiten Gesetz zur Änderung des Brandenburgischen Schulgesetzes vom 1. Juni 2001:

▪▪ *§10 , Rahmenlehrpläne*
(1) Der Unterricht wird auf der Grundlage von Rahmenlehrplänen erteilt. Die Rahmenlehrpläne bestimmen die verbindlichen Anforderungen und Inhalte

---

6   Vgl. den Beitrag „Kanonprobleme" von Angelika Buß S. 142–152.

(Kerncurriculum) ebenso wie die Gestaltungsfreiräume und Wahlmöglichkeiten im Unterricht der Fächer, Lernbereiche, übergreifenden Themenkomplexe oder Lernfelder.

Im Unterschied zu dieser Vorgabe an Lehrplanmacher, zwischen obligatorischen (verbindlichen) und fakultativen Inhalten explizit zu differenzieren, wird zuweilen auch mit Blick auf die Stundentafel der gymnasialen Fächer vom Kerncurriculum gesprochen. Gemeint ist dann ein Verbund von Fächern, die für das Abitur obligatorisch, nämlich nicht abwählbar sein sollen. Dieser weite Begriff des Kerncurriculums, der Fächer als Organisationsformen von Wissen so hierarchisiert, wie wir es durch die Unterscheidung von Haupt- und Nebenfächern kennen, bildet keine Alternative zu der etwa in Brandenburg kodifizierten Vorgabe: Auch die obligatorischen Fächer können vor dem Problem stehen, intern zwischen verbindlichen und unverbindlichen Inhalten zu unterscheiden.

Betrachtet man die im Auftrag der KMK entstandenen Expertisen zu Kerncurricula für die Oberstufe, fällt – gerade für den Deutschunterricht – auf, dass den bildungspolitischen Erwartungen sehr vorsichtig begegnet wird. Während von den Experten für den Mathematikunterricht Vorgaben geliefert werden, die sich als Bausteine oder Stoff zukünftiger Lehrplanung darstellen, versuchen Fachleute für den Deutschunterricht, Kompetenzen stärker zu betonen als stoffliche Inhalte. Erwartungen der Öffentlichkeit, dass Kerncurricula zum Beispiel einen verbindlichen Lektüreplan beinhalten, werden unter diesen Umständen vermutlich enttäuscht. Ebenso wenig haben die Experten eine Hierarchisierung der fachinternen Lernbereiche oder Arbeitsfelder unternommen. Im Zweifelsfall bleibt alles wichtig, und was dem Deutschunterricht als neue Aufgabe zufällt, wird schlicht hinzuaddiert. Diese Tendenz entspricht einer Entwicklung von Lehrplankodifikationen, die nach dem Urteil von Oelkers für die Wirkungslosigkeit von Lehrplänen (mit)verantwortlich ist.

■■ *Untersucht man staatliche Lehrpläne und dazugehörige Lehrmittel, dann ist vor allem eins ins Auge fallend, die Ästhetik der Spiegelstriche, die mit einem ‚etcetera'-Hinweis enden, also noch beliebig verlängert werden könnten (Oelkers 2001, 7).*[7]

Kerncurricula, die ihrem Anspruch gerecht werden, können also kaum derart verfahren. Oelkers, der Kerncurriculum als Kanon auslegt, postuliert diesen als „Festlegung von Standards im Hinblick auf Lernziele und Lernzeiten, die vor Beginn des Prozesses bekannt sein muss und mit der Erfahrung des Pro-

---

[7] Vgl. auch Oelkers 1999.

zesses revidiert werden kann." Ihm geht es dabei wesentlich um die „Explikation von Standards fachlicher Bildung zum Zwecke größerer Verbindlichkeit" (Oelkers 1999, 12).

Diese Argumentation, die stets Bildung unter dem Aspekt knapper Zeitressourcen im Blick behält, wird vielen einleuchten, die die Schule beobachten. Doch ist sie einerseits uneindeutig und verdeckt andererseits m. E. ein Problem. Uneindeutig bleibt sie in der Frage, wie zentral Kerncurricula oder Kanones sein sollen. Was Oelkers vorschlägt, könnte ebenso als Maßstab schulinterner Lehrpläne genutzt werden.[8] Wichtig wäre auch in diesem Fall der Aspekt der Transparenz und der daraus erst erwachsenden „Lernfähigkeit" von Kerncurricula. Das verdeckte zweite Problem liegt in der lockeren Rede von Standards. Zumal für den Deutschunterricht wird man fragen dürfen, was damit eigentlich gemeint ist. Oelkers spricht recht unbekümmert davon, dass solche Standards nicht erfunden werden müssten, sondern bereits Teil von Schulfächern seien bzw. das Fachverständnis ordneten. Dies klingt so, als sei im Deutschunterricht etwa an Lernbereiche wie „Umgang mit Texten" oder „Reflexion über Sprache" gedacht. Ob sich derartige Arbeitsfelder oder auch ihre Unterfelder allerdings verbindlich festlegen lassen, ist für den Deutschunterricht weniger gewiss als eine Explikation des Inhalts „Kurvendiskussion" für den Mathematikunterricht.[9] Wo liegt das Problem?

Schwierigkeiten ergeben sich bereits beim Versuch zu definieren, was eigentlich so ein unverfänglich anmutendes Wort wie „Unterrichtsinhalte" bedeuten soll. In seinem verbreiteten Band „Unterrichtsmethoden" definiert Hilbert Meyer:

> ■■ *Der Unterrichtsinhalt ist die Vergegenständlichung der vom Lehrer und den Schülern geleisteten zielgerichteten Arbeit, sozialen Interaktion und sprachlichen Verständigung* (Meyer 2000, I/80).

Kann nach dieser Definition etwa die Charakterisierung von Effi Briest ein Unterrichtsinhalt sein? Eine Antwort fällt nicht leicht. Offenkundig ist Meyer daran gelegen, von Inhalten mit Blick auf das reale Unterrichtsgeschehen zu sprechen, also einzubeziehen, was in den Köpfen und Körpern der Schüler passiert. Dieser Anspruch leuchtet ein, trägt aber zur Lösung unseres Problems wenig bei. Stattdessen verweist uns Meyer auf einen anderen Begriff, der fassen soll, was der Lehrer mit den Schülern in einem begrenzten Zeitraum vorhat. Im Sinne einer Lernaufgabe soll von einem *Thema* gesprochen werden,

---

8   Vgl. Eikenbusch 2001.
9   Vgl. Borneleit u. a., 2001, 43.

das im Unterricht bearbeitet und hier evtl. zum Inhalt wird. Diese Unterscheidung macht etwa für Anliegen der Unterrichtsbeobachtung Sinn. In curricularer Perspektive löst sie wenig, wie sich auch bei Meyer zeigt, der kurz danach den „Inhaltsaspekt" des Unterrichts mit den Begriffen Wissen, Kenntnisse und Einsichten beschreibt (Meyer 2000, I/105). Und auch an anderer Stelle (s.o.) spricht er über Curricula als Frage nach den Inhalten. Hier führt er aus, dass es eine unendliche Fülle möglicher Inhalte gebe, aus der ein Lehrplan auswählen müsste. Dabei komme es nicht auf ein Maximum von Wissensinhalten, sondern auf die „Qualität des angeeigneten Wissens" an (Meyer 2001, 17). Was aber bestimmt diese Qualität?[10] Die Antwort auf diese entscheidende Frage will Meyer aus guten Gründen nicht den Fachwissenschaftlern überlassen, die ohnehin vor allem das wichtig fänden, was sie selbst betrieben. Stattdessen erklärt er:

> *Erforderlich ist vielmehr eine Bildungstheorie, auf deren Grundlage aus der unendlichen Fülle möglicher Inhalte ausgewählt wird, was wirklich wichtig ist* (ebd.).

In dieser Hinsicht präferiert er den Ansatz Wolfgang Klafkis.[11] Andere werden andere Präferenzen haben. Darum geht es nicht, wohl aber um die Feststellung, dass die Frage nach den Selektionskriterien für die gegenwärtige Didaktik, insbesondere für ein Kerncurriculum, nicht ohne den Zugriff auf eine Bildungstheorie lösbar zu sein scheint.[12] Zeitweilig bot sich die vermeintliche Alternative, das leidige Problem der Selektion von Inhalten ganz fallen zu lassen, ausschließlich auf den Slogan „das Lernen lernen" zu setzen und die Auswahl der Lerngegenstände den Subjekten bzw. dem Leben zu überlassen. Heute aber wird mit guten Argumenten, so auch von Meyer, wieder die Bedeutung der Gegenstände des Lernens für den Wissensaufbau betont. Die Erwartung jedoch, dass eine Bildungstheorie dazu verhilft, jene Gegenstände lehrplangemäß zu generieren, dürfte aus folgenden Gründen trügerisch sein:
1. Bildungstheorien basieren auf weltanschaulichen, kulturellen oder anthropologischen Prämissen, die man teilen kann oder nicht. Ein nachhaltiger Konsens über eine Theorie ist nicht zu erwarten.[13]

---

10 Meyer erwähnt, dass Wissensaneignung stets in Beziehung zum Aufbau von Kompetenzen stehe. Das mag sein, löst aber auch nichts, da sich nun über die Qualität von Kompetenzen philosophieren ließe.
11 Vgl. Klafki 1996.
12 Vgl. auch Diederich/Tenorth 1997, 95.
13 Vgl. meinen Beitrag „Fachdidaktik und Wissenschaft" (S. 75 – 94).

2. Bildungstheorien, die auf einen breiteren Konsens ausgerichtet sind, bleiben in ihren Kategorien weitgehend offen. Sie sind keine Theorien, aus denen Lehrpläne mit verbindlichen Inhalten geschmiedet werden können. Dies gilt auch für Klafkis Theorie, über die sich völlig unterschiedliche Lehrpläne begründen ließen.

In den nächsten Abschnitten soll betrachtet werden, welche praktischen Probleme aus den Schwierigkeiten der Lehrplanmacher und der verantwortlichen Politik erwachsen. Die Verflechtung von Lehrplanfragen und Politik illustrieren einige Schlaglichter auf die Lehrplangeschichte des Faches Deutsch. Sodann wird gefragt, ob sich Schule überhaupt durch Lehrpläne steuern lässt. Schließlich wird der sich in jüngeren Lehrplänen des Faches manifestierende Steuerungswille kritisch beleuchtet.

3 Streit um den Lehrplan: Historisches zur Entstehung eines Kernfachs höherer Bildung

Die Praxis, den Unterricht an öffentlichen Schulen mit Lehrplänen zu regulieren, folgt im Grundsatz staatlichem Normierungsbegehren. Auch wenn es Schulpläne und andere Edikte der Obrigkeit zur Organisation des Schulwesens bereits deutlich früher gab, wurden solche Regulationsbestrebungen intensiviert durch die Etablierung des Abiturs in seiner Funktion als allgemeine Hochschulzugangsberechtigung.

Seit 1832 setzte sich das Abitur als notwendige und hinreichende Eintrittskarte zum Besuch einer Universität durch. Im Vorfeld wurde das Gymnasium und sein Fächergefüge über Lehrpläne, die zunächst die Form von Mustervorgaben hatten, mehr oder weniger standardisiert. Zuvor schon sorgten die Ausbildungsvorgaben für Gymnasiallehrer – Universitätsstudium, Staatsprüfungen – und einheitliche Prüfungsanforderungen (1812 entsprechend ausgearbeitet) für eine Angleichung der Bildungsinstitute. Konnten die staatlichen Mustervorgaben (Preußen) zunächst noch nach Bedingungen vor Ort variiert werden, engte sich der Gestaltungsspielraum für Kollegien und Gymnasialdirektoren nach 1850 erheblich ein.[14] Das Bildungsprofil des Gymnasiums wurde besonders durch die Stundentafel – die Verteilung der in den jeweiligen Klassenstufen zu gebenden Unterrichtsstunden auf die einzelnen Schulfächer – geprägt. 1812 prägte das Unterrichtsfach Deutsch dieses gymnasiale Profil nur gering. In der 32-Stunden-Woche eines Primaners machte es ledig-

---

14 Vgl. Tenorth 2000, 146ff.

lich vier Stunden aus, während man sich wöchentlich acht Stunden mit dem
Lateinischen und sieben Stunden mit dem Griechischen befasste. 1856 blieben
den rund 30.000 preußischen Gymnasiasten zwei Wochenstunden Oberstu-
fenunterricht erspart und das Fach Deutsch verringerte sich in den beiden
Jahren der Prima auf drei Wochenstunden, während zumindest Latein seine
Stundenzahl hielt. Für die männliche Bildungselite (bis 1908 blieb Frauen an
Universitäten bestenfalls ein Gästestatus vorbehalten) stand, im Zeichen eines
humanistischen Bildungsideals, die Altphilologie an erster Stelle.

Während das Gymnasium als Passage auf dem Weg zur Universität starker
staatlicher Regulierung ausgesetzt war, konnten andere Schulen im städti-
schen Raum vergleichsweise frei operieren. Wer für seinen Nachwuchs kein
Universitätsstudium plante, konnte zum Beispiel an Realschulen auf eine Bil-
dungsversorgung rechnen, die den Ansprüchen etwa einer kaufmännischen
Karriere durchaus entsprach und überdies Zeit sparte. Die relative Autonomie
gegenüber dem Staat verflüchtigte sich allerdings, als auch diese Bürgerschu-
len[15] darauf drangen, dass ihre Abschlüsse zu weiteren Bildungsgängen – das
Studium bestimmter Fächer – berechtigen sollten. In der Konkurrenz zwischen den auf Realien und den auf humanistischen Themen ausgerichteten
Schulen entwickelte sich ein lange währender öffentlicher Disput, der auch
Lehrplanfragen ins Zentrum weltanschaulicher Kontroversen des Kaiserreichs rückte. Bekannt wurde diese Kontroverse als *Humanismus-Realismus-
Streit* oder gar als *Schulkrieg*. Seine mit großer öffentlicher Aufmerksamkeit
bedachten Austragungsorte waren drei Schulkonferenzen (1873, 1890, 1900),
infolge derer das Gymnasium einer Lehrplanreform unterzogen und die Abi-
turprüfungen von Gymnasium, Oberrealschule und Realgymnasium als Uni-
versitätszugangsberechtigungen gleichgestellt wurden.[16] Eine prominente
Rolle spielte in dieser Entwicklung der Auftritt Kaiser Wilhelms II. auf der
Schulkonferenz von 1890. Der Monarch attackierte zum Schrecken vieler Teilnehmer das zeitgenössische Gymnasium wegen seiner Präferenz für die Antike und ihre Sprachen und forderte energisch, Fächern wie Sport, Neuere Geschichte sowie Deutsch größere Aufmerksamkeit zu widmen. So nahm er

---

15   1882 hatten sich mit der Oberrealschule und dem Realgymnasium zwei Schultypen mit einer
     deutlichen Anwartschaft auf weiterführende Bildung profiliert. Besonders die Oberrealschu-
     le gab sich mit einer Dominanz der mathematisch-naturwissenschaftlichen Fächer als klare
     Alternative zum Gymnasium. Diese Umgewichtung wurde als stärkere Praxisorientierung und
     mithin als Fortschritt verbucht.
16   Der entsprechende Beschluss galt 1900 zunächst nur für Preußen. Die anderen Länder zo-
     gen jedoch nach, so dass 1908 von einer formalen Gleichberechtigung der konkurrierenden
     Abschlüsse gesprochen werden kann. Vgl. Ringer 1987, 53f.

einerseits Klagen über eine Verkrustung der höheren Bildung auf und spielte die bis heute populäre Modernisierungskarte aus. Andererseits drang er darauf, das Gymnasium in die weltanschauliche, sprich nationale Pflicht zu nehmen.

▪▪ *Wilhelm II., Eröffnungsansprache auf der Schulkonferenz von 1890:*
Wer selber auf dem Gymnasium gewesen ist und hinter die Kulissen gesehen hat, der weiß, wo es da fehlt. Und da fehlt es vor allem an der nationalen Basis. Wir müssen als Grundlage für das Gymnasium das Deutsche nehmen; wir sollen nationale junge Deutsche erziehen und nicht junge Griechen und Römer. Wir müssen von der Basis abgehen, die jahrhundertelang bestanden hat, von der alten klösterlichen Erziehung des Mittelalters, wo das Lateinische maßgebend war und ein bißchen Griechisch dazu. Das ist nicht mehr maßgebend, wir müssen das Deutsche Reich zur Basis machen. Der deutsche Aufsatz muß der Mittelpunkt sein, um den sich alles dreht. Wenn einer im Abiturientenexamen einen tadellosen deutschen Aufsatz liefert, so kann man daraus das Maß der Geistesbildung des jungen Mannes erkennen und beurteilen, ob er etwas taugt oder nicht. (zit. nach: Frank 1976, II/512)

Die kaiserliche Argumentation zielte wesentlich auf eine Aufwertung des Deutschunterrichts im Stundenplan. Inhaltlich stand dieser bereits im Dienst der nationalpädagogischen Aufgabe, vor allem durch die Hineinnahme einer „Geschichte der vaterländischen Literatur" – so das von 1834 bis 1882 gültige preußische Abiturreglement (Frank 1976, I/280). Angesichts der vergleichsweise geringen Stundenzahl führte die verordnete Beschäftigung mit Grundzügen der an der deutschen Klassik justierten Literaturgeschichte bald zur Überfrachtung. Der Kontakt der Schüler mit den einzelnen Texten werde, so die vielfach formulierte Kritik an der Schulpraxis, im Unterricht nahezu unmöglich gemacht.

Auf solche Einwände reagierte der Staat mit Lehrplanrevisionen. 1882 zielten diese zum Beispiel darauf, eine herrschende Tendenz im Umgang mit Literatur zurückzudrängen: Literarische Texte sollten nicht unnötig zergliedert werden. Stattdessen setzte man auf das Auswendiglernen ausgewählter Literatur („Besonderes Werthvolles aus der classischen Dichtung des eigenen Volkes"). Als „nationale Pflicht jedes Gebildeten" sollte es gelten, einen entsprechenden „unverlierbaren Schatz im Gedächtnis zu bewahren" (Frank 1976, I/311). Ebenso bewegt gestalteten sich die Debatten um die Beschäftigung mit dem Mittelhochdeutschen. Was zunächst unter dem Aspekt der Nationalerziehung und als Orientierung an einer germanistischen Philologie als schulisch bedeutsam aufgebaut wurde, fiel der preußischen Lehrplanrevison 1882 wieder zum Opfer. Unter Hinweis auf die knappen Zeitressourcen sollte der Unterricht im Mittelhochdeutschen eingestellt und die mittelalterliche Literatur auszugsweise in Übersetzungen studiert werden. 1901 wurde nach heftigem Disput die Revision bereits wieder revidiert: Das Nibelungenlied kehrte unübersetzt zurück in den gymnasialen Deutschunterricht Preußens.

Die Position des Deutschunterrichts auf der Stundentafel, Hintergrundproblem vieler Debatten, änderte sich erst 1925 gravierend. Ausgangspunkt hierfür war eine Denkschrift des preußischen Kultusministeriums zur „Neuordnung des preußischen Schulwesens" von 1924. Für die Zielsetzung des Deutschunterrichts gilt hier die Maxime: „Im deutschen Unterricht sollen die Schüler lernen, deutsch zu reden und zu schreiben, deutsch zu fühlen, zu denken und zu wollen" (Hegele 1996, 40). In den bereits existierenden Formen höherer Bildungsanstalten gewann der so verstandene Deutschunterricht gegenüber Latein an Terrain. Als weit revolutionärer wurde die Einführung einer weiteren Schulform wahrgenommen: Die so genannte Deutsche Oberschule, für zukünftige Volksschullehrer gedacht, bot weder Latein noch Griechisch an und stellte Deutsch, Geographie und Moderne Geschichte in den Vordergrund. Dass mit Ausnahme von Bayern alle deutschen Länder den Abschluss an dieser Oberschule als Zugangsberechtigung für ein Universitätsstudium anerkannten, rief die Empörung namentlich des Verbandes der Deutschen Hochschulen hervor. Vehement attackierte diese Interessensvertretung von Universitätsprofessoren jeden Versuch, das Kapital einer klassischen Bildung in seinem Wert zu schmälern.[17]

Die historischen Beispiele sollten zeigen, dass die Diskussionen über die Lehrpläne höherer Bildungsanstalten von Beginn an unterschiedlichen Ansprüchen folgten. Zentral ist wegen der Bedeutung des Abiturs als Hochschulzugangsberechtigung das von den Universitätsprofessoren bis heute eingeforderte Kriterium der *Studierfähigkeit*. Dass solche Studierfähigkeit nicht nur für altphilologische Fächer lange Zeit mit einer klassischen, nämlich durch gründliche Kenntnisse des Griechischen und Lateinischen ausgezeichneten Bildung identifiziert wurde, zeigt, worum es hierbei auch ging (und geht): das eigene Renommee, das Kapital einer spezifischen Form von Gelehrsamkeit. Wie bereits der Disput um das Gymnasium und sein Monopol zeigte, kann ein konkurrierender Maßstab der Lehrplan- und Schulkritik der utilitaristische Anspruch auf *Wirtschaftlichkeit* sein. Lehrpläne und Stundentafeln werden daraufhin gesichtet, ob das durch sie repräsentierte Bildungsprofil den gegenwärtigen und zukünftigen Erfordernissen des qualifizierten Berufslebens bzw. den Rekrutierungsinteressen der Industrie entspricht.

----

17 Vgl. Ringer 1987, 71ff.

Insbesondere für den Deutschunterricht sind es zudem *politische Interessen*, die auf Lehrpläne einwirken. So war bereits die Entstehung eines höheren Schulfaches Deutsch mit nationalerzieherischen Ansätzen verwoben, die ihre traurige Zuspitzung in der Konstruktion eines deutschkundlichen Unterrichts fanden.[18] *Pädagogische Einlassungen* stehen in den öffentlichen Auseinandersetzungen zumeist im Kontext umfassenderer Diskurse, was sich bereits durch das Problem erklärt, den allgemein beanspruchten Bildungsbegriff semantisch zu laden. Eher auf pädagogischen Praxiserfahrungen beruhen hingegen die beständig vorgebrachten Machbarkeitsargumente. Mit Blick auf die Lernvoraussetzungen von Schülern oder auf die Zeitressourcen mahnen sie realisierbare bzw. operationalisierbare Pläne an.

4 Funktionen und Wirkungen von Lehrplänen

Die unterschiedlichen Ansprüche der Lehrplan-Diskutanten hängen neben der Standortgebundenheit ihrer Forderungen offensichtlich auch mit den verschiedenen Funktionen zusammen, die Lehrplänen bis heute zugeschrieben werden können. Insbesondere die öffentlichen Debatten zeigen, dass Lehrplänen zunächst in starkem Maße Legitimationsfunktionen zukommen. Der Staat benutzt Lehrpläne, um der Öffentlichkeit zu signalisieren, was in seinem Namen in der Schule zu geschehen hat. Unter diesem Aspekt sind Lehrpläne papierner Ausdruck von Bildungspolitik. Bildungspolitische Maßnahmen sind meist gefragt, wenn der öffentliche Eindruck entsteht, dass mit der nachwachsenden Generation etwas verkehrt laufe. Dabei kann es sich um Fragen des Wirtschaftsstandortes (Humankapital), der kulturellen Integration (soziale Identität), um Probleme der Volksgesundheit (Drogen, Überernährung) handeln. In einer solchen Situation fragen Kritiker öffentlichkeitswirksam und konservativ: *Lernt man das etwa in der Schule nicht mehr* (z.B.: Gedichte auswendig, Pünktlichkeit)? Oder man erhebt die progressiv klingende Klage: *Wieso wird das noch nicht auf der Schule gelernt* (z.B: Web-Design oder synthetische Drogen meiden)? Die verantwortliche Bildungspolitik reagiert, zumal im Vorfeld von Wahlen, auf solche Anwürfe tunlichst problembewusst. Entweder kann sie zeigen, dass eigentlich alles in Ordnung ist, weil die Lehrpläne die vermeintlichen Leerstellen gar nicht enthalten. Oder die Politik gibt sich energisch und reformbereit. In diesem Fall wird der Unterricht auf dem Papier verändert, indem die Lehrpläne um etwas Neues oder Altes ergänzt werden. In beiden Fällen wirkt die Annahme, dass tatsächlich so etwas wie ein Abbild-

---

18 Vgl. Frank 1976, Bd. 2.

verhältnis zwischen Lehrplänen und Unterricht bestehe. Mit anderen Worten: Unterstellt wird, man könne mit Lehrplänen Schule und Lehrerhandeln steuern und verändern.

Außenstehenden erscheint diese Auffassung vielleicht unproblematisch, denn schließlich handelt es sich bei Lehrplänen ja um Verwaltungsvorschriften. Und Vorschriften müssen befolgt werden, von Beamten allemal. Insidern stellt sich die Lage anders dar. Vor Ort hat man es zum Beispiel nicht selten mit Vorschriften zu tun, die am Vorbehalt ihrer Umsetzbarkeit kranken. So kann man leicht auf dem Papier ein neues Schulfach zulassen. Solange es aber keine Lehrer für dieses Fach gibt, bleibt dies ein Beispiel für papierne Politik.

In einer empirischen Untersuchung haben Vollstädt u. a. im Zeitraum zwischen 1994 und 1997 erforscht, wie an hessischen Schulen in der Sekundarstufe I mit alten und mit frisch revidierten Lehrplänen umgegangen wird (Vollstädt u. a. 1999, 81). Ihre Ergebnisse sprechen eine deutliche Sprache.

So äußerten 1994 in einer Repräsentativbefragung 26% aller befragten Deutschlehrer, seit mehr als zwei Jahren nicht mehr in die zu diesem Zeitpunkt seit 14 Jahren geltenden Rahmenrichtlinien geschaut zu haben. Gleichzeitig beurteilten 24% der Deutschlehrer ihre Kenntnis der Richtlinien als „nicht gut" oder „schlecht" (Vollstädt u. a. 1999, 82).

1997 erschienen neue Rahmenpläne, die zumindest eine Erwartung der 1994 befragten Lehrer einlösten: Im Vergleich zu den Vorgängern waren sie knapp gehalten. 88% der 1997 Befragten hatten sich kurz nach Erscheinen in Fachkonferenzen mit dem Plan beschäftigt und 70% gaben an, dass bereits die schulinternen Jahrespläne auf den neuen Rahmenplan umgestellt seien (Vollstädt u. a. 1999, 106f.). 64% sahen in den neuen Plänen eher eine Verbesserung. Diese Ergebnisse scheinen auf den ersten Blick den Erfolg der hessischen Lehrplanpolitik widerzuspiegeln. Diesem Eindruck widerspricht aber schon die Repräsentativbefragung. Während in Fächern wie Deutsch didaktisch entscheidende Zäsuren bereits durch die berühmten Rahmenrichtlinien 1980 gesetzt wurden, fanden gravierende Veränderungen im Fach Chemie erst im Zuge der 1997 in Kraft getretenen Rahmenpläne statt. Offensichtlich vor diesem Hintergrund votierten 55% der gymnasialen Chemielehrer dafür, lieber mit den bisherigen Rahmenrichtlinien weiterzuarbeiten (Vollstädt u. a. 1999, 122).

Den Eindruck, Lehrpläne stießen besonders dann auf Akzeptanz in den Lehrerzimmern, wenn sie zu keinerlei Veränderungen führen, bestätigte sich in der Tendenz bei parallel durchgeführten Fallstudien an einzelnen Sekundarschulen. Trotz aller Unterschiede zeigte sich hier, dass die Pläne vor allem im Hinblick auf Übereinstimmungen mit bereits existierenden Stoffverteilungsplänen wahrgenommen wurden. Die allgemeineren didaktischen Hinweise dagegen erfuhren eher flüchtige Wahrnehmung und Würdigung und nur dann, wenn sie dem Selbstbild von der eigenen Lehrpraxis entsprachen. Bedenkt man, dass sich Stoffverteilungspläne von Deutsch-Fachkonferenzen häufig mit einer Auflistung der auf der jeweiligen Jahrgangsstufe zu lesenden Textsorten begnügen, erkennt man, wie minimal der faktische Einfluss von Lehrplaninnovationen ist.

Wie die Autoren der Studie selbst konstatieren, ist dieser Umstand auch nicht verwunderlich. Lehrer, die über einige Jahre Berufserfahrung verfügen, haben in aller Regel einen Planungsstil gefunden, der ihnen, wenn nicht als gut, so doch vor Ort als einzig realistisch erscheint. Aus dieser Sicht gibt es für sie keinen Grund, dass ein Lehrplan ihre eigene Unterrichtspraxis tangieren sollte. Hilfreich ist der Lehrplan offenkundig vor allem als Lieferant übergreifender Zielformulierungen, die sich gegenüber Eltern und anderen als Legitimation benutzen lassen.

Viel gravierender sind offensichtlich Effekte, die nicht vom Fachlehrplan selbst ausgehen. Hierzu gehören die Schulbücher, deren Zulassung unter anderem von der Übereinstimmung mit dem Fachlehrplan des betreffenden Landes abhängt. Die Wirkung des Schulbuchs ist beachtlich, berücksichtigt man, dass es nicht nur in vielen Fächern das zentrale Unterrichtsmedium darstellt, sondern auch in der Vorbereitung von Unterricht neben wieder verwendeten Notizen von Lehrern am häufigsten eingesetzt wird.[19]

Gravierend sind selbstverständlich auch die Wirkungen, die von einer Veränderung der Zeitbudgets einzelner Fächer im Zuge veränderter Stundentafeln ausgeht. Dies gilt insbesondere, wenn es stimmt, dass „Stoff" und Zeit die wichtigsten Faktoren der Unterrichtsmodellation vor Ort sind. Nicht zu unterschätzen sind zudem die von den Beschlüssen der KMK ausgehenden Wirkungen. So haben die unter dem Kürzel EPA kursierenden „Einheitlichen Prüfungsanforderungen in der Abiturprüfung" bei aller Inkonsistenz ihrer systembedingten Kompromissformeln eine erhebliche Wirkung auf die praktisch wirksamen Vorstellungen fachlicher Qualifikationsanforderungen (Diederich/Tenorth 1997, 158f.). Wenn hier Aufgabenarten für das schriftliche Abitur festgeschrieben und exemplifiziert werden, wenn Erwartungshorizonte modellhaft skizziert und mithin erwartete Schülerleistungen am Beispiel konkretisiert werden, berührt dies die Arbeit in der gymnasialen Oberstufe erheblich. Ob dasselbe für kodifizierte Standards wie die „Qualifikationserwartungen für den Übergang von der Jahrgangsstufe 6 zur Jahrgangsstufe 7" (En-

---

[19] Vgl. Vollstädt u .a. 1999, 86.

de der Grundschule) gelten wird, die 2002 in Brandenburg unter der bündigen Bezeichnung Q6 auf den Weg gebracht wurden, bleibt abzuwarten.

Die These von Oelkers, dass die Steuerungsleistungen von Lehrplänen wegen ihrer unentschlossenen und nivellierenden Auflistung von Themen und Inhalten minimal seien, hat uns bereits bei der aktuellen Frage nach Kerncurricula beschäftigt. Ernst zu nehmen ist auch die Kritik Eikenbuschs an unklaren und schwer verständlichen Lehrplanformulierungen. Diese Kritik besticht vor allem durch die Argumentation, Lehrpläne sollten auch für Schüler und Eltern lesbar sein. Zu bedenken ist jedoch, dass für Lehrplankommissionen im Kleinen Ähnliches gilt wie für KMK-Papiere: Viele ihrer Formulierungen gehen auf Kompromisse zurück.

5 Lehrpläne machen

Die Lehrplanarbeit organisieren zumeist Landesinstitute für Lehrerfortbildung oder Schulforschung im Auftrag der Kultusministerien. Dort wird ein allgemeiner Rahmen entwickelt, der allen Fachplänen ein gemeinsames Profil geben und einen vergleichbaren Aufbau ermöglichen sollte. Auf der Basis dieser Festlegungen werden in für den Außenstehenden eher undurchsichtigen Entscheidungsprozessen Kommissionen gebildet, denen neben den Landesbediensteten in jedem Fall Lehrer der betreffenden Schulform angehören sollten. Hinzu kommen in der Regel noch wissenschaftliche Berater, vorrangig Fachdidaktiker aus der Universität. Während der Rahmenplanarbeit gibt es in der Regel schon Rückmeldungen durch das Ministerium, die zu erheblichen Veränderungen führen können. In Hearings mit Lehrern, Funktionsträgern, Schulbuchverlegern u.a. werden die Pläne in Entwurfsform vorgestellt und kritisiert. Stellungnahmen von Verbänden und Parteien gehen ein und zwingen die Kommissionen über ministeriellen Druck zu Überarbeitungen. Zumeist tritt hier der von Oelkers beschriebene Effekt ein: Fehlendes wird von Interessengruppen moniert und dann in offene Listen eingefügt. Besonders anfällig sind hierfür die Literaturlisten der Deutschlehrpläne. Obgleich diese Listen in den meisten Bundesländern nur unverbindliche Empfehlungen darstellen, stürzen sich die Kommentatoren gerade auf diese Seiten und fahnden hier nach ihren Lieblingsautoren (vgl. den Bericht S. 28).

Für den Erfolg der Lehrplanarbeit entscheidend ist der Prozess der Implementation, der im günstigsten Fall noch während der Erarbeitungsphase einsetzt. Hier kommt es darauf an, Kollegien zu interessieren und zu beteiligen, Fortbildungen zu organisieren und öffentliche Diskussionsforen, etwa im Internet, einzurichten. In diesem Zusammenhang wird häufig moniert, dass in vielen Ländern die Lehrplanautoren anonym bleiben. Dies erwecke den Eindruck, dass die Pläne ohne Lehrerbeteiligung in der Ministerialbürokratie entstanden seien – für viele ein komfortables Argument, um Pläne vorab als praxisferne Vorschriften in der Schublade verschwinden zu lassen.

▪▪ *Als Mitglied einer Rahmenplankommission in Brandenburg plädierte ich zunächst erfolgreich dafür, dem Plan keine Literaturliste beizufügen, um die Lehrer zu neuen Lektüren zu ermutigen. Die Kommission übernahm diesen Vorschlag. Das Ministerium jedoch beharrte auf einer Liste. Offensichtlich war man auf diesen Teil besonders gespannt. Eine umfangreiche Liste wurde, samt Hinweisen zur Lektüreauswahl, von der Kommission vorgelegt, um den Plan nicht in Gänze zu gefährden. Die nachfolgenden Diskussionen spitzten sich sodann auf einen Punkt zu. Man wollte wissen, wieso für die Jahrgangsstufen 9/10 nicht Faust I empfohlen werde. Das Drama sei schließlich in der DDR mit Erfolg in der 10. Klasse gelesen worden und der Gedanke schwer erträglich, dass Schüler die Schule verließen, ohne dieses Meisterwerk kennen gelernt zu haben. Ein erster Kompromiss seitens der Kommission bestand darin, in einem Vorspann zur Literaturliste auf die negativen Wirkungen verfrühter Lektüren für die Lesesozialisation hinzuweisen, gleichwohl zu erwähnen, dass Lehrer zu Faust I greifen könnten, sofern sie die Lektüre ihrer Lerngruppe zutrauten. Wie sich erwies, blieb die Gegenseite aller didaktischer Bedenken zum Trotz hartnäckig. Schließlich hieß es, dem literatursinnigen Minister persönlich sei Faust eine Herzensangelegenheit. Da konnte das Landesinstitut nicht widerstehen. Faust I steht nun auf der glücklicherweise unverbindlichen Lektüreliste des Rahmenplanentwurfs.*

6 Das Fach Deutsch im Lehrplan der Sekundarstufen

KMK-Bedingungen

Insgesamt kursieren in der Bundesrepublik sage und schreibe 2.000 Lehrpläne. Diese Zahl erklärt sich durch die Menge der Bundesländer, der Schularten und Fächer. Auch wenn die Anzahl der Deutschlehrpläne weit geringer ist, können diese hier unmöglich im Einzelnen vorgestellt und kommentiert werden.[20] Stattdessen soll auf einige Gemeinsamkeiten und auf neuere Tendenzen hingewiesen werden.

Gemeinsam sind allen Lehrplänen zunächst die Rahmenbedingungen, die durch Beschlüsse der KMK gesetzt werden. Von den Bestimmungen zum Abitur (EPA) war schon die Rede. Für das Fach noch bedeutsamer als diese dürften die Verständigungen der Kultusminister über die Fachstundenminima in den einzelnen Schulstufen und -arten (Stundentafel) sein. Deutschland ist hier, international betrachtet, in einer besonderen Situation, wie eine Erklärung der KMK verdeutlicht:

Schließlich gibt es hinsichtlich der fachlichen Schwerpunkte beträchtliche Unterschiede zwischen den einzelnen Ländern. Charakteristisch für die Verteilung des Unterrichts auf die verschiedenen Fächergruppen in Deutschland ist der hohe Stellenwert des Fremdsprachenunterrichts, der mit 21% aller Stunden fast doppelt so hoch ausfällt wie im Durchschnitt aller OECD-Staaten mit 11%. Entsprechend weniger Zeit verbleibt für andere Fächer. Während in Deutschland 14% des Unterrichts auf die Muttersprache entfallen, nimmt diese in den USA und Frankreich (jeweils 17%), Finnland und Neuseeland (jeweils 18%), Spanien (19%), Dänemark (20%), Schweden (22%) sowie Irland und Italien (23%) einen deutlich höheren Stellenwert ein (KMK zur OECD-Veröffentlichung „Bildung auf einen Blick" v. 2000).

In den Klassen 7–10 liegt die Stundenzahl für das Fach Deutsch zwischen drei und vier Wochenstunden.[21] Dies gilt weitgehend auch für die Einführungsphase der gymnasialen Oberstufe, die Klassenstufe 11. Kompliziert wird es in der so genannten Qualifikationsphase, die den Unterricht in Grund- und Leistungskurse sowie in einen Pflicht- und Wahlbereich teilt. Zur Differenzierung von Grund- und Leistungskursen hat die KMK sich darauf verständigt, dass in Deutsch, in Fremdsprachen und in Mathematik Grundkurse mindestens dreistündig unterrichtet werden müssen. Leistungskurse sollten mindestens vier- oder fünfstündig sein.[22] Über die Kurse heißt es in folgenreicher Ambivalenz, dass sie themenbestimmt, doch einzelnen Fächern zugeordnet sein müssen. Ob in der Form eines Grund- oder Leistungskurses, Deutsch muss als Teil des Pflichtbereichs in jedem Fall in vier Halbjahreskursen, also durchgehend, belegt werden. Hierzu gibt es allerdings eine Substitutionsregelung, die die Möglichkeit vorsieht, von dieser Verpflichtung abzuweichen, wenn andere Kursangebote die entsprechenden Fachkompetenzen vermitteln.

Öffentliche Debatten über die Qualität des deutschen Schulsystems haben in jüngster Zeit zu Maßnahmen geführt, die das Fach Deutsch in der gymnasialen Oberstufe über die Beschlüsse der KMK von 2000 hinaus stärken sollen. So ist in Baden-Württemberg Deutsch neuerdings in jedem Fall in der Abiturprüfung nachzuweisen.

20 Eine vergleichsweise knappe Synopse, notwendigerweise mit Ungenauigkeiten, bietet Almut Hoppe in den Mitteilungen des Deutschen Germanistenverbandes 2/2001.
21 Die KMK-Vereinbarung über die Schularten und Bildungsgänge in der Sekundarstufe I v. 03.12.1993 i. d. F. vom 27.09.1996 legt für die Klassen 5–10 eine Regelstundenzahl von 22 fest. Die Stundentafeln der Länder sehen für die Klassen 5 und 6 zumeist fünf und vier Wochenstunden vor.
22 Vgl. Vereinbarung zur Gestaltung der gymnasialen Oberstufe in der Sekundarstufe II. Beschluss der KMK vom 07.07.1972 i. d. F. v. 16.06.2000. Die Diskrepanz bei den Leistungskursen beruht darauf, dass die Anzahl der zu belegenden Leistungskurse variiert.

Eine weitere Vorgabe der KMK, die die Lehrpläne der Länder zu berücksichtigen haben, stellen die „Standards für den Mittleren Schulabschluss in den Fächern Deutsch, Mathematik und Erste Fremdsprache" (Beschluss der KMK vom 12.5.1995) dar. Da sich diese Standards auf die Hauptschule wie auf das Gymnasium beziehen, sind sie allerdings recht offen gehalten und dadurch kaum lehrplannormierend. Für das Fach Deutsch (und speziell für Sprachbücher) einschlägig ist schließlich ein am 26.02.1982 vorgelegter KMK-Katalog zur grammatischen Terminologie. Auf diesen Katalog verweisen viele Lehrpläne der Sekundarstufe I oder drucken ihn im Anhang ab.

Aufbau von Lehrplänen

Sämtliche Deutschlehrpläne setzen mit allgemeinen Beschreibungen ein, die fast immer die Bedeutung des Faches mit Blick auf die Allgemeinbildung hervorheben. Dass die meisten Nutzer diese apologetischen Passagen überblättern, liegt nahe. Wer erwartet schon, in einem Lehrplan stünde, dass das betreffende Fach nichts zur Allgemeinbildung beiträgt?

Stärkere Wirkungen gehen von den lerntheoretischen Hinweisen aus, die die neue Lehrplangeneration auszeichnen. Zentral ist hier der Begriff der *Kompetenz* oder *Schlüsselkompetenz*, zumeist in drei bzw. vier Dimensionen aufgeteilt: *Selbst-, Methoden-, Sozial-* und ggf. *Fachkompetenz.* (Für Selbstkompetenz findet sich auch der Begriff *personale Kompetenz.*) Diese Schlüsselkompetenzen, die unter anderem ein nachhaltiges Lernen ermöglichen sollen, stellen für alle Fächer einheitliche Orientierungspunkte dar. Die Lehrplanmacher müssen sich also überlegen, was ihre fachlichen Gegenstände und deren Systematik zur Entwicklung solcher Kompetenzen beitragen. Dasselbe gilt für die lehrplangemäße Unterrichtsplanung vor Ort, also vornehmlich für Referendare, die Stundenplanungen vorlegen müssen. Der Gewinn dieser zuweilen als Paradigmenwechsel gefeierten Novität besteht darin, dass sich – im Idealfall – der Blick primär auf die Aktivitäten der Lerner richtet und nicht auf den „Stoff" in seiner disziplinären Ordnung. Die Grenzen des Verfahrens zeigen sich bei kleinschrittigen Operationalisierungen, wenn jede Aktivität im Unterricht als Beitrag zu den Kompetenzdimensionen legitimiert wird. Gerät schon das Herausholen des Schulheftes zum Element der Selbstkompetenzentwicklung – wird das Aufschlagen einer neuen Seite zur Förderung von Methodenkompetenz und die Erledigung dieser Dinge ohne Störung anderer ein Schritt zur Weiterentwicklung von Sozialkompetenz, endet die Kompetenzorientierung in ihrer eigenen Karikatur. Deutlich wird darin zumindest, wie leicht Hinweise zur Kompetenzentwicklung zu Pseudobegründungen werden. Oder wie Kenner sagen: *Etwas geht immer ...* Um solche Pervertierungen einer eigentlich richtigen Idee zu vermeiden, sollte meines Erachtens namentlich in der Ausbildungsphase auf schematische Legitimationsroutinen verzichtet werden, die die Unterrichtenden dazu bringen, jeden Unterrichtsschritt als allseitig kompetenzfördernd auszuweisen.

Die engeren Ausführungen zum Fach Deutsch setzen in der Regel mit einer Differenzierung von Lernfeldern ein. Hierbei handelt es sich meist um Bereiche wie „Umgang mit Texten", „Nachdenken über Sprache", „Schreiben" und „mündliche Kommunikation" bzw. „Sprechen und Zuhören". Diese Felder bilden zentrale Gliederungselemente in den Jahrgangsstufenübersichten, die z.b. „Ziele und Inhalte" überschrieben sind. Dies führt zu einem unvermeidlichen Darstellungsproblem. Was sich im Lehrplan separat liest, findet im wirklichen Leben glücklicherweise integriert statt. So bewegen sich Schüler, die in einer Schulstunde über eine Ballade Schillers sprechen, schreiben und spielen, zumindest in drei der genannten Lernfelder. Genau diese Vernetzung ist didaktisch beabsichtigt, aber schwer darstellbar. Versuche, mit Tabellen die Darstellungsdimensionalität zu erhöhen, um die Verbindungen abzubilden, steigerten kaum die Nutzerfreundlichkeit. Dies gilt insbesondere für schulformübergreifende Rahmenpläne der Sekundarstufe I, die in diese Übersichten auch noch eine Differenzierung nach Bildungsgängen integrieren müssen.

Unterschiedlich gehen Lehrpläne mit dem Bedürfnis von Lehrenden um, im Lehrplan methodische Anregungen zu erhalten. Während manche Lehrpläne auf solche Anregungen ganz verzichten, geben andere in den Jahrgangsstufenübersichten knappe Hinweise. Wieder andere sehen separate Kapitel oder Anhänge zur Unterrichtsgestaltung vor.

Abgesehen von Reflexen auf KMK-Festlegungen vor allem im Bereich Grammatik folgen Lehrpläne kaum einer gemeinsamen Fachterminologie. Hier divergieren bereits die Pläne zu den einzelnen Stufen innerhalb eines Bundeslandes. Unterschiedlich geht man auch mit der Differenzierung von fakultativen und obligatorischen Teilen um. Hier wird viel an die Fachkonferenzen und an schulinterne Lehrpläne delegiert. Selten erfolgen Festlegungen auf Zeitanteile, unterschiedlich präzise gestalten sich Ausführungen zum obligatorischen Charakter von Lektüren. Ganz selten werden Lehrer bei der Lektürewahl auf eine angefügte Literaturliste verpflichtet. Zuweilen wird ganz auf Lektürehinweise verzichtet.

Vergleicht man die in den Lehrplänen vorgesehenen Unterrichtsgegenstände und Schüleraktivitäten, zeigen sich – wenig überraschend – schnell Differenzen, die mit der fachdidaktischen und fachwissenschaftlichen Aktualität des konkreten Plans zu tun haben. Indikatoren sind hier etwa: Aussagen zu produktionsorientierten Verfahren, Abkehr vom traditionellen Aufsatz, Leseförderung, Betonung des Zusammenhangs von Kontextualisierung und Interpretation.

Bezeichnender mag sein, in welchem Maße jeweils die Medienkonkurrenten des Buches Eingang in den Deutschunterricht finden. Tauchen audiovisuelle Medien in den „literarischen" Lehrplänen fast nur in Zusammenhang mit dem guten alten Hörspiel und der Literaturverfilmung auf, sind Film, Fernsehen und PC anderswo nahezu gleichberechtigter Partner der alten Schriftkultur (vgl. v.a. Sachsen-Anhalt).

Eine bedeutsame Differenz besteht zwischen den Lehrplänen auch in der Weise, wie sie Sprach- und Literaturunterricht positionieren. Hier gibt es Länder, die entschlossen auf einen integrierten oder verbundenen Deutschunterricht setzen;[23] in anderen Lehrplänen finden wir hingegen Bereiche wie „Grammatikunterricht" separiert. Folgenreich kann die Entscheidung für einen integrierten Ansatz besonders dann sein, wenn dieser auch zum Kriterium der Schulbuchzulassungen gemacht wird. Dann nämlich erreichen die traditionell getrennten Sprach- und Lesebücher den Markt nicht mehr.

In der Gestaltung der Kursphase der gymnasialen Oberstufe nutzen die Länder ihren von der KMK abgesteckten Interpretationsspielraum, wenngleich insgesamt die letzten zwei Schuljahre stark literaturlastig ausfallen. Besonders gilt dies für den Berliner Rahmenplan, der wesentlich als literaturgeschichtlicher Kursus aufgebaut ist und seinen Lesern sogar literarhistorische Instruktionen erteilt. Strukturiert wird dieser Plan durch eine fachwissenschaftlich eher problematische Epochenbetrachtung, die im Mittelalter ansetzt. Thematische Zugänge werden zwar zugelassen, stehen aber eher quer zum ausgeführten Curriculum. Hessen hingegen geht beispielsweise thematisch vor, Nordrhein-Westfalen akzentuiert die Epochenumbrüche und nimmt thematische Orientierungen fächerübergreifend auf. Wieder eingeführt wurde hier auch der Bereich „Reflexion über Sprache".

Bereits absehbar ist, dass die Diskussion um die verheerenden Ergebnisse der PISA-Studie zu einer neuen Welle von Lehrplanrevisionen führen wird. Dies wird zum einen die oben diskutierten Fragen nach Kerncurricula und Leistungsevaluationen betreffen. Zum anderen wird der Förderung von Lesekompetenz für nichtfiktionale Texte größere Bedeutung als bisher beigemessen werden. Fraglich ist allerdings, ob die auftraggebenden Kultusministerien hier der Versuchung des Aktionismus widerstehen werden. Leicht lässt sich nämlich in Lehrplänen vorschreiben, dass die Entwicklung von Lesestrategien gelernt werden soll. Vor Ort bleibt die Frage zu beantworten, was das im ge-

---

23 Vgl. den Beitrag „Integrativer Deutschunterricht" von Peter Klotz , S. 46– 59.

gebenen Lernermilieu und angesichts relativ weniger empirisch gesicherter Erkenntnisse heißen kann. *Politiklegitimation* und *Unterrichtssteuerung* – diese Funktionen von Lehrplanarbeit könnten sich auch hier als hartnäckiger Widerspruch erweisen.

Medienpädagogik, Literaturdidaktik und Deutschunterricht

Bodo Lecke

Dieses Kapitel zeichnet Perspektiven eines neuen Deutschunterrichts nach, der in seinen Gegenstandsbereich medienpädagogische Fragen integriert. Dabei werden unterschiedliche Einflüsse auf diesen Trend dargestellt und divergierende Beurteilungen der Entwicklung ausgewiesen. Den mittlerweile schillernden Begriff der *Medienkompetenz* unterzieht der Autor einer systematischen Klärung. Auf die schwierige Frage, wie der Deutschunterricht Literatur und audiovisuelle Medienformate als Lerngegenstände integrieren kann, antwortet Bodo Lecke mit dem weit reichenden Vorschlag, im Unterricht von einem medienübergreifenden Gattungs- und Textsortenbegriff auszugehen und mit alten Vorurteilen aufzuräumen.

Wohl erstmals wurde in den 1970er-Jahren die Medienpädagogik bzw. die Behandlung von Massenmedien in das systematische Konzept einer „Didaktik und Methodik des Deutschunterrichts" – genauer: des so genannten lernzielorientierten, insbesondere „politisch-kritischen Deutschunterrichts" integriert (Lecke 1974).[1] Es dauerte lange Zeit, bis das Thema einer wechselseitigen Integration und Interdependenz von Medienpädagogik und Literaturdidaktik endgültig auf die Tagesordnung kam.

1 Literatur und Medien im „Verbund"

Kommunikationswissenschaftler und Medienpädagogen sind sich weitgehend einig, dass die Buchkultur, das gedruckte Wort, die Literalität, die Printmedien heute keine dominierende Rolle mehr spielen. Insbesondere das Fernsehen dürfte inzwischen das Buch als „Leitmedium" abgelöst haben.[2]

Daher kann die Buchkultur nicht länger separat bzw. exklusiv betrachtet und mit sich selbst verglichen werden, sondern ist relational (nach Produktions-, Vermittlungs- und Rezeptionswissen, Formen, Arten, Gattungen, Stilen etc.) im intermedialen Bezugssystem zu bestimmen sowie letztlich im – nach Christa Bürger – *trivialen* oder besser *qualitativen* und *quantitativen* „Verbund" mit anderen („neuen", „neueren" und „neuesten") Medien.

Dem entspricht das seit dem Aachener Germanistentag (1994) nahezu einhellig beschworene Selbstverständnis der Germanistik, besonders der Literatur-

---

1   Zum entstehungszeitlichen Hintergrund vgl. Lecke 1994, 44–68.
2   Vgl. den Beitrag „Lesesozialisation und Leseförderung" v. Cornelia Rosebrock, S. 153–174.

wissenschaft als einer „Kulturwissenschaft", der es auch weiterhin obliege, am „kulturellen Gedächtnis" (Jan Assmann) der Gesellschaft mitzuwirken. Dies wird heute jedoch nicht mehr nur durch Bücher, sondern auch durch konkurrierende bzw. komplementäre Medien und sich wandelnde Kommunikationsverhältnisse der so genannten Informations- oder Dienstleistungs-Gesellschaft bestimmt.[3] In diese Richtung weisen auch die deutlichen Plädoyers für eine integrative Medien- und Kultur- bzw. sogar *Medienkultur*wissenschaft (J. Schönert; K. Hickethier, S. J. Schmidt) im Sammelband „Literatur und Medien in Studium und Deutschunterricht",[4] der ähnliche „integrative" Tendenzen verfolgt, ohne indessen den traditionellen, gewachsenen „Bildungswert" des Literaturunterrichts und der Literaturdidaktik preiszugeben.

2 Zur Integration von Literaturdidaktik und Medienpädagogik

In der Frage: Literaturdidaktik (bzw. Literaturunterricht inklusive Leseförderung) und Medienpädagogik – kontrovers oder komplementär?, habe ich mich – wie inzwischen auch zahlreiche andere Fachautoren und -autorinnen (s.u.) – für eine „Integration" von Medienpädagogik bzw. Medienerziehung in Literaturdidaktik und Deutschunterricht ausgesprochen.[5]

Als weiteres Beispiel für zahlreiche Versuche einer Zusammenführung von Medienpädagogik und Literaturdidaktik, Mediennutzung und Leseförderung, die nicht länger kontrovers, sondern komplementär – ebenso wie Literatur und Medien im „Verbund" – zu sehen sind, wäre das 1997 erschienene Buch von Jutta Wermke zu nennen. Es belegt das vielseitige Bemühen, Medienpädagogik und Fach-, insbesondere Deutschdidaktik „unter einen Hut zu bringen". Freilich bleibt es eine schwierige Frage, ob man sich mit dem Spatzen in der Hand begnügen solle, wo man doch eigentlich gern die Taube auf dem Dach hätte, m.a.W.: Kann Medienpädagogik überhaupt im notwendig verengten Rahmen der Didaktik eines einzelnen Faches (wie z.B. Deutsch, Sozialkunde oder Kunst), in einem allgemein didaktischen Theoriekonzept oder in der alltäglichen Praxis des Fachunterrichts sinnvoll verankert werden?

Oder muss sie fächerübergreifend sein – allerdings dann um den hohen Preis, dass sich kein einzelnes Fach so recht verantwortlich fühlt? Durchaus ähnlich sieht es mit anderen – gesellschaftspolitisch sehr wichtigen – Themen-

---

3 Vgl. Frühwald 1991; Jäger/Switalla 1994. Im Fachbereich Sprach- (und Literatur-)wissenschaften der Universität Hamburg z.B. wird ein (Nebenfach-)Studiengang „Medienkultur" angeboten – mit dem Schwerpunkt der Analyse und Kritik von Sendungen und Programmen.
4 Vgl. Schönert 1999, 43–64; Schmidt 1999, 64–83; Hickethier 1999, 85–112.
5 Vgl. Lecke 1996a, 19–50 und Lecke 1996b, 151–168.

komplexen aus, die quer zum herkömmlichen Fächerkanon stehen, wie z.B.: Sexualpädagogik, Umwelt- oder Friedenserziehung.

Dabei stellt sich die Frage, ob sich der Deutschunterricht immer neue Themen und Inhalte „aufladen" lassen kann, über die verpflichtenden, nicht ohne weiteres aufzugebenden Fachtraditionen und -kulturen hinaus (z.B. „Germanistik", Kultur-, Literatur- und Sprachwissenschaft im Zeichen nationaler Identität und europäischer/internationaler/multi- bzw. interkultureller Integration). Auf der anderen Seite ist das Fach Deutsch (vielleicht neben Kunsterziehung) das einzige, welches sich mit der kritischen Reflexion von Medien (über deren Funktion als Informationsquelle oder Unterhaltungsangebot hinaus) befasst, und in dem Sprache als (Unterrichts-)Gegenstand und (Kommunikations-)Medium gleichermaßen fungiert.

Darüber hinaus wäre bedenkenswert, ob sich der Deutschunterricht nur auf bestimmte medienpädagogische Aspekte, die innerhalb seiner „Fachkompetenzen" liegen, konzentrieren sollte, so z.B.:

- Dramaturgie,
- Verhältnis von Text und Bild (z.B. Literaturverfilmungen) im Kontext eines erweiterten Textbegriffs,
- Filmgeschichte und Literaturgeschichte,
- Kenntnis der medien- bzw. gattungsspezifischen Gestaltungs- und Ausdrucksmöglichkeiten und ihrer Funktion im „elektronischen Text",
- Kenntnis der Kunstformen von Film und Fernsehen als Formen der dramatischen und narrativen Präsentation mit jeweils eigenen medialen Traditionen und Konventionen (vom „aristotelischen Drama" zum „epischen Theater"; experimentell-avantgardistische Filmästhetik *vs.* Hollywood-Kino),
- Notwendigkeit, das Instrumentarium medien-, insbesonders film- und fernsehkundlicher Fachbegriffe dosiert auf die Schule zu übertragen.

J. Wermke geht in ihren grundsätzlichen Überlegungen zum Verhältnis von Medienpädagogik und Fachdidaktik von dem Orientierungsrahmen für „Medienerziehung in der Schule" der Bund-Länder-Kommission für Bildungsplanung und Forschungsförderung aus, der die Medienerziehung dem so genannten „allgemeinen Unterricht" zuweist, wenn sie nicht – wie z.B. in Sachsen – als neues eigenes Fach institutionalisiert werden soll, da die Schule nun einmal „weitgehend durch Fächer- und Lernbereichsstrukturen gekennzeichnet sei" (Wermke 1996, 440–450). Eine neue (didaktische) Standortbestimmung der Medienpädagogik zwischen fächerübergreifender Projektierung („Taube auf dem Dach") und fachdidaktischer Exemplifizierung' („Sperling in der Hand") erfordert aber die ,Erarbeitung eines neuen didaktischen Feldes'(...). Die Erarbeitung besteht einerseits in der inhaltlich-thematischen Suche nach ,Schnittstellen' zwischen Fach und Kommunikationskultur (...). Sie besteht andererseits in der detaillierten Überprüfung der Lehrpläne auf Fach/Medien-Relationen (Wermke 1996, 446).

Im Orientierungsrahmen zur „Medienerziehung in der Schule" der Bund-Länder-Kommission für Bildungsplanung und Forschungsförderung vom 12.5.1995 ist eindeutig festgelegt, dass „Medienerziehung" weder als fach- bzw. fächerübergreifendes Prinzip noch als ein neues Einzel- bzw. Spezialfach etabliert bzw. institutionalisiert, sondern in eines oder mehrere der bestehenden traditionellen Schulfächer integriert werden soll. Als „Leitfächer" einer solchen offensichtlich fachdidaktisch orientierten Medienerziehung gelten vorzugsweise der Deutsch-, Kunst-, Musik- und Sozialkundeunterricht.

Um zu effektivem Umgang mit der von Fernsehen, Computer, Internet etc. angebotenen Informationsflut zu befähigen, muss der Deutschunterricht über den bloßen Wissenserwerb hinaus Fähigkeiten zur sinnorientierten *Wissensverarbeitung* vermitteln, z.b. in Form eines Überblicks- bzw. Orientierungswissens. Für eine „integrierte Medienerziehung" seien vor allem „drei Perspektiven auf den verschiedenen Ebenen des didaktischen Entscheidungsprozesses relevant": erstens die *Medien-*, zweitens die *Fach-* und drittens die *Integrationsperspektive* (ebd. 133f.).

3 „Medienkompetenz" – nur eine Lieblingsmetapher der Medienpädagogik?

Den ursprünglich von D. Baacke eingeführten, inzwischen (zu) viel strapazierten Begriff der „Medienkompetenz"[6] versucht J. Wermke im Sinne von G. Tulodziecki u. a. auszudifferenzieren, vor allem durch so genannte trans- bzw. intermediale und kreative Kompetenzen im Umgang mit Medien.

In einem integrativen Konzept könnten D. Baackes Bestimmungsmerkmale einer „Medienkompetenz" z.B. auf folgende Gegenstandsbereiche des Deutschunterrichts angewandt werden:

1. *Institutionenkunde*: Organisation von Sendern, Redaktionen und Verlagen. Mitbestimmungsgremien wie Rundfunkrat und ihre politisch bedingte Zusammensetzung. Rechte der Intendanten, Redakteure, Autoren etc.

---

6 Zur kritischen Auseinandersetzung mit diesem Begriff vgl. Kübler 1996, 11–15; Wermke 1997, 134ff.

2. *Inhaltsanalyse*: Empirische Untersuchungen über Programminhalte, Publikumszusammensetzung, Konsumgewohnheiten, gattungstypische und gattungsgeschichtliche Topoi des Mediums, stilistische und inhaltliche Strukturen, Weltbild, Personal; Figurenklischees wie Leitbilder, Vorbilder, Feindbilder; wirkungs- und rezeptionsästhetische Grundkategorien etc.

3. *Exemplarische ideologiekritische Interpretation* von Inhalten und Wirkungsmitteln (z.B. Handlungsstrukturen, Figurenkonstellationen, Schauplätze, sozio-kulturelle Kodes, Manipulationstechniken formaler Elemente wie „Großmontage" und „Binnenmontage". – Bei einem großen Teil von Illustrierten- und Fernsehstories handelt es sich um „Träger von Geschichten" bzw. „visualisierte Dichtung", so dass an literaturwissenschaftliche Interpretationsmethoden, besonders literarsoziologische, angeknüpft werden kann).

4. *Gattungs- und Formenlehre*: Wie literarische Texte lassen sich auch massenmediale „Texte" nach Kodes, Soziolekten, Stilhöhen, *genera dicendi* unterscheiden. Analog der literarischen Rhetorik empfiehlt sich eine hermeneutische Methode, die nicht nur rein phänomenologisch oder formalästhetisch verfährt, sondern funktional und dialektisch. Zu analysieren wäre die Sprechsituation und Sprechhaltung des Senders (expressiv, appellativ, affirmativ, manipulativ etc.) gemäß der Frage, welche Interessen sich in welchem Kode dialektisch widerspiegeln. Anzustreben wäre eine systematische Kennzeichnung und Katalogisierung der sprachlich-bildlichen Wirkungsmittel sozio-kultureller Kodes, eine *Grammatik der Bildersprache*, wie sie vor allem in der Geschichte einer formulierten Filmästhetik seit Eisenstein, Alexandrow, Vertow, Pudowkin, Lukács, Buñuel, Pasolini, Godard u.a. vorbereitet wurde. Zur formalästhetischen Propädeutik könnte die Analyse autonomer Einstellungen, Segmente, Syntagmen, Episoden, Sequenzen dienlich sein. Sie wäre durch eine *Didaktik des Sehen-Lernens* (Hartwig) zu ergänzen.

5. *Allgemeine Medientheorie und Kritische Kommunikationstheorie*: Sie müsste sich, besonders in der Sekundarstufe II (Medienkunde-Kurse), um eine Aufarbeitung, begrifflich-terminologische Klärung, methodische Systematisierung und didaktische Aufbereitung grundlegender Texte zur Medientheorie konzentrieren: Brechts „Radiotheorie", Lukács' „Ästhetik des Kinos", Benjamins „Kunstwerk im Zeitalter seiner technischen Reproduzierbarkeit", Pudowkin, Vertow, Eisenstein, El-Lissitzky, Adorno, Knilli, Prokop u.v.a. – möglichst in Zusammenarbeit mit Kunstunterricht und Sozialkunde.

Daraus ergeben sich vor allem vier aufeinander aufbauende „Lernziele":

1. *Ideologiekritik* auf der Grundlage modellhaft-exemplarischer Einsichten in dialektische (strukturhomologische) Zusammenhänge,
2. *Immunisierung* gegen interessengeleitete Wirkungs- und Manipulationsmechanismen,
3. *Erkenntnis* potenziell *demokratischer, aufklärerischer Tendenzen* und ihrer formalen (ästhetischen) und inhaltlichen (politischen) Manifestationen,
4. *Anwendung* der so gewonnenen sozio-ästhetischen Kategorien auf das eigene politische (Kommunikations-)Verhalten, verstanden als soziales Handeln.

4 Positionen – Tendenzen – Reaktionen

Die Frage der fachdidaktischen Integration von Medienpädagogik bzw. Medienerziehung in die Theorie und Praxis des Deutschunterrichts ist zugleich die Frage nach der Parallelität oder den Interdependenzen von Kategorien auf den drei Ebenen Allgemeine Didaktik, Fachdidaktik (Deutsch) und Medienpädagogik. Meine Hypothese: Es besteht eine weitgehende Übereinstimmung, die die Integration der drei Kategoriensysteme in Theorie und Praxis auch weiterhin ermöglicht.[7]

Die allgemein und fachdidaktische Diskussion mit z. T. kontroversen Positionen und Tendenzen wird von mehreren Einschnitten oder Umschwüngen strukturiert, die mit so bedeutungsschweren Begriffen wie „Wende" oder „Paradigmenwechsel" bezeichnet worden sind:

1. die „didaktische Wende" (Harro Müller-Michaels) noch innerhalb des bildungstheoretischen Paradigmas,
2. die „curriculare Wende" (so Saul B. Robinsohn vom Berliner Institut für Bildungsforschung) von der Bildungs- zur Lerntheorie,
3. die „kopernikanische" bzw. „kommunikative" oder „pragmatische" Wende (so Malte Dahrendorf) von der germanistischen Bezugswissenschaft zum derzeitigen und künftigen Lebensinteresse des heranwachsenden Schülers,
4. die „kognitivistische" bzw. „kognitionspsychologische" Wende, die besonders auf dem Züricher Symposion Deutschdidaktik (1994) Kaspar H. Spinner propagiert hat, auch mit Blick auf Jürgen Kreft und seine Bezugnahme auf die Theorien der kognitiven und moralischen Entwicklungspsychologie (nach Piaget und Kohlberg), sowie Mechthild Dehn mit ihrer konsequenten Zuwendung zur individualbiografischen Entwicklung jedes einzelnen Grundschulkindes beim Lesen- und Schreibenlernen.

7　Vgl. dazu Lecke 1987, 129–145 und Lecke 1986, 121–128.

Wie neu, vertraut oder unheimlich sind derartige medienpädagogische Fragen und Probleme für den gemeinhin in Sprach-, Literaturwissenschaft, Allgemeiner Pädagogik und Fachdidaktik ausgebildeten angehenden Deutschlehrer? Dazu seien – als vorläufige Zwischenbilanz und besonders auch im Hinblick auf die weiterführende Diskussion – stichwortartig einige grundlegende (und z. T. kontroverse) Positionen und Tendenzen der Medienpädagogik genannt, die sich unschwer den generellen Trends auch der allgemein und fachdidaktischen Diskussion zuordnen lassen.

Die sich bei allen jeweils „neuen" Medien (wie z.B. Buch, Film, Fernsehen, Comic, Computer oder Internet) nahezu stereotyp wiederholende chronologische Abfolge medienpädagogischer Positionen und Reaktionen lässt sich (nach E. Bieger, H. Moser u. a.) wie folgt darstellen:

1. bewahrpädagogische Ablehnung
2. moralpädagogische Missbilligung
3. kulturpessimistischer Vorbehalt
4. kritische/politische/emanzipatorische Auseinandersetzung
5. projekt- und handlungsorientierte Bewältigung
6. produkt(ions)orientierte Anwendung und Applikation.

Im Sinne einer Integration von Medienpädagogik und Literaturunterricht plädieren auch H.D. Erlinger und G. Marci-Boehncke für einen sinnvollen „Austausch beider Seiten", d.h. „der von traditioneller Schriftkultur sowie ihrer Repräsentanten und der von Medienkultur und ihren – eben auch vorrangig jugendlichen – Anwendern (...)" (Erlinger/Marci-Boehncke, 2001, 8). H.D. Erlinger sieht „mediale Bildung immer auch eingebettet in kulturelle Diskurse" und vertritt entschieden

▪▪ *eine Fortentwicklung traditioneller Aufgabenfelder und Unterrichtsinhalte des Deutschunterrichts. Medientexte sind als symbolische Formen unserer Gegenwartskultur zu verstehen und nicht nur als methodische Hilfsmittel zu betrachten. Sie stellen vielmehr eine ‚neue Bühne' dar für gesellschaftliche Themen – alte wie neue. Aufgabe der Bildungsinstitutionen muss es bleiben, Jugendliche bei der ‚Einübung in die symbolische Ordnung der Gesellschaft' unterstützend zu begleiten. Dazu ist der Blick auf gegenwärtige Ausdrucksformen dieser Gesellschaftsordnung unerlässlich. Dieser inhaltlichen Aufgabe – und nicht nur der Sorge um den kompetenten Umgang mit neuer Technologie – haben sich die heutigen Bildungsinstitutionen zu stellen.* (Erlinger/Marci-Boehncke 2001, 13).[8]

---

8   Vgl. auch Erlinger 2001, 155–166.

5 *Genera dicendi* – Die Lehre von den „Sende-Formaten", Textsorten und Literaturgattungen

Nach dem begrüßenswerten Perspektivenwechsel von der quantitativ-statistischen Frage: „Was machen die Medien mit uns?" (= traditionelle bzw. positivistische Wirkungsforschung) zum qualitativen Forschungsansatz: „Was machen wir mit den Medien?" (= Mediennutzungsverhalten; *uses and gratification approach*) möchte ich für einen weiteren Perspektivenwechsel bzw. eine perspektivische Verengung und Präzisierung auf eine „gattungstheoretische" Fragestellung plädieren, die sich auf die Produktionsweise, den „Werkcharakter" und die (insbesondere moralisch-pädagogische) Wirkung auf Kinder und Jugendliche sowie entsprechende medienpädagogische Konsequenzen konzentriert, also z.b. auf epische oder dramatische Formen, Gattungen bzw. Textsorten, die – vom „bürgerlichen Rührstück" bis zur „daily soap opera" – sowohl im Medium Literatur als auch im Medium Fernsehen vorkommen.[9]

Die Lehre von den „Gattungen" (Gattungstheorie in der Tradition der bis auf die Antike zurückgehenden Poetik und Rhetorik) beschäftigt sich vor allem mit der systematischen „Einteilung" der Gattungen – nach allerdings unterschiedlichen und nicht immer universell gültigen Prinzipien.

Nicht nur Literaturverfilmungen, die sich schon seit den frühen 1980er-Jahren einen relativ festen Platz im Deutschunterricht erobern konnten, sondern auch weitere „intermediale Vergleiche" auf gattungstheoretischer Basis hält auch J. Wermke für sinnvoll und praktikabel:

> Ansatzpunkte für intermediale Vergleiche in einer integrierten Medienerziehung können parallele Gattungen, Genres, Stile sein (...), aber auch Motive, Typen, Handlungsmuster (...); Transformationen von Werken aus einem in ein anderes Medium, die Verschiebung von Funktionen aus der Sicht der Rezipienten: z.B. der Unterhaltung oder der Information, des Begleitmediums oder des Medienereignisses; die Rolle des Autors in verschiedenen Mediensystemen usw. Allerdings liegen die Präferenzen deutschdidaktischer Publikationen seit den 70er Jahren bei Verfilmungen (...), die als buchnah eingeschätzt und dem Repertoire eher illustrativ eingegliedert werden können. Die Vielzahl möglicher didaktischer Ansatzpunkte ist damit bei weitem noch nicht erschlossen.
> Für die Medienkompetenz als Zieldimension stellt die intermediale Perspektive die notwendige Spezifizierung dar, um auf den verschiedenen Ebenen individuelle und adäquate Auswahlentscheidungen treffen zu können. (...) Das allerdings setzt Kenntnis, Erfahrung und Übung im Umgang mit unterschiedlichen Medien-Ästhetiken, -Qualitätsstufen, -Stilen, -Genres usw. voraus. Wichtig ist

---

9 Vgl. dazu Marci-Boehncke/Gast 1997, 293–302 und Lecke 1997, 166–183.

dabei das Angebot von Alternativen innerhalb der von den Schülern favorisierten Medien, und zwar in Ausprägungen, die ihnen neue formale Möglichkeiten zeigen. Wichtig ist aber auch der Zugang zur Literatur, der über andere auditive, audiovisuelle, interaktive Medien vorbereitet werden kann, und zwar durch Medientexte, die sich eher an einer audiovisuellen oder interaktiven Ästhetik orientieren als am Buch (Wermke 1997, 140).

Auf der einen Seite steht das Interesse der Jugendlichen für die z.b. in den „soap operas" und anderen (Familien-)Serien dargestellten Beziehungsprobleme, die „zu Hause" nie oder nur selten thematisiert werden, wie z.b. Schwangerschaftsabbruch, erste sexuelle Erfahrungen, Konflikte oder Probleme. Auf der anderen Seite stehen die oft minimalen ästhetischen, moralischen, „literarischen" und filmtechnischen Qualitäten solcher Serien, denen der (Deutsch-) Unterricht bewusst höherwertige Standards gegenüberzustellen hat.[10]

Warum sehen sich viele Menschen immer wieder gern Serien an? Je eingängiger bzw. leichter etwas zu verstehen ist (wie eben das „Triviale", „Banale" oder „Soaphafte"), desto schwerer ist es meist zu analysieren und zu erklären. Möglicherweise bietet die spezifische Erzählstruktur der Serie einen Zugang: eine fiktionale Darstellungsstruktur, die auf ein hohes Maß an Vertrautheit setzen kann, die spezifische Konstruktion des seriellen Erzählens, die Thematisierung aktueller Themen unter fiktionalen Bedingungen sowie die Darstellung von Welt in einem solchen, für den Zuschauer „gefahrlosen" Rahmen.

Knut Hickethier und andere Interpreten erklären – in literatur- wie medienwissenschaftlicher Tradition – vor allem den Status der teils erzählerischen (epischen), teils dramatischen Fiktion als verantwortlich für die effektvolle, zur (totalen oder partiellen) Identifikation einladenden Wirkung von „Fernsehspielen" überhaupt und den TV-typischen Serien im Besonderen.

Für jugendliche Zuschauer können „soap operas" jedoch positiv als Orientierungshilfe an die Stelle seriöser pädagogischer, psychologischer oder sozialer Ratgeber- und Informationssendungen treten, so z.b. die seinerzeit – aus politischen Gründen – fast restlos aus den Programmen eliminierten Jugendmagazine ersetzen. Stereotype sind zwar häufig klassische Gattungsmuster, die sich in der literarischen Tradition von ihrem historisch-sozialen Entstehungszusammenhang gelöst haben und zu Klischees geronnen sind. Positiv gesehen können sie jedoch der Normgebung und Verhaltensmodellierung dienen. Klassische literarisch-dramaturgische Muster wie Boulevardstück, Schwank und Charakterkomödie sind in ihrem ästhetisch-moralischen Wert auch nicht immer eindeutig zu bestimmen. Wichtige Rezeptionsinstanz ist je-

---

[10] Vgl. dazu Lecke 2000, 135–147.

denfalls das nachträgliche Raisonnement, das „post viewing" z.b. am Montagmorgen.

Statt einer grundsätzlichen ideologisch-metaphysischen Polarisierung von hochwertiger Literatur einerseits und minderwertigen audio-visuellen Massenmedien andererseits möchte ich daher abschließend – auf literaturwissenschaftlicher, kommunikationstheoretischer und besonders auch medienpädagogischer Ebene – für die Wiederaufnahme einer Genre-, Textsorten- oder Gattungstheorie plädieren. Sie ist zwar medienumgreifend bzw. medientranszendierend, aber meint eben nicht umfassende Großformen oder Goethes so genannte Naturformen (Lyrik, Epik, Dramatik) oder allein materiale Erscheinungsformen wie Buch, Film, Video, Zeitung, Fernsehen, sondern Gattungen, *genres, genera dicendi* i.e.s. des Begriffs, also inhaltlich wie formal eingrenzbare Formen, die in Literatur und Film, Zeitschrift und Fernsehen vorkommen können und die zugleich auch andere kulturelle Erscheinungsweisen wie gesellschaftliche Konventionen oder ästhetisch-moralische Normen bezeichnen – so wie z.b. der Bremer Romanist Peter Bürger von der „Institution Literatur" spricht, die man von der Literatur als „autonomer Kunstform" unterscheiden müsse. Dies ermöglichte dem Schüler im Sinne des „exemplarischen Prinzips" (W. Klafki) statt bewahrpädagogischer Abschreckung und Generalprävention oder unverbindlicher universeller Medienschelte gerade im Deutschunterricht (und im Rahmen seiner nun einmal begrenzten fachspezifischen Kompetenz und Zuständigkeit) eine Anknüpfung an ideologiekritische Ansätze, wie z.b. F. Knillis oder M. Pehlkes Analysen von Werbespots, Familienserien, „soap operas" etc. Damit könnte er an das gesamte, von der erst kritischen, dann handlungs- und rezipientenorientierten Didaktik bereits entworfene Spektrum von Gegenständen, Inhalten, Methoden und Modellen einer in der Praxis wohl eher fachgebundenen (und daher auch fachdidaktisch zu begründenden) Medienerziehung herangeführt werden.

Der traditionelle Begriff „Gattung" (*genus*) aus der Poetik, Rhetorik oder Literaturwissenschaft ist formalistischen Missverständnissen ausgesetzt. Deswegen betone ich: Er meint keineswegs – eben im Unterschied zu Begriffen wie Strophenform, Gedichtform, Metrum, die es ja materialiter auch gibt – allein äußere Form, sondern eben auch: *inward form*, inhaltliche Details, aber auch Wirkungsweisen und Darbietungsrahmen, Figuren und Konstellationen und nicht zuletzt: soziologisch-psychologische Kontexte.

Der Begriff der Gattung ist – in Bezug auf die existenziellen „Großformen" – buchstäblich kleiner, auch begrifflich enger gefasst, genauer zu bestimmen und zu beschreiben. Er bezeichnet zugleich deutlichere Konturen und Funktionen, Institutionsweisen und Konventionen, die sich freilich nicht nur perfekt erfüllen (wie in Trinklied, Elegie oder Limerick), sondern auch absichtsvoll transzendieren, durchbrechen, erneuern oder vermischen lassen (z.b. die in Fernsehen wie Literatur und anderen Medien vorkommenden Gattungen: Hörspiel, *feature* oder *faction*). Eine so konzipierte, zugleich integrative und medienüberschreitende wie auf einen beschränkten Gestalt- und Begriffsumfang reduzierte Gattungstheorie kann möglicherweise auch dazu beitragen, den Spagat zwischen der Gesamtorientierung (systematischer Überblick und Ausdifferenzierung bzw. Spezialisierung) als wissenschaftstheoretisches und als didaktisches Kardinalproblem zu bewältigen.Lessing hat einst, im Gegensatz zur „hohen" Gattung der feudal-heroischen Tragödie, seiner revolutionär neuen „mittleren" Gattung des bürgerlichen Trauerspiels bewusst nur die eine Wirkungsfunktion des „Mitleids" zum Zwecke der allgemeinen „Besserung" seines entstehenden bürgerlichen Publikums zugeschrieben:

■■ *Bessern sollen uns alle Gattungen der Poesie: es ist kläglich, wenn man dieses erst beweisen muß; noch kläglicher ist es, wenn es Dichter gibt, die selbst daran zweifeln. Aber alle Gattungen können nicht alles bessern; wenigstens nicht jedes so vollkommen, wie das andere, was aber jede am vollkommensten bessern kann, worin es ihr keine andere Gattung gleich zu tun vermag, das allein ist ihre eigentliche Bestimmung. (Lessing 1968, 10/114)*

So hat der für das 18. Jahrhundert überaus einflussreiche französische Literatur- und Kunsttheoretiker Charles Batteux versucht, sämtliche „schönen Künste" auf dasselbe Prinzip zurückzuführen („Les Beaux Arts réduits à un méme principe", 1746): nämlich auf die „copie artificielle de la nature", die (Natur-) Nachahmung oder Mimesis.

Die für meinen Vorschlag interessanteste „Einteilung" der Kunstarten, gerade für die modernen, die Literatur transzendierenden Medien, scheint mir die bis auf die antike Rhetorik und Poetik zurückgehende Lehre von den „Stilhöhen" oder *genera dicendi* zu sein. (Stil-)Höhe ist dabei sowohl sozial (bzw. soziologisch) wie auch gemäß einem ästhetischen Werturteil (hohe *vs.* niedere Kunst) zu verstehen – also sozio-ästhetisch.

Ein literarisches wie zugleich literaturdidaktisches System bietet exemplarisch die – auch in den großen Literaturgeschichten des Mittelalters von E.R. Curtius und K.H. Bertau dargestellte – *rota Vergilii* (das Rad des Vergil) des spätmittelalterlichen englischen Literaturtheoretikers John of Garland (14. Jh.): ein aus drei Sektoren und zehn konzentrischen Kreisen bestehendes systematisches Schema der gesamten Gattungstheorie der Poesie und Rhetorik.[11]

---

[11] Vgl. dazu die Abbildung bei Lecke 1996a, 161.

Der römische „Schulautor" Vergil lieferte die Muster dreier Gattungen: 1. das hohe Heldenepos (*Aneis*), 2. die realistisch-didaktische Darstellung bäuerlichen Lebens (*Georgica*), 3. die idyllische Schäferdichtung (*Bucolica*). Der hohen, mittleren und niederen „Gattung" – *genus grande, medium, humuli* – entsprechen die „Stilarten" hoch, mittel, niedrig. Ihnen zugeordnet werden das Personal (Kriegsheld, Bauer, Schäfer), die Requisiten (Schwert, Pflug, Hirtenstab) und sogar ein sozialhierarchisch eingeteiltes Tierreich (Schlachtross, Ochse, Schaf), die „standesgemäßen" Bäume (Lorbeer/Zeder, Buche, Obstbaum) und die dazugehörigen Schauplätze (Burg/Stadt, Weide, Acker).

Auf die speziellen Belange der Pädagogik und Didaktik der Massenmedien übertragen, könnte folgendes Schema hilfreich sein – in Anlehnung an Pierre Bourdieus Theorie von der Distanz zwischen den „Ebenen des Senders" und den „Ebenen des Rezipienten". Die Stilhöhen oder -ebenen sind zugleich ästhetisch und soziologisch zu verstehen. Die vom Produzenten in der Regel angestrebte Kongruenz der Emissions- und Rezeptionsniveaus kann leicht zur unbeabsichtigten Dissonanz werden.

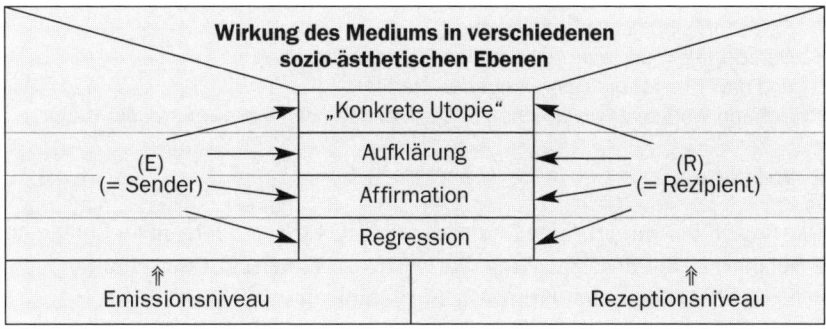

Genau diese Gattungs- und Stilhöhentheorien hat Jostein Gripsrud, in Anlehnung an Pierre Bourdieu und an die Kritische Gesellschaftstheorie der Frankfurter Schule, aufgegriffen:

> ▪▪ *Dies kann zu der Position überleiten, die Umberto Eco einmal wie folgt formulierte: (…) Erst wenn man akzeptiert, daß die verschiedenen Niveaus komplementär sind und daß sie von allen Mitgliedern derselben Nutzungsgemeinschaft betreten werden können (sollten), läßt sich ein Weg zur kulturellen Verbesserung der Massenmedien öffnen.' (…) Gemäß dieser Sichtweise muß jeder Text zunächst im Hinblick auf sein Genre betrachtet werden: Leistet er wirklich das, was er für das intendierte Publikum leisten sollte? Wie steht er im Vergleich zu anderen Texten desselben Genres da? Belegt er das Genre oder erschließt er ihm neue Möglichkeiten? (Gipsrud 1994, 121)*

Integrativer Deutschunterricht

Peter Klotz

„Integrativer Deutschunterricht", „verbundener Sprachunterricht" oder „fächerübergreifendes Lernen" – betrachtet man die meisten Deutschlehrpläne, so scheint die Idee einer Vernetzung der in Fach- oder Gebietsgrenzen ausdifferenzierten Wissensbestände hoch im Kurs zu stehen. Peter Klotz sondiert zunächst, was alles unter dem allgegenwärtigen Anspruch eines integrierten Unterrichts kursiert. Konkret stellt er dann die zwei wesentlichen Integrationsangebote vor: die Verbindung von Sprach- und Literaturunterricht sowie die Perspektiven eines fächerübergreifenden Unterrichtens. Hingewiesen wird auf Problemfelder, in die gerade pflichtbewusste Lehrende leicht geraten können. Exemplarisch erläutert der Autor, wie Sprachbetrachtung und literarische Lektüre sinnvoll verbunden werden können. Auch Chancen eines Deutschunterrichts im Verbund der Fächer werden an Beispielen gezeigt. Das Kapitel beschließt allerdings eine Warnung vor blinder Euphorie: Integration kann nicht Auflösung von Fachlichkeit heißen; zudem wissen wir empirisch noch sehr wenig über die lernpsychologischen Vor- und Nachteile eines am lebensweltlichen Handeln ausgerichteten Unterrichts.

Den Stoff sieht jedermann vor sich;
Den Gehalt findet nur der, der etwas dazu zu thun hat,
und die Form ist ein Geheimniß den meisten.
(Johann Wolfgang von Goethe in den „Maximen und Reflexionen über Kunst")

1 Vorklärung

Der Begriff des *integrativen Deutschunterrichts* tritt auf folgenden Ebenen in Erscheinung: der des Lehrplans, der Lehrmaterialien, des Deutschunterrichts selbst und der Deutschdidaktik. Die Entstehung des Begriffs ist nicht eindeutig nachvollziehbar, aber sie ist in der Nähe der expliziten Schülerorientierung, der Abwendung vom so genannten traditionellen Deutschunterricht und nicht zuletzt im Umfeld des handlungsorientierten, kreativen Deutschunterrichts auszumachen. Die Verbreitung einer Vorstellung von *integrativ* findet sich – meines Wissens erstmals – im Zusammenhang von Grammatik und Pragmatik. Diese Verbindung wurde in einem Interview Peter Conradys mit Dieter Wunderlich hergestellt[1] und von Wolf Gewehr unter dem Titel „Zur Konzeption eines integrativen Grammatikunterrichts" thematisiert (Gewehr 1978, 19ff.). So könnte diese derzeit höchst virulente Konzeption zunächst aus dem Begründungszusammenhang und -zwang des Grammatikunterrichts entstanden sein. Gleichzeitig steht sie von Anfang an einem Funktionalisierungsden-

---

[1] In: Born/Otto 1978, 307.

ken – hier mit Bezug auf die Pragmatik – nahe (Ivo 1975), wobei dieses Denken selbst einer Orientierung auf den Schüler hin entstammt,[2] freilich mit deutlich fachlichem Anspruch, der damals kommunikativ und handlungsbezogen war. Gut vorstellbar also, dass sich solche Programmatik, nicht zuletzt von anderen Begründungsnöten herkommend, mehr und mehr auf den Deutschunterricht ausgedehnt hat.

„Integrativer Deutschunterricht" kann vieles meinen, wenn man den Begriff in Titelzusammenhängen beobachtet.[3] Es entsteht dann der Eindruck, es handele sich um ein Gemisch aus den Teilbereichen des Faches Deutsch bzw. bei einer Handlungsorientierung um ein Gemenge von deutschunterrichtlichen Anteilen, pädagogischen und psychologischen bzw. therapeutischen Zielen, die sich mit allgemein emanzipatorischen Vorstellungen verbinden. Diese erste Verwendung (1) ist überaus häufig, alles in allem amorph und in sich wenig stimmig.

Ein zweites Verständnis (2), das dem ersten oft eingelagert zu sein scheint, beruht auf einer Art Gegnerschaft und zielt auf „Besseres": *Integrativ* klingt und wird oft so verwendet, als ob damit vor allem eine Ablehnung zu verstehen sei von klar umrissenen, begrifflich gefassten Gegenständen des Deutschunterrichts. Fachlichkeit und spezifisches Wissen werden hierbei mit Lehrer- bzw. Wissenschaftsorientierung in Verbindung gebracht – nicht mit Schülerorientierung, die zum pädagogischen Grundsatz geworden ist. *Integrativ* scheint vor allem Lebens(-welt-)nähe bzw. eine Spiegelung der Lebenswelt im Deutschunterricht zu meinen.

Bei diesen beiden ersten Lesarten ist das Wort *integrativ* eigentlich unangebracht. Denn – und das ist hier von Anfang an als leitende Perspektive wichtig – integriert kann nur das werden, was eigenständig und begrifflich gefasst ist und was unter einer erst festzustellenden bzw. zu definierenden Ganzheitsvorstellung zusammengeordnet werden soll oder zu einem offensichtlich Ganzen gehört. *Integration* – so das im Folgenden verwendete Verständnis (3) – meint die (Wieder-)Herstellung eines Ganzen, einer Einheit in der *top-down*-Perspektive und in der *bottom-up*-Perspektive die Einbeziehung, Eingliederung von Eigenständigem in ein größeres Ganzes. Dabei kann das Ganze verstanden werden als ein sich entwickelndes, ggf. evolutionäres Ganzes oder als ein vorhandenes, gewissermaßen präfiguriertes Ganzes. Die Frage ist, ob Deutschun-

---

2 Zum Beispiel das lange Zeit einflussreiche Buch von Boettcher/Sitta 1978.
3 Zum Beispiel in Unterrichtsmaterialien wie: Deutsch in der Hauptschule. Integrativer Deutschunterricht – Lehrplanarbeit – Projektorientierung – Leistungserhebung. Akademieberichte Dillingen, 1992; Post-Lange 2000; Seyler 1999.

terricht dann dieses Ganze ist, also ob jene Stundenereignisse in Schulen, jene Verfasstheiten in Lehrplänen, jene Konzeptionen des deutschdidaktischen Diskurses, jener Ausfluss und Reflex des Universitätsfaches Germanistik, dieses Fach so ausmachen. Sicherlich gilt in manchen unterrichtlichen Zusammenhängen eben doch ein pädagogisch-psychologisches Ganzes im Sinne des obigen Verständnisses (1) und (2), das innerhalb eines Faches gewissermaßen entfaltet werden kann.

Die Sicht auf den integrativen Deutschunterricht so zu formulieren heißt, einleitend eine unsichere, offene Fragehaltung zuzulassen, heißt auch, in dem Sinne zu relativieren, dass es nun einmal nicht das eine, immer und überall stimmige Konzept gibt. Letztlich geht es nicht um Vereinheitlichung oder festzuschreibende Begrifflichkeit, sondern um Konzepte adäquaten Deutschunterrichts, von denen *eines*, gegenwärtig durchaus dominant im Trend und fast alternativlos diskutiert, der integrative Deutschunterricht ist. Dessen fachliche Möglichkeiten sollen zunächst in der Verbindung und wechselseitigen Funktionalisierung von Sprach- und Literaturunterricht gesichtet und in einem weiteren Schritt ausdifferenziert werden, wobei nicht alles mit allem als integrierbar angesehen werden muss, sondern die Vorstellung von funktionalen Affinitäten[4] leitend sein wird. – Nach dieser Binnensicht auf das Fach Deutsch ist die folgende Perspektive wenigstens ebenso gewichtig, wenngleich bislang keineswegs ausreichend verfolgt und gestaltet. Dies ist die funktionale (nicht beliebige!) fächerübergreifende Perspektive, die über den Affinitätsgedanken hinaus gewissermaßen die In-Pflicht-Nahme des Deutschunterrichts meint, Schüler und Schülerinnen mit Verstehens- und Äußerungsfähigkeiten auszustatten, die ihnen erlauben, in den anderen Fächern sprachlich kompetent zu agieren. Abschließend sei das Konzept des integrativen Deutschunterrichts selbst einer distanzierenden und auch relativierenden Perspektive unterworfen.

2 Binnenfachliche Integration

Es gab einmal eine Zeit, da wurden Schulwoche für Schulwoche die vier Stunden Deutsch so aufgeteilt, dass eine Stunde für den Aufsatzunterricht vorgesehen war – sagen wir dienstags –, zwei Stunden für den Literaturunterricht – sagen wir mittwochs, wenn es im günstigen Fall eine Doppelstunde war – und eine Stunde für den Sprachlehre- und Sprachkundeunterricht, den Grammatikunterricht – sagen wir freitags. Eine solche Aufteilung erscheint heutigen Studierenden, Referendaren, Kollegen unpädagogisch, stur und mechanistisch;

---

4 Vgl. z.B. die dezidierte Integration von Grammatikunterricht und Schreiben in Klotz 1996b.

vor allem, so der Generalverdacht, verhindere sie die Wahrnehmung größerer thematischer Zusammenhänge und eine Integration der Teilbereiche des Deutschunterrichts. In einer offenen Diskussion über eine solche Struktur würde mancher Lehrer, manche Lehrerin Bedenken äußern, ob er bzw. sie denn genug Wissen und Stoff „parat" habe, um ein Jahr lang Woche für Woche Grammatikunterricht durchzuführen, und ob heutige Schüler dazu zu bringen seien, Woche für Woche zu schreiben – wer all dies korrigieren solle etc.

Dass diese bis vor etwa 40 Jahren existente Struktur heute als „antiquiert" wahrgenommen wird, verdeutlicht, wie selbstverständlich Mischungen der Teilbereiche in der nachcurricularen Gegenwart – Lehrpläne der 70er- und 80er-Jahre sprachen von *Lernzielakkumulation* – geworden sind. Der Literatur- und Medienunterricht hat nach wie vor quantitativ große Bedeutung, während die Note für das Geschriebene, den Aufsatz, wesentlich die Deutschjahresnote bestimmt. – Diese nicht einmal karikierende Skizze macht deutlich, wie notwendig ein bewusster Umgang mit integrativem Deutschunterricht ist. Deshalb sei wiederholt: Integrieren lässt sich nur, was zunächst eigenständig vorhanden ist oder in einer definierten Phase des Unterrichts selbstständig und begrifflich bewusst bearbeitet werden kann. Bezogen auf einen prototypischen, pädagogischen Stundenverlauf bedeutet dies, dass die Gegenstandsbegegnung für die Schüler in einer, eventuell klug arrangierten, Gemengelage besteht. Dabei dominieren Aspekte aus zweien, maximal dreien der Teilbereiche des Deutschunterrichts (mehr ist nicht zu bewältigen, wie man z.B. aus der Sportdidaktik sehr genau weiß). Die Kognitivierungsphase verlangt gewissermaßen nach den Einzelbereichen – hier muss ihre funktionale Bezogenheit auch deutlich thematisiert werden –, während die Phase der Übung und des Transfers die Interaktion selbst funktional wieder aufnimmt.

Binnenfachliche Affinitäten

Es war und ist gerade die Auseinandersetzung mit Sinn und Funktion des *Grammatikunterrichts*, die die Frage bestimmt, ob denn sprachliches Wissen unmittelbar *mündlichen* und *schriftlichen Sprachgebrauch* fördern könne. Für den *mündlichen Sprachgebrauch* ist dies umfassend meines Wissens noch nicht erfolgt, obwohl eine Untersuchung von Selbstkorrekturen hier deutliche Hinweise geben sollte; freilich müssten, wenn die Forschung sich dieses Desiderates annähme, weitere kommunikative Bestimmungs- bzw. Steuerungsfaktoren mit einbezogen werden.

Der *schriftliche Sprachgebrauch*, mit einem älteren Terminus: das *Aufsatzschreiben,* erfährt langfristig recht merkliche Förderung durch *sprachliches Wissen*. Ist die Integration nicht auf ein unmittelbares *input-output*-Verhältnis angelegt, sondern auf eine Erweiterung sprachlicher Variation auf allen linguistischen Ebenen, dann zeigt sich nicht nur eine Bereicherung an Mustern im syntaktischen Bereich, sondern ebenso in Bezug auf die Deixis, auf den Tempus- und Modusgebrauch; weiterhin werden Thema-Rhema-Inkonsistenzen deutlich verbessert sowie Textkohäsion und somit Textkohärenz. Diese Steigerung von *sprachlicher Kompetenz* auf Grund eines nicht unmittelbar auf ein Ziel ausgerichteten Sprachunterrichts wird erst deutlich und nachvollziehbar unter dem Begriff bzw. dem Aspekt des *Sprachangebotsunterrichts*.

Kern dieses Unterrichts ist es, das Denken in sprachlichen Alternativen zu lernen und zu üben. Und genau hier wird *Integration* wirksam. Im Formulierungsprozess tritt in der Folge eine Bereicherung ein, wenn sprachliche Alternativen durch Einübung bewusst zur Verfügung stehen und wenn gleichzeitig (!) die Erfahrung möglich wird, die adäquatere Ausdrucksweise gefunden zu haben. *Integration* bedeutet also hier die *bewusste* Vernetzung zweier oder dreier Bereiche des Deutschunterrichts: die Rechtschreibung bzw. die formale gute Gestaltung sollte als dritter Bereich immer integraler Bestandteil allen Schreibens sein. Dass dies so für die Verbindungen von *Rechtschreiben* mit sprachlichem bzw. grammatischem Wissen und mit *Schreiben* gilt, insbesondere in den Bereichen der Groß- und Kleinschreibung und der Interpunktion, ist seit langem bekannt. Gute schulische Praxis ist es auch, die Bereiche *Texte verstehen* und *Über Texte sprechen und schreiben* zu verbinden. Nur, so ist deutlich einzuschränken, geschieht diese Verbindung eher unmittelbar bzw. im Zusammenhang mit bestimmten (Prüf-) Aufgabenstellungen als bewusst und funktional aufeinander bezogen. Gemeint ist aber unter der Perspektive der Integration, über die übliche Textinhaltsproblematisierung und Textparaphrase hinaus, eine Systematisierung der Äußerung über Texte:

- *Textbeschreibung* auf den Ebenen des Inhalts und der verwendeten Sprache bzw. des Stils;
- *Textanalyse* als Versuch, sich in begrifflicher Weise des Textes im laufenden Diskurs zu versichern (beispielsweise also eine Lektüre des „Götz" in einem schulischen Rahmenthema von „Macht und Schwäche", der „Effi Briest" im Genderdiskurs, des „Parfums" im Macht- und Körperlichkeitsdiskurs, politische Reden im Zusammenhang von politischer Werbung und Verführung u. a. m.);
- *Interpretation* und ggf. *Wertung* im Rahmen selbstständiger Auseinandersetzungen der Schüler mit dem oder den Text/en.

Von Integration kann unter solch klarer Konfiguration deshalb die Rede sein, weil eigenständige Fähigkeiten wiederum bewusst auf einen weiteren Bereich angewandt werden. Diese Möglichkeit ist grundsätzlich auch bei kreativen, handlungsorientierten Formen der Textbegegnung gegeben, und zwar wenn dies im Sinne Menzels, Spinners, Waldmanns u. a.[5] unter bewusst rezeptionsästhetischer Perspektive geschieht,[6] die letztlich der Analyse, der Einsicht verpflichtet bleibt.

Integration von Sprach- und Literaturunterricht

Traditionell als besonders weit voneinander entfernt gelten die Bereiche Sprach- bzw. Grammatikunterricht und Literaturunterricht. Die Gründe sind vielfältig und könnten bis zu jenem Punkt hin verfolgt werden, wo sich künftige Lehrer für das Fach Deutsch wegen ihrer Begeisterung für Literatur, aber bestimmt nicht wegen ihres Verhältnisses zum grammatischen Wissen entscheiden. Solche emotionale Vorsteuerung kann anhaltend sein und wirkt sich nicht zuletzt auf die – eben oft negativen – Einstellungen der Schüler aus. Diese besondere Analyse ist hier nicht zu leisten, der Hinweis darauf mag aber erklären, warum diese Integration besonderer Betonung und Beachtung wert ist.

Idealerweise ist/wäre es so, dass nicht nur sprachlich-grammatisches Wissen für das Verstehen, genauer für die Wahrnehmung literarischer Texte in ihrer Ästhetik und Spezifik dienstbar gemacht werden könnte, sondern dass umgekehrt auch vom Umgang mit Literatur der Impuls ausginge, sich genauer mit Sprache zu beschäftigen. Gemeint ist hier natürlich nicht, Grammatikunterricht an literarischen Texten zu exekutieren, also z.b. Hypotaxestrukturen an Thomas-Mann-Texten erkennen zu lassen, um ein allzu häufiges Beispiel zu nennen. Gemeint ist eine Integration dieser in der Tradition des Deutschunterrichts und der Germanistik einander fern gewordenen Bereiche, die z.b. durch den Anstoß von Fragen an einen literarischen Text mitten in sprachliche Zusammenhänge führt und diese in ihrem Eigengewicht *frag-würdig* macht. Ein besonders gutes Beispiel hierfür wäre, wenn man Integration einmal wie folgt betriebe, etwa mit dem Ziel „textnahen Lesens"[7] von Kafkas „Auf der Galerie" (Kafka 1994, 262f.): Ein und derselbe Vorgang wird zweimal erzählt; dies aber sehr verschieden, nicht zuletzt mit Staunen abzulesen an den beiden Reaktionen des Galeriebesuchers. Doch die Verschiedenheiten selbst sind nicht nur äußerlich, sondern bis in Sprachgestus und -struktur unterschiedlich, freilich auf eine höchst funktionale Weise. Während die zweite Darstel-

---

5 Besonders z.B. Menzel 2000.
6 Vgl. Warning (Hg.) 1975.
7 Vgl. den Beitrag „Textnahes Lesen und Rezeptionsdidaktik" von Elisabeth K. Paefgen, S. 191 – 209.

lung im Indikativ die Welt des schönen Scheins, hier die Zirkuswelt, schildert und die Reihung der Ereignisse durch Parataxe spiegelt, ist die erste Darstellung in einen konditionalen, konjunktivischen Zusammenhang und somit in eine Hypotaxe gerückt. Das „Wenn – dann" dieses Zusammenhangs wird spätestens durch den Einschub „die Hände, die eigentlich Dampfhämmer sind" zu einer Fragehaltung der tieferen Einsicht. Die erste Darstellung verlangt das argumentative Denken, das sich das Fabrikhafte der Zirkusshow schließlich klar macht (wer wäre da nicht an die moderne Medienwelt erinnert), während sich die zweite Darstellung auf das einlässt, was ist – bzw. zu sein scheint. Kafka kontrastiert die Modi: Der Indikativ ist ja nicht einmal grammatikalisch eine „Wirklichkeitsform", wie eine alte, falsche (Schul-)Grammatik terminologisch behauptete, sondern Indikativ steht für die Sprachhandlung, etwas mit dem Anspruch des So-Seins hinzustellen, zu sagen oder zu schreiben.

Und so geschieht es auch bei Kafka, nur dass der konjunktivische Teil eben vorausgegangen war und deshalb genau den Schein als Schein entlarvt. – Indikativ ist im Grammatikunterricht, wie jeder Lehrende weiß, schwer thematisierbar; hier käme seine Thematisierung für einen weiten Bereich zu ihrem Recht. Das gilt auch für den konditionalen Konjunktiv: Hans Glinz hat schon 1952 in seiner grammatischen Neukonzeption „Die innere Form des Deutschen" den Konjunktiv umschrieben „als nur zu denken" (Glinz 1952, 109). Damit ist das Hypothetische dieses Modus gemeint, das in der Kafka'schen Parabel auch genau so zum Zuge kommt: Der Vergleich der Hände mit „Dampfhämmern" unterbricht den Konjunktivteil mit einem „eigentlich" und einem Indikativ; er ermöglicht die eventuell „tiefere Wahrheit", dass das Zirkusgeschäft eher eine Fabrikhalle der Show ist. – Über den Konjunktiv lässt sich so im Deutsch-, im Literaturunterricht gut nachdenken, ebenso über das Modalsystem des Deutschen (Klotz 1991, 494–508), um so zu der Fähigkeit zu gelangen, die Welt auch sprachlich in – hypothetischen – Alternativen zu reflektieren. Mit etwas Mühe lassen sich weitere Beispiele für die spezifische Thematisierung der Sprache vom Blickpunkt der Literatur aus finden, letztlich mit dem Ziel, Schülern nicht nur Wissen, sondern spezifische (Sprach-) Erfahrungen zu ermöglichen.[8]

---

8   Weitere Ansatzpunkte, um entsprechende Erfahrungen zu gewinnen und Sprachwissen am poetischen Gegenstand weiter auszubilden, bieten im Übrigen solche lyrischen Texte der Moderne, die mit syntaktischen und lexematischen Mustern spielen, so etwa ein Teil expressionistischer Lyrik. Pragmalinguistische Modelle bieten sich an, um die wirkungsästhetischen Effekte dramatischer Interaktionen zu analysieren (etwa die Komik des Missverständnisses). Dies gilt ebenso für die vielen Fälle eines szenischen Erzählers in epischen Texten.

Galt es bei der Kafka-Parabel zu skizzieren, wie die Thematisierung der Sprache zum Text zurückführt und wie von dort die Sprach-Betrachtung zur Reflexion werden kann, so gilt es im Folgenden zu sehen, wie Sprachwissen zur *sprachlichen Sensibilität* werden kann, die dazu befähigt, sich auf einen Text einzulassen und ihn zugleich vergnüglich zu rezipieren. Basis und Hintergrund bildet das Votum *für* einen deutlich akzentuierten Sprach- und auch Grammatikunterricht, damit ein breites Wissen zur Verfügung stehe, um auf die Spezifik literarischer Texte einzugehen. – Ist eine solche Vorstellung eine Illusion angesichts tagtäglicher Schulrealitäten in diesem Bereich? – Das Konzept der Realisierung dieses Votums folgt der Überzeugung, dass solches Wissen relevant, alters- und anspruchsgemäß sei, nicht zuletzt wenn Äußerungskompetenz über Literatur das Ziel ist.[9] Der Akzent sei aber hier auf „Interpretation" im musikalischen Sinne gelegt: Text verstanden als Notation, die der „Leseaufführung" bedarf, und sei's im Kopf. „Aufführung" meint hierbei auch: eine Quasi-Professionalität, die sich auf Kenntnis diverser Mittel und z.T. auf Hintergrundwissen stützt. So wie ein Schauspieler die theatralen Mittel kennt, so hat der Leser poetologisches und sprachliches Wissen (bzw. sollte es haben), das er adäquat einsetzt. Und genau hier findet sich das Verständnis von Integration, die zusammenfügt, was letztlich wieder getrennt begrifflich zur Verfügung stehen muss, damit es vielfältig anwendbar werde.

Als Beispiel – nicht zuletzt aus unterrichtlichen Gründen[10] – sei Kurt Schwitters „An Anna Blume" gewählt (Schwitters 1973, 58f.). Ein Gedicht, das selbst bei leisem Lesen zu tönen scheint, u. a. seiner vielfältigen sprachlichen Spiele wegen.

> *An Anna Blume*
> *Oh Du, Geliebte meiner 27 Sinne, ich liebe Dir!*
> *Du, Deiner, Dich Dir, ich Dir, Du mir, — wir?*
> *Das gehört beiläufig nicht hierher!*
>
> *Wer bist Du, ungezähltes Frauenzimmer, Du bist, bist Du?*
> 5 *Die Leute sagen, Du wärest.*
> *Laß sie sagen, sie wissen nicht, wie der Kirchturm steht.*
>
> *Du trägst den Hut auf Deinen Füßen und wanderst auf die Hände,*
> *Auf den Händen wanderst Du.*

---

9 Hier besteht im Übrigen eine große Nähe zum „textnahen Lesen", vgl. Anm. 7.
10 Das folgende Gedicht findet sich z.B. auch in einer klugen und raffinierten Sequenz „Dass du mich liebst …" des Lesebuchs „Unterwegs", 1994, VIII/28.

Halloh, Deine roten Kleider, in weiße Falten zersägt,
10   *Rot liebe ich Anne Blume, rot liebe ich Dir.*
Du, Deiner, Dich Dir, ich Dir, Du mir, — wir?
Das gehört beiläufig in die kalte Glut!
Anna Blume, rote Anna Blume, wie sagen die Leute?

Preisfrage:
15   *1.) Anna Blume hat ein Vogel,*
2.) Anna Blume ist rot.
3.) Welche Farbe hat der Vogel.

Blau ist die Farbe Deines gelben Haares,
Rot ist die Farbe Deines grünen Vogels.
20   *Du schlichtes Mädchen im Alltagskleid,*
Du liebes grünes Tier, ich liebe Dir!
Du Deiner Dich Dir, ich Dir, Du mir, — wir!
Das gehört beiläufig in die — Glutenkiste.
Anna Blume, Anna, A — N — N — A!
25   *Ich träufle Deinen Namen.*
Dein Name tropft wie weiches Rindertalg.
Weißt Du es Anna, weißt Du es schon,
Man kann Dich auch von hinten lesen.
Und Du, Du Herrlichste von allen,
30   *Du bist von hinten, wie von vorne:*
A — N — N — A.
Rindertalg träufelt STREICHELN über meinen Rücken.
Anna Blume,
Du tropfes Tier,
ich —— liebe —— Dir!

Dieser Text, diese Sprach-Collage spielt mit der ganz und gar verrückten Freude des Frisch-Verliebten, sodass natürlich die bekannten fünf Sinne nicht genug sind. Damit setzt gleichzeitig ein Sprachspiel ein, das keineswegs mit dem „ich liebe Dir!" des ersten Verses auf das Berlinische allein beschränkt werden kann, auch wenn es damit – vielleicht – auf das Dada-Zentrum verweist. Denn der zweite Vers beginnt – die Geliebte umspielend – mit der Deklination des zweiten Personalpronomens Singular und verdreht nach Nominativ und Genitiv die übliche Folge Dativ, Akkusativ in „Dich Dir", kommalos freilich jetzt, so dass ein guter Vorleser daraus ein Reflektieren machen könnte darüber, wie's denn nun richtig heißt: *ich liebe dich* oder *ich liebe dir*. Dass eine solche Vortragsweise sinnvoll wäre, zeigen die Verse 7 und 8. Das Spiel in Vers 2 nimmt aber noch eine weitere Wendung, indem fast alliterierend die nächste Folge auf „Dich Dir/ich Dir" heißt. Wer hier als Vortragender Wärme in die Stimme gäbe, ginge über die Unsicherheit der Kasusfüllung bei der Valenz des Verbs „lieben" hinaus und nützte den Dativ als „Beziehungskasus", wie er bei Verben wie *nützen, schaden* und bei dreiwertigen Verben wie *bringen, schenken, geben* usw. zum Zuge kommt und wie dies auch durch die Wortfolge im Normalfall festgelegt ist. Mit anderen, weniger grammatischen Worten: Assoziationen erhielten Raum für „ich bin Dir gut", „ich will Dir Liebes tun" o.Ä. Dies wohl umso mehr so, als der Liebende sich das Umgekehrte von der Geliebten auch wünscht, also: „Du mir" – und daraus wird nach etlichen Gedankenstrichen = Assoziationen und Phantasien des Liebenden das erwünschte „wir".

Mit solcher Leseweise soll gesagt sein – und ein mit seiner Stimme arbeitender Interpret hätte das ja zu bedenken –, dass hier vielerlei Sprachwissen zu aktivieren und unmittelbar bzw. hörbar zu nutzen wäre.

Und dies wäre dann auch Integration im besten Sinne, führt doch solche sprachliche Wachheit zu der schönen Frage nach dem letzten Vers des Gedichts, ob denn nicht wirklich der Dativ die angemessenere Kasusrelation beim Verb „lieben" wäre, wenn also das Jemand*em*-liebend-wohl-Tun mit dem „Beziehungskasus" ausgedrückt würde. Aus solcher Sicht wird/ist Deutschunterricht eben dann doch die kulturelle Stelle, wo die fachwissenschaftlich-germanistische Spezialisierung zusammengefügt werden kann – zum Nutzen der Schüler und ihrer Freude an Sprache und Literatur. Dass hier weitere Integration sinnvoll und auch notwendig wäre, sei betont. Da ist zum einen innerfachlich die Rezeptions- und Wirkungsgeschichte zu erfassen, die nicht zuletzt die Auseinandersetzung Schwitters' mit „Der Sturm"[11] zu leisten hätte und die damit einhergehende Instabilität bzw. das Variieren dadaistischer Texte. Und da ist zum anderen die Zusammenführung mit dem Fach „Geschichte" zu sehen, um den Text bzw. die Texte sowohl in der Sozial- als auch in der Kulturgeschichte zu situieren.[12] So erweist sich die Verbindung von Sprach- und Literaturunterricht als sehr fruchtbar und durchaus im Sinne des Faches Deutsch bzw. Germanistik. Angelika Redder stellt denn auch fest: „Wissenschaftsgeschichtlich ist die Trennung von Sprach- und Literaturanalyse keineswegs so selbstverständlich. Die philologische Tradition sieht ganz anders aus" (Redder 2000, 5), wie man seit Adelung und Gottsched weiß und wie es ein „integrativer Deutschunterricht" in aller Differenziertheit wieder vollziehen kann, wenn *integrativ* nicht irgendein beliebiges Schlagwort für Amorphes sein soll.

---

11 In der erwähnten Werk-Ausgabe folgen die weiteren Texte 60–65.
12 Vgl. die Studie von Hereth 1996.

3 Fächerübergreifende Integration

Die Überschrift dieses Kapitels könnte Verwirrung und Unmut stiften: Fächer sind doch Fächer und können doch nicht in einem größeren Ganzen aufgehen. Aber natürlich sind es die Begrifflichkeiten, die Methoden und Modelle, die ein „Fach" im Umgang mit (Teilen) der „Welt" konstituieren. Und sie sind zurückführbar auf (Erkenntnis-)Interessen, Perspektiven oder oft auf Tradition. Als Ausschnitte von Welt bestimmen sie den Kanon unserer Fächer. – Die schulische Sozialisation sorgt nun dafür, dass die Heranwachsenden eine Enkulturation erfahren, die dem Kanon der Zugangsweisen zur Welt ebendieser Kultur entspricht.

Im Gehirn, im Denken, Fühlen und Handeln ergeben sich – aus der Perspektive der Fächer! – natürliche Zusammenführungen der fachlichen Kenntnisse und Fähigkeiten – freilich oft mit Barrieren, die überwindbar sind und deren Überwindung selbst routiniert werden kann, nämlich durch Integration. Das bedeutet auch, dass die Routinen der jeweiligen Fächer z.t. selbst einem integrativen Prozess unterworfen werden können, und dies letztlich mit der Absicht oder auch der Hoffnung, dass solche Integration zu mehr führe als zur Summe der Einzelteile.

Dies sei an zwei Beispielen erläutert, die gleichzeitig verschiedene Relationen der Integration repräsentieren: (A) Die Verbindung z.B. von Physik und Deutsch; (B) die Verbindung von Deutsch und Geographie. Eine dritte Relation (C) Literatur und andere Fächer wird zum Abschluss diskutiert und wurde oben in Zusammenhang mit Kurt Schwitters' „An Anna Blume" angedeutet.

Zu (A): Es gibt m.E. gewissermaßen eine „Verpflichtung" des Faches Deutsch, für alle anderen Schulfächer unterstützend bereitzustehen: Das Fach Deutsch kann bzw. könnte vermitteln, wie und mit welchen textlichen Formen Gegenstände und Zusammenhänge der anderen Fächer versprachlicht, besser sprachlich gestaltet werden können. Dies als unmittelbare Hilfe für die Schüler. Doch diese „Servicefunktion" des Faches Deutsch bedeutet so noch keine Integration; erst wenn diese Darstellungsformen selbst für die Schüler zu routinierten Textsorten werden, findet (natürliche) Integration statt. Eine wesentliche weitere Perspektive ergibt sich daraus, dass die Schüler ja in ihrer Entwicklung zu begleiten sind, auch und gerade da, wo sie bewertet, benotet werden. – Ein schlichtes Beispiel wäre die Darstellung eines physikalischen Versuchs,[13] sagen wir des Nachweises von „Luftdruck", wie ihn

---

13 So ausführlich dargestellt und methodisch ausgeführt in dem Sprachbuch „Sprachschlüssel" 1998, 30–42.

Torricelli (1608–1647) mit Hilfe von Quecksilber und Guericke (1602–1686) mit Hilfe des Vakuums bei zwei zusammengefügten Halbkugeln durchgeführt hat. Schon die Folge von: Hypothesenbildung – Vorüberlegungen – Versuchsanordnung – Versuch – Ergebnis und Auswertungsaspekten erweist sich als algorithmische Form für unendlich viele Beschreibungen von Vorgängen, die zu Fakten und Argumenten führen. Die Versprachlichung dieses Komplexes ist alle Anstrengungen im Deutschunterricht wert, zeigt sich doch, wie Wortschatz, spezifische syntaktische Formen, klare Thema-Rhema-Folgen notwendig werden und wie einzelne sprachliche Handlungen, z. B. Beschreiben, Begründen, Anzweifeln usf. in einer Textsorte zusammenlaufen. Mit anderen Worten, daraus kann purer Deutschunterricht werden, der zu klaren physikalischen Kenntnissen führt.

Zu **(B)**: Unendlich viele Informationen, wie sie in den Sachfächern ver- und bearbeitet werden müssen, erscheinen nicht in sprachlicher Form. Am Beispiel des Geographieunterrichts lässt sich schnell erkennen, dass hier nicht nur morphologische und thematische Karten in gerichteter Weise versprachlicht werden müssen, sondern ebenso Graphiken, Zahlen in Statistiken, Diagramme usf. Wesentlich ist nun, dass hinter dem Begriff der „Versprachlichung" viele Formen stehen, die als Sprachhandlungen mehr oder weniger bewusst zu leisten sind, deren sprachliche Ausstattung bzw. Realisierung viel textuelle und grammatische Kompetenz erfordern. Gleichermaßen wird eine kontrollierte Mischung von allgemeiner Sprachlichkeit und Fachsprachlichkeit notwendig, die eigentlich nur bei bewusster Zusammenarbeit der Lehrenden entstehen kann. Dass dies etliche organisatorische, rollenspezifische und psychische Fragen aufwirft, versteht sich von selbst.

Anschaulich können diese Zusammenhänge werden, wenn man das Ergebnis eines vollständig integrativen Unterrichtsexperiments betrachtet, bei dem in einer achten Klasse die Wirtschaftsentwicklung Chinas in den 80er-Jahren des letzten Jahrhunderts in Kombination mit sprachlichen Konnektoren, Hypotaxe und Adverbialien thematisiert wurde. Die sprachlichen *und* die auf Geographie bezogenen Leistungen des vierzehnjährigen Schülers waren beachtlich:

> *Im Nordosten und im Osten wurde 1955 mit dem Wiederaufbau der alten Industrie begonnen, da hier am meisten Industrie war. In der Mitte Süd wurde der Schwerpunkt gelegt und im Nordwesten und Südwesten wurde die Dezentralisierung durchgeführt. Den Erfolg stellt man fest, wenn man die Brutto-Wertschöpfung 1957 mit dem Wachstum der Brutto-Wertschöpfung 1972 vergleicht. 1957 waren die höchsten Einkommen pro Kopf im Nordosten und Osten zu verbuchen, da dort die Industrie am schnellsten vorankam. 1972 aber war das größte Wachstum der Bruttowertschöpfung im Südwesten festzustellen, wo*

1952 das geringste Pro-Kopfeinkommen verbucht worden war. Im Nordosten und Osten jedoch war das geringste Wachstum. Daraus folgt, dass sich das Pro-Kopfeinkommen im Südwesten dem im Nordosten bzw. Osten stark angeglichen hat, d.h. die Bruttowertschöpfung ist in ganz China relativ gleich groß. Das ist als Erfolg des Drei-Stufen-Plans zu werten. (Klotz 1983, 142f.)

Zu (C): Ein ganz eigener Aspekt auf Literaturunterricht ergibt sich, wenn Literatur auf eine spezifische Weise reflektiert wird, um „Weltwissen" zu „erlesen". Die Herausgeber eines so sich darstellenden Buches formulieren ihren Integrationsmodus folgendermaßen:

▪▪ *Es geht hier nicht um literarische Bildung in gleich welchem Sinn, sondern es geht um ‚literarisches Lernen', also um Lernen in, von und mit Hilfe der Literatur als einem Medium, das – was immer sie sonst ist und tut – jedenfalls Weltwissen transportiert.* (Abraham/Lanner 2002)

Unter dieser reflektorischen Maxime finden sich einerseits nahe liegende Verbindungen von Deutschunterricht mit Fächern wie „Sachunterricht der Primarstufe" (Kepser 2002), Religions- (Lochner 2002) oder Philosophieunterricht (Gross 2002) u. Ä., andererseits die wenig nahe liegende, aber aufschließende Integration von Deutsch und Mathematik (Paule 2002a und Paule 2002b).

Auch solche Formen der Integration verlangen von den Lehrenden viel Engagement, leisten aber für die Heranwachsenden weit mehr als fachliche oder unterrichtliche Motivation, nämlich die Öffnung gegenüber und die Akzeptanz von hoher fachlicher und sprachlicher Komplexität.

4 Distanzierende Blicke auf Integration

Integration erweist sich durch die dargestellten Varianten als eine gleichermaßen pädagogische und didaktische Konzeption, die versucht, in den Schulunterricht auf planvolle Weise „Lebenswelt" hereinzuholen und für sie vorzubereiten. In der Begegnung mit Lerngegenständen erweist sie sich im Zusammenhang mit entdeckendem Lernen bei schülerorientiertem Vorgehen als tragend; ebenso dann, wenn es nach einer Kognitivierungsphase um Transfer und Verselbstständigung geht. Aber gerade hier erweisen sich viele Lehrmaterialien im so genannten Übungsteil als viel zu eng, oft ängstlich (pseudo-)systematisch. Noch fehlen Forschungen, die speziell auf die Möglichkeiten des Transfers und auf produktive, wirksame Anwendungskonstellationen gerichtet sind. So gesehen erscheint Integration wie ein unterrichtlicher Königsweg. Doch ganz ist dem nicht so. Da ist zunächst die Gefahr, in der Praxis zu vergessen, dass gerade Integration in irgendeiner Phase eine besonders deutliche Grenzziehung zwischen den Fächern, den Fachteilen bzw. den einzelnen Bereichen braucht. Gerade eine echte Schülerorientierung kann auf ein übersichtliches Ordnungssystem von Fächern und ihren Teilbereichen nicht verzichten; zum einen nicht, weil Kinder und Heranwachsende sich immer wieder „verorten" wollen, insbesondere um Komplexität zu bewältigen; zum anderen, weil der Umgang mit einer komplexen Welt schließlich auf das fachlich gebundene Begriffliche angewiesen ist, um so differenziert kommunizieren zu können.

Ein m. E. wenig beachteter lernpsychologischer Aspekt ist die Gefahr, dass das über Integration gewonnene Wissen und Können lange an die Lernsituation gebunden bleibt, so dass nur trennende Kognitivierungsphasen und späterer Transfer dies aufzulösen und das Wissen und die Fähigkeiten selbst verfügbar zu machen vermögen. – Das „alte" Entdecken und Lernen in den begrenzten Fachteilen, also die Sonderung in Schreiben, Sprechen, Grammatik, Literatur usf., wäre – oder war bei klugen Lehrkräften – als ein Vorläufer einer „Modularisierung" anzusehen, die von Anfang an auf die beständige Neukombination des Wissens und Könnens ausgerichtet war (vgl. den Anfang von Abschnitt 2, S. 48).

Es ist und bleibt also der Wechsel der Konzepte, welcher verschiedenen Lernertypen, verschiedenen Sachgebieten und verschiedenen Erfordernissen gerecht zu werden vermag. Das trifft in hohem Maße eben auch auf das komplexe Schulfach Deutsch zu.

Deutschunterricht in der multikulturellen Gesellschaft

Ingelore Oomen-Welke

Wie soll die Schule, soll der Deutschunterricht eine Antwort auf die Vielfalt der multikulturellen Gesellschaft versuchen? Ingelore Oomen-Welke skizziert und diskutiert sechs verschiedene – historische wie hochaktuelle – Antworten auf diese Frage. Sie berücksichtigt dabei die zeitgeschichtlichen Kontexte, durch die verschiedene, bis heute wirksame Ansätze erst verständlich werden. Die jüngste Antwort auf das im Zuge der PISA-Diskussionen wieder prominenter erörterte Problem ist dabei die Perspektive eines vielsprachigen Deutschunterrichts. Hier werden die muttersprachlichen Erfahrungen aller Lerner berücksichtigt. Das Interesse gilt also nicht nur dem Deutschen, sondern auch abweichenden oder ähnlichen Strukturen in den anderen Lernersprachen, wobei die Verständigung über die Sprachen in Deutsch erfolgt. Erläutert wird, wie ein derartiger Sprachunterricht, der ein anderes Licht auf das Lernziel Sprachbewusstheit wirft, zu einem veränderten Verständnis der Rolle von Lehrenden motiviert.

1 Fragen und Probleme

Eine französische Anekdote vom Beginn des Zweiten Weltkriegs:[1]
Bei der allgemeinen Mobilmachung 1939 beobachtet er (Gaston Bonheur) ... die Ankunft der künftigen Soldaten, ein kunterbuntes Durcheinander der verschiedensten Typen, und stellt sich die Frage, was ihnen allen als Franzosen gemeinsam sei. Die ironische Antwort lautet: Die Uniform, die sie demnächst tragen werden, wird ihre Gemeinsamkeit schon zeigen.

Das ist nicht absurd: Nach der französischen Idee besteht die Gemeinsamkeit im Willen zusammenzuleben.[2] Könnte das auch ein Modell für multikulturelle Gesellschaften sein? „Multikulturell ist eine Gesellschaft, in der jedem Einzelnen klar wird, *dass man auch anders leben kann* – und wo dies auch so bleiben kann."[3] Die Gesellschaft in Deutschland ist als Ganzes im letzten Jahrhundert und insbesondere seit fünfzig Jahren multikulturell geworden, allerdings nicht ohne Widerstände.[4]

Ein Blick zurück: Während seit dem Bestehen des Reiches Grenzverschiebungen an den Rändern des deutschen Sprachraumes trotz sesshafter Bevölkerung zu mehr oder weniger breiten Überlappungsbereichen von Sprachen

---

1 Die Anekdote stammt von Bonheur; ich zitiere sie nach Firges/Melenk 1985, 107f.
2 Fiszer 1996, 42 ff., bes. 44.
3 Brumlik/Leggewie 1992, 435.
4 Vgl. Kap. 1 bei Wilkens/Neumann 2002, 78ff.

und Kulturen führten, besaßen die Oberschichten und Söldnerheere, Künstler sowie andere Fahrende eine starke regionale Mobilität bis in das Zentrum. Ab dem 19. Jahrhundert entstand in Deutschland massenhafte Arbeitsmigration: Italiener wanderten vor allem nach Südwestdeutschland, Polen ins Ruhrgebiet. Seit den Anwerbeverträgen der Bundesrepublik mit den nördlichen Anrainerstaaten des Mittelmeers 1955 – 1961 kamen so genannte „Gastarbeiter" ins Land, seit den 80er-Jahren vermehrt Flüchtlinge und so genannte „Aussiedler".

Zu Beginn des 21. Jahrhunderts beträgt in Deutschland die Wohnbevölkerung mit ausländischer Staatsangehörigkeit etwa 7,32 Millionen Personen, das entspricht knapp 9 % der Einwohner.[5] Unter den 91 % der Bevölkerung mit deutscher Staatsangehörigkeit finden sich Gruppen mit vergessenem Migrationshintergrund. Latent vorhanden oder bewusst ist er z.B. bei Flüchtlings- und Aussiedlerfamilien und (allein von 1994 – 2001 etwa zwei Millionen) Eingebürgerten. Zusammen mit den in Grenznähe lebenden zweisprachigen und bikulturellen Gruppen kann man heute von weit mehr als zehn Millionen Menschen oder weit mehr als 12 % der Bevölkerung ausgehen, die kulturelle Traditionen aus ca. 200 oder mehr Regionen der Welt mitbringen.[6] Die steigende Tendenz zu bikulturellen Partnerschaften und Familien trägt ebenfalls zur Multikulturalität bei.

Die anderen deutschsprachigen Länder, namentlich Österreich und die Schweiz, sind durch ihre Geschichte multikulturell. Österreich definierte sich in der Neuzeit als Vielvölkerstaat. Ungarn, Tschechen u. a. wanderten von der Peripherie ins Kernland ein. Die Schweiz, entstanden durch willentlichen Zusammenschluss verschiedensprachiger Kantone, definiert ihre verschiedenen regionalen Kulturen und Sprachen als gleichrangig. Beide Länder sind in den letzten 50 Jahren das Ziel von Migration verschiedener Art geworden, sodass die Zahl der Kulturen, die die multikulturelle Gesellschaft konstituieren, sich enorm vergrößert hat.

In den Schulen der deutschsprachigen Länder finden wir heute Kinder und Jugendliche aus all diesen Gruppen: aus altansässigen Familien deutscher und nichtdeutscher Erstsprache und Zweisprachige; aus Familien nach und in der Arbeitsmigration; aus Flüchtlingsfamilien; aus rückgesiedelten Familien; Kinder von Fahrenden; deutsche Kinder, die mit ihrer Familie im Ausland gelebt haben; Kinder aus ausländischen Oberschichtfamilien, die ein paar Jahre in Deutschland verbringen.[7] Durch diese Kinder und Jugendlichen werden die

---

5   Daten und Fakten zur Ausländersituation 2002.
6   Vgl. z.B.: wie Anm. 5
7   Vgl. Oomen-Welke 1999, 157.

Schulen *multikulturell*, weil hier für jeden erfahrbar wird, „dass man auch anders leben kann".[8] In deutsche Schulen gehen nämlich knapp eine Million Kinder und Jugendliche mit Migrationshintergrund sowie eine unübersichtliche Anzahl mit nicht monokulturellem Hintergrund, die Hälfte davon geht in die Sekundarstufen. – Vielfalt ist Reichtum, Vielfalt ist Last.

Wie die Politik[9], so müssen auch Schulpolitik, Erziehungswissenschaften und Fachdidaktiken Position gegenüber der multikulturellen Schule beziehen. Wie soll die Schule, soll der Deutschunterricht eine Antwort auf die Vielfalt der multikulturellen Gesellschaft versuchen? Wir können die folgenden sechs Lösungsversuche unterscheiden in solche, die den Erwerb der Zweitsprache Deutsch zur Angleichung bei Differenz als Hauptziel sehen, und in solche, die das Lernen aller Kinder und Jugendlichen voneinander und miteinander als gleichberechtigt betrachten und die dabei die sprachliche und kulturelle Vielfalt für eine eher günstige Bedingung halten.[10]

2 Erste Antwort: Alle gleichmachen

Der Schule in demokratischen Gesellschaften wird eine Funktion des Gleichmachens – um nicht zu sagen Uniformierens wie im einleitenden Beispiel – und der Vereinheitlichung der Bildung für alle zugeschrieben. In der Schule sollen möglichst alle Gleiches lernen, zumindest eine Zeit lang. Das gemeinsame Erwerben deutscher Bildungsgüter und die gemeinsame deutsche Sprache erfordern allerdings von den Angehörigen anderer Kulturen große Anpassungsleistungen. Der Erwerb der Sprache wird zum Kriterium der Anpassungswilligkeit und des Anpassungserfolgs. Entsprechend richtet sich ein spezieller Deutschunterricht in der multikulturell werdenden Gesellschaft zunächst auf die Kinder aus immigrierten Familien, die an Westdeutschland und seine Sprache angepasst werden sollen.

Als Ende der 60er-Jahre mit Erstaunen konstatiert wurde, dass die Migranten nicht „rollierten", sondern ihren Aufenthalt in den Aufnahmeländern verfestigt hatten und ihre Kinder – die *zweite Generation* – hier in die Schulen

---

8   Brumlik/Leggewie 1992, 435.
9   Vgl. Brumlik/Leggewie in Bade 1992, 438 ff. Interventionsweisen des Staates können bestehen (1) entweder in der Ermutigung ethnischer Gruppen, „sich als solche kollektiv zu organisieren und ihr Gewicht im Staat geltend zu machen" (Korporatismus); „kulturelle Differenzen werden dadurch intensiviert und institutionalisiert". (2) „Im andern Fall versucht der Staat, Gruppendifferenzen eher zu verringern, indem er uniforme oder symmetrische Leistungen an seine Mitglieder vergibt" (Integration). Die Probleme, die sich aus jeder Intervention wie auch aus Nichtintervention ergeben, werden dargestellt.
10 Vgl. zur Geschichte des Deutschunterrichts Wieland/Huneke 1998.

schickten, sah man darin vor allem eine neue Last. Der Begriff *Submersion* beschreibt anschaulich, wie die Schülerinnen und Schüler „ins Wasser geworfen wurden" und untergingen.

Die erste gezielte Maßnahme der Bildungspolitik bestand in Deutschlernangeboten für Migrantenkinder. Die entstehende *Ausländerpädagogik*[11] verstand sich – ganz im Zeitgeist der defizitorientierten Soziolinguistik – als kompensatorische Erziehung, vor allem als Spracherziehung *Deutsch als Zweitsprache*. Sie wurde aus dem Regelunterricht in internationale Vorbereitungsklassen ausgelagert, in denen auch fachliches Wissen vermittelt wurde. „Richtig Deutsch zu lernen" wurde zum vorrangigen Ziel, unter dem für die bisher erworbenen Sprachen der Schülerinnen und Schüler und ihre anderen kulturellen Wissensbestände kein Platz war. Die pragmatische Ausrichtung dominierte thematisch (*Einkaufen, Post...*); kreatives und reflektierendes Arbeiten wurde auf den Zeitpunkt ausreichender Deutschkenntnisse verschoben; also oft auf nimmermehr. Nach meist ein bis zwei Jahren wurden die Schülerinnen und Schüler in Regelklassen überführt. Der Deutschunterricht der Regelklassen blieb konzeptionell zunächst unberührt von der nun faktisch multilingualen Schülerschaft.[12]

Die Mehrheit der Immigrantenkinder zeigte trotz Vorbereitungsklasse und Stützkurs bzw. Förderkurs im Deutschunterricht der Regelklassen schwache Leistungen.[13] Im Sinne von Aufklärung, Sozial- und Ideologiekritik wurde in manchen Sprachbüchern und Vorschlägen für den regulären Deutschunterricht die Benachteiligung der Immigranten gelegentlich zum Thema gemacht, was mehr dem sozialen Gewissen der Lehrenden als der Integration der Lernenden diente. In Überblickswerken zum Deutschunterricht (vor allem für Grundschule) und zur Fachdidaktik Deutsch wurde seit Mitte der 70er-Jahre vielfach ein eigenes Kapitel „Deutschunterricht mit ausländischen Kindern" aufgenommen.[14]

Das gut gemeinte Ziel, alle gleichzumachen, indem man eine sprachlich homogene Schülerschaft herstellte, erwies sich als undurchführbar, hält sich je-

---

11 Dazu Auernheimer 1990, bes. 4ff.; Niekrawitz 1990.
12 Vgl. Wilkens/Neumann 2002, 81f.
13 Der Länderüberblick „Mehrsprachigkeit an deutschen Schulen" (deutsche Bundesländer) von Baumann 2001 auf der Basis des FABER-Projekts listet zweitsprachliche Fördermaßnahmen, sprachliche Bildung und Muttersprache sowie Innovatives auf. Das schafft leicht zugänglich Überblick. Zumindest im dritten Teil ist er allerdings ungenau und unvollständig, wobei die Schwierigkeiten der Erkundung zugute zu halten sind.
14 So in Zander 1977; Vogel 1980; Lange, Neumann/Ziesenis [4]1986 (nicht in früheren, von Wolfrum hg. Auflagen); Rosenbusch/Schober 1986. – Ohne solche Kapitel und Aspekte z.B. Hohmann 1994; Schuster 1991, [4]1994; Schober 1998.

doch bis heute in den Köpfen von Lehrpersonen und Politikern.[15] Seit den
70er-Jahren wurde der Assimilationsdruck kritisiert, 1994 bewertete Gogolin
in einer viel beachteten Schrift das Verhalten der multilingual gewordenen
Schule als „monolingualen Habitus", der den Schülern nicht gerecht werde.
Dietrich 1997 belegte vielfache Unzufriedenheit von Migranteneltern mit der
deutschen Schule, vor allem wegen der von ihren Kindern erwarteten (sprachlichen) Assimilation. Nach wie vor kommen im Vergleich mit Deutschen antei-
lig weniger als halb so viele nichtdeutsche Kinder in Gymnasien und in Realschulen, hingegen etwa doppelt so viele in Hauptschulen und Sonderschulen.
Die Sekundarstufe II schließen von den Jugendlichen mit deutschem Pass gut
25% erfolgreich ab, von den Jugendlichen mit nichtdeutschem Pass nur gut
8%. Von allen Abiturienten machen Nichtdeutsche nur 3,4 % aus.[16] (Über
Schülerinnen und Schüler aus ausgesiedelten Familien haben wir keine Angaben.) Schulerfolg ist von Sprachleistungen abhängig, darüber hinaus aber
auch eine Frage des Milieus, denn der Anteil deutscher Arbeiterkinder in höheren Schulen hat sich durch Bildungsreformen nicht dauerhaft steigern lassen und ist seit ca. 1980 wieder rückläufig.[17] Daher ist es kaum verwunderlich,
dass dem deutschen Bildungssystem und insbesondere dem Deutschunterricht durch die internationale Vergleichsstudie PISA[18] bescheinigt wird, sie
qualifiziere die Fünfzehnjährigen mit Migrationshintergrund und solche aus
sozial schwachen Familien in der Lesekompetenz schlechter als andere Länder mit vergleichbarer wirtschaftlicher und gesellschaftlicher Kapazität.

3 Zweite Antwort: Zwei Optionen offen halten

Wenn man die Herkunftskultur und -sprache der Migrantenfamilien ernst
nimmt und ausländische Kinder und Jugendliche zur Handlungsfähigkeit in
beiden Gesellschaften befähigen will, kommt man unweigerlich zu Konzepten
bikultureller und zweisprachiger Erziehung. Seit den 70er-Jahren wurde von
den Konsulaten der Anwerbeländer ausländischen Arbeitern *muttersprach-*

---

15 Vgl. den hessischen Landtagswahlkampf von CDU und FDP 1999, in dem genau dieses Argument eine entscheidende Rolle spielte.

16 Vgl. die Daten und Fakten zur Ausländersituation, die unter der Ausländerbeauftragten der
Bundesregierung Marieluise Beck jetzt wieder erscheinen, zuletzt Februar 2002. Die Tabellen für den Bereich Schule sind leider weniger und teils unübersichtlich geworden; der pro-
zentuale Anteil von Schülern mit deutscher und nicht deutscher Staatsangehörigkeit ist nicht
im Vergleich dargestellt.

17 Vgl. das Heft 2/2002 der GEW-Zeitschrift Erziehung und Wissenschaft sowie die Studie LAU
9/2001 aus Hamburg, vgl. www.hh.schule.de/ifl/pdfs/lau9.pdf

18 Vgl. Deutsches PISA-Konsortium (Hg.) 2001.

licher Unterricht als freiwilliger Zusatzunterricht, inhaltlich freilich nicht mit der deutschen Schule koordiniert, angeboten; er wurde teils unter Druck (z.b. Griechen während des Militärregimes), teils verschwindend gering (z.b. Italiener) frequentiert. Heute ist er in einigen Bundesländern regulär, in einigen Schulen in den Regelstundenplan integriert.[19] Daraus zwei- und mehrsprachige Schulen zu entwickeln war das Ziel verschiedener Initiativen, die sich in der Breite jedoch nicht durchsetzen konnten.[20]

Sowohl für das Leben im Herkunftsland als auch in Deutschland wollte das optionale bayrische Modell zweisprachiger Beschulung ab 1973 qualifizieren,[21] das die Kinder, nach Nationalitäten getrennt, durchgehend in Grund- und Hauptschule in ihren beiden Sprachen unterrichtete. Baden-Württemberg folgte dem Beispiel mit seinem Schulversuch ab 1975.[22] An gemeinsamen zweisprachigen Unterricht zweier oder mehrerer Sprachgruppen, etwa nach dem Modell der gleichzeitig entstehenden Deutsch-Französischen Gymnasien oder der Europäischen Schulen, war dabei nicht gedacht. Der Deutschunterricht war zunächst in der Grundschule Fremdsprachenunterricht; mangels deutscher Sprachkontakte und *peer groups* blieb er es vielfach auch in der Hauptschule, da deutsche Muttersprachler hier kaum zu finden waren. Zu bearbeiten gab es meist Aufgaben, bei denen Wörter eingefügt, Sätze zugeordnet, vervollständigt oder abgeschrieben werden mussten; die Aufgaben waren oft sogar lösbar, wenn der Inhalt nicht verstanden wurde:

> *Ergänze die Reimwörter: Schwamm – K_____ L_____*
> *Ali: „Muss man bei c anfangen?"*

Das kleinschrittige Vorgehen verhinderte, dass die Lernenden selbst Übersicht über ihr Lernen gewannen; so blieben sie auf die Lenkung durch Arbeitsheft oder Lehrperson angewiesen. Das bedeutete, dass kaum inhaltlich und reflektierend gearbeitet werden konnte, weil die Unterrichtszeit mit Fehlerkorrekturen verbraucht wurde. Die eigens für „muttersprachliche Klassen" entwickelten zweisprachigen Unterrichtsmaterialien des FWU München belegen dies (Steindl/Wimmer 1983). Darin lag und liegt für Lehrpersonen die Gefahr, dieses erzeugt simple Niveau für das erreichbare Niveau der Zweitsprachlernenden zu halten, zu verfestigen und ihm nichts mehr hinzuzufügen. Entsprechend gering bleibt der Schulerfolg. In einer beachtenswerten Kontroverse

---

19 Vgl. BAGIV 1985 mit Argumenten der Vertreter der Herkunftsländer sowie Baumann 2001.
20 Vgl. „Krefelder Modell" und Fthenakis 1985.
21 Bayerisches „Offenes Modell", vgl. Schulreport 3/1979 und Boos-Nünning 1981.
22 Vgl. Oomen-Welke 1985; Chrysakopoulos/Oomen-Welke 1986; Oomen-Welke/Sen 1986.

zwischen Bundesbildungsminister Schmude und dem bayrischen Kultusminister Maier 1979 bewertete Schmude dieses Modell als weder für Deutschland noch das Herkunftsland qualifizierend.[23] Nach allgemeiner Einschätzung hat sich das Modell trotz des z.t. großen sozialen Engagements von Lehrpersonen nicht bewährt, und die Nachfrage nichtdeutscher Eltern ging in den 90er-Jahren ständig zurück, zumal die Option „Rückkehr" den Schülerinnen und Schülern Probleme in der Schule der Remigrationsländer nicht ersparte.[24]

Dass es auch anders möglich ist, in der Schule zwei Sprachen und Kulturen zu vermitteln, zeigen die Deutsch-Französischen Gymnasien,[25] die Europäischen Schulen und die Staatliche Europaschule Berlin. In den Europäischen Schulen, ursprünglich gedacht für Diplomatenkinder und ähnlich Mobile, werden mehrere Sprachgruppen unterrichtet, wobei meist unter vier Hauptsprachen und mehreren Fremdsprachen gewählt werden kann.[26] Die Staatliche Europaschule Berlin hat im Prinzip alle Kinder, auch die mit Migrationshintergrund, im Visier; ihre Klassen und das Lehrpersonal kommen aus jeweils zwei Kulturen (deutsch – türkisch; deutsch – griechisch; deutsch – englisch usw.), die Lehr- und Lernprogramme werden aufeinander abgestimmt.[27]

Davon zu unterscheiden sind zweisprachige Schulkonzepte in zweisprachigen Gebieten; der Unterschied liegt dabei nicht so sehr in der Unterrichtsorganisation als in der gesellschaftlichen Gruppe, die sich für die zweisprachige Schule entscheidet (sorbisch – deutsch, deutsch – dänisch in Deutschland, das Modell 13 + 13 im Elsass). Manche der zuletzt genannten Modelle sehen sich selbst bereits als die dritte Antwort auf die multikulturelle Gesellschaft.

4 Dritte Antwort: Interkulturell lernen und handeln

Seit den 80er-Jahren wird die Erkenntnis wirksam, dass Gesellschaft und Schule Systeme sind, die sich durch Bewegung an einer Stelle im Gesamtsystem verändern. Die Anwesenheit von Kindern und Jugendlichen aus Migran-

---

23 Kontroverse Schmude – Maier in Süddeutsche Zeitung Nr. 117/1979 und 230/1979.
24 Schwenk 1988, Sprachstandsanalysen in beiden Sprachen zweisprachiger Kinder aus immigrierten Familien liegen vor von Schwenk 1988, Kuhs 1989, Baur/Meder 1990 und 1992, Ilkhan/Oomen-Welke 1990 u.a.
25 Die DFG wurden in der Weiterentwicklung des deutsch-französischen Konsens zwischen Adenauer und de Gaulle 1963 ab ca. 1975 in Buc bei Paris, in Freiburg und Saarbrücken eingerichtet. Vgl. dazu und zu weiteren bilingualen Schulen und Zügen Kuhs/Steinig (Hg.) 1998.
26 Europäische Schule Brüssel, Karlsruhe.
27 Vgl. Stotzka 1998. Die SEB hat inzwischen die Sekundarstufe erreicht.

tenfamilien – die sich selbst mittlerweile durch die Migration und über die Generationen verändert haben – bleibt nicht ohne Auswirkungen auf das Lern- und Handlungsfeld Schule und auf den Deutschunterricht, wo alle miteinander und voneinander lernen sollen. Dazu ist es nötig, etwas von der Kultur des anderen zu erfahren und im Wechsel die Perspektive des jeweils anderen einzunehmen.[28] Auf diese Weise soll die vermeintliche Normalität und Alleingültigkeit des Eigenen in Frage gestellt werden; ein Beitrag übrigens auch zum Erwerb divergenten Denkens. Das gemeinsame Lernen im Dialog der Kulturen wird als *interkulturell* bezeichnet; interkulturelles Lernen wird bewertet als die pädagogische Antwort auf die multikulturelle Gesellschaft.[29] Teilhabe der Zuwanderer an Kultur und Gesellschaft gelten als selbstverständlich; heute gehört es zur *political correctness*, auch Handelnde mit nichtdeutschen Namen in Lehr- und Lernmaterialien erscheinen zu lassen. Gemeint war das interkulturelle Lernen auch als Beitrag zur Gleichberechtigung aller kulturellen, nationalen, sprachlichen Gruppen in einem Land, das sich mehr und mehr als Einwanderungsland verstehen muss.[30]

Für den Deutschunterricht bedeutet die interkulturelle Orientierung eine Öffnung gegenüber anderen Kulturen, Literaturen und Sprachen einerseits sowie andererseits zu möglichen anderen Lern- und Rezeptionsweisen der traditionellen deutschunterrichtlichen Inhalte – *Umgang mit Fremdem und Verstehen* verschiedener Art (was im Übrigen eine Funktion von Literatur ist). Der Übergang vollzog sich im Deutschunterricht allmählich vom Grüßen und Singen in anderen Sprachen (Grundschule) zu übersetzten Texten aus anderen Kulturen, auch in der Sekundarstufe. Soweit war das kein bedeutender Umbruch, weil Weltliteratur in der deutschen Tradition und Schule einen hohen Stellenwert besaß. Hier hatte auch die Auseinandersetzung mit fremden soziokulturellen Hintergründen beim Lesen fremder Literatur ihren Platz.[31] In einem weiteren Schritt wurde Literatur einbezogen, die Zweisprachige selbst auf Deutsch verfasst hatten und die *Ausländer-Literatur, Gastarbeiter-Literatur, Migranten-Literatur* genannt wurde.[32] Sie schaffte es bis in deutschdidak-

28 Vgl. Reich 1993; Belke u. a. 1986.
29 Vgl. Hohmann 1983; „Interkulturalität" in: Lexikon der Deutschdidaktik (erscheint vorauss. 2003).
30 Vgl. Belke u. a. 1986, 424, die das Bundeskabinett Schmidt zitieren.
31 Zum Beispiel Pohl 1995.
32 Vgl. LiLi (Zeitschrift für Literaturwissenschaft und Linguistik) 14, 56/1984. Unter Fremdem werden in didaktischen Vorschlägen allerdings auch oft ungewohnte Perspektiven und Protagonisten, historische Ambientes, neue Erzählweisen oder ästhetische Experimente verstanden (z.B. DDU 4/89), denen der interkulturelle Zug nicht abgesprochen werden sollte, der Bezug zu einer multikulturellen Gesellschaft aber durchaus.

tische Publikationen,[33] weniger bis in den Deutschunterricht selbst. Dass diese Bezeichnungen mit der Entwicklung der multikulturellen Gesellschaft durch die nun mögliche Wahl der eigenen Zugehörigkeiten und durch gemischte Familien überflüssig werden, versteht sich.

Während es verhältnismäßig rasch, wenn auch nicht problemlos gelingt, den Literaturunterricht durch ins Deutsche übersetzte (Parallel-)Texte aus anderen Literaturen zu öffnen, fällt es Lehrpersonen schwer, fremde und ungewohnte Rezeptionsweisen deutscher Texte durch anders Sozialisierte zuzulassen.[34] Konkrete Beispiele: Hat der alte Mann in Peter Bichsels Geschichte „Ein Tisch ist ein Tisch" selbst Schuld an seiner Einsamkeit, weil er nicht zu seinen Kindern zieht, was doch normal wäre? Ist Ironie unaufrichtig, ja verlogen und daher abzulehnen? Muss Literatur religiöse und sexuelle Tabus unangetastet lassen? – Einfach ist der interkulturelle Perspektivenwechsel mit dem Geltungsanspruch anderer Wertungen auch für Lehrende nicht.[35]

Ein großes Problem stellt der Aufsatzunterricht bzw. das Verfassen von Texten dar, das stark an tradierte Textsorten der Kulturen und erworbene Textschemata gebunden ist; andere als die eigenen Textvorstellungen nehmen Lesende oft als unsinnig wahr. Mit gemeinsamen Schreibprojekten in den Klassen und in Projektgruppen wurde versucht, Zweitsprachlern zu schriftlichem Ausdruck durch Kooperation mit Erstsprachlern und durch Textmodelle zu verhelfen.[36] Dass es ein schwieriges Unterfangen ist, die unterschiedlichen Textschemata und Stile selbst benachbarter Kulturen wirklich zu erwerben, weist die Untersuchung von Riehl 2001 aus. Hier sind viele methodisch gute Bemühungen in Sicht, aber noch kein befriedigendes Konzept.

Die Öffnung zu den anderen Sprachen, die in die deutsche Regelschule mitgebracht wurden, blieb in der ersten Phase der interkulturellen Deutschdidaktik zunächst eher eine hehre Forderung: Ausnutzen, was mehrsprachige Kinder können, die Bereicherung aufgreifen – aber wie? Der systematische Zugriff bedurfte erst eines weiteren Anstoßes (vgl. Abschnitt 7).

Beim Überblick über den interkulturellen Stand der einzelnen Fachdidaktiken in Reich u.a. 2000 werden die deutschdidaktischen Überlegungen geteilt in solche für den regulären Deutschunterricht für alle Kinder und Jugendlichen und den Zweitsprachenunterricht für diejenigen nichtdeutscher Erstsprache, die nach wie vor Bedarf haben.

---

33 Zum Beispiel Diskussion Deutsch 143/1995; Informationen zur Deutschdidaktik 4/2000.
34 Davon handeln die o.g. Publikationen eigentlich nicht.
35 Zu dem ganzen Bereich Luchtenberg 1999, 169–191.
36 Zum Beispiel Pommerin 1998.

5 Vierte Antwort: Über die Grenzen blicken

Problemlage und Lösungswege zeichneten sich in anderen westeuropäischen Ländern ähnlich ab.[37] Die Diskussion setzt erst in den frühen 70er-Jahren ein. Neu zuwandernde Gruppen veranlassen zunächst zu kompensatorischen Maßnahmen mit dem Ziel der homogenen Integration, gegenüber denen sich das Doppelziel der zwei Optionen (Richtlinie des Europarats 1970, 1977) und dann interkulturelle Konzepte entwickeln. In Schweden gelang es relativ früh, aus der Erfahrung der Verfestigung von Immigration eine neue Pädagogik zu erarbeiten.[38] Einige Länder, z.b. Spanien und Italien, die zunächst im Wesentlichen Binnenmigration kannten und dann Entsendeländer von Migranten waren, wurden mit Verzögerung zu Aufnahmeländern, vor allem von Flüchtlingen. Die Entwicklung ging auch hier mit zweitsprachlichen Kursen und interkulturellem Lernen vonstatten. Andere Länder in Mittel-und Osteuropa, Island und erstaunlicherweise z.t. auch das dreisprachige Finnland verstehen sich bis heute als homogen und monokulturell und daher nicht betroffen von interkulturellen Ideen. Erst langsam entwickelt sich Verständnis für die eigene Diversität, teils durch Anstöße aus der Europäischen Union, die z.b. in SOKRATES interkulturelle Begegnungen fördert und ihre Programme bewusst gegen Diskriminierungen konzipiert.

Sprachdidaktiker mehrerer europäischer Gruppierungen haben vergleichende Werke über den Unterricht in der bzw. den jeweiligen Landessprache(n) der Länder als *Mother Tongue* herausgebracht und dabei die gesellschaftliche Mehrsprachigkeit (*second language*) berücksichtigt.[39] (Daraus entstandene didaktische Konzepte finden sich im Abschnitt 6.)

Stärker als in Deutschland wurde in Großbritannien und den Niederlanden die allgemeine interkulturelle Idee zur schärferen Konzeption der antirassistischen Erziehung weiterentwickelt. In ihr wird die Ungleichheit der (ethnischen und sozialen) Herkunft, die durch pädagogische Konzepte nicht behoben werden kann, zum wichtigsten Kriterium.

Ungleichheit kann sich institutionell oder strukturell bemerkbar machen, etwa wenn im Unterricht die Erstsprachen bestimmter Gruppen verboten werden oder unberücksichtigt bleiben (institutionell) und wenn die rechtlichen Ansprüche z.b. auf Lernchancen von Gruppen unterschiedlich sind (struktu-

---

37 Auernheimer 1990, 16–28.
38 Befunde und Konzepte aus Großbritannien und den Niederlanden bei Luchtenberg 1995, 116f. und in den weiteren Anmerkungen zu diesem Kapitel.
39 Zum Beispiel die zahlreichen Schriften von IMEN (International Mother Tongue Education Network); Herrlitz 1987; DDU 2/1987; Gagné/Purves 1993; Tulasiewicz/Adams 1998.

rell).[40] Über literarische Texte und Texte von Betroffenen und durch Rollenwechsel werden im Landessprachenunterricht (Englisch, Niederländisch ...) Perspektiven jeweils anderer Gruppen eröffnet; sprachliche Formulierungen werden auf rassistische Indizien untersucht, was gelegentlich etwas (Selbst-) Denunziatorisches an sich hat; gemeinsame Projekte von Schülerinnen und Schülern aller Gruppen vertiefen gemeinsame Interessen. Ein Problem scheint der kontraproduktive Umschlag überdeutlich antirassistischer Unterrichtseinheiten zu sein, weil die pädagogische Absicht durchscheint und Opposition oder Indifferenz hervorruft.

In der Folge rassistischer Gewalttaten der 90er-Jahre gründeten sich auch in Deutschland antirassistische Initiativen, z.B. „Schule ohne Rassismus", und brachten Lehrmaterialien heraus.[41] Abgesehen von anlassbezogenen antirassistischen Aktionstagen an Schulen, ist die antirassistische Idee in Deutschland jedoch im interkulturellen Lernen aufgegangen. Ein eigener antirassistischer Deutschunterricht (über den ideologiekritischen Ansatz der 70er-Jahre hinaus) hat sich nicht durchsetzen können. Ähnliches gilt für den Ansatz der Friedenspädagogik.[42]

6 Fünfte Antwort: Europa lehren

In den 90er-Jahren führte die Kooperation in den europäischen Lehrerbildungsprogrammen zum Vergleich von Schulpolitik und Schulsystemen[43] sowie zu der Idee, eine „europäische Dimension" als Unterrichtsprinzip in den Schulfächern der Länder zu verankern. Während das in Geschichte und Politik/Gemeinschaftskunde[44] leicht gelang, mussten sich die Sprachen dazu erst neu orientieren. In Deutsch – ebenso wie im Muttersprachenunterricht anderer Länder – begann man mit Lesebüchern, deren Kapitel literarische Texte aus jeweils einem europäischen Land (oder irgendeinem Land der Welt) enthielten.[45] Es entstand und besteht allerdings die Gefahr, die Wahrnehmung

---

40 Figueroa 1993 zur Beschreibung verborgenen Rassismus; als Klassiker Cohen 1994.
41 Schule ohne Rassismus Handbuch 1995 und viele Materialien; Diskussion Deutsch 137/1994 im Rahmen des Themas Rechtsextremismus; vgl. auch Oomen-Welke 1994b.
42 Aktuell und der Deutschdidaktik nah Wintersteiner 1999 und 1994.
43 Aus der Fülle der Publikationen zur Lehramtsausbildung und Schulsystemen Costas i Costa u.a. 2001, Etxeberria 2000, Brock/Tulasiewicz 22000, Sander u.a. 1996, Anweiler u.a. 1996, Lippke 1994, Brinkmann 1994 und andere Bände des DIPF Frankfurt.
44 Zur historischen und politisch-sozialen Bildung z.B. Scanzio 2001, Lipóczi/Oomen-Welke 1999, Friebel 1996, Kodron/Oomen-Welke 1995, Bell 1995, Boteram 1993. – Schule, Sprachen und multikulturelle Gesellschaft in Interkulturell 1998.
45 Zum Beispiel Wittenberg 1991.

der umgebenden Multikulturalität durch eine weltumspannende, teils exotische Universalität zu überlagern, in der der nahe Nachbar keine große Rolle spielt. Eine zweite Gefahr ist das assimilierende Verstehen, das Fremdes ohne Rücksicht auf Sperriges angleicht und damit das Fremde entschärft und homogenisiert.

Der Bezug auf Europa war hilfreich bei der Überwindung der Defizitorientierung in Pädagogik und Deutschdidaktik. Die vergleichbaren Ansprüche der europäischen Sprachen unterstützte dies. Es scheint eine banale Feststellung, dass Europa mehrsprachig ist und dass der Blick des Arbeitsbereichs Sprachreflexion sich mit anderen Sprachen auseinander setzen muss (übrigens nicht nur mit europäischen). Folgen hatte das zunächst für die Intensivierung des Sprachenlernens,[46] welche jedoch die Dominanz des Englischen eher verstärkte, als die Rolle der kleineren Sprachen zu verbessern. Selbst in der mehrsprachigen Schweiz werden trotz des Gesamtsprachkonzepts häufig sprachenpolitische Entscheidungen zugunsten von Englisch getroffen: Die vermeintliche große Welt verdrängt das Unmittelbare. Immerhin führte der neue Beginn der Fremdsprachen in der Grundschule zu einer veränderten Sprachenwahl in der Sekundarstufe und zur inhaltlichen und methodischen Neuorientierung des fremdsprachlichen Sekundarunterrichts, wodurch teils auch die Sprachen der Immigrierten wählbar wurden. Während nach der so genannten *Mehrsprachigkeitsdidaktik* von Meißner & Reinfried 1998 ausgehend vom Französischen andere romanische Sprachen und z.T. sogar Englisch erschlossen werden sollen, setzt das Deutsche europa- und weltweit darauf, sich als zweite Fremdsprache zu behaupten und Englisch als Brückensprache zu nutzen.[47] Für das Schreiben in eigenen und anderen Sprachen sind neue Vorschläge vorhanden.[48] Zur Selbsteinschätzung des Standes in den Sprachen bei Jugendlichen und Erwachsenen und zur Dokumentation von Prüfungen hat der Europarat, Sprachenzentrum in Graz, zusammen mit Schweizer Didaktikern die Entwicklung des Europäischen Sprachenportfolios in Auftrag gegeben, das 2000 erschienen ist. So können Lernende erstmals Sprachfähigkeiten in allen ihren Sprachen und ggf. deren unterschiedliche Niveaus sichtbar machen. Ein solches Instrument ist gerade in multikulturellen Gesellschaften von großem Wert, damit neben der (den) offiziellen Landessprache(n) und den Schulsprachen die sozialen Sprachen erscheinen. In diesem Zu-

---

46 Erklärungen der europäischen Bildungsminister über www.kmk.org/doc/publ/. Siguan 2001, Kap. 8.
47 Neueste Ansätze vom Internationalen Deutschlehrertag Luzern 2001.
48 Zum Beispiel Bräuer 2001.

sammenhang sei auch auf die *Homburger Empfehlungen für eine sprachenteilige Gesellschaft* 1980 und auf die *Homburger Empfehlungen zur Förderung der europäischen Hochsprachen* 2000 verwiesen.[49]

Ein anderer Aspekt ist die Neubewertung der *Stereotypen*, die u. a. mit dem eingangs zitierten Artikel von Melenk & Firges 1985 aufkam. Deutschunterrichtliche Konzepte für die Sekundarstufe beschäftigten sich mit Selbst- und Fremdbildern in Alltag und Literatur[50] und betonen das soziokulturelle Verstehen. Letztlich wird nicht die Typisierung der anderen als Orientierungshilfe kritisiert, sondern das undifferenzierte Wahrnehmen, die Verfestigung und der argumentative Gebrauch.

Eine Fülle inhaltlicher und methodischer Vorschläge für den Sekundarstufenunterricht, die auch in Schulprojekten und Intensivseminaren mit Studierenden genutzt werden können, sind aus europäischen Projekten erwachsen.[51] In ihnen werden zu erwerbende Einstellungen, Wissen, Fertigkeiten berücksichtigt, auch im Hinblick auf die Arbeitsbereiche im Deutschunterricht.

Im Ergebnis hat der Blick über die Grenzen und der Anstoß zu Kooperationen in Europa eine Neuorientierung der Deutschdidaktik bewirkt, die ihre Traditionen in der Auseinandersetzung mit dem Anderen und mit dem Kanon überdenkt. Wenn es eines weiteren Anstoßes bedurfte, so erfolgte er durch PISA, wo aufgezeigt wird, dass diejenigen, die am Reichtum unserer Gesellschaft mitgearbeitet haben, in ihr wenig Chancen erhalten.

7 Sechste Antwort: Vielsprachiger Deutschunterricht

Ein eigener Stellenwert wird hier der Neuorientierung der Sprachdidaktik Deutsch in der multikulturellen Gesellschaft infolge von Konzepten der *Language Awareness*[52] aus Großbritannien beigemessen. Sie setzen an bei der bislang unberücksichtigten Mehrsprachigkeit vor allem der zugewanderten Gruppen und bei der mangelnden Offenheit der altansässigen Mehrheit für Sprachen. *LA*-Konzepte wollen über aufmerksame Wahrnehmung der anderen Sprachen und Sprecher die Sprachreflexion in Gang bringen, das Sprach-

---

49   Homburger Empfehlungen 1980 in Christ u. a. 1980; Homburger Empfehlungen 2000 in Ehlich u. a. 2001.

50   So in Oomen-Welke 1994, Kap. III und den imagologischen Essay von Stanzel 1997.

51   Kodron/Oomen-Welke 1995, Part C, Artikel 11, 12 können als Einzelvorschläge gesehen werden, geben jedoch auch ein Curriculum ab; Artikel 24, 25 weisen schon auf die sechste Antwort: *Language Awareness* (vgl. Abschnitt 7).

52   Hawkins [2]1987; Luchtenberg 1995. Materialien und Vorschläge z.B. Hawkins 1985 ff.; Exploring Language ab 1993.

wissen und Sprachenlernen vertiefen sowie Sprach(en)bewusstheit samt Sprachen*lern*bewusstheit entwickeln. Die Varianten der *Awareness*-Konzepte sind zahlreich; auf dem Kontinent ist aus Großbritannien vor allem Hawkins 1984 bekannt geworden.[53] Im französischsprachigen Raum sind in den 90er-Jahren für Mehrsprachigkeit und *Eveil aux langues* Michel Candelier und das *Centre de la Didactique des Langues* in Grenoble zu nennen.[54]

Für den Deutschunterricht wurde der Ansatz doppelt rezipiert: einerseits durch den Bereich Reflexion über Sprache als metasprachliche Reflexion unter Vernachlässigung der ursprünglichen Komponente Mehrsprachigkeit, worauf ich hier nicht eingehe. Andererseits wurde er zu einem umfassenden Sprachenkonzept in der multikulturellen Gesellschaft entwickelt. Für die Sekundarstufe ist das besonders interessant, sowohl weil das Fremdsprachenlernen neue Sprachenfragen aufwirft, aber auch – und das ist von größerem Gewicht – weil in den Sekundarstufen, meist in Hauptschulen und hauptschulähnlichen Zügen, viele Mehrsprachige lernen, deren Potential an Sprachaufmerksamkeit lange nicht zur Sprache kam und ungenutzt blieb. Viele Jugendliche aus zugewanderten Familien gewinnen erst aus der vielsprachigen Arbeit die Überzeugung, dass der Deutschunterricht etwas sei, das sich auch an sie richte und wozu sie etwas beitragen können. Aufmerksamkeit und Interesse an Sprachfragen bedeutet den Anfang von Beteiligung am Unterricht und Leistungssteigerung.[55]

Wie hat man sich den vielsprachigen Deutschunterricht vorzustellen? Er ist differenziell in dem Sinne, dass nicht alle Schülerinnen und Schüler gleichzeitig dasselbe lernen, auch wenn sie gemeinsam unterrichtet werden. Er ist vielsprachig. Das heißt allerdings, dass die metasprachliche Verständigung (das Sprechen über Sprachen) möglichst in einer allen gemeinsamen Sprache erfolgen muss, in Deutsch. Er kann von spontanen einzelheitlichen Äußerungen ausgehen, in denen Sprachbeobachtungen enthalten sind („Es gibt ganz viele Wörter in Deutsch/wo so ähnlich sind wie Russisch, wie *Ozean*"), die entweder so angenommen werden oder (sofort oder später) als eigenes, von den Lernenden vorgeschlagenes Thema behandelt werden.

Ein vielsprachiger Deutschunterricht kann auch im Rahmen des eigenen Programms immer den Blick nach außen öffnen und fragen, wie was in welcher Sprache ausgedrückt wird, welche Semantik und welche Konnotationen

---

53 Mehr dazu in Luchtenberg 1995, Kap. 2.3; Budde 2000, Kap. 1.3 sowie Bredel u. a. 2002, Kap. 36.
54 Vgl. den Sammelband Billiez 1998, darin auch Candelier mit einem orientierenden Artikel.
55 Beispiele in Oomen-Welke 2001 und Oomen-Welke 1999.

dahinter stehen, wie die kulturelle Einbettung vonstatten geht usw. Diese Art beeinträchtigt die Systematik des Deutschunterrichts nicht, sondern fügt ihr etwas hinzu. Ohne mehr Zeit in Anspruch zu nehmen (die sonst mit Zähigkeit und Aufforderungshandlungen verbraucht würde), bringt sie vieles zur Sprache und außerdem die Beteiligten ins Gespräch. Methodisch eröffnen sich viele Text- und Systemvergleiche, die mit den Lernenden gemeinsam und reflexiv, ohne Falsch und Richtig, vonstatten gehen. So ist im eigentlichen Sinne *Exploring Language* (Erforschen von Sprachen) gemeint. Für höhere Klassen können die zu bearbeitenden Aufgaben bzw. Bereiche anspruchsvoller werden: Gedichte und andere Texte in zwei Sprachen,[56] Schriftsysteme, das Nonverbale usw.

Es ist richtig, dass ein solcher Unterricht viele Risiken enthält, die Lehrpersonen verunsichern. Der Anspruch erzeugt anfangs Abwehr. Es widerstrebt gewissenhaften und selbstbewussten Lehrpersonen, im Unterricht mit Sprachen (und Sprachelementen daraus) zu tun zu haben, die sie selbst nicht beherrschen. Eine Neubewertung der Rolle und Aufgabe von Lehrendem und Schülerin bzw. Schüler ist geboten. Wenn beide Seiten sich einigen, dass die Sachen, an denen kategoriale Bildung erfolgt, jeweils einzeln oder miteinander gefunden werden und dass alle Beteiligten Vorschlagsrecht haben, dann übernehmen die Vorschlagenden auch ein Stück Verantwortung für die Sicherung sachlicher Richtigkeit (Nachschlagewerke, Befragungen von Autoritäten ...). Es stellt sich ein egalitäreres Verhältnis ein, Schülervorschläge konstruieren Unterricht, Unterricht wird gestaltet durch das Aufkommen von Fragen und die Suche nach methodischen Lösungen. Wie immer bei Eigenaktivitäten lernen die Schülerinnen und Schüler mehr, aber Verschiedenes, und daraus, dass sie das tun, entwickeln sie Selbstbewusstsein. Die Sachen werden geklärt und die Menschen gestärkt.

---

56 Ein guter Einstieg für Texte sind die Arbeiten in Linke/Oomen-Welke 1995 u. a. m. Zu dem gesamten Bereich s. Oomen-Welke 1998, Teil C Artikel 15; Oomen-Welke 1999 und Oomen-Welke 2001; Portmann-Tselikas/Schmölzer-Eibinger 2001 sowie die Zeitschrift „Grundschule Sprachen".

Fachdidaktik und Wissenschaft

Michael Kämper-van den Boogaart

Dieses Kapitel setzt sich mit Spannungsverhältnissen auseinander, die die fachdidaktische Forschung und Ausbildung prägen, aber auch alltägliche Rollenkonflikte von Deutschlehrern berühren. Insbesondere widmet es sich der Beziehung zwischen Fachdidaktik und Fachwissenschaft und setzt sich mit dem Problem auseinander, dass eine Definition gewünschter Bildung stets politische und weltanschauliche Setzungen beinhaltet, Deutschunterricht aber kaum auf eine Orientierung an Bildungszielen verzichten kann. Untersucht wird, wie und mit welchen Risiken sich die Deutschdidaktik in dieser Lage als Handlungswissenschaft zu begreifen suchte und um eine souveräne Position gegenüber ihren akademischen Bezugsdisziplinen bemühte. Wissenschaftsprobleme der Gegenwart skizziert der Autor vor allem mit Blick auf eine angemahnte empirische Wende. Auf dieser Basis stellt er die schon notorische Frage nach dem Nutzen des Wissenschaftswissens für die Schulpraxis noch einmal neu. Resultat der Lektüre kann und soll durchaus ein entspannteres Verhältnis zur Autorität Wissenschaft sein.

1 Fachdidaktik Deutsch: Kleine Germanistik für kleine Leute?

Gut streiten lässt sich über die Kontakte, welche die Fachdidaktik Deutsch zu den so genannten Fachwissenschaften unterhalten soll. Während es etwa der Studienrätin Meier wichtig ist, einen Deutschunterricht vorzubereiten, der fachlich auf der Höhe sei, betont ihr älterer Kollege Rüstig, dass sich längst schon gezeigt habe, wie fatal es sei, jedem wissenschaftlichen Trend hinterherzulaufen. Beide Positionen können auf jeweils triftige Argumente zurückgreifen. Frau Meier wird etwa auf die Krise der Interpretation verweisen, die sie in drei Universitätsseminaren beschäftigte, in der Schule aber hartnäckig ignoriert werde. Herr Rüstig hingegen wird abwinken und daran erinnern, mit welchen Hoffnungen in den 1970er-Jahren überall von Kommunikation, Kommunikationsmodellen und der linguistischen Wende die Rede gewesen sei. Nach ein paar Jahren sei die Konjunktur dieser Ansätze merklich abgeflacht, nur die Schulbücher hätten ihnen noch jahrelang auf ihren Seiten Asyl geboten.[1]

Hinter solchen und ähnlichen Kontroversen verbergen sich neben schulpädagogischen Lebenserfahrungen prinzipielle Fragen. Und diese berühren natürlich auch das grundsätzliche Verständnis von Fachdidaktik – nämlich das von Fachdidaktik als Forschungszusammenhang, als Bestandteil der univer-

---

[1] Vgl. zu dieser Argumentation bereits Geißler 1970, 19ff.

sitären und der schulpraktischen Lehrerausbildung sowie als Komponente curricularer Planungen. Noch ein anderes gilt: Wohl jeder Lehrer koppelt sein professionelles Selbstverständnis und Renommee zurück an die Qualifikationen, die er unter Beweis stellen musste, um Lehrkraft einer bestimmten Gehalts- und Laufbahngruppe werden zu können. Entsprechend legitimiert Frau Meier ihre Aussagen und Taten, indem sie zum Beispiel sagt: „Als Pädagogin denke ich ..." oder aber: „Als Germanistin würde ich ..."[2] Deutlich wird an diesem kleinen Beispiel der Zwittercharakter ihres Expertentums: Einerseits ist Studienrätin Meier Germanistin und weiß so, was *fachlich* richtig ist. Andererseits gewöhnt sie sich an, sich als Pädagogin zu sehen und zu wissen, was für ihre Schüler *menschlich bedeutsam* ist. Nun ist die Rolle als Pädagogin noch weiter gefasst als die der Didaktikerin. Doch auch hier treffen wir auf die besagten Zwitterprobleme.

Geordnet wäre die Welt, wenn stimmte, was noch heute vielfach behauptet wird und was sich in Prozeduren der Unterrichtsvorbereitung hartnäckig hält. Nach verbreiteter Ansicht wäre Studienrätin Meier in ihrer Eigenschaft als Deutschlehrerin eine Germanistin, die sich auf die Kunst verstünde, die Gegenstände der Germanistik klientengerecht zu vermitteln, also beispielsweise große Probleme der Literaturgeschichte so zu reduzieren, dass kleine Leute sie begreifen. Stillschweigend geht die gängige Annahme davon aus, dass es eine Identität des Schulfachs Deutsch mit der Wissenschaft der Germanistik – dem wissenschaftlichen Fach – gäbe oder geben sollte.[3] Das Trügerische einer solchen Prämisse sticht spätestens ins Auge, sobald man die aktuelle Universitätsgermanistik und etwa den Zusammenhang von Sprach- und Literaturwissenschaft ins Visier nimmt.[4] Bereits hier kann von einer Identität, etwa der Forschungsfragen, der Methoden, Terminologien usw., kaum mehr gesprochen werden. Mehr noch: Man kann bezweifeln, ob ein solcher Befund außerhalb von Podien auf Germanistentagen irgendjemandem negativ bewusst wird. Nun kann man gegen die Diagnose von der Ausdifferenzierung der germanistisch genannten Forschungen einwenden, dass es im Studium doch noch anders aussehe. Schließlich werde hier noch das alte germanistische Menü gereicht. Doch erstens handelt es sich bei diesem Menü fast immer um ein additives, nicht um ein integriertes oder wenigstens vernetztes Angebot abgestimmter Speisefolgen, und zweitens sind die Lehramtsstudiengänge nicht das Produkt von Wissenschaft und Hochschule, sondern die Folge staatlicher Leh-

---

2 Vgl. Ivo 1996, 16f.
3 Zu dieser Vorstellung von Abbilddidaktik vgl. Meyer 1987, 72ff.
4 Vgl. Kreft 1977, 285f.

rerprüfungsordnungen oder Lehrerbildungsgesetze. Als solche erfahren sie ihre Prägung nicht durch Wissenschaft, sondern durch Vorstellungen von Schule und probater schulischer Bildung. Bei diesem Gegenargument beißt sich die Katze also in ihren ohnehin lädierten Schwanz. Unabhängig von allen didaktischen Erwägungen bliebe demnach festzuhalten: Die Vorstellung, dass der Deutschunterricht via Fachdidaktik „Germanistik" vermittle, ist irrig.

2 Politik oder Wissenschaft: Konflikte im Namen der Bildung

Dieser Befund lässt sich wohlweislich nicht als Einwand gegen eine Praxis der Unterrichtsplanung lesen, die um die Einhaltung sprach- oder literaturwissenschaftlicher Standards bemüht ist.[5] Er zeigt lediglich, dass die Lage komplizierter oder auch reizvoller ist. Um dies zu skizzieren, sei eine Ausführung zum Thema zitiert und kommentiert. Sie stammt von dem Erziehungswissenschaftler Hermann Giesecke, dessen Fließtext ich durch eine gliedernde Nummerierung ergänze:

(1) In der Moderne sind die Wissenschaften *zur Grundlage des zu vermittelnden Bildungswissens geworden, jede andere Fundierung wäre nur weltanschaulich und deshalb ohne öffentlichen Konsens möglich. Wissenschaftsorientierter Unterricht ist aber nur als Fachunterricht denkbar, weil die wissenschaftliche Erkenntnis der Welt sich auf bestimmte Aspekte – Gegenstände – beschränken muss und weil die von ihr verwendeten* Methoden *nicht generell gelten können. Wenn man so will, ist die fachliche Begrenzung der Preis, den wir für die wissenschaftliche Erkenntnis zu zahlen haben.*
(2) Daraus folgt nicht, dass die Schulfächer mit den wissenschaftlichen Disziplinen übereinstimmen oder aus ihnen abgeleitet wären oder dass für ein Schulfach nicht mehrere Bezugswissenschaften zuständig sein könnten. Der Zweck der allgemein bildenden Schule ist nicht identisch mit dem einer wissenschaftlichen Fachausbildung, sonst müsste sich ja der Kanon der Wissenschaften im ganzen im Kanon der Schulfächer widerspiegeln, was schon praktisch gar nicht realisierbar wäre.
(3) Die allgemein bildende Schule dient einem anderen Zweck, nämlich die erwähnten gesellschaftlichen Partizipationen durch Einsicht in die entsprechenden Wirklichkeitsstrukturen unter dem leitenden Gesichtspunkt der Bildung zu ermöglichen. Die Wissenschaften, die dafür in Frage kommen, müssen unter diesem Aspekt ihren Beitrag formulieren, nicht unter dem Aspekt ihrer wissenschaftsimmanenten Logik [...] (Giesecke 1998, 291f.).

---

5   Vgl. hierzu den Passus „Wissenschaftsorientierung" in Meyer [12]1993, 259.

Den zweiten Punkt in Gieseckes Überlegungen haben wir hier schon hinreichend berührt. Er betrifft die unrealistischen Prämissen einer Didaktik, die eine komplette Wissenschaftsdisziplin abbilden will. Beschäftigen sollten uns aber die anderen Punkte.

Wissenschaft als Legitimation

Im ersten Punkt thematisiert Giesecke zwei bedeutsame und gleichwohl problematische Aspekte. Der erste berührt eine Machtfrage: Wer bestimmt, welches Wissen in der Schule erworben werden soll? Beziehungsweise: Was ist jene allgemeine Bildung, die von staatlicher Seite über Ressourcen (Bildungseinrichtungen, Personal etc.) und Sanktionen (Schulpflicht, Bildungstitel) zu fördern ist? Gieseckes Antwort auf diese Frage verweist auf eine kennzeichnende Praxis zeitgenössischer Konsensfindung. Diese besteht darin, das Problem zu delegieren. Wie in anderen prekären Fragen auch wird den Wissenschaften, also den Expertenkulturen, die Kompetenz eingeräumt, dieses Problem für die Gesellschaft zu lösen. Wie kommt es zu dieser Autorität der Wissenschaften in einer Frage, deren Beantwortung Schüler, Lehrer und Eltern alltäglich in ihren Lebenswelten zu spüren bekommen? Giesecke greift in seinem Plädoyer auf die Unterscheidung von Weltanschauung und Wissenschaft zurück.

Die Implikation lautet: Während die soziale, politische Auseinandersetzung zu weltanschaulich fundierten Urteilen tendiere, seien die Wissenschaften hiervon abstinent und mithin eine unparteiische Instanz. Rekurriert wird dabei auf Prinzipien einer wertfreien Wissenschaft, wie sie etwa Max Weber vor allem gegen Ende des 1. Weltkriegs forderte (Weber 1991). Gegen diese Auffassung wurde häufig argumentiert, und zwar unter Hinweis auf ökonomische Verflechtungen, auf die soziale Genese von Erkenntnisinteressen, auf ideologische Muster wissenschaftlicher Positionen, auf die persönliche Verantwortung des Wissenschaftlers, auf die Affinität zu historischen Diskursformationen u.v.a.m.

Der gesamte Zusammenhang kann hier ebenso wenig entfaltet wie die Geschichte wissenschaftlicher Sündenfälle nacherzählt werden. Stattdessen einige Überlegungen aus systemtheoretischer Sicht: Diese gelten einer systemischen Eigenschaft moderner Wissenschaft, nämlich der Art ihrer Kommunikation und Selbstbeobachtung. Für den Erhalt des Wissenschaftssystems ist eine zentrale Kodierung zwingend, die Differenz von „wahr" und „unwahr". Zwar gibt es den Anspruch auf Wahrheit auch im Alltagsleben. Anders als hier werden Aussagen im System Wissenschaft aber dadurch „wahr", dass ihre mögliche Unwahrheit vorausgehend geprüft und zunächst einmal verworfen wurde.[6] Dass sich Wissenschaft zentral über die Produktion von Wahrheit und nicht etwa über Nützlichkeit oder Schönheit konstituiert, schließt andere Beweggründe, zum Beispiel das Streben nach persönlicher Reputation (Luhmann 1992, 350ff.) nicht aus. Doch auch Reputation lässt sich nur unter den Kommunikationsbedingungen erreichen, die durch die Unterscheidung von wahr und unwahr gesetzt werden. So gesehen sind die von Giesecke geltend gemachten Erwartungen an Wissenschaft als einer nicht weltanschaulichen Instanz plausibel. Allerdings wäre es naiv, von einer völligen sozialen Autonomie von Wissenschaft zu sprechen:

> *Selbst wenn man der Wissenschaft die Oberaufsicht über das gesellschaftlich benutzte Wissen und die Funktion einer letzten Kontrollinstanz zuweist: Sie kann gerade diese Aufgabe nur als Teilsystem des Gesellschaftssystems wahrnehmen und nicht als ein ‚über' der Gesellschaft frei schwebender Intellekt* (Luhmann 1992, 615).

Die These, dass Wissenschaft in diesem Sinne stets die Wissenschaft einer Gesellschaft ist, liefert allerdings keinen triftigen Einwand gegen die Funktion von Wissenschaftlichkeit als Basis schulischen Bildungswissens. Sie schützt lediglich vor naiven Übertreibungen. Problematischer ist hingegen jene fachliche Begrenzung, die Giesecke als Preis der Wissenschaftsorientierung ausmacht und die bei Luhmann als Handicap für eine Ausbreitung generalisierbaren Wissens (Luhmann 1992, 454) verbucht wird. Hierbei gilt, wie oben gesehen, dass im Wissenschaftssystem die Differenzierung der Disziplinen weit fortgeschrittener ist als auf den schulischen Stundentafeln. Das „Fach" Deutsch zerfällt bereits in diverse Spezialgebiete, die untereinander wissenschaftlich nicht (mehr) kommunizieren. Dieser Ausdifferenzierung entspricht, gepaart mit wissenschaftstheoretischen Entwicklungen, eine folgenreiche Inkongruenz von alltäglichem Wirklichkeitsbewusstsein und wissenschaftlicher Beobachtung.

Die Autorität des wissenschaftlichen Urteils verdankt sich, salopp formuliert, der Erwartung, dass der Wissenschaftler in Sachen Wirklichkeit einen größeren Durchblick besitze. Dies ist auch, was man als Autorität eines Schulmeisters voraussetzt und als Differenz zwischen Lehrer und Schüler begreift. Während nun im Alltagsbewusstsein der Glaube an die *eine* Wirklichkeit nach

---

6 Vgl. Luhmann 1992, 274. Für diese Prüfung gelten je nach Wissenschaft bestimmte empirische und methodische Standards, die für Anschlussfähigkeit und Evolution sorgen. Hier liegt dann auch nach Luhmann die Grenze der Autonomie. Evolution in der Wissenschaftsgeschichte ist auf gesellschaftliche Kompatibilität angewiesen (ebd., 614). Vgl. auch Stichweh 1994.

wie vor dominiert (und die Toleranz gegenüber anderen Perspektiven auf diese eine Wirklichkeit einschließen kann), ist die Annahme einer beobachtungs-
unabhängig gegebenen Wirklichkeit seit geraumer Zeit wissenschaftstheore-
tisch brüchig geworden (Luhmann 1992, 627ff.). Wer unter diesen Vorzeichen
beim wissenschaftlich ausgebildeten und sich wissenschaftlich verhaltenden
Lehrer Auskunft über „die" Wirklichkeit und ihre Zukunft sucht, wird enttäuscht, es sei denn, der Lehrer handelt als Lehrer und tut „als ob" (Luhmann
1992, 631). Was sich in der Unterrichtspraxis durchaus als Autoritätsproblem
(„Fachidiot") entwickeln kann, birgt zumindest auch latent bildungspolitischen Konfliktstoff. Denn wenn Wissenschaft von einem Nebeneinander di-
vergenter Disziplinen und ihrer Wirklichkeitskonstruktionen geprägt ist, wird
es tendenziell unmöglich, „wissenschaftlich" zu formulieren, was das für
Schule wichtige Wissenschaftswissen ist. Zwar kann ich einen Literaturwissenschaftler fragen, ob es richtig („wahr") ist, dass Thomas Manns Novelle *Der
Tod in Venedig* im Umfeld neuklassischer Bestrebungen entstand. Für die
grundlegendere Frage danach, ob ein Schüler dies bei seiner Lektüre der Novelle wissen oder ob Thomas Mann in der Schule überhaupt gelesen werden
sollte, wäre der Kollege jedoch keine wissenschaftliche Autorität. Wer aber besitzt diese Autorität?

Bildungsformel: Weltanschauung, nicht Wissenschaft

Diese Frage führt uns zu Gieseckes drittem Punkt. Waren zuvor die Wissenschaften als Grundlage des Bildungswissens eingeführt worden, wird nun eine Zwecksetzung als regulativer Faktor gegen die immanente Logik der Wissenschaften eingeführt. Diese Zwecksetzung wird mit dem Begriff der
Allgemeinbildung besetzt. Allgemeinbildung wäre demnach der Filter, der das
relevante Wissenschaftswissen sortiert und zum schulisch zu vermittelnden
Bildungswissen erklärt. Obgleich Giesecke an anderer Stelle die Fachwissenschaftler auffordert, in die Diskussion um schulische Allgemeinbildung einzusteigen, unterstreicht seine Argumentation hier, dass den Wissenschaften
selbst für diese Klärung keine entscheidende Autorität zukommt. Deutlich
wird dies durch den Hinweis auf deren immanente Logik, die gegenüber dem
Aspekt Allgemeinbildung indifferent ist.

Diese Indifferenz gegenüber einem Aspekt, der als staatlich verantwortete
Politik in Form von Lehrplänen, Stundentafeln etc. praktisch relevant wird,
kommt nicht von ungefähr. Während andere Funktionssysteme der Gesellschaft soziale Asymmetrien ausgebildet haben, so Ärzte und Patienten im Me-
dizinsystem, besitzen Wissenschaft und ihre Theorien kein anderes Publikum
als die Wissenschaft selbst. Oder wie Oevermann es professionstheoretisch

fasst: Klient der Wissenschaft ist in analytischer Abstraktion die ganze Gesellschaft samt ihrer ungewissen Zukunft.[7] Luhmanns Erklärung dafür, dass Wissenschaft nur parasitär an Asymmetrien des Erziehungssystems anschließt, aber diesbezüglich keine eigene Struktur aufbaut, lautet:

▪▪ *Man kann plausibel vermuten, dass dies mit der Eigenart des Mediums der Wissenschaft zusammenhängt. Wahrheit darf sich nicht als handlungsabhängig geben* (Luhmann 1992, 105).

Luhmann zufolge kann es eine praktische Wissenschaft also nicht geben. Dies lässt besonders jene Disziplin in einem etwas zwielichtigen Licht erscheinen, deren Angehörige gemeinhin als Sachverständige für Bildungsfragen auftreten: die Pädagogik. Deren Position zum Wissenschaftssystem charakterisieren Luhmann und Schorr dann auch auf

▪▪ *[...] der Annahme, daß bei einem Regime funktionaler Differenzierung des Gesellschaftssystems Erziehung nie Wissenschaft sein kann und daher auch die eigene Reflexion nicht* als Wissenschaft *betreiben kann. Das Erziehungssystem und das Wissenschaftssystem führen entsprechend ganz unterschiedliche Realitätskonstruktionen* auf. *Damit ist überhaupt nicht bestritten, dass die Erziehung wie jedes andere Funktionssystem auch auf wissenschaftlich produziertes Wissen angewiesen ist und daß sie von hier mit laufend wechselnden Themen sowie mit Kritikmöglichkeiten versorgt wird. Das ist und bleibt aber eine zweischneidige Sache: Ressource und Belastung. Deshalb ist die Pädagogik, gerade wenn sie sich als Reflexionstheorie des Erziehungssystems versteht und gerade wenn sie dies gut macht, keine Wissenschaft. Ein akademisches Fach – nun gut. Das betrifft die Organisation der Universitäten und die Gehälter der Professoren. Aber keine wissenschaftliche Disziplin wie Physik, Chemie, Biologie, Psychologie, Soziologie* (Luhmann/Schorr 1979, 378).

In ihrer historisch-soziologischen Untersuchung der *Reflexionsprobleme im Erziehungssystem* beobachten die Autoren, wie sich die Pädagogen gerade angesichts der Unsicherheit dessen, was als *Bildung* gelten soll, in der Expertenrolle immer mehr zumuten und gerade in dieser Unbescheidenheit die Legitimation ihrer praktischen Ratschläge für das Erziehungssystem gefährden (Luhmann/Schorr 1979, 100f.).

Den in den 1970er-Jahren massiv einsetzenden Trend zur Wissenschaftsorientierung sehen sie „vor dem Hintergrund der konturlos gewordenen Bildungsformel" und identifizieren das prekäre Problem, nach welchen Gesichtspunkten und durch wen Wissenschaft bzw. Fachliches für den Unterricht

---

7   Vgl. Luhmann 1992, 624ff.; vgl. Oevermann 1996, 70–182.

selektiert werden soll (Luhmann/Schorr 1979, 101f.). Genau dieses Problem belastet auch Gieseckes Argumentation. Gegen die Wissenschaftsorientierung der Reformphase der 1970er-Jahre und gegen die nachfolgende konträre Bewegung, die statt Wissenschaft Lebensweltnähe und Subjektivität hoch handelt, plädiert er für eine Rückkehr zur Bildungsorientierung. Seinen eigenen Bildungsbegriff konturiert die These, dass es die zentrale Aufgabe der Schule sei, Schülern durch die Vermittlung von Wissen Hilfe für die berufliche, politische und kulturelle Teilhabe zu geben.

Unter (uns) Demokraten ist eine solche These zweifellos konsensfähig. Unter dem Aspekt von Wissenschaftlichkeit ist aber aufschlussreich, wie Giesecke seinen partizipatorisch ausgelegten Bildungsbegriff qualifiziert und zum Selektionsmaßstab für allgemeinbildungsrelevante Wissensbestände konkretisiert. Hier heißt es beispielsweise: „Kulturelle Teilhabe als Bildungsziel etwa kann sich immer nur an den entwickelten Formen etwa der Kunst und Musik orientieren [...].“ (Giesecke 1998, 273) Überflüssig sei ein Unterricht, der auf einer niedrigeren Ebene, z.b. der Szenekultur, verharre, da diese ohnehin Teil des Freizeitmarktes sei. Das mag, zumal für die Anhänger der Hochkultur, ein bildungspolitisch einleuchtendes Argument sein. Wissenschaftlich entfalten lässt es sich ebenso wenig wie seine politische Prämissen, so sympathisch diese auch sein mögen. Denn: Man mag Gieseckes Position für *gut* oder gar *vernünftig* befinden, die Meinung, dass schulische Bildung auf Teilhabe zielen soll, kann aber weder *wahr* noch *unwahr* sein.

Als Erziehungswissenschaftler oder Schulpädagoge kann man sich zu der Unmöglichkeit, über einen Bildungsbegriff den Zweck der allgemein bildenden Schule wissenschaftlich zu begründen, unterschiedlich verhalten. Man kann bewusst die politische Karte setzen, d. h. die eigene Reputation für politische Zwecke einsetzen und dadurch auf Praxis einwirken wollen.[8] Man kann die Aporien der Bildungstheorie zum Anlass nehmen und bildungstheoretisch über die Unmöglichkeit des Lehrberufs philosophieren. Man kann die Formulierung allgemeiner Bildungsziele den Politikern überlassen, und sich aufs Lernen konzentrieren (Lehr-Lern-Forschung). Oder man kann Pädagogik zur empirischen Erziehungswissenschaft werden lassen und „die Konfliktzonen der beruflichen Praxis als politisches Problem“ belassen, „ohne ihnen [...] die Weihe der Wissenschaft zu geben“ (Tenorth 1986, 317). Auch hier hat man sich dann allerdings mit dem Problem herumzuschlagen, dass die Erwartungen an Theorie und Wissenschaft trotz alledem auf Einflussnahme und Hilfe ausge-

---

8   In diesem Sinne etwa Beck 1994. Zu den Skrupeln von Hentig 1982, 297ff.

richtet sind.[9] In allen Fällen verzichte man jedoch darauf, auf Wissenschaft zu
setzen, um Praxis durch die Entfaltung dessen, was Bildung sein soll, zu orientieren.[10]

3 Fachdidaktik Deutsch: Zwischen Schulfach, Fachwissenschaften und Praxis

Praxisrelevanz in der Geburtsurkunde

Was hier als Dilemma der bildungstheoretischen Erziehungswissenschaft und
Allgemeindidaktik skizziert wurde, ist der Fachdidaktik nicht fremd. Als Disziplin sieht sie sich, etwa in curricularer Hinsicht, mit der Erwartung konfrontiert, zwischen den akademischen Bezugswissenschaften (germanistische
Sprach- und Literaturwissenschaften) und den politisch gesetzten, allgemein
pädagogisch ausgewiesenen Bildungszielen zu vermitteln.[11] Gesucht werden
so ihre Antworten auf die Frage nach den Leistungen des Schulfaches Deutsch
für die Grundbildungen der einzelnen Schulstufen. In ihrer Funktion für das
Erziehungssystem wird die Fachdidaktik seit ihrem Beginn vornehmlich als
„Berufswissenschaft"[12] gehandelt, die neben der Ausbildung in speziellen
unterrichtsmethodischen Fragen fachliches Wissenschaftswissen auf unter-
richtliches Fachwissen transferieren soll. Stärker als die philologischen Disziplinen, die, abgesehen von interventionistischen oder politisierten Phasen[13]
ihre Indifferenz gegenüber dem Erziehungssystem als Merkmal ihrer Autonomie und weltanschaulichen Unabhängigkeit kultivieren, ist die universitäre

---

9   „Weil der Sachverhalt pädagogischer Theorie, die Erziehung und der Unterricht, schon immer
    ein Element des Praktischen aufweist, verfällt man allzu leicht einem kurzschlüssigen Prak-
    tizismus, allzumal die Theorie der Erziehung und des Unterrichts stets einem Druck durch die
    Erwartungen der Praktiker ausgesetzt ist" (Winkler 1995, 52).
10 Für den Erziehungswissenschaftler Thomas Ziehe gilt es etwa, den Anspruch aufzugeben,
    „wirkliche" Erziehungswirklichkeit beschreiben zu können. Stattdessen schlägt er die alter-
    native Zielsetzung vor, Verwendungsformen und -folgen pädagogischer Konstruktionen (The-
    orien, Deutungsmuster, Alltagstopoi) zu reflektieren. Erziehungswissenschaftliche Theorien
    wären demzufolge Konstruktionen zweiter Ordnung, nämlich Konstruktionen über das Zu-
    standekommen alltäglicher Konstruktionen. Dass diese Wende einen Trend zur Selbstbe-
    züglichkeit darstellt, ist kaum verkennbar: „Sie wird ein Reflexionswissen im Sinne einer In-
    stanz, die sich selbst beim Beobachten beobachtet. Nicht die Verwissenschaftlichung selbst
    soll dann weiter vorangetrieben werden, sondern die Folgen der bereits stattgehabten Ver-
    wissenschaftlichung werden untersucht und bedacht" (Ziehe 1996, 927f.).
11 Eine ebenso engagierte wie anschauliche Revue zur Beziehungsgeschichte von germanisti-
    schen Fachwissenschaften und Fachdidaktik liefert Fingerhut 1995. Der Band eignet sich
    auch zum Studium der Identitätsprobleme jüngerer Germanistik. Vgl. auch Eichler/Henze
    1994 sowie Hassenstein 1994.
12 Vgl. Helmers [10]1979, 19.
13 Vgl. von einem deutlichen Standpunkt Hermand 1994.

Fachdidaktik in ihrer Existenz an ihre Funktion für das Erziehungssystem – Lehrerbildung – gebunden. Dieser Tatbestand stellt die Fachdidaktik in besonderem Maße vor das Problem, sich nach außen und innen als Wissenschaft zu präsentieren. Zudem ist sie als „Berufswissenschaft" in ihrer Existenz und Ausstattung von den Einstellungszyklen des Lehrerarbeitsmarktes abhängig. Dies erklärt im Wesentlichen auch ihre ungünstige Stellung im Streit um Reputation bzw. symbolisches Kapital im universitären Feld.[14]

Unter diesen Bedingungen und angesichts der aufkommenden Vorbehalte gegenüber abbilddidaktischen Konzepten (s.o.) hat sich die Disziplin in den 1970er-Jahren als Handlungs- oder praktische Wissenschaft deklariert.[15] Diese selbstbewusste Deklaration wurde erleichtert durch grassierende Vorbehalte gegenüber den Elfenbeinturm-Wissenschaften. Derartige Vorbehalte bedienten ebenso technokratische (Effizienz) wie kritische (soziale Verantwortung) Muster. Die Akzentuierung eigener Praxisrelevanz folgte mithin jenen Strömungen im Universitätsbetrieb, die auch in den Geisteswissenschaften die Erkenntnisinteressen von statischen Gegenständen (Texte, Bilder, Zeugnisse) auf Handlungen und ihre Empirie umzustellen suchten. In der Germanistik lässt sich dieser Wandel etwa am Interesse an der Rezeptionsästhetik und an pragmalinguistischen Theorien nachweisen.

Kreft: Literaturwissenschaft wird Literaturdidaktik

Wie stark die veränderten Fragestellungen in der Literaturwissenschaft für Optimismus sorgten, was die Perspektiven der Fachdidaktik betrifft, macht etwa ein Blick in die einflussreiche Literaturdidaktik Jürgen Krefts[16] deutlich. In seiner ehrgeizigen Studie, die bemüht ist, Literaturdidaktik in einem umfassenden, transdisziplinären Theorierahmen zu fundieren, spricht er 1977 davon, dass eine rezeptionsorientierte Literaturwissenschaft auf dem Wege sei, in Literaturdidaktik „überzugehen" (Kreft 1982, 215). Mit der Entdeckung des Lesers allgemein sei die Literaturwissenschaft nämlich im Begriff, sich auch für den Schüler und die Bedingungen seiner schulischen Lektüre zu interessieren. Konvergenzen sieht er auch im Hinblick auf eine fachbezogene Erziehungswissenschaft: Diese werde sich zur Literaturwissenschaft und mithin zur Literaturdidaktik entwickeln müssen. Tatsächlich haben sich derartige Konvergenztheorien unter dem Anspruch einer *Empirischen Literaturwissen-*

---

14 Vgl. Kämper-van den Boogaart 1996.
15 Vgl. Müller-Michaels 1972; Ivo 1975; Hopster 1979a. Über einen Exkurs zur antiken Abwertung praktischer Wissenschaft (Techne) konturiert Jakob Ossner 1993 noch einmal die Vorstellung von Fachdidaktik als „praktische Wissenschaft" (Ossner 1993).
16 Vgl. Kreft 1977.

schaft in Ansätzen verwirklicht[17], Kreft aber beließ es nicht bei einer empirisch-deskriptiven Version von Literaturdidaktik. Zu einer Handlungswissenschaft werde diese nämlich erst, wenn sie Theorie und Praxis vermittle, indem sie Teil jenes praktischen Diskurses werde, in dem normative Regelungen in ihrer Geltung legitimiert werden könnten. Schlichter gesagt: Literaturdidaktische Forschung sollte zu einer Veränderung der Erziehungsziele beitragen und im Namen von Emanzipation und Humanisierung normbildend wirken. Dieses Bekenntnis zu einer durchaus politisch gemeinten Praxisrelevanz literaturdidaktischer Forschung erscheint, zumal in heutiger Blickrichtung, anrüchig: Sollen Literatur und Wissenschaft für politische Zwecke instrumentalisiert werden? Diesen Verdacht unterläuft Kreft durch zwei schwer beweisbare Prämissen: Sie beziehen sich auf die Behauptung, Kunstliteratur habe *per se* ein emanzipatives Potential (Kreft 1982, 361), und auf die an Habermas' Diskursethik gewonnene Vorstellung von einer Entsprechung wissenschaftlicher und postkonventioneller Kommunikation (Kreft 1982, 264ff.), die ihrerseits auf einen prozeduralen Wahrheitsbegriff zurückgeht. Einen Eindruck vom wissenschaftlichen Zuschnitt seines Fachunterrichtskonzepts vermitteln die folgenden, in ihrer Vorsicht etwas umständlich geratenen und hier stark gekürzten Ausführungen:

> ▪▪ *Die fachliche Literaturkompetenz (fachlich = über Fachwissenschaft vermittelt) kann zwar nicht allein von der Fachstruktur einer theoretischen Literaturwissenschaft (Literaturtheorie) aus bestimmt werden, doch muss eine solche Fachstruktur als zum Kernbereich einer fachlichen Literaturkompetenz gehörend angesehen werden. [...] Zu einer didaktischen Struktur kann diese Fachstruktur allerdings nur werden, insofern das Subjekt des Schülers mit einbezogen wird. Das ist möglich, wenn die Fachstruktur bereits den genetischen Aspekt enthält (Evolution der Kompetenz) und mit der Literaturgeschichte (und Geschichte überhaupt) verbunden ist. [...] Nun ist allerdings die LW [Literaturwissenschaft; A.d.V.] nicht so entwickelt, daß ihr die skizzierte Fachstruktur entnommen werden könnte. Gerade der Kern: die Entwicklung der poetischen [...] Kompetenz ist nicht geleistet. [...] Unter diesen Umständen muß der LU [Literaturunterricht; A.d.V.] zunächst weitgehend auf angesammelte Erfahrungen und intuitives Wissen über die poetische Kompetenz und ihre jeweilige Ausbildung bei den Schülern zurückgreifen* (Kreft 1982, 291).

Unter dem Strich wird Folgendes deutlich: Im Kern plädiert Kreft für eine Orientierung des Schulfaches an der Fachwissenschaft und damit für eine Allianz zwischen Literaturdidaktik und -wissenschaft. Um eine Abbilddidaktik

---

17 Vgl. z.B. Barsch/Rusch u.a. 1994.

soll es sich bei seinem Wurf aber nicht handeln. Gegen eine solche Auffassung spricht einerseits die differenzierte Wahrnehmung des Wissenschaftsfaches und seiner Bereiche, andererseits die Behandlung des Problems „Kompetenzentwicklung" als didaktische Schlüsselfrage. Dass genau diese Frage defizitär bearbeitet ist, ist eine Feststellung, die leider bis heute Gültigkeit hat (s. u.).

Zwischen Fachwissenschaft und Autonomie

Wie Kreft optierte bereits Kügler 1971 für ein enges Zusammenspiel von Fachwissenschaft und -didaktik (Kügler 1971).[18] Dies traf zuvor ebenfalls für Ivo zu, der 1969 geltend machte, dass Literaturwissenschaft und -didaktik „im Grundsatz identisch" seien bzw. Didaktik nur als Teildisziplin der Literaturwissenschaft Bestand haben könne (Ivo 1969).[19] Andere Töne finden sich bei Geißler[20] und Wilkending, die 1972 die strukturellen Diskrepanzen zwischen den Entscheidungsfeldern von Literaturwissenschaft und -didaktik akzentuierten (Wilkending 1972, 38).

Für Dahrendorf war die Bindung der Didaktik an die Fachwissenschaft ein Ärgernis, da so ein elitaristischer Literatur- und Bildungsbegriff für die Schule und die Lehrerausbildung absolut gesetzt werde. Seine 1969 in diesem Zusammenhang gestellte Frage „Leseerziehung oder literarästhetische Bildung?" (Dahrendorf 1975) hat im Übrigen, wenn auch unter veränderten Bedingungen, bis heute ihr Konfliktpotenzial konserviert.[21] Auch Helmers warnte in seinem vielfach aufgelegten und einige Male revidierten Band „Didaktik des Deutschunterrichts", der 1966 erstmalig erschien, vor einer fachwissenschaftlichen Hegemonie. Stattdessen forderte er eine interdisziplinär operierende Didaktik der deutschen Sprache als eine Wissenschaft, die gegenüber den Erziehungswissenschaften einerseits sowie den Sprach- und Literaturwissenschaften andererseits eine „Bindegliedfunktion" übernehmen sollte (Helmers 1979, 25).

Eine adäquate Theorie der literarischen Bildung sehe das Gedicht, das von der Literaturtheorie als „ruhendes Geistesobjekt" betrachtet werde, stets als Lerninhalt, als Phänomen im Lernprozess. Obgleich Helmers „das Hinzutreten des Schülers" als entscheidende Differenz zu den Textwissenschaften ausmacht (Helmers 1979, 25), bleibt seine Didaktik jedoch gegenstands- und fachwissenschaftsorientiert. Charakteristisch für die ungeklärte Ambivalenz seiner Positionsnahme ist, was er als ein Prinzip der Lehrplanherstellung unter

---

[18] Vgl. auch Röttger 1974.
[19] Vgl. auch Arendt 1974.
[20] Vgl. Geißler 1970.
[21] Vgl. Kämper-van den Boogaart 2000b.

dem Stichwort „Wissenschaftlichkeit" aufführt: Einerseits postuliert er rigide eine ständige Revision der Bildungsinhalte, um auf „dem neuesten Stand der Sprach- und Literaturwissenschaften" zu sein. Andererseits entspricht er landläufigen Sorgen und fordert ein „didaktisches Regulativ", um zu verhindern, dass der Deutschunterricht „zum Tummelplatz ungesicherter sprach- und literaturwissenschaftlicher Theorien" (Helmers 1979, 39) werde.

Die Unsicherheit in der Frage, wo sich eine Fachdidaktik Deutsch wissenschaftlich institutionalisieren soll, kommt nicht von ungefähr. Ein wichtiger Aspekt ist sicher die in den 1970er-Jahren einsetzende und von germanistischen „Fachkollegen" mit Skepsis betrachtete Einrichtung fachdidaktischer Lehrstühle an den Universitäten. Gestaltete sich an den Pädagogischen Hochschulen fachdidaktische und -wissenschaftliche Lehre mehr oder weniger in Personalunion (dies gilt auch heute noch), wurde an den meisten Universitäten Fachdidaktik als eigener Bereich in den germanistischen oder erziehungswissenschaftlichen Instituten spezifiziert. Der Preis für die universitätsprofessoralen Würden bestand in einer festgeschriebenen Minderheitenposition vor allem gegenüber den „ordentlichen" Germanisten. Dies führte unter anderem dazu, dass Didaktiklehrstühle in Zeiten knapper werdender Ressourcen unter der Hand für andere Interessen eingesetzt wurden. Ähnlich problematisch verlief die Integration der Pädagogischen Hochschulen in die Universitäten. Hier bildeten sich vielfach innerhalb der Universität PH-Restbestände, die in didaktischen Zentren oder als Erziehungswissenschaften mit Fachseminaren so etwas wie eine Hochschule innerhalb der Universität darstellten (und zum Teil noch darstellen).

Unterschiedlich wie die Erfahrungen innerhalb des Sozialsystems Universität dürften die didaktischen Einschätzungen der so genannten sozialwissenschaftlichen Wende in den Geisteswissenschaften gewesen sein. Während Kreft und andere aus den oben erwähnten Entwicklungen ihren Optimismus bezogen, es könne zu einer gemeinsamen *neuen* und auf ihre gesellschaftliche Relevanz bedachten Germanistik kommen, blieben andere skeptischer, wie der oft zu vernehmende Verweis auf die Moden der Theorie verrät.

Wissenschaft und/oder Praxis

Aufschlussreich ist in diesem Zusammenhang jedoch, dass die Frage, wie Wissenschaftlichkeit mit Praxisorientierung zu verbinden sei, relativ selten systematisch gestellt wurde. Dies ist wohl dadurch zu erklären, dass sich im Zeichen einer so genannten Kritischen Germanistik so etwas wie ein antipositivistischer Grundkonsens abzeichnete, der die Wertaffinität der eigenen Wissenschaft in einer politisch aufgeladenen Rhetorik („Emanzipation", „Aufklärung", „Ideologiekritik") beteuerte und gesellschaftsverändernd auslegte. Mit technokratischen Vorstellungen lief das letztlich politische Verständnis zusammen, Praxis über die Einspeisung von Theorien instruieren zu können und auf diese Weise etwa eine demokratischere, in jedem Fall bessere Schule zu ermöglichen. Die politische Naivität, die die Vorstellungen einer Arbeitsteilung zwischen universitärer (praxisloser) Theorie und theorieloser Praxis prägte, kritisierte Hopster (1979b), indem er für ein dialektisches Verständnis des Theorie-Praxis-Verhältnisses warb und in der Sache auf das zielte, was heute etwa unter dem Begriff „subjektive Theorien" gehandelt wird. Sein Rat an eine handlungswissenschaftlich ausgelegte Didaktik geht dahin, die reflektierten und unreflektierten Richtigkeitsvorstellungen bzw. den Habitus der Unterrichtenden als Ansatzpunkt einer auf Veränderung zielenden Ausbildung zu erforschen (Hopster 1979a, 61). Eines der wenigen Beispiele für eine solche empirische Untersuchung lieferten, bis heute aufschlussreich, Nündel/Schlotthaus 1978. Im selben Band wie Hopster schlug Hoppe vor, zwischen Wissenschaft und didaktischem Journalismus zu unterscheiden. Den Begriff des Journalistischen wollte er dabei nicht als Abwertung verstanden wissen. Die Publikation von Vorschlägen für eine bessere Praxis müsse auch für Wissenschaftler ein legitimes Unterfangen darstellen. Als Vorreiter einer konstruktivistischen Wende monierte er jedoch:

■■ *Kritisiert werden muß allerdings, wenn dabei wissenschaftliche Theorie zu einer Legitimation benutzt wird, die dem Praktiker stark imponiert, ihm aber nicht hilft, das Postulat in eine praktische Theorie zu integrieren und festzustellen, was es taugt* (Hoppe 1979, 107).

Wenn man Hoppes Unterscheidung übernehmen will, wird man wohl bis heute den Großteil der didaktischen Publikationen als journalistisch bezeichnen müssen. Dass dies so ist, liegt – neben der miserablen und forschungshemmenden Ausstattung didaktischer Lehrstühle[22] – schon daran, dass die publizistische Nachfrage sich nach wie vor auf ein rezeptologisches Schrifttum richtet, etwa auf mehr oder weniger „schlüsselfertige" Unterrichtsmodelle. Angesichts der Dominanz solcher Publizistik wurde 1996 mit „Didaktik Deutsch" eine Halbjahresschrift gegründet, die ausdrücklich als Organ für eine wissenschaftliche Fachdidaktik ausgewiesen wurde. Sie ist gleichzeitig Mitgliederzeitschrift und Forum des 1975 zum Zweck des wissenschaftlichen Austauschs gegründeten Fachverbandes Symposion Deutschdidaktik.

---

22 Vgl. Terhart 2000; Baurmann/Haueis u. a. 2000.

Kennzeichnend für die anhaltende Unsicherheit, zwischen Praxisinstruktion und Wissenschaft zu kreuzen und einen Platz im Gefüge der Disziplinen zu finden, ist das Editorial der ersten Ausgabe von „Didaktik Deutsch". Hier ist die Rede von einer „Selbstverständigung diesseits der praktischen Umsetzung, der sich die Fachdidaktik selbstverständlich verpflichtet weiß". Und über den Status der Fachdidaktik wird – wieder einmal – ausgeführt:

> *Als praktische Wissenschaft hat die Deutschdidaktik einen besonderen Spagat zu leisten. Gibt sie sich praktisch, wird sie von manch einem Vertreter der etablierten Universitätsdisziplin skeptisch betrachtet; gibt sie sich theoretisch, so wird ihr der gesellschaftliche Nutzen abgesprochen und damit ihre Existenzberechtigung, denn es war der Bildungsaufbruch der späten 60er-Jahre, dem sie ihre Geburt verdankt. Sie ist also auch eine junge Wissenschaft, die ihren Standort als eigenständige Disziplin zwischen den Disziplinen suchen und das Selbstverständnis in ihrem Denken, Handeln, Analysieren, Forschen und Bewerten weiter entwickeln muss* (Klotz/Müller-Michaels u. a. 1996, 4).

Wenn hier ein weiteres Mal die Differenz von „theoretisch" und „praktisch" als Beschreibung eines didaktischen Spagats aufgemacht wird, mag das als Wiedergabe einer Außensicht auf die Fachdidaktik ein zutreffendes Bild abgeben. Betrachtet man hingegen die in den letzten Jahren vorgelegten Forschungsarbeiten und -programme, darf man sagen, dass Hopsters Monitum von 1979 insofern hinfällig geworden ist, als nunmehr Praxisorientierung seitens der „Theorie" das Interesse für die subjektiven Theorien, für implizites Wissen, kognitive Schemata oder Weltkonstruktionen der an Lernprozessen Beteiligten einschließt.

4 Fachdidaktik als Wissenschaft in jüngster Zeit[23]

Gerade mit Blick auf die Lernenden wird hier der von Spinner u. a. postulierten kognitiven Wende in der Fachdidaktik eine große Bedeutung beigemessen. Spinner entwickelte sein Postulat 1994 auf der Folie einer periodisierten kleinen Wissenschaftsgeschichte der Disziplin (Spinner 1994). Diese setzt ein mit einem wissenschaftspropädeutisch ausgelegten Lernkonzept in der ersten Phase der Deutschdidaktik, das gegenstands- und lernzielorientiert ausgerichtet ist. In den 1980er-Jahren wird vor allem das Handeln mit Sprache thematisiert. Ab den 1990er-Jahren stehen dann (im Zeichen von Konstrukti-

---

23 In diesem Abschnitt können nur einige Forschungsbereiche exemplarisch angeschnitten werden. Vernachlässigt werden insbesondere solche Gebiete, die – wie z.B. die Mediendidaktik – in besonderen Kapiteln des vorliegenden Bandes aufgegriffen werden.

vismus, Individualpsychologie und Neurobiologie) die kognitiven Strukturen und Konstruktionen des Kindes als individuelle Korrelate jedweder Handlungen im Vordergrund[24], und in der Unterrichtsdidaktik wendet sich das Interesse vom Produkt ab und den Prozessen zu; Fehler werden als Fenster auf individuelle Konstruktionen und Verarbeitungsweisen betrachtet.[25] Die Rolle des Lehrers modifiziert sich vom Stoffvermittler der ersten Phase zum Arrangeur oder Moderator individualisierter und offener Lernprozesse. Dass diese Veränderungen auch „ein Reflex der Zeitgeschichte" sind, sich etwa dem allgemeinen gesellschaftstheoretischen Paradigma der Individualisierung von Lebensverhältnissen anschließen, macht Feilke 2001 deutlich (Feilke 2001, 6).[26] Doch welche Ansätze und Forschungsbereiche stellten vor allem in den 1990er-Jahren zentrale Anliegen didaktischer Forschungen dar?

In der Sprachdidaktik richtete sich etwa das Interesse auf die Funktion und die Art eines „inoffiziellen Sprachbewusstseins", das von der offiziellen Sprachlehre abweicht, gleichsam in Prozessen des Schriftspracherwerbs in Anspruch genommen wird. So gibt Haueis bereits 1988 in durchaus praxisrelevanter Perspektive zu bedenken:

▪▪ *Wer etwas über das Verhältnis der offiziell etablierten Wissensstruktur in unseren Schulgrammatiken zu den potentiell vorhandenen Lernstrukturen aussagen will, tut gut daran, auch diese ‚inoffiziellen' Formen von Sprachbewußtsein zu berücksichtigen* (Haueis 1988, 70).[27]

Vor allem amerikanische Forschungen zur *metalinguistic awareness* wurden in der Folge rezipiert und gaben Modelle für empirische Beobachtungen[28] bzw. Einzelfalluntersuchungen ab.[29]

Einen anderen – gleichwohl über verschiedene Prämissen mit der Frage nach dem empirischen Sprachbewusstsein und nach der Beziehung zwischen Lesen und Schreiben verbundenen – Forschungsschwerpunkt bilden in den letzten Jahren die Schreibdidaktik bzw. das schulische Schreiben.[30] Dass sich gerade in diesem Bereich sprachdidaktische Forschung konzentriert, dürfte auch darauf zurückzuführen sein, dass das Schreiben ein „Arbeitsfeld im muttersprachlichen Unterricht" ist, „welches keine Entsprechung in einer Wis-

---

24 Vgl. Willenberg 1999.
25 Vgl. etwa Sieber 2000.
26 Feilke beobachtet im Übrigen ein erneutes Interesse an kulturellen Prägungen.
27 Vgl. auch das Editorial des Heftes und im selben Heft Ossner, 82–104; vgl. außerdem Andresen 1985a.
28 Vgl. für das Spektrum jüngerer empirischer Forschung Kammler/Knapp 2002.
29 Vgl. Holle 1997.
30 Siehe hierzu den Beitrag „Schulisches Schreiben..." von Jürgen Baurmann, S. 249–273.

senschaft hat", wie Dehn bereits 1981 konstatierte.[31] Analoges gilt auch für andere Bereiche, etwa für einen Grammatikunterricht, der funktional auf den Ausbau schriftsprachlicher Kompetenzen gerichtet ist. Wenn hier etwa der empirische Befund thematisiert wird, „dass die Korrelation zwischen Kommakompetenz und deklarativem Grammatikwissen nur schwach positiv ist"[32], wird mit dem Hinweis auf die Bedeutung indirekter Wege zur Kommasetzung eine Frage thematisiert, die für Sprachwissenschaftler außerhalb der Didaktik wohl eher von peripherer Bedeutung sein dürfte. Ein anderes Beispiel stellt die Anwendung von Verfahren der empirischen Diskurs- und Konversationsanalyse für die Kommunikation im Sozialsystem Schule dar.[33]

Angesichts der stärkeren Fachorientierung im gymnasialen Unterricht und des hier vor allem dominanten Literaturanteils in der Sekundarstufe II ist erklärlich, dass eigenständige didaktische Forschungen, die über generalisierte Erfahrungsberichte hinausgehen[34], für diese Bereiche in geringem Umfang vorliegen. Nimmt man den Forschungsschwerpunkt *Literarische Sozialisation*[35] aus, so geht der Großteil literaturdidaktischer Studien in dem – nach Hoppe: journalistischen – Anspruch auf, literaturwissenschaftlich neue Sichtweisen auf kanonische Texte oder neue Literatur für die Unterrichtspraxis „aufzubereiten"[36] oder Unterrichtsmethoden zum Umgang mit Texten vorzuschlagen.

Belastet wird der wissenschaftliche Austausch bereits seit den frühen 1970er-Jahren dadurch, dass gerade der Umgang mit Literatur im Schnittpunkt allgemeiner Bildungsvorstellungen liegt. Die Affinität zur Bildungsformel, die normative Prägung des Literaturbegriffs überhaupt und die resultierenden sozialen Legitimationsprobleme des Literaturunterrichts wirken sich insbesondere in zwei andauernden Kontroversen aus, die vielleicht zu vermitteln, aber kaum aufzuheben sind, solange „Literatur" ihren Platz in der Stundentafel behauptet. Dabei handelt es sich um die Kanonfrage[37] und die hiervon abhängige Frage nach den je gegenstandsadäquaten Rezeptionskom-

---

31 Vgl. Dehn 1981.
32 Vgl. Augst 2001. Zum defizitären Dialog zwischen Schule und Hochschule v.a. in der Frage des gymnasialen Grammatikunterrichts vgl. im selben Band Hoppe/Schütz 2001. Vgl. auch Melenk 1998.
33 Vgl. Redder 1994; Becker-Mrotzek 1997 und 2002; Wieler 2000 sowie die hier jeweils aufgeführte Literatur.
34 Vgl. hierzu auch programmatisch, nämlich unter dem Anspruch des Untertitels, Müller-Michaels 1994a.
35 Siehe den Beitrag „Lesesozialisation und Leseförderung …" von Cornelia Rosebrock, S. 153–174.
36 Vgl. die Kritik an dieser Stoßrichtung in Fingerhut 1998, 53–75.
37 Siehe den Beitrag „Kanonprobleme" von Angelika Buß, S. 142–152.

petenzen. Die Letzte lässt sich in der allgemeineren Fragestellung zuspitzen, was es eigentlich heißt, einen literarischen Text zu verstehen. Dass es einen literaturtheoretischen Konsens in dieser Frage gäbe, wird man kaum behaupten können. Ebenso wenig kann man sagen, dass ein Einvernehmen darüber existierte, was die Form sei, in dem sich das Verständnis literarischer Texte angemessen artikuliere. Um nur zwei Extreme aufzuführen: Auf der Basis strukturalistischer Literaturtheorien werden Lehrer auf bestimmte Prozeduren einer strukturalen bzw. objektivierenden Textanalyse bestehen wollen, für Anhänger des Radikalkonstruktivismus wäre hingegen der subjektive Duktus des Essays der Königsweg.[38] Das Terrain dieser Auseinandersetzungen ist erkennbar weiter gefasst als das der Literaturdidaktik. Was dieser allerdings übrig bliebe, wäre statt einer normativen Orientierung die Übernahme einer kultursoziologischen Perspektive, in der zu beobachten ist, was in der Gesellschaft und im Sozialsystem der Kunst als probate Rezeptionsform gehandelt wird.[39] Von diesen Befunden wäre an jenen Versachlichungsversuch anzuschließen, den Ivo frühzeitig mit der Orientierung auf die (empirische) Kategorie des literarischen Lebens unternahm.[40] Solange solche Bezugnahmen aufs Soziale außerhalb der Schule ausbleiben, droht die Auseinandersetzung über die notwendig grundlegenden und bildungspolitisch aufgeladenen Probleme des Literaturunterrichts in dem paralysierten Zustand zu verharren, den Bremerich-Vos als ein Setzen auf bloße Postulate kritisierte (Bremerich-Vos 2002, 24f.).[41] Wie die Diskussion um die empirischen Ergebnisse der von Christ u. a. vorgelegten Studie zu literarischen Gesprächen in der Schule[42] zeigt, bestimmen normative, und letztlich subjektive Setzungen ansonsten auch die Analyse der in der Unterrichtsforschung erhobenen empirischen Daten. Während für die eine Fraktion die dokumentierten Gespräche „das Literarische" konsequent verfehlen, deutet die andere dieselben Daten positiv im Sinne literarischer Aneignungsprozesse. Eine Rolle spielt in diesem Zusammenhang noch ein weiterer kritischer Einwand von Bremerich-Vos: Auch wenn man konzediert, dass Literaturdidaktik stets auf einer normativen Basis operiert, insofern sie sich mit Blick auf die Schule schwerlich jenseits eines Konstrukts von „Allgemeinbildung" bewegen kann, bleibt festzuhalten, dass

---

38 Vgl. Scheffer 1992 und 1995; Abraham 1994.
39 Vorschläge und Untersuchungen hierzu in Kämper-van den Boogaart 1997.
40 Vgl. Kämper-van den Boogaart 1998.
41 Vgl. auch ders.: Zur Entwicklung der Qualität des Deutschunterrichts in der Sekundarstufe I – Anmerkungen in fachdidaktischer Perspektive. http://www.learn-line.nrw.de/angebote/ qualitaetsentwicklung/download/bremerich_vos.pdf
42 Vgl. Christ/Fischer u.a. 1995. Vgl. auch die Diskussionsbeiträge in Didaktik Deutsch 3/1997 und 4/1998 sowie Wieler 1988, Paefgen 1996a und Ivo 1996.

die Operationalisierung der in die Debatte geworfenen Wertbegriffe sehr zu wünschen übrig lässt. Was zum Beispiel können Indikatoren für Fremdverstehen, Formbewusstsein, Imagination[43] usw. sein? Erst wenn diese und andere Fragen präziser geklärt wären, ließen sich Modelle zur ontogenetischen Entwicklung literarischer Kompetenzen genauer fassen, empirisch erforschen und Verstehenserwartungen über elementare Stufen hinaus rechtfertigen.[44] Dass eine solche Klärung schwierig ist, hängt nicht nur damit zusammen, dass zentrale Lernziele auf latente Dispositionen wie soziale Sensibilität zielen (Spinner 2001a, 152), sondern dürfte auch an jener Offenheit liegen, die den Aktionen im System Kunst eigen sind.

5 Praktischer Nutzen fachdidaktischen Wissens?

Wie anderes Wissenschaftswissen auch können „fachdidaktische Aussagen, sofern sie in Wissenschaft gründen, nicht unmittelbar handlungsanleitend sein" (Ivo 1996, 18). Ivo folgend impliziert diese Selbsterkenntnis auch, dass der „Blick aus der Beletage der Wissenschaft auf das Handlungsfeld" nie besserwisserisch sein kann. Nicht von Hierarchie, sondern von Differenz seien die beiden Formen sprachdidaktischer Reflexion bestimmt, die sich im Handlungsfeld Unterricht und in der wissenschaftlichen Disziplin ausbildeten. Eine zentrale Unterscheidung liefert für Ivo die Kategorie des Aktualitätsdrucks, wie er aus der Einnahme einer Handlungsperspektive und aus der Rolle erwächst, über Bildungspolitik auf vordringliche Probleme der Gegenwart reagieren zu müssen. Diesen Druck könne Fachdidaktik nicht einfach negieren, vielmehr sei er für sie konstitutiv, da ihrem Thema ein Bezug zur Aktualität inhärent sei. Auf den derart konstitutiven Druck solle, so Ivos Postulat, Didaktik differenzierend reagieren, etwa mit der kategorialen Unterscheidung von Diskursen, die vor Ort mit dem Ziel praktischer Ergebnisse (Handeln) geführt werden, und von allgemeinen Diskursen, die das Handlungsfeld in historisch-systematischer Perspektive reflektieren.

Was also in der „Beletage" zu leisten wäre, liefe stärker auf Beobachtung und auf die Konstruktion von Beobachtungsinstrumenten (z.B. einer geeigneten Terminologie) hinaus. Hierbei wäre darauf zu achten, die historischen Kontexte des Beobachteten und der Beobachtungsoperationen reflexiv zu sichern. Den praktischen Diskursen diente beides zur Orientierung: Erleichtert wäre die verständigungsorientierte Lokalisierung eines Problems vor Ort in ei-

---

43 Zu Imagination vgl. Schubert-Felmy 2001.
44 Vgl. Spinner 1995a sowie Witte/Garbe u. a. 2000.

nem allgemeinen Rahmen, der „über den Tag" hinausreicht. Diskurse, die einen solchen Rahmen sicherten, optierten nicht für handlungsleitende Werte und Rezepte, bildeten aber etwa ein Wissen von der Geschichte solcher Werte aus. Wer sich auf dieses Wissen auch „vor Ort" reflexiv beziehen könnte, wüsste immerhin besser, was er tut, wenn er Entscheidungen fällt, die ihm die aktuelle Situation „ganz real" abfordert.

Eine der Schwächen didaktischen Brauchtums besteht in der Weise seiner Tradierung. Irgendetwas hat sich einmal der Intuition verdankt und für den Unterricht (scheinbar) bewährt, ist dann als Folge praktischer Diskurse im Lehrplan festgeschrieben und von späteren Lehrplanmachern aus Gründen der Vergleichbarkeit zwischen den Ländern immer wieder abgeschrieben worden. Für den späteren Praktiker wurde es ein Problem seines Handelns, etwa ein Stoff oder eine Fertigkeit, die er glaubt vermitteln zu müssen. Der Sinn des Ganzen – die Inhaltsangabe einer Ballade im 7. Schuljahr zum Beispiel – bleibt im historischen Dunkel; präsent ist einzig das ernst zu nehmende Problem: Wie motiviere ich die Schüler hierzu? Auf welche Weise erläutere ich und lasse üben, wie eine Inhaltsangabe zu schreiben ist? Das Wissen um die Hintergründe des Ganzen harrt derweil im Rücken des Brauchtums: Warum Balladen in diesem Alter? Weshalb die Koppelung mit der Inhaltsangabe? Eine praktische Funktion fachdidaktischen Wissens bestünde darin, die ehedem hierfür geltend gemachten Gründe in systematischer Form aufzubewahren. Und sei es, um sie in der aktuellen Praxis beruhigten Gewissens umzuwerfen.

II LITERATURDIDAKTIK

Umgang mit Texten
in der Sekundarstufe I

Barbara Schubert-Felmy

Einführend beschreibt dieses Kapitel die besonderen Lernvoraussetzungen in der Sekundarstufe I –
einem Abschnitt, der aus mancherlei Gründen das Stiefkind didaktischer Konzepte und curricularer
Planungen zu sein scheint. Mit Blick auf die Mediensozialisation der Lernenden folgt die Entwicklung
eines zeitgemäßen Textbegriffs, der dem Unterricht zugrunde liegen sollte. Im Anschluss an die
Reflexion lernerorientierter Zielbestimmungen stellt die Autorin verschiedene Wege und Inhalte des
Text- oder Literaturunterrichts vor, die in der aktuellen Fachdidaktik vorgeschlagen werden und die
sich in der Unterrichtspraxis der Sekundarstufe I wechselseitig ergänzen sollten. Dem schließen sich
wichtige Hinweise auf die Diskussion zu Qualität und probatem Einsatz von Lesebüchern an.

1 Die Schülerinnen und Schüler in der Sekundarstufe I

In den Lehrplänen werden vielfältige Ziele, Inhalte und Methoden vorgegeben,
die es beim Umgang mit literarischen Texten im Laufe der Sekundarstufe I zu
beachten gilt. So wichtig und hilfreich derartige Vorgaben auch sein mögen,
ehe sich die Lehrperson die Frage stellt, wie die mit ihnen verbundenen Anforderungen zu erreichen sind, muss sie sich ein Bild von den Schülerinnen
und Schülern machen, auf die sich Ziele, Inhalte und Methoden beziehen.

Besonders in der Sekundarstufe I trifft man auf äußerst heterogene Lerngruppen. Ihren Lernvoraussetzungen, -bedürfnissen und -möglichkeiten zu
entsprechen ist wichtiges Anliegen eines Unterrichts, der dem Schüler als Subjekt von Lernprozessen Bedeutung beimisst. Lehrplanziele können hier nur als
Richtwerte, Angaben zu Inhalten und Methoden als Vorschläge verstanden
werden, die vor Ort auf die Lernenden abzustimmen sind. Es kommt auf die
einzelne Person an, folgt man der Erkenntnis, dass Lernprozesse effektiv sind,
wenn der Lernende sie selbst konstruiert.[1]

---

[1] Vgl. zu unterschiedlichen Lerntypen sowie Arten von Textlektüre und literarischer Rezeption:
Haas 1995, 222. Meyer fordert, dass die Ermittlung der subjektiven Interessen der Lernenden „so weit wie möglich in den Unterrichtsprozess integriert" wird. Das schließe zwar nicht
aus, dass bei der Planung Vermutungen angestellt werden, verlange aber im Unterrichtsverlauf eine Ausrichtung auf die Lernenden, ein konzentriertes Zuhören, eine Zurücknahme der
Lehrerdominanz. Meyer 1993, 306f.

Der Wechsel in die Sekundarstufe I ist in den meisten Bundesländern mit dem Übergang an weiterführende Schulen verbunden. Manche Schüler sind am Ende der Erprobungsstufe noch kindlich verspielt, ihrem Heute verhaftet, dennoch offen für alles Neue. Der Deutschunterricht kommt ihren ausgebreiteten Leseinteressen mit der Lektüre beliebter Kinder- und Jugendbücher entgegen.[2] In der weiterführenden Schule werden die Lernenden zunehmend mit anspruchsvolleren literarischen Texten konfrontiert, die sich am Geschmack der Lehrperson orientieren[3] und sich einer einfachen Rezeption entziehen.

In der Pubertät nimmt das Interesse an der Schullektüre ab, auch privat wird weniger gelesen.[4] Die Aufmerksamkeit richtet sich nun vor allem auf den komplexen Prozess des Erwachsenwerdens, auf häufig schwankende seelische Gestimmtheiten und körperliche Entwicklungsprozesse. Was Schule, Lernen und auch Lesen betrifft, herrscht häufig Lustlosigkeit vor.[5] Wie heterogen diese verlaufen, zeigt das äußere Erscheinungsbild von Lerngruppen der siebten oder achten Jahrgangsstufen; vor allem das unterschiedliche Entwicklungstempo von Jungen und Mädchen fällt hier ins Gewicht. Auch ihre Interessen und Lesegewohnheiten divergieren.[6]

2 Der Textbegriff

„Nicht mehr nur mit Büchern, sondern auch mit Hörkassetten und CDs, mit CD-ROMs und dem Internet wächst gegenwärtig eine neue Generation heran." (Abraham 1998, 140). Das Buch stellt nur noch eines unter vielen Medien dar, die Jugendlichen literarische Erfahrungen und Kenntnisse vermitteln. Auch mit Hilfe des Computers und audiovisueller Medien erleben Kinder und Jugendliche fiktionalisierte Wirklichkeit. Sie nutzen diesbezügliche Angebote der Medien zur Unterhaltung, als Möglichkeiten des Rückzugs aus der Welt der Erwachsenen und der Flucht in Illusionen; sie sammeln mit ihnen Erfahrungen, erwerben Kenntnisse, eignen sich „Wahrnehmungs- und Deutungsraster für die Orientierung in der Welt" an (Abraham 1998, 142). Für manche von ihnen sind außer-

---

2　Vgl. Eisenbeiss 1993, 94.

3　Haas beklagt das angestammte Fehlverhalten von Lehrern: Sie missachten „die subjektiven Interessenslagen der Schüler" und setzen sie „grundsätzlich mit den Bedürfnissen, Erkenntnissen, Erziehungsabsichten und Sehnsüchten der Erwachsenen" gleich. Haas 2001, 727. Nur etwa 10% der Schüler können sich für die so genannte Hochliteratur begeistern. Vgl. dazu Eisenbeiß 1993, 96.

4　Vgl. Payrhuber 1999, 590f.; Köcher 1993, 250.

5　Zur Dichotomie von Freizeit- und Schullektüre vgl. Eggert/Garbe 1995, 136.

6　Zu unterschiedlichen Lesegewohnheiten und Vorlieben bei Jungen und Mädchen vgl. Eggert/Garbe 1995, 77ff.; Hurrelmann 1992, 239ff.; Payrhuber 1999, 590.

halb der Schule Hörkassetten, Filme und Videos die einzige Möglichkeit, mit Literatur in Berührung zu kommen. Berücksichtigt man diese Vorerfahrungen, wie es die Lehrpläne zum Teil bereits fordern, dann sind literarische Texte in unterschiedlichsten medialen Erscheinungsformen als Unterrichtsgegenstand vorzusehen. Jugendliche begegnen Literatur nicht nur mit Hilfe *eines* Mediums, sondern im Medienverbund.[7] Falls ihnen nicht vorgelesen wird, lernen sie Literatur zunächst durch Hörkassetten kennen; erst danach folgt die Lektüre des entsprechenden Buches oder die Betrachtung des Films. Oder sie sehen einen Film und greifen, davon angeregt, zum Buch. „Deutschunterricht in einer Medienkultur muss *integrativer* Deutschunterricht sein", verlangt Wermke, „weil sein traditioneller Gegenstandsbereich – das Buch bzw. die Buchkultur – nur noch bedingt isoliert betrachtet werden kann"(Wermke 1997, 46).[8]

3 Umgang mit Texten

Unter dem Umgang mit Texten versteht man unterschiedliche Formen der „Auseinandersetzung" mit deren „Inhalt, Sinn und Form" (Abraham u.a. 2000, 33), also das Lesen und Vorlesen, das Nacherzählen und Zusammenfassen, das künstlerische Gestalten, die vielen Verfahren produktionsorientierten Arbeitens, das Analysieren und Interpretieren.[9]

Der *Umgang mit Texten* wird in der Fachliteratur als ein kommunikativer Prozess auf zwei Ebenen verstanden, auf der Ebene der Begegnung zwischen Text und Leser und auf der mehrerer Leser, die über den Text sprechen. „Der Text macht Angebote zur Begriffs- und Vorstellungsbildung, und die Leserinnen und Leser bringen das, was sie schon wissen, denken oder fühlen, sozusagen zum Text hinzu" (Abraham u.a. ebd., 34). Diese Begriffsbestimmung wird der Schulsituation gerecht, in der es sich um einen ständigen Wechsel zwischen dem Lernen des Einzelnen und dem Lernen in der Lerngruppe und um einen Austausch der Lernergebnisse handelt.

---

7   Vgl. dazu Josting 2001, 174ff.
8   Siehe auch den Beitrag „Medienpädagogik, Literaturdidaktik und Deutschunterricht" von Bodo Lecke. Dass der Umgang mit Texten in unterschiedlicher medialer und ästhetischer Ausprägung differenzierte Methoden bedingt, stellt Deutschlehrer vor Aufgaben, für die sie in ihrer Ausbildung wenig vorbereitet wurden. Dieses Defizit könnte zur Vernachlässigung der Multimedialität führen. Es dürfte aber, solange sich ihr die Ausbildung nicht dezidierter öffnet, immer noch besser sein, zusammen mit den Lernenden und auch unter deren kompetenter Anleitung moderne Medien in den Literaturunterricht einzubeziehen und die jeweilige formalästhetische Ausprägung zu untersuchen, als sie – und damit die Erfahrungswelt der Schüler – zu missachten.
9   Vgl. die Tabelle zu den Rezeptionshandlungen mit Texten Abraham u.a. 2000, 38.

Der *Umgang mit literarischen Texten* stellt für den Interpreten eine besondere Herausforderung dar; denn hier geht es darum, die Aussagen des Textes auf die eigene Lebenswirklichkeit zu beziehen, sich auf das Spiel der Phantasie einzulassen, Ungesagtes mitzudenken, kurz, sich als Koproduzent des Textes zu betätigen. Innerhalb der Lerngruppe ergibt sich aus dem gemeinsamen Umgang mit Texten die Chance, die jeweils eigenen, oft eigenwilligen Interpretationsergebnisse zu überprüfen. „Interpretation bleibt (...) ein auf andere gerichtetes, teilweise sogar um sie werbendes Handeln, bleibt ein vorwiegend soziales Phänomen" gemäß den individuellen Voraussetzungen (Scheffer 1995, 80). Die affektive und die kognitive Dimension der Texte potenzieren sich, wenn der einzelne Schüler sein eigenes Textverständnis im Gespräch mit den Mitschülern überprüfen und anreichern kann.

4 Ziele des Umgangs mit literarischen Texten und der Entwicklungsstand der Lernenden

Wozu beschäftigt man sich in der Schule mit Literatur? Bahnbrechendes zur Beantwortung dieser Frage stammt von Kreft. Er sprach Literatur großen Einfluss auf die Ich-Entwicklung zu, welche er in der Entfaltung der kognitiven, der interaktiven, der linguistischen und der ästhetischen Kompetenz gewährleistet sah.[10] Dass Literatur diese Kompetenzen vermitteln kann, „Grundfähigkeiten, die für das Menschsein konstitutiv sind"[11], ist die übereinstimmende Ansicht vieler Fachdidaktiker. Literatur ermöglicht ein „Probehandeln" in der Bewältigung fiktiver Situationen, das nicht mit dem Risiko persönlichen Scheiterns verbunden ist. Sie vermittelt Erfahrungen aus zweiter Hand, doch so, dass der Leser meint, er habe sie selbst gemacht;[12] er lernt sich und die Welt, Gegenwart und Vergangenheit durch Lesen kennen.[13] *Identitätsfindung*, Fremdverstehen und Empathie[14], moralische Urteilsfähigkeit und kritische Weltsicht, *Imaginationskraft und Kreativität* und nicht zuletzt seine *ästhetische Kompetenz* werden gefördert. Ästhetik gehört „zur Grundausstattung des Menschen" (Josting 2001, 180), und Literatur trägt dazu bei, dass diese Grundausstattung erweitert wird. Das verdeutlichen schon die „Kernbegriffe" Klafkis zur Kennzeichnung ästhetischer Bildung:

---

10 Vgl. Kreft 1977, 84 ff.
11 Abraham übernimmt diese Definition von Fritzsche, vgl. Abraham 1998, 213.
12 Vgl. Krejci 1993, 69f.
13 Wenn hier vom Lesen die Rede ist, wird literarische Rezeption anderer Medien mitgedacht.
14 Vgl. Spinner 1999a, 597ff.

> *Bildung der ‚Empfindsamkeit' (i.S. der Verfeinerung des Empfindungsvermö-*
> *gens) gegenüber Naturphänomenen und menschlichem Ausdruck, Entwicklung*
> *der Einbildungskraft und Phantasie, des Geschmacks, der Genussfähigkeit und*
> *der ästhetischen Urteilskraft, Befähigung zum Spiel und zur Geselligkeit* (Klafki
> 1991, 33).

Die Bedeutung von Literatur (womit der Autor hier vor allem die Kinder- und Jugendliteratur meint) akzentuiert Abraham mit dem Hinweis auf ihre stützende Funktion bei Übergängen, die für Ich-Findung, Weltverstehen und angemessenes Handeln wichtig sind:

> *Lernende erfahren aus Kinder- und Jugendliteratur viel über die Welt (…), ver-*
> *größern also ihr Weltwissen einschließlich des Wissens über innere – psycholo-*
> *gische – Zusammenhänge, (…). Sie erweitern ihre Handlungskompetenz* (Abra-
> ham 1998, 212).[15]

Müller-Michaels sieht die besondere Leistung von Literatur in ihrer Bildungsfunktion. Durch Literatur werden Jugendliche mit Denkbildern bekannt gemacht, literarischen „Bildern", in denen sich „wie in einem Hohlspiegel" die Erfahrungen sammeln.[16] Diesen Bildern schreibt Müller-Michaels ein energetisches Potenzial zu.[17] Sie fordern Jugendliche zur Auseinandersetzung heraus und sind eine Hilfe bei der Ich-Entwicklung.

Die genannten Zielsetzungen lassen sich auf die zurückführen, die Horaz für Dichter als maßgeblich erachtet. Dichter wollen nach seiner Ansicht mit ihrer Dichtung nützen, sie wollen erfreuen oder beides zugleich.[18] Anders als bei Horaz wird die Freude dem Nutzen in der modernen Literaturdidaktik häufig nicht bei-, sondern vorgeordnet. Sie wird als Voraussetzung für jede wirksame Literaturbegegnung erachtet. Bei dieser Freude handelt es sich jedoch keineswegs um eine automatische Reaktion auf Literatur. Freude stellt sich manchmal erst mit Hilfe bestimmter methodischer Schritte ein, zum Beispiel durch ganzheitliche, intensive Textbegegnungen, die Imaginationskraft und Kreativität mobilisieren.[19] Lesefreude und „Texterschließungskompetenzen" (Paefgen 1998, 14ff.) befähigen dazu, „mit einem Text Kontakt aufzunehmen

· ·

15 Zum Begriff „Weltwissen" vgl. Abraham 2002, 12.
16 Vgl. Müller-Michaels 1993, 5f.
17 Vgl. Müller-Michaels 1999, 173.
18 Vgl. Horaz' Ausspruch in der *Ars poetica* (333f.): „Aut prodesse volunt aut delectare poetae/ aut simul et iucunda et idonea dicere vitae."
19 Graf spricht vom „Primat" der Lesemotivation. Ist die Lust zu lesen geweckt, dann wird seiner Ansicht nach auch der Weg gefunden, Bücher zu verstehen. Vgl. Graf 1995, 123. Der Zusammenhang von Freude am Lesen und Intensität der Textbegegnung oder der von Imaginationsfähigkeit und Fremdverstehen zeigt, dass Zielsetzungen für den Umgang mit Literatur vielfältig miteinander vernetzt sind.

und eine (...) emotional-affektive oder kognitive Verbindung mit ihm einzugehen" (Haas 1997, 35) und seine ästhetische Gestaltung zu genießen. Sie sind Voraussetzung für die Vermittlung grundlegender Kompetenzen.[20]

Texterschließungskompetenz zu gewährleisten ist ein Hauptanliegen von Deutschlehrern. Hier meint man auf sicherem Boden zu stehen: Die Erreichung von entsprechenden Teilzielen ist plan- und prüfbar; die Lehrpläne fordern ihre konsequente Erfüllung. Damit die Lernenden Literatur verstehen, damit sie sich schließlich selbstständig mit ihr auseinander setzen können, sollen sie in der Lage sein,

- Thema und Problemstellung eines Textes zu akzentuieren,
- Handlungsabläufe und Figurenkonstellationen aufzuspüren,
- ästhetische Gestaltungsmittel und Merkmale einer Textsorte zu erkennen,
- den Realitätsbezug eines Textes zu überprüfen und
- Formen uneigentlicher Rede wie Metaphorik und Ironie aufzudecken.

Aber auch im Zusammenhang mit dem, was so einleuchtend, plan- und prüfbar erscheint, müssen die Interessen und Kompetenzen der Schüler berücksichtigt werden.[21] Denn nur dann können Texte ausgewählt werden, die dem Entwicklungsstand der Lerngruppe in etwa entsprechen, kann auf Methoden zurückgegriffen werden, die für den Einzelnen hilfreich sind.

Die Lehrperson, die sich von den literarischen Kompetenzen ihrer Schüler ein Bild machen will, findet auf die Frage nach ihrem Entwicklungsstand Orientierungshilfe in der Literaturdidaktik. Spinner zum Beispiel zeigt in Anlehnung an Ergebnisse der Kognitionspsychologie *alters*spezifische Tendenzen bei der Entwicklung literarischen Verstehens von der Grundschule zur Sekundarstufe I und innerhalb der Sekundarstufe I auf: [22]

---

20 Vgl. Haas 1995, 223f.; ders. 2001, 734.
21 Angesichts der hohen Klassenstärke ist dies vielerorts eine nur mit besonderem pädagogischen Einsatz zu leistende Aufgabe
22 Vgl. Spinner 1993, 55ff. Schon 1984 verwiesen E. und K.H. Spinner auf die Entwicklung im Textverständnis der Grundschulschüler und der Schüler in der Sekundarstufe I. Vgl. Spinner/Spinner 1984, 362ff.

Altersspezifische Tendenzen der Entwicklung literarischen Verstehens (nach Spinner)

Das *Fiktionsbewusstsein* der Lernenden entwickelt sich allmählich. Noch Siebtklässler überprüfen die Aussagen eines literarischen Textes auf Übereinstimmungen und Abweichungen mit und von der Wirklichkeit und bewerten Literatur und die Aussagekraft eines Textes dementsprechend. Erst ab dem 14.–16. Lebensjahr wird dem literarischen Text ein „Eigenrecht" zugestanden.[23]

Die *Fähigkeit zur Verallgemeinerung und Abstraktion* ist zu Beginn der Sekundarstufe nur im Ansatz vorhanden. Der Blick fällt auf das Einzelne. Erst im Verlauf der Sekundarstufe I sind Lernende zu Verallgemeinerungen und vom Text abstrahierenden Betrachtungsweisen in der Lage und bedürfen auf diesem Wege gezielter methodischer Unterstützung – teilweise bis in die Oberstufe.

Das *Verständnis des indirekten Sprachgebrauchs* ist nicht allgemein vorauszusetzen. Schüler und Schülerinnen verstehen in der Regel *Metaphern,* haben aber gelegentlich noch Schwierigkeiten, sie zu erklären, vor allem, wenn abstrakte Sachverhalte auf der Bildebene zum Ausdruck gebracht werden.[24]

Parabolische Texte werden zu Beginn der Sekundarstufe I zwar kaum noch wörtlich genommen, aber auch noch nicht so gedeutet, dass allgemein gültige Übertragungen oder Lehren aus der fiktiven Darstellung abgeleitet werden. Statt dessen werden „Analogien hergestellt", „etwa in der Art, dass Parallelgeschichten aus dem erlebten Alltag erzählt werden" (Spinner 1993, 59).

Die Fähigkeit, *Symbole* zu entschlüsseln, wird später ausgebildet als die, den Bedeutungsgehalt von Metaphern zu erschließen. In Anlehnung an Svensson hebt Spinner hervor, dass Elf- bis Vierzehnjährige lyrische Texte meistens wörtlich verstehen. Erst nach der Sekundarstufe I kann man von einem entwickelten Symbolverständnis ausgehen.[25]

---

23 Spinner stützt sich hier, ausgehend von Überlegungen Piagets und Applebees, vor allem auf Untersuchungen, die Kreft 1984 auf mehreren Klassenstufen durchführte. Vgl. Spinner 1993, 57; vgl. ferner Eggert/Garbe 1995, 22ff.
24 Vgl. Spinner 1993, 58.
25 Spinner gibt allerdings auch zu bedenken, dass Kinder, die symbolische Aussagen wörtlich nehmen, z.B. bei der Interpretation lyrischer Texte, ein ganzheitliches Textverständnis entwickeln, das eine hohe Sensibilität gegenüber seinen wörtlichen Aussagen bezeugt. Ebd., 64; vgl. ferner Spinner 1995a, 81ff.; Abraham 1998, 31f.

Besondere Schwierigkeiten ergeben sich bei *Texten mit ironischem oder satirischem Unterton*.[26] Lernende bemerken zum Beispiel bei der Lektüre einer Erzählung von Tucholsky nicht, mit welcher Unerbittlichkeit gesellschaftliche Missstände angeprangert werden und Fehlverhalten der Lächerlichkeit preisgegeben wird. Noch in der zehnten Jahrgangsstufe lesen sie manchmal Texte mit ironischem oder satirischem Gehalt wie einen Tatsachenbericht aus der Zeitung. Selbst das Gespür für leisere komische Effekte ist nicht immer vorauszusetzen. Es entwickelt sich, wenn die Lernenden für Normabweichungen sensibilisiert werden, wenn ihnen Brüche im sprachlichen Ausdruck und im Verhalten der Protagonisten auffallen.[27]

Große Bedeutung für die Erschließung eines literarischen Textes kommt der *Identifikation mit den Protagonisten* zu. Schön unterscheidet zwischen dreierlei Weisen der *Anteilnahme*. Sie werfen ein Licht auf die Bedürfnisse des Rezipienten, auf seine spezifische Art, mit dem Text umzugehen. Da die Art der Anteilnahme des Schülers seine Interpretationsergebnisse beeinflusst, gilt es, sich auch von ihr ein Bild zu machen und entsprechende Folgerungen für den Unterricht zu ziehen. Schön spricht von *Projektion*, wenn der Leser eigene Eigenschaften auf den literarischen Helden überträgt und dadurch an Distanz zum Text verliert. Projektion ist ein „typisches Rezeptionsmuster der Pubertät und Nachpubertät". In dieser Zeit scheint die „Diskrepanz zwischen Handlungsbedürfnissen und realen Handlungsmöglichkeiten am größten" zu sein (Schön 1990, 258*). Substitution* bezeichnet einen Textumgang, bei dem die fiktionale Welt fast als real erlebt wird, der Leser sich in sie hineinversetzt und der Illusion erliegt, er sei am fiktionalen Geschehen beteiligt. Projektion und Substitution werden oft als Zeichen unreifen Textumgangs gewertet. Diese Einschätzung verkennt, wie wichtig emotionale Prozesse beim Lesen sind. Sie öffnen für die Wirksamkeit von Literatur.[28] Von *Empathie* ist die Rede, wenn das fiktive Geschehen mit Anteilnahme, aber aus einer gewissen Distanz beobachtet wird. Das ist eine Haltung, die häufig erst dem Schüler der Sekundarstufe I möglich ist. Er setzt sich mit einer anderen Welt als seiner eigenen auseinander; er übernimmt sozusagen probeweise die im Text angebotenen Perspektiven, versucht Fremdes zu verstehen und weitet dadurch seinen Gesichtskreis.[29] Oft beurteilt er dabei zugleich das Geschehen auf der Basis seiner jeweiligen Moralstufe.[30]

---

26 Vgl. Gerth 1977, 8ff.

27 „Alles Komische, so scheint es, beruht zunächst auf einem Kontrast, einem Widersinn oder einem Konflikt mit einer Norm oder Regel." Gerth 1992, 21.

28 „Während rationales Lernen immer eine gewisse Distanziertheit schafft und aufrecht erhält, sieht sich das Subjekt bei emotionalen und imaginativen Lernprozessen viel direkter betroffen und der Einflußnahme ausgesetzt." Spinner 1995a, 7.

29 Vgl. Spinner 1995a, 62.

Das Wissen über entwicklungsbedingte Tendenzen der Textrezeption Lernender bietet eine gewisse Orientierungshilfe. Darüber hinaus bleibt die Frage nach den Kompetenzen der einzelnen Schüler, welche sich nicht in ein altersspezifisches Gesamtbild fügen.[31] Antworten auf diese Frage sind maßgeblich für didaktisch-methodische Entscheidungen und bedingen binnendifferenzierten Unterricht viel stärker als er bislang in der Sekundarstufe I üblich ist.

5 Wege und Inhalte zur Erreichung dieser Ziele

In der gegenwärtigen Fachdidaktik gibt es eine Fülle von Überlegungen, die der Steigerung der Leselust, der Intensivierung des Lese- und Interpretationsprozesses und der Selbstständigkeit der Lernenden gelten. Auf drei didaktische Ansätze soll im Folgenden die Aufmerksamkeit gerichtet werden: Auf das *textnahe Lesen*, auf die *Aktualisierung von Vorstellungsbildern* und auf die Arbeit mit dem *Lesetagebuch*.

Textnahes Lesen: Nacherzählung und Inhaltsangabe

Paefgen beklagt, dass Lernende zum flüchtigen Lesen neigen und die Mühe scheuen, dem Sinngehalt schwerer Texte auf die Spur zu kommen.[32] Die Ergebnisse der PISA-Studie erweisen, wie berechtigt diese Klage ist: 20% der 15-Jährigen gehören in Deutschland zu den Gruppen der schwachen oder schwächsten Leser, welche nicht in der Lage sind, „den Hauptgedanken eines Textes zu erkennen", „Verbindungen zwischen Informationen" oder „zwischen Informationen aus dem Text und allgemeinem Alltagswissen herzustellen" sowie Informationen zu vergleichen.[33] Die Forderungen moderner Literaturdidaktiker, der Leseunlust der Jugendlichen durch ansprechende Texte und motivierende Methoden der Texterschließung zu begegnen, sind angesichts dieser Ergebnisse zwar nicht obsolet, aber sie sind nur haltbar, wenn die

---

30 Obwohl diese Wirkungen nur schwer zu fassen sind, geht man davon aus, dass Perspektivenübernahme, Fremdverstehen und Erweiterung moralischer Urteilsfähigkeit Auswirkungen auf die realen sozialen Bezüge haben. Vgl. dazu Frederking 1995, 189. Zum Zusammenhang von literarischem Verstehen und Entwicklung der Moralstufen nach Kohlberg vgl. Kreft 1977, 91ff.
31 Abraham fordert von Literaturlehrern „Zweiäugigkeit": „Mit dem einen Auge müssten sie Ziele einer planvollen Leseerziehung und -förderung sehen und mit dem andern das, was die Kinder selbst können oder alleine lernen wollen" (ebd., 34).
32 Vgl. Paefgen 1998, 14ff.; siehe auch ihren Beitrag „Textnahes Lesen und Rezeptionsdidaktik", S. 191 – 209.
33 Vgl. OECD PISA, 11ff.

Texte gründlich gelesen, das heißt auch erarbeitet werden.[34] Paefgens Anregung, *textnahes Lesen* durch Reduktion der Textmenge, durch „ein Lesen mit Stiften, mit Papier, mit Zeit und Geduld für den Satz, den Absatz, die Seite" (Paefgen 1998, 14f.)[35] und, so muss man ergänzen, durch eine genaue Beachtung sprachlicher Gestaltungsmittel und ihrer Funktion zu gewährleisten, kann als Weg verstanden werden, die Kompetenz des sinnerfassenden Lesens zu vergrößern. Diese ist Voraussetzung für jede Art des Textumgangs, für den analytischen und den produktionsorientierten, für den mündlichen und den schriftlichen.

Lyrische Texte werden wegen ihrer Kürze, aber auch wegen ihrer Hermetik häufig „textnah" gelesen.[36] Aber auch bei *Epischen Kurzformen* wie Fabeln, Parabeln, Märchen, Sagen, Legenden, Schwänken, Satiren und Kurzgeschichten bietet sich die Methode des textnahen Lesens an. Jede der erwähnten Kurzformen verlangt neben der genauen Textkenntnis einen textsortengemäßen Zugriff. Texte mit parabolischem Gehalt zum Beispiel sind auf ihren „Verweisungscharakter"[37] hin zu untersuchen, Texte mit satirischer Ausrichtung auf die Tendenz, mit spöttischer Schärfe Missstände zu entlarven. Noch Schüler der Oberstufe stehen Formen uneigentlichen Sprechens mitunter hilflos gegenüber. Versionen uneigentlicher Rede müssten im Unterricht stärker als bisher durch textnahes Lesen, durch Vorlesen, durch Umstellungen und Veränderungen analysiert und erprobt werden.[38]

---

34 Gegen die Dichotomie von leichtem lustbetonten und schwerem analytischen Lesen argumentiert Kämper-van den Boogaart 2000b, 12f. mit Nachdruck. Abraham hebt hervor, dass das Sammeln neuer Erfahrungen beim Lesen mit Arbeit verbunden ist, aber auch mit einer entgrenzenden „Bereicherung", weil der Leser mit immer neuen Figuren und Welterfahrungen vertraut wird, die ihm helfen, sein Selbst zu transzendieren. Abraham 1998, 71, 85f.

35 Auch die Lehrpläne bieten vereinzelt Hinweise, die auf einen solchen Textumgang zielen.

36 Vgl. Paefgen 1998, 19f.

37 Seifert 1975, 240. Dieses Kennzeichen teilen sie mit dem Gleichnis, der Allegorie, der Metapher und dem Bild.

38 Bei Untersuchungen zum Verständnis von Metapher und Ironie wurden Kindern schriftliche Äußerungen mit Formen uneigentlichen Sprachgebrauchs vorgelegt. Es handelte sich um Äußerungen zu einer alltäglichen Situation: Ein Mädchen soll sein Zimmer aufräumen, aber es gelingt nicht. Die Unordnung nimmt zu. Das veranlasst seine Schwester zu Bemerkungen. Fünf Versionen wurden Probanden vorgelegt. Sie sollten erklären, was die Äußerungen bedeuten. Die Versionen lauten: „Your room looks like it's totally clean now. (*sarcasm*) You have been growing a garden full of weeds. (*metaphor*) Your room still needs a few things straightened up. (*understatement*) Your room is so messy I can't even see you in it. (*hyperbole*) Your room is a mess now after all that cleaning. (*irony*) Your room is very messy. (*literal statement*)." Winner 1988, 137. Hilfreich wäre es, Schüler selbst entsprechende Beispiele für eine vorgegebene Situation finden zu lassen.

Zu den Maßnahmen, die Paefgen für die genaue Textarbeit empfiehlt, lässt sich ein Textumgang rechnen, den man lange Zeit nur in der Grundschule oder bestenfalls noch in der Erprobungsstufe pflegte, die *Nacherzählung*. Sie wird in letzter Zeit auch in den Sekundarstufen I und II favorisiert und eignet sich als Vorform der Interpretation dazu, wirkungsvolles Reden oder Schreiben auf der Basis genauen Lesens und sorgfältiger Rekonstruktion des Textsinns zu üben.[39] Damit diese Wirkung erreicht wird, bedarf die Aufgabe, einen Text mündlich nachzuerzählen, einer Erklärung. Die Lernenden müssen erfahren, dass in ihrem privaten Umfeld Nacherzählungen durchaus alltäglich sind. Man erzählt sich im Freundeskreis oder in der Familie von spannenden Büchern und Filmen, weil man andere unterhalten und Anteil an dem nehmen lassen möchte, was einen fasziniert. Die Lernenden haben jetzt in der Schule Gelegenheit, ihre Erzählfähigkeit zu verbessern, indem sie üben, flüssig (z.B. ohne ständiges „äh" als Verlegenheitslaut) und anschaulich zu erzählen, ihre Stimme wirkungsvoll einzusetzen, die Erzählung durch Gesten zu begleiten und dabei auf die Reaktion der Zuhörer zu achten.[40]

Nacherzählen im kommunikativen Zusammenhang ist mehr als treue Textwiedergabe. Es ist „aneignendes Nacherzählen, vom Interesse (...) des Erzählers geprägt" und es ist „partnergerichtetes, den Bedürfnissen eines Adressaten angepasstes Nacherzählen" (Abraham u.a. 2000, 186). Gegebenenfalls versteht der Adressat das Erzählte nicht und ist auf Erläuterungen angewiesen. Bestünde die anspruchsvolle Aufgabe in einer neunten oder zehnten Jahrgangsstufe zum Beispiel darin, Mitschülern Reiner Kunzes Satire „Fünfzehn"[41] nachzuerzählen, dann hätte die erzählende Person wahrscheinlich Schwierigkeiten, den satirischen Charakter des Textes, der sich durchgehend in seiner semantischen Struktur spiegelt, zum Ausdruck zu bringen, und die Zuhörenden erfassten den bissig-kritischen und dennoch teilweise liebevollen Charakter des Textes nicht. Um dies aber zu gewährleisten, wird den Erzählenden empfohlen, sich in die Rolle des Vaters zu versetzen und einem Zuhörer Eindrücke und Erlebnisse zu schildern. (Sie könnten sich auf einem Zettel einige Formulierungen des Textes notieren, die die Einschätzung der Tochter durch den Vater besonders gut zum Ausdruck bringen. Dieser Zettel setzt sorgsame Lesearbeit voraus und stützt die Nacherzählung.) Der Vorschlag des per-

---

39 Vgl. Frommer 1984, 24; ders. 1992; ferner Abraham u.a. 2000, 185ff.
40 Zur Bedeutung der Körpersprache als Mittel der Verständigung und als wichtiger Aspekt für die Analyse einer Gesprächssituation vgl. Schuster 1998, 58f.
41 Vgl. Kunze 1976, 131f. Zur Einführung in die Textsorte Satire vgl. Bleissen 1995.

spektivischen Nacherzählens mutet den Lernenden zu, in das Geschehen einzutreten und Fremderfahrungen probeweise zu eigenen zu machen.[42]

Das ausschmückende Nacherzählen ist ein Vorgang, der dem mündlichen Weiter-Erzählen eigen ist. Das zeigen unterschiedliche Erzählstränge in Märchen oder biblischen Gleichnissen. Lernende, zu solchen Ausschmückungen ermuntert, sollten in diesem Zusammenhang Gelegenheit bekommen, grundsätzlich über den Wahrheitsgehalt von Alltagserzählungen und die Neigung des Erzählenden zum „Hinzudichten" und Übertreiben nachzudenken. Die Metareflexion trägt zur genauen Beachtung der Textaussagen bei und hilft, das Hinzugefügte vom Primärtext zu unterscheiden. Hilfreich für die Aneignung und Wiedergabe des Textes sind im Rahmen einer Gruppenarbeit gemalte Bilder oder auch nur Skizzen zu den Protagonisten oder bestimmten Erzähleinheiten. Sie begleiten den Erzählvorgang wirksam.

Wenn die Versuche der Nacherzählung durch Video oder Kassettenrekorder aufgezeichnet und reflektiert werden, wenn auch die Lehrperson sich daran beteiligt und auch ihre Fehler und Unsicherheiten thematisiert werden, dann verstehen die Lernenden diese Form des Textumgangs durchaus als eine Herausforderung, der sie sich gern stellen.

Die *schriftliche Nacherzählung* erhebt den Anspruch stilistischen Geformtseins. Frommer legt den Lernenden divergierende Nacherzählungen (sie wurden mit der Vorgabe, sich an einen bestimmten Adressaten zu wenden, verfasst) zur Korrektur vor, auch um sie für die jeweilige ästhetische Gestaltung und Wirkung zu sensibilisieren.[43]

Die Nacherzählung steht auf der Schwelle zwischen Textaneignung und Interpretation.[44] Sie setzt zwar sorgfältige Textarbeit voraus, aber sie verlangt keine distanzierte Textbeschreibung, die bei Lernenden der Sekundarstufen oft Abneigung hervorruft. Im besten Falle trägt sie dazu bei, lustvolles Lesen mit erfolgreicher Arbeit zu verbinden.

Auch die *Inhaltsangabe* setzt textnahes Lesen und genaues Durchdringen des Textsinns voraus. Sie erfordert eine höhere Abstraktionsleistung als die Nacherzählung. Bei literarischen Texten kommt dazu die besondere Art und Weise, wie der Rezipient den Textsinn mit Hilfe seiner Vorstellungskraft konstituiert. Er verschafft sich einerseits Klarheit über die für ihn wesentlichen Aussagen des Textes und stellt sie sich andererseits mit Hilfe seiner Imagina-

[42] Vgl. Abraham u. a., ebd., 187. Das perspektivische und dabei auch ausgestaltende Nacherzählen stellt bei Fabeln die je eigene Sicht der Streitenden in den Vordergrund.

[43] Frommer 1984, 28ff.

[44] Vgl. Abraham u.a. 2000, 185ff.

tionskraft vor.[45] Welche Aussagen wesentlich sind, lässt sich nicht allgemein gültig feststellen. Die Behauptung, dass die Inhaltsangabe einem objektiven Zugriff entspricht, ist von daher zu bestreiten. Sie enthält durch die Schwerpunktsetzung und die Wahl des Ausdrucks, welche durch die subjektive Bildlichkeit gestützt werden, Elemente der Interpretation.

Die Inhaltsangabe wird schriftlich mit folgenden Vorgaben verlangt: Die knappe Wiedergabe der Hauptaussagen, die Zeitform Präsens, die Vermeidung der direkten Rede sowie Genauigkeit und Sachlichkeit im Ausdruck. Der Verfasser einer Inhaltsangabe weiß, dass er als Beurteilender nicht gefragt ist, sondern dass er sich um Objektivität und Sachlichkeit bemühen muss.[46] Wegen der unterschiedlich ausgeprägten Abstraktionsfähigkeit der Lernenden verdient die Methodenschulung bei der Inhaltsangabe große Beachtung. Die Arbeit an sehr kurzen Texten, verbunden mit den Aufgaben, das Wichtige zu unterstreichen, es knapp gefasst an den Rand zu schreiben und so den Text zu gliedern, hat zunächst Vorrang. Gemeinsame Formulierungsversuche, Transparentmachen des Vorgehens durch den Einsatz des Tageslichtprojektors, Korrektur bereits vorliegender Inhaltsangaben sind hier hilfreiche methodische Schritte.

Bei der Inhaltsangabe literarischer Texte bieten sich Textsorten an, die den Lernenden im Alltag begegnen: Rezensionen, Programmhefte, Theaterzettel, Klappentexte. Lernende, die in der Schule regelmäßig über ihre privaten Leseerfahrungen sprechen, indem sie Bücher vorstellen und empfehlen, flechten in ihre Buchvorstellungen Elemente der Inhaltsangabe ein. In der neunten und zehnten Jahrgangsstufe gehören Filmbesprechungen, Buchrezensionen oder Passagen aus Nachschlagewerken zu den Textsorten, die Beachtung finden. Sie enthalten „inhaltswiedergebende Teile" und sind motivierender als die „reine Inhaltsangabe".[47]

---

45 „Für Inhaltsangaben (...) ist eine propositionale Repräsentation mit daran ansetzenden reduktiven Verarbeitungsoperationen wie das Generalisieren oder das ‚Auf-den-Begriff-Bringen' Grundlage. Für das genussvolle Lesen literarischer Texte wird diese Verarbeitungsweise nicht ausreichen. Hier muss die Fähigkeit hinzukommen, durch unterschiedliche Ausweitungsoperationen beim Lesen ein möglichst differenziertes und elaboriertes mentales Modell aufzubauen, das die sprachlich begrifflichen Informationen des literarischen Textes in ein gegenständliches, anschauliches Medium überführt (...)." Hölsken, 1993, 53.

46 Allein die Anforderung, sich selbst und die eigenen Emotionen zurückzunehmen, den Text zu gliedern und sich bei seiner Wiedergabe um einen knappen und treffenden Ausdruck zu bemühen, rechtfertigt meines Erachtens, dass diese so ganz auf das Lernen, auf schulische und nicht auf kommunikative Belange ausgerichtete Textsorte trotz mancher Einwände weiterhin geübt wird.

47 Vgl. Abraham u. a. 2000, 154.

An Vorstellungsbilder der Lernenden anknüpfen

Abraham behauptet, dass ein literarischer Text „immer als Türöffner für weitere" literarische Texte dient.[48] Er hat bei dieser Aussage Lesewege mit *Übergängen*[49] in den Entwicklungsphasen des Lesers und damit verbunden im sich ändernden Zugriff auf den Text im Auge.

> ▪▪ *Das Bilderbuch fungiert, was Fiktionsbewusstsein, ästhetische Wahrnehmung und Empathiefähigkeit angeht, als Türöffner für die Kinderliteratur, und diese wiederum wird, was vertiefte Empathiefähigkeit, kognitive Rollenübernahme und kritische (Wertungs-)Kompetenz betrifft, gebraucht als Türhüter für die ‚hohe Literatur'* (Abraham 1998, ebd.).

Solche Übergänge sind nachweisbar, wenn man nach den *Vorstellungsbildern* fragt, die Literatur in ihrer vielfältigen Ausprägung hervorruft, und wenn man versucht, mit einer neuen Lektüre an sie anzuknüpfen. Märchen, die Kindern erzählt oder vorgelesen wurden, Bilderbücher, die sie betrachteten, Kassetten und Jugendbücher, die sie liebten und mehrfach hörten oder lasen, Literaturverfilmungen, die beeindruckten, hinterlassen innere Bilder. Vorstellungsbilder im Zusammenhang mit Kenntnissen sind nachhaltig; manchmal tragen Vorstellungsbilder sogar dazu bei, dass man sich an die Situation erinnert, in der literarische Inhalte wichtig wurden.[50] Wird Jugendlichen in der Sekundarstufe I Gelegenheit gegeben, ihre literarischen Vorstellungsbilder zu aktualisieren, sie beim nochmaligen Lesen, Hören oder Sehen ehemals rezipierter Texte zu überprüfen und sie zu neuer ähnlich gelagerter Lektüre in Beziehung zu setzen, dann wird für sie die *Vergangenheitsbedeutung von Literatur* evident und sie bemerken ihre veränderten Wahrnehmungsweisen. Zu einer solchen Besinnung gaben Bertschi-Kaufmann und Kunz Studenten Gelegenheit. Sie legten ihnen Lesestoffe aus ihrer Kindheit vor und baten sie, sich an die vergangenen Leseeindrücke zu erinnern, denn „Rückkehr zum scheinbar Bekannten eröffnet neue Sichtweisen". (Bertschi-Kaufmann/Kunz 1996, 62ff.) Im Unterschied zur Primar- und Erprobungsstufe wird in der Sekundarstufe I zu wenig nach der Lektüre gefragt, die Jugendliche privat bevorzugen.[51] In einer Zeit, in der bei vielen Jugendlichen die Leselust ohnehin abnimmt, ist diese Missachtung verhängnisvoll, denn sie trägt dazu bei, dass das Interesse an Literatur erlischt. Wird aber private Lektüre berücksichtigt, dann gewinnen Schülerinnen und Schüler vielleicht Klarheit über ihre literarische Sozialisa-

---

[48] Vgl. Abraham 1998, 180.
[49] Zu der Übergangsfunktion vgl. die Ausführungen im Kapitel „Ziele beim Umgang mit literarischen Texten und der Entwicklungsstand der Lernenden".
[50] Vgl. Schubert-Felmy 2001.
[51] Vgl. Gansel 1997, 84f.; Runge 1997b, 8f.

tion, über den eigenen sich wandelnden Umgang mit Literatur und dadurch über sich selbst. Sie lernen, ihre „persönliche(n) Vorlieben und die eigenen, subjektiven Leseweisen" einzuschätzen.[52] Sie können ermessen, was literarische Bildung für sie selbst bedeutet. Sie fühlen sich ernst genommen im Gespräch über Literatur.[53] Die Lehrperson, die den Leseerfahrungen und Vorstellungsbildern der Schülerinnen und Schüler Raum gibt, sieht sich in der Lage, den Unterricht auf sie auszurichten, Interessen und Kompetenzen auch des Einzelnen, der aus der Gruppe herausragt, zu berücksichtigen und an die Vorstellungsbilder und Vorkenntnisse wiederholt anzuknüpfen.

Wie der Prozess des Aufdeckens von Vorstellungen und des Anknüpfens an sie verlaufen kann und welche Bedeutung einzelnen Schritten beizumessen ist, soll an einem Beispiel erklärt werden: In einer siebten Jahrgangsstufe ist die Lektüre des Jugendbuches *Allein in der Wildnis* von Gary Paulsen geplant (Paulsen 1995). Es handelt sich bei diesem Jugendbuch um eine Robinsonade mit dem 13-jährigen Brian Robeson (!) als Protagonisten.[54] Auf Brians Weg zu seinem im Norden von Kanada lebenden Vater erleidet der Pilot des Einmannflugzeuges einen tödlichen Herzinfarkt. Das Flugzeug stürzt über einem See ab. Brian überlebt den Absturz und verbringt fast zwei Monate in der Wildnis. Im täglichen Kampf um seine Nahrung und bei der Begegnung mit Tieren erlebt er viele Abenteuer. Sie tragen dazu bei, dass er sich von einem Großstädter, der die Annehmlichkeiten des Alltags wie selbstverständlich hinnahm, zu einem nachdenklichen Menschen wandelt. Er verinnerlicht die Schönheiten und Gefahren der Wildnis. Das Erlebnis der Einsamkeit in der Natur angesichts vielfältiger Gefahren, aber auch vielfältiger Schönheit gehört zu den zentralen Aspekten des Buches. Um die Aufmerksamkeit auf diesen Aspekt zu lenken und die Imaginationskraft zu wecken, werden die Lernenden vor der Lektüre aufgefordert, Vorstellungsbilder zu aktualisieren, die sich auf herausragende Erlebnisse eines Einzelnen in der Natur beziehen, auf Ängste und Begeisterung. Es soll sich um solche handeln, die sie aus bisher gelesenen Büchern, aus Hörspielen, Filmen und mündlichen Erzählungen gewonnen haben.[55]

---

52 Vgl. Bertschi-Kaufmann/Kunz 1996, 62f.

53 In einem Leistungskurs der Jahrgangsstufe 12 wurde die Aufgabe gestellt, eine Rede zu halten. Es sollte über literarische Figuren gesprochen werden, die von der Kindheit her beeindruckten. Die Aufgabe wurde mit großem Engagement gelöst. Vgl. Schubert-Felmy 2001, 71ff.

54 Auf dem Buchcover findet sich eine unzutreffende Altersangabe. Hier ist von einem 12-Jährigen die Rede.

55 Der Rückgriff auf fiktional gestaltete Erlebnisse und nicht auf solche in der eigenen Wirklichkeit soll die Vergangenheitsbedeutung von Literatur bewusst werden lassen. Dazu kommt, dass manche der Schülerinnen und Schüler selbst nicht auf eigene entsprechende Erlebnisse zurückgreifen können.

Zur Konkretisierung der Vorstellungsbilder eignen sich das Malen eines Bildes, die Anfertigung einer Bildergeschichte, eine Buchvorstellung, in die die Beschreibung der Vorstellungsbilder integriert ist, oder auch eine mündliche Erzählung nach Stichpunkten. Scheller nennt die formalen Vorgaben oder Muster, die es Lernenden ermöglichen, ihre literarischen Erfahrungen auszubreiten, *Symbolisierungsformen*. Sie sollen helfen, das, was mit Hilfe der Imaginationskraft bei der Textlektüre und -erschließung vor dem inneren Auge gesehen wurde, konkret zu machen.[56] Die vorgegebenen „Muster", welche auch dazu beitragen, einer Entsinnlichung des Unterrichts entgegenzuwirken, bewahren vor bloßer Wiedergabe des einst Gelesenen. Sie zwingen zu einer Verarbeitung und damit auch zu einer gewissen Distanzierung von der eigenen Person. Mit Hilfe der Symbolisierungsformen wird es möglich, über sich selbst zu sprechen, eigene Vorstellungen zu konkretisieren, ohne sich zu entblößen.[57]

Dem Austausch der Ergebnisse wird hinreichend Zeit gewidmet (wie ja der Umgang mit inneren Bildern ohnehin Zeit und Ruhe verlangt). Es ist nicht voraussagbar, über welche literarischen Vorstellungen die Lernenden verfügen. Vielleicht erinnern sie sich an *Hänsel und Gretel*, die sich im Wald verirrten, oder an *Schneewittchen*, die dort ausgesetzt wurde. Vielleicht kennen sie das Buch *Insel der blauen Delphine* und die zahlreichen Szenen, in denen Won-a-pa-lei den Naturgewalten zu unterliegen droht. Auch von *Ronja Räubertochter*, die Nebel und Schnee trotzt, mag die Rede sein.

Die Schüler erklären, was sie gemalt oder geschrieben haben, und warten auf Nachfragen.[58] Die Zuhörer aktivieren ihre Vorstellungskraft, wenn sie das, was die anderen vielleicht fragmentarisch präsentieren, verstehen wollen. Im

---

56 Scheller fragt allerdings nicht nach der Wirkung einst rezipierter Literatur, sondern nach der Wirkung der gerade im Unterricht präsentierten. Er möchte, dass die Lernenden ihre Erfahrungen und Erlebnisse in die Textbegegnung einbringen. Vor allem die unterschiedlichsten Möglichkeiten des szenischen Spiels erscheinen ihm besonders geeignet, das sinnliche Gedächtnis zu aktivieren und vergangene eigene Erlebnisse zu aktualisieren. Vgl. Scheller 1980, 121ff., 169.

57 Bei thematisch anders gelagerten Büchern eignen sich auch kleine Spielszenen, Pantomime, Tanz, Verkleidung als Symbolisierungsformen, oder den Schülern wird ein Fragebogen vorgelegt. Vgl. Schubert-Felmy 2001, 103ff., 176ff., 229ff., 280ff.

58 Sollte sich herausstellen, dass die Antworten auf die Frage nach Vorstellungsbildern, welche in der Begegnung mit Literatur gewonnen wurden, nicht ergiebig sind, besteht die Möglichkeit, dass die Lehrperson selbst Texte aus Kinder- und Jugendbüchern zusammenstellt, die von der Begegnung eines Menschen mit der Natur oder mit Naturgewalten handeln. Die Lernenden lesen diese Stellen, beraten, woher sie stammen und entwickeln zu dem einen oder anderen Textstelle innere Bilder bzw. breiten jetzt Erinnerungen an frühere Vorstellungen und Erlebnisse bei der Textbegegnung aus. Auch der Einsatz von thematisch verwandten Gemälden oder von Fotografien kann in diesem Zusammenhang Erinnerungen und Vorstellungen wecken.

Hin und Her des Ausbreitens, Erklärens, Imaginierens entstehen neue innere Bilder, im besten Falle eine dichte Erzählsituation. Sie belegt, dass Lernende, die Gelegenheit erhalten ihre inneren Bilder auszubreiten und die der anderen kennen zu lernen, ein besseres Verhältnis zu ihren Mitschülern entwickeln. Das beeinflusst auch die spätere Interpretationsarbeit am Buch günstig.

Der Rückgriff auf Imaginationen, die einem Leser im Gedächtnis haften, weil sie in irgendeiner Phase des Lebens besonders wichtig waren, lässt sich intensivieren, wenn entsprechende Texte ausschnitthaft noch einmal rezipiert werden. Die Schüler führen sich ihre Imaginationen von einst vor das innere Auge, wandeln sie entsprechend ihrem jetzigen Textverständnis und erkennen oder ahnen dabei, wie sehr sie sich verändert haben.

Bei der Frage nach Vorstellungsbildern von einem Menschen in einer herausragenden Begegnung mit der Natur könnte man Ausschnitte aus dem Buch *Ronja Räubertochter*, alternativ auch aus dem Hörspiel oder Film präsentieren, gleichzeitig die medienspezifische Gestaltung und Wirkung bedenken und ein Lernen im Medienverbund gewährleisten.[59]

Auf die Aktualisierung der Vorstellungsbilder folgen Lektüre und Erschließung des Buches (je nach Klassenstufe und Eigenarten der Lerngruppe methodisch arrangiert). Sie stehen jetzt im Zusammenhang mit den aktualisierten inneren Bildern, an die die Lernenden selbstständig anknüpfen. Wann immer sich die Möglichkeit bietet, wird Gelegenheit eingeräumt, auf die zuvor geäußerten Vorstellungsbilder Bezug zu nehmen: vergleichend oder kontrastierend. Sie bilden die Folie für das Verständnis, und das heißt auch für die Imagination des Neuen; sie erleichtern den Zugang zu den Fremdheiten des neuen Textes.

Folgende *Ziele* des Umgangs mit literarischen Texten werden bei diesem Konzept von Unterricht erreicht:

Die Aktualisierung innerer Bilder intensiviert die Begegnung mit neuer Literatur. Immer dann, wenn Lernende ihre Erfahrungen mit Literatur – privater und schulischer in unterschiedlicher medialer Gestaltung – einbringen und entsprechende Vorstellungsbilder aktualisieren, besteht die Möglichkeit des Anknüpfens. Wird im Laufe der Schulzeit zum Beispiel das Naturverständnis in epochalen Zusammenhängen reflektiert, dann dient das, was mit Hilfe des

---

59 Es hängt von der Lerngruppe ab, ob nach der Aktualisierung und Konkretisierung der Vorstellungsbilder Gelegenheit zur Metakognition gewährt werden soll. Mit älteren Schülern sollte man wegen der größeren Effektivität des Lernprozesses nicht auf sie verzichten. Vgl. Schnaitmann 1996, 29.

Jugendbuches erarbeitet wurde, wiederum als Folie für entsprechende Textbegegnungen. Lesewege werden beschritten, Übergänge verdeutlicht.

Die Intensität der Arbeit mit einer Robinsonade (und auch mit anderen Jugendbüchern) wird erhöht, wenn der Lerngruppe eine *Bücherbox* zur Verfügung steht.[60] Dabei handelt es sich um einen kleinen Handapparat mit Jugend-
und Sachbüchern, die zum thematischen Zusammenhang passen und als er-
gänzende Lektüre herangezogen werden. Die Bücherbox ist ein geeignetes
Instrumentarium für literarische Bildung. Denn im Rückgriff auf andere Bücher und Medien zum selben oder zu ähnlichen Themen wird das Augenmerk
auf unterschiedliche Formen der ästhetischen Gestaltung gerichtet und eine
diesbezügliche Sensibilisierung angebahnt. Beim Aufdecken intertextueller
Bezüge zwischen Defoes *Robinson Crusoe* und Paulsens *Allein in der Wildnis*
sowie anderen Robinsonaden erkennen die Lernenden Korrespondenzen und
Verflochtenheit literarischer Werke.[61]

Eine Bücherbox legt die Einrichtung von *Lesestunden* nahe.[62] Um genaues
Lesen zu gewährleisten, werden die Lernenden aufgefordert, den Leseakt
durch *Leseprotokolle* zu begleiten, in denen sie ihre Eindrücke und Kommentare vermerken.[63] Wenn man meint, hier werde zu Lasten anderer wichtiger
Lernstoffe kostbare Zeit verschenkt, ist zu bedenken, dass bei dieser Art von
Textrezeption Lese- und Lernprozesse eine „Verlangsamung" erfahren, die
„heilsam" ist.[64] Text und Rezipient werden allein gelassen; jeder ist gefordert,
den Text für sich zu imaginieren, auch solche Schüler, die in ritualisierten
Unterrichtsgesprächen schweigen. Wie bisherige Versuche ergaben, steigert
eine solche Bücherbox den Anreiz zum Lesen und zur selbstständigen und ver-
tiefenden Auseinandersetzung mit der gerade behandelten Thematik be-
trächtlich.[65]

---

60 Vgl. Payrhuber 1999, 617f.
61 Bei manchen Themenkreisen kommen durch private Leihgaben der Schüler und solche aus
    der schuleigenen Bibliothek schon hinreichend viele Titel für die Bücherbox zusammen. Sie
    kann im besten Fall in Zusammenarbeit mit der Stadtbücherei erstellt werden. Ein von der
    Lehrperson angefertigtes Bücherverzeichnis und Listen, die auf Buchempfehlungen einzel-
    ner Leser oder Lesergruppen beruhen, dienen zur Orientierung.
62 Zur Organisation und Bedeutung von längeren, konzentrierten Lesephasen vgl. Knobloch
    1992, Haas 1997, 198.
63 Auf ihrer Basis sind nachfolgende Literarische Gespräche ergiebig. Vgl. dazu Christ u. a.
    1995.
64 Vgl. Baurmann/Feilke, 1997, 19.
65 Vgl. Payrhuber, ebd.

Arbeit mit einem Lesetagebuch oder Lesebegleitheft

Das Bemühen, die Selbstständigkeit des Schülers beim Umgang mit literarischen Texten zu fördern, ihm behilflich zu sein, seinen eigenen Lernstil und sein eigenes Lerntempo zu finden, wird durch ein *Lesetagebuch* unterstützt.[66] Es enthält Elemente der *Freiarbeit* und spiegelt eine „veränderte Auffassung vom Lernen", eine „Verlagerung vom Belehren und Vermitteln zur Initiierung von Lernprozessen".[67]

Die Arbeit mit dem Lesetagebuch gehört am Ende der Primarstufe und in der Erprobungsstufe beim Umgang mit einem Jugendbuch bei vielen Lehrpersonen schon zum methodischen Repertoire. In der Sekundarstufe I wird es selten eingesetzt, obwohl besonders in der achten und neunten Jahrgangsstufe bei vielen Jugendlichen die Tendenz besteht, dem Unterrichtsgeschehen passiv zu begegnen, die Arbeit anderen zu überlassen. Das Lesetagebuch stellt für jeden Einzelnen eine Herausforderung dar. Dass bei seiner Erstellung eine Auswahl aus unterschiedlichen Aufgaben getroffen werden kann, motiviert auch Lernende, die sich sonst an einem Unterricht, in dem sie sich gegängelt fühlen, kaum aktiv beteiligen. Nicht nur für die Arbeit mit Jugendbüchern eignet sich das Lesetagebuch, sondern auch für die mit Werken des literarischen Kanons. Dies sei an einem Beispiel verdeutlicht, das sich in der Vielfalt der Aufgaben leicht auf andere Werke übertragen lässt:

Lesetagebuch zu Schillers Drama „Die Räuber": [68]

Dein Lesetagebuch soll dich während der Lektüre des Dramas *Die Räuber* von Friedrich von Schiller begleiten und deine Eindrücke über die Handlung, die Personen und ihre Konstellation und Konflikte festhalten. Alle Gedanken und Fragen kannst du im Lesetagebuch aufschreiben. Außerdem gilt es, fünf der zehn Wahlaufgaben und die Pflichtaufgaben zu lösen. Etwa zwei Stunden in der Woche arbeitest du in der Schule eigenständig mit dem Lesetagebuch, in den anderen zwei Stunden verläuft der Unterricht in gemeinsamer Arbeit. Am Ende der Unterrichtsreihe werden die Lesetagebücher eingesammelt und ausgetauscht.[69]

---

66 Vgl. Langemack 1989; Igl/Pollinger 1999; Hintz 2000. „Lesebgleitheft" schlägt Hinz (2002, 277) für lesebegleitende schriftliche Äußerungen vor, bei denen es um die Erfüllung von Aufgaben geht, dem spontanen Charakter eines Tagebuches weniger entspricht.
67 Vgl. Baurmann/Feilke 1997.
68 Für Anregungen zu diesem Lesetagebuch danke ich Kristina Schubert und Studenten, die sich in einem Seminar mit Schillers Drama auseinander setzten.
69 Im Unterschied zu Hintz halte ich Lesetagebücher trotz des „Prozesshafte(n) des Schreibens" (Hintz 2000, 39) für bewertbar, wenn in der Lerngruppe Kriterien der Beurteilung offen gelegt werden, zum Beispiel der Textbezug, der Ideenreichtum, die kreative Gestaltung, Sorgfalt und Ordnung.

Bis zum ... solltest du das Drama gelesen haben. Das bedeutet, dass du jede Woche ... Seiten lesen musst, wenn die Lektüre ohne Hektik verlaufen soll. Das ist kein Zwang, aber hilfreich zur Selbstkontrolle. Mal liest du vielleicht mehr, mal weniger – aber dranbleiben solltest du!

Beachte beim Führen des Lesetagebuches Folgendes:
1. Schreibe so, dass jeder es gut lesen kann. Wenn du willst, benutze den Computer dafür.
2. Bemühe dich, deine Arbeiten am Lesetagebuch über die einzelnen Akte zu verteilen: Es sollten zu wenigstens drei der fünf Akte Aufgaben bearbeitet werden.
3. Schreibe jedes Mal Akt und Szene an den Anfang deiner Ausarbeitungen und unterstreiche sie. Notiere das Datum deiner Eintragung oben rechts.
4. Wenn du etwas wörtlich aus dem Drama abschreibst („zitierst"), nimm dafür eine besondere Farbe. Gib genau an, woher das Zitat stammt (Akt, Szene, Vers).
5. Nummeriere die Seitenzahlen des Lesetagebuches und erstelle ein Inhaltsverzeichnis.

Pflichtaufgaben
1. Gestalte ein Titelblatt für dein Lesetagebuch mit Bild und Schrift in der Größe Din-A4.
2. Erstelle ein Personenregister. Gib in Stichpunkten Informationen zu dem Äußeren, zu Wesen und Verhalten der Personen.
3. Verfasse eine Charakteristik zu einer der Hauptpersonen.
4. Notiere die Schauplätze und erkläre ihre Bedeutung für den Verlauf der Handlung.
5. Stell dir vor, du bist ein Reporter und hast viel über das Wirken der Räuberbande in Erfahrung gebracht. Schreibe einen Zeitungsbericht.
6. Schreibe auf, was dir an diesem Drama gut bzw. nicht so gut gefallen hat. Begründe deine Meinung genau.

Wahlaufgaben
1. Formuliere eine Passage des Textes, deren Sprache dir besonders fremd war, in heutiges Hochdeutsch um (etwa 20 Verse).
2. Stell dir vor, Franz stände heute neben dir an der Bushaltestelle: Beschreibe ihn.
3. Verfasse einen Steckbrief vom Räuber Karl von Moor.
4. Im Verlauf der Handlung gibt es mehrere Gelegenheiten, bei denen sich Franz und Karl von Moor sprechen könnten. Verfasse eine Szene mit einem Dialog der beiden.
5. Entwirf ein alternatives Ende des Dramas.
6. Wähle eine Person aus einem anderen Buch, die an einer bestimmten Stelle des Dramas in die Handlung eingreift (die Handlung kann sich

dann natürlich verändern). Mache deutlich, an welcher Stelle der Handlung du die Person eingreifen lässt, und finde eine gute Überleitung.

7. Zeichne eine Figurine für eine der Hauptpersonen.
8. Schreibe ein Regiebuch zu folgendem Ausschnitt aus der ersten Szene des ersten Aktes: „Franz (nimmt den Brief aus der Tasche)" bis „Der alte Moor. Es ist genug, lass ab mein Sohn!"
9. Schreibe einige Tagebucheintragungen aus der Sicht Amalias.
10. Formuliere eine Anklagerede gegen oder eine Verteidigungsrede für Karl von Moor.

Arbeit mit dem Lesebuch

Der Umgang mit Texten in der Sekundarstufe I wird auch durch das in der Schule eingeführte Lesebuch und seine jeweilige Konzeption bestimmt.[70] Es gehört sozusagen zum Alltag des Deutschunterrichts. Da Schulbücher einem Genehmigungsverfahren unterliegen, dessen wichtigstes Kriterium die Übereinstimmung mit Lehrplänen ist, wähnen manche Lehrer, sie stünden bei der Benutzung des Lesebuches auf sicherem Boden. Sie vertrauen auf die Erfahrungen der ‚Lesebuchmacher' und nutzen Anlage und Aufgabenstellung für ihren Unterricht. Ein solches Verhalten orientiert sich selten am Niveau und Interesse der Lerngruppe oder gar an dem einzelner Schüler.

Handelt es sich um ein Werk, dessen Struktur durch problemorientierte Textsequenzen gebildet wird, so erfährt der Einzeltext seine Bedeutung bereits durch diesen vorgegebenen Zusammenhang. Fingerhut äußert Vorbehalte gegenüber einer solchen Sequenzbildung. Sie führe dazu, dass der Einzeltext zu wenig beachtet wird, und sie schmälere die „Lesemündigkeit" von Schülern und Lehrern. Um der letztgenannten Gefahr entgegenzuwirken, fordert er, die Sequenzen offen zu halten für die Texte, die Lernende mitbringen.[71]

Eine solche Öffnung könnte auch dazu beitragen, den von Haas befürchteten „Lehrgangscharakter" der Lesebücher zu mildern.[72] Dieser Charakter ist vor allem integrierten Lesebüchern zu Eigen. Bei ihnen wird der Umgang mit Texten durch die Arbeit an grammatischen Problemen oder Fragen der Rechtschreibung begleitet. Die vorgegebene Struktur und die didaktische Aufbereitung mit Hilfe von Arbeitsaufträgen lassen Lernenden und Lehrenden wenig Freiräume. Arbeitsanregungen sind zwar bei manchen Lehrern beliebt, weil sie

[70] Viele Lehrpersonen benutzen für die Vorbereitung ihres Unterrichts verschiedene Lesebücher oder sie legen den Schwerpunkt ihrer Arbeit auf den Umgang mit Ganzschriften. Zur geringen Nutzung des Lesebuches in der Sekundarstufe I vgl. Baurmann/Hoppe 1984, 233.
[71] Vgl. Baurmann/Hoppe 1984, 230f. Zu Vorteilen der Vergleichsarbeiten vgl. Köster 1995.
[72] Vgl. Haas 1995, 225.

die Vorbereitung erleichtern, gehören aber, zumindest wenn sie ausführlich sind, in den Buchanhang oder in das Lehrerbegleitheft. So wird die Lesefreude der Lernenden nicht gestört und die Lehrperson kann didaktisch-methodische Entscheidungen treffen, die auf die konkrete Lerngruppe ausgerichtet sind.[73]

Positiv zu beurteilen sind Lesebücher mit einem breiten, vielfältigen Textangebot, das es den Lehrern erlaubt, eine geeignete Auswahl zu treffen. Nicht nur kürzere Texte, sondern auch Auszüge aus Jugendbüchern mit Bildmaterial, Informationen über den Autor und den historischen Kontext werden präsentiert. Textsequenzen, die motivierend gestaltet und mit produktionsorientierten Aufgaben oder gar mit Hilfen für die Freiarbeit verbunden sind, fordern Imaginationskraft und Initiative heraus[74] und wecken Leselust, das wichtigste Kriterium für den Umgang mit dem Lesebuch.

6 Schlussbemerkung

Das Nachdenken über den Umgang mit literarischen Texten kreist um diejenigen, die den Umgang pflegen, die Lernenden. Von ihren Vorkenntnissen, literarischen Erfahrungen, Interessen, von ihren individuellen Lernfähigkeiten und -vorlieben muss als Erstes die Rede sein. Ihre vermuteten und ausgesprochenen Bedürfnisse sind im Rückgriff auf fachdidaktische Ansätze zu berücksichtigen. Prozesse der Texterschließung sollten möglichst von ihnen ausgehen.

Das Nachdenken kreist um die Texte, mit denen umgegangen wird, und die Ziele, die sich mit ihrem Umgang verbinden, Ziele, die sich auf vielfältige fachdidaktische Überlegungen gründen und unterschiedliche Wege zu ihrer Erreichung nahe legen: Wege, die erfreuen, und Wege, die Arbeit machen.

Das Nachdenken – und davon war bislang noch nicht die Rede – kreist auch um die Lehrperson, um ihre Art, mit Texten umzugehen, um ihre Fähigkeit, Schülerinnen und Schüler für Literatur zu gewinnen. Für diesen wichtigen Denkprozess bedürfte es freilich eines neuen Kapitels.

---

[73] Dem Anspruch, die Bereiche des Faches Umgang mit Texten, Reflexion über Sprache, Sprechen und Schreiben zu integrieren, entsprechen einige Verlage durch eine Koordination von Lese- und Sprachbuch.

[74] Schober nennt als Beispiel für eine motivierende, die Lernenden nicht gängelnde Gestaltung eine problemorientierte Lesebucheinheit zum Thema Wald. Sie wird durch Bilder optisch eindrücklich, enthält „schöne(n) Texte der Tradition" und Sachtexte der Gegenwart, die ohne gängelnde Arbeitsaufträge für sich sprechen und den Leser zur kritischen Auseinandersetzung motivieren. Vgl. Schober 2001, 526.

Umgang mit Texten in der Sekundarstufe II

Wilhelm Matthiessen

Dieses Kapitel befasst sich mit Grundfragen des gymnasialen Literaturunterrichts. Dabei geht es zunächst um Entscheidungsfelder, die für jede Unterrichtsplanung in ihren Zielsetzungen bedeutsam sind: u. a. Fragen der Sequenz- oder Reihenbildung, daneben Erwartungen an ein wissenschaftspropädeutisches Lernen. Es folgt die Vorstellung und Systematisierung schulischer Formen des Schreibens über literarische und pragmatische Texte. Der Autor erörtert Vor- und Nachteile der einzelnen Schreibverfahren bzw. Aufsatzarten mit Blick sowohl auf die didaktische Fachliteratur als auch auf die Praxis. Anschließend widmet er sich der mündlichen Kommunikation im Oberstufenunterricht und setzt sich mit Vorbehalten gegen das gelenkte Unterrichtsgespräch auseinander, worauf die Erläuterung der Alternativen folgt.

Manche Beobachter des gegenwärtigen Deutschunterrichts sind der Auffassung, dass hier mit Texten häufig falsch umgegangen wird. Deren Erschließung und Deutung sei kaum mehr möglich, da sich Analyse und Interpretation in einer permanenten Sinn-Krise befänden[1] und jegliche herkömmliche Schreibform – *Aufsatz* wird als Terminus vermieden – im Schema zu erstarren drohe. Traditionelles Schreiben zum Beispiel stelle die Schüler vor fast unüberwindbare Schwierigkeiten[2], überfordere sie[3], enge sie zu sehr ein[4], schicke sie auf ausgetretene Wege[5]. So blieben schließlich nur das kreative, an keinen Normen messbare Schreiben und die szenische Inszenierung als didaktische Alternative[6]. Die vorliegende Darstellung des Umgehens mit Texten bezieht die Ergebnisse der neueren Didaktik kritisch ein und versucht den Nachweis der Möglichkeit sinnhaften didaktischen Tuns zu führen.

Das Umgehen mit Texten in der Sekundarstufe II betrifft alle zentralen Bereiche des Deutschunterrichts: Für den mündlichen Sprachgebrauch, das schriftliche Arbeiten, die Sprachbetrachtung, den Literaturunterricht und den thematischen Unterricht stellen poetische (literarische) und pragmatische (nichtliterarische) Texte eine wesentliche Voraussetzung dar und fordern Auseinandersetzung. Als ureigenstes Medium des Deutschunterrichts sind sie ebenso Vermittler von Wissen wie Lerngegenstand. Der Umgang mit ihnen ist

---

1   Vgl. Nutz 1995, 70–82. Vgl. dazu auch Abraham/Beisbart u. a. 1998, 157.
2   Vgl. Ludwig/Spinner 2000, 16–22.
3   Vgl. ebd., 22.
4   Dazu Abraham 1998, 93; Nutz, 1995, 71.
5   Vgl. Abraham 1998, 94; Nutz, 1995.
6   Vgl. Abraham 1998, 94, 158.

aus dem analysebezogenen, problemorientierten Unterricht nicht wegzuden-
ken, ebenso wenig aus seiner handlungs- und produktionsorientierten Ausrichtung[7] oder aus seinen anderen Ableitungsformen. Texte bilden die Grundlage für Wissenserwerb und -verarbeitung sowie für methodische Operationen;
mit ihrer Hilfe entwickeln Lernende Werthaltungen sowie kognitive, sprachliche, ästhetische, interaktive und moralische Kompetenzen (Abraham 2001,
21–24), die auch als berufliche Schlüsselqualifikationen[8] fungieren können. Gerade in der Begegnung mit Texten entwickeln Lernende Identitäten, bauen Empathie auf und gewinnen Distanz. Texte unterstützen Prozesse der Persönlichkeitsentwicklung, Enkulturation und Lebensgestaltung. Daneben befriedigen
sie das Bedürfnis nach Unterhaltung und ästhetischem Erleben.

So grundsätzlich wie die Bedeutung von Texten ist, so umfassend sind auch
die Tätigkeiten im Umgang mit ihnen. Dieser beschränkt sich nicht nur auf
funktionales Entnehmen von Wissen, sondern impliziert auch Verstehen und
die Vermittlung von Handlungskompetenz (bezogen auf jegliche Art von
Sprachhandlung) sowie die Aufforderung zu weiterem Handeln (z.B. zur Produktion in schriftlicher, darstellender und dramatischer Form). Umgang mit
Texten setzt bei den Beteiligten die Bereitschaft und den Willen zur Verbesserung ihrer Kommunikationsfähigkeit gleichermaßen voraus. Die aus dem Bühler'schen Organon-Modell[9] ableitbaren Funktionen von Texten (*Darstellung*,
Ausdruck, *Appell*) bewirken komplexe Kommunikationsmechanismen zwischen dem Rezipienten und dem Text. Dabei setzt dieser in seiner „Andersheit"
(Gadamer 1975, 252f.) und Autonomie ein Faktum; andererseits kommt dem
Vorverständnis, der Einstellung und den Meinungen des Lesers eine kaum zu
überschätzende Bedeutung beim Rezeptionsvorgang zu (Paefgen 1996c). Diese
Konstellation schlägt sich im unterrichtlichen Agieren nieder. Bei Handlungs-
aufgaben wie der szenischen Gestaltung von Literatur oder der Auseinandersetzung mit Textinhalten in verschiedenen Schreibformen sind die Subjektivität
des Handelnden und sein Verhältnis zur scheinbar objektiven Welt des Textes[10]
immer zu berücksichtigen. So wird das Verstehen sprachlicher Texte weithin
übereinstimmend als konstruktiver Prozess aufgefasst, der „intentional und
holistisch abläuft" (Sucharowski/Wachwitz 2001, 25) und auf die Gesamtheit

---

7 Die Grenzen und Probleme der Handlungsorientierung zeigt sehr überzeugend Kügler 1996,
   10–24.
8 Vgl. Mitteilungen des Deutschen Germanistenverbandes. Kompetenzen und Schlüsselqualifikationen, 1997; Hurrelmann 1994, 17–26; Spinner 1989a, 13–19.
9 Liegt vielen didaktischen Ansätzen zugrunde; z.B. Cohn 1992.
10 Diese stellt jedoch nur ein Konstrukt dar, vgl. Sucharowski/Wachwitz 2001; Fingerhut
   1993a, 26–48; Spinner 1999b, 5–9; Scheffer 1993, 147.

des Textes in seiner Mehrdimensionalität bezogen ist. Wenn auch die konstruktivistischen Ansätze vor dem Hintergrund der modernen Lerntheorien zu überzeugen vermögen – es bleibt problematisch, die Relation zwischen den beiden „geschlossenen, autonomen Systemen" (ebd.) *Text* und *Rezipient* als Verstehensmöglichkeit zu bestimmen.[11]

1　Literaturunterricht in der Sekundarstufe II

Grundsätzliche Zielsetzungen des Literaturunterrichts

Welchen Zielvorstellungen soll der gegenwärtige Literaturunterricht der gymnasialen Oberstufe folgen? Wichtig ist sein Beitrag für den Aufbau von Wissen. Darüber hinaus soll er den Schülern helfen, ihre Persönlichkeit zu entfalten, Erkenntniskategorien und Werthaltungen anzulegen, am kulturellen Leben teilzuhaben und es mitzugestalten. Nicht zuletzt wird von ihm erwartet, dass er an der Ausbildung ästhetischer Urteilskraft und am Erwerb grundlegender Kompetenzen teilhat. Literaturunterricht vermittelt zudem Einsichten in historische Bewusstseinsphasen, auch in unsere gegenwärtige. Übersichten über literaturhistorisches Wissen von der Antike bis zu den verschiedenen Strömungen der Gegenwart geben jedoch letztendlich nur funktionale Intentionen des Literaturunterrichts wieder. In seiner anwendungsbezogenen Weise kann Wissen über Literatur nach Wittgenstein nur eine Leiter darstellen, um aufzusteigen; wenn man angelangt ist, braucht man sie nicht mehr.

Ein Problem des Literaturunterrichts besteht darin, dass die Begrifflichkeit nur dann der Erkenntnis dient, wenn sie für die Rezipienten überschaubar und annähernd einsichtig ist. Mehrdimensionale, unübersichtliche Abhängigkeitsgefüge erschweren dies eher. Betroffen sind zudem Phänomene, die gleichermaßen Subjekt- und Objektcharakter aufweisen und in polyfunktionalen Beziehungen zu anderen Objekten stehen. Gleichwohl gewinnt z.b. die Bewegung des *Pietismus* in ihrer begrifflichen Konkretisierung für den Lernenden keine Bedeutung, wenn er nicht begreift, was der Terminus konkret bezeichnet, welche mannigfaltigen Beziehungen zu *Empfindsamkeit*, *Sentiment* und *Sturm und Drang* bestehen. Ohne anhand von Texten wie Moritz' „Anton Reiser" und Goethes „Werther" *induktiv* das eigentlich Gemeinte, das jenseits der Begrifflichkeit liegt, aufzuzeigen und in das Bewusstsein zu rufen, kann kein literarisches Lernen erfolgen. Nutz weist auf den Konstruktionscharakter der Literaturgeschichte hin und leitet daraus ab, dass „über ein museales Orientierungs-

---

11　Zum Zusammenhang von subjektiver Rezeption und textzentrierten Lektüreverfahren siehe den Beitrag „Textnahes Lesen und Rezeptionsdidaktik" von Elisabeth Paefgen, S. 191–209.

wissen hinaus ein Feld von Differenzerfahrungen, die über das historische Verständnis einzelner Texte hinausführen" (Nutz 1999, 27), gewonnen werden kann. Zum Erfahren von Alterität dienen kulturgeschichtliches und entdeckendes Lernen beziehungsweise reflektierte Erinnerungsarbeit, wobei „Schneisen" und „Erkundungsrouten" zu wählen sind, anhand derer wichtige Diskurse und Themen zur Arbeit am kulturellen Gedächtnis (Nutz 1999, 32) entwickelt werden. Ausschließlich solche finiten, letztwertlichen Ziele vermögen den Literaturunterricht zu begründen (vgl. das Schema S. 121).

Literaturhistorisches Wissen

Nachdem produktive Verfahren des Literaturunterrichts auch in der Praxis der Sekundarstufe II angekommen sind, erheben sich nun kritische Stimmen gegen eine vermeintliche Dominanz der Handlungsorientierung und der „Bevormundung der Literatur durch die Literaturdidaktik"[12]. Dahinter steht die Auseinandersetzung um den Vorrang von Gegenstands- oder Schülerorientierung[13]. Fingerhut (1996b, 50–72) dagegen wertet die Entwicklung der Literaturdidaktik seit den 60er-Jahren als Versuch, den verschiedenen gesellschaftlichen Anforderungen gerecht zu werden: Er unterscheidet die Phase von 1960–1965 als die der Methodik und Abbilddidaktik, welche als hermeneutische Textinterpretation mit Hilfe des Unterrichtsgesprächs den „Vorgang der Lektüre abbildete". Die Jahre von 1968–1975 waren geprägt von der „Übertragung der werkimmanenten Textinterpretation in den Literaturunterricht" (Fingerhut 1996b, 57), die Jahre 1975 – 1985 standen unter dem Einfluss der Rezeptionstheorie, 1985–1995 unter dem der „Fachunterrichtsforschung". Die Zukunft des Faches sieht Fingerhut in einer Integration innerhalb der Kulturwissenschaften.

Während immer wieder über einen schulischen Pflichtkanon gestritten wird[14], spielt die Frage nach dem didaktischen Stellenwert literaturgeschichtlicher Orientierung derzeit keine zentrale Rolle in der Einführungsliteratur zur Fachdidaktik.[15]

Das didaktisch-methodische Vorgehen in der Erarbeitung von literarhistorischen Zusammenhängen ist in der Praxis *epochen-, form-* oder *motivgeschichtlich* bestimmt. Hierbei kann man sich an Kommunikations- oder Verstehensprozessen, an grundlegenden Problemlagen sowie an historischen

---

12 Kügler 1996, 10 f.; Bremerich-Vos 1996, 25–49; Heinz 1996, 116–133.
13 Die Antithetik von Handlungsorientierung und analytischem Unterricht bezweifelt Belgrad 1996, 83–98.
14 Siehe den Beitrag „Kanonprobleme" von Angelika Buß. S. 142–152.
15 Allerdings Fingerhut 2002, 147–166.

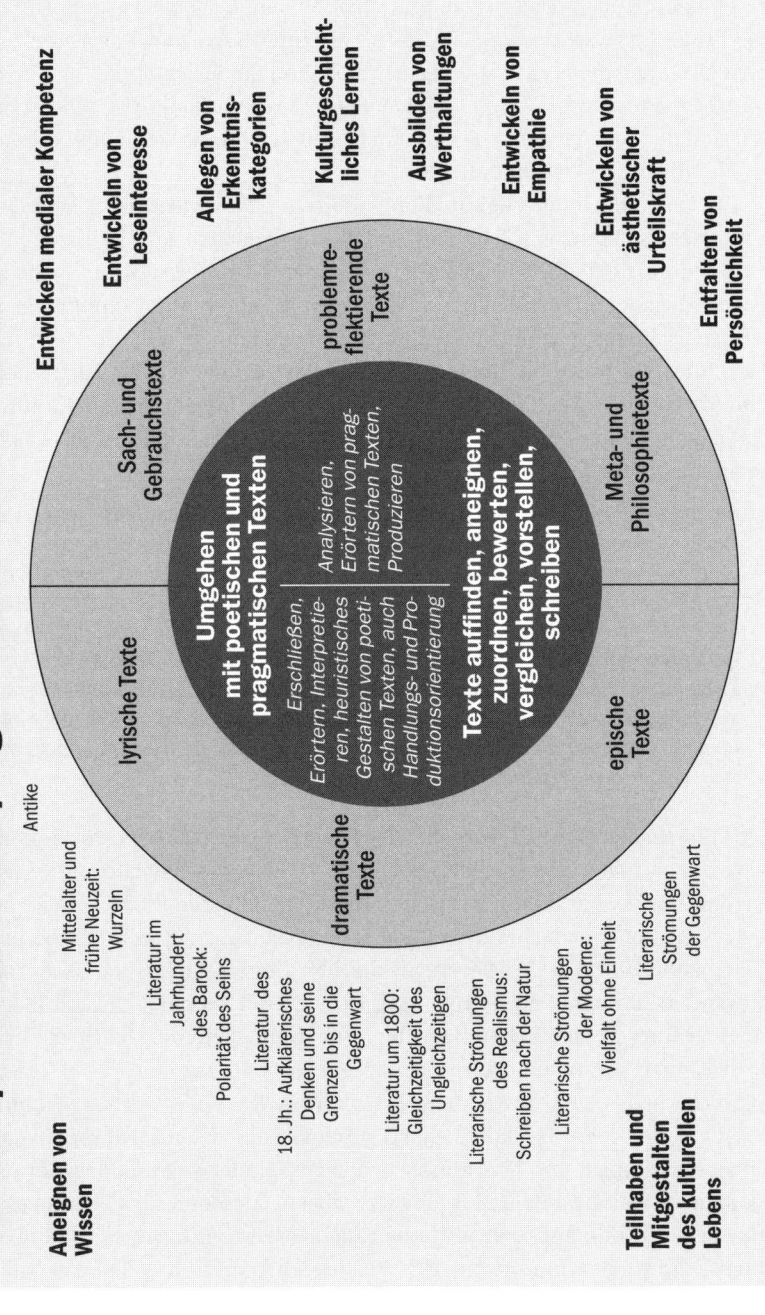

Sich mit poetischen und pragmatischen Texten auseinander setzen

Zusammenhängen orientieren. Eng verbunden mit solchen Orientierungen ist die Frage der *Textauswahl*: Diese hat die Interessen und Kompetenzen von Schülern auch unter entwicklungspsychologischen Gesichtspunkten und die literarisch-pädagogische Bedeutung eines Textes zu berücksichtigen. Zu beachten sind der vorangegangene Unterricht und die jeweils erreichten Fortschritte oder die beobachteten Defizite.

Die Frage nach der Legitimation von *literaturgeschichtlich* ausgerichteten Unterrichtssequenzen soll an dieser Stelle ausdrücklich gestellt werden. Ist Literaturunterricht noch erforderlich, degeneriert unsere Kultur nicht schon längst zu einer „Trash-Kultur"? Nicht darum, einer Alltagskultur ein rückwärtsgerichtetes Rettungsmodell entgegenzustellen, geht es, sondern um ein Enkulturationsangebot, das historisch tradiert, immer wieder auch selektiert und überprüft worden ist – trotz seiner gewissen Beliebigkeit, denn um Vollständigkeit kann es nicht gehen. Schwanitz formuliert drastisch, dass das Wissen manches Menschen unserer Zeit

■■ *mengenmäßig durchaus mit dem Melanchthons vergleichbar [ist]. [Jener] weiß so viel über Schlager, Prominente und Produkte wie dieser über Rhetorik, Grammatik und Theologie. Aber [diese] Informationen bilden einen ungeordneten Müllhaufen, und deren Verfallzeit ist äußerst kurz bemessen. Seine sind geordnet und beziehen sich auf Symbolsysteme, Sprache und Deutungsmuster, mit denen sich ein Basislager bauen lässt, von dem aus man Expeditionen in neue Provinzen der Zivilisation unternehmen kann. Also gerade in Zeiten des schnellen Veralterns von Informationen braucht man identitätsstiftendes Wissen als Gegenhalt. Das muss mit dem Kern der Zivilisation in Verbindung stehen. Diesem Prinzip wird immer wieder zuwidergehandelt.* (Schwanitz 2000, 4).

Ein literaturgeschichtlich vorgehender Unterricht wird anhand von Texten das Wesentliche einer Epoche, deren Leitideen, zentrale Begriffe, Autoren und wichtige Werke vor dem historischen Hintergrund verdeutlichen. Dazu lassen sich Reihen bilden, die in Einzelstunden das Wichtigste vermitteln. Dieses Vorgehen ist insofern zu kritisieren, als das literaturgeschichtliche Wissen wenig anwendungsbezogen ist. Fragwürdig ist auch der nominalistische Gebrauch von literaturgeschichtlichen Begriffen. Nur wenn die hinter der Begrifflichkeit verborgenen Vorstellungen für Schüler geklärt sind, können sie auf Verständnis basierendes und anwendungsorientiertes Wissen erwerben. Waldmann weist auf die Differenzerfahrungen der Schüler hin, die auf Diskrepanzen zwischen Mitteilungs- und Literatursprache, der Schülerwelt und der literarisch-fiktionalen Welt bestehen und die es zu überwinden und für Lernprozesse zu nutzen gilt (Waldmann 1992)[16]. Genau auf ihre Leistung hin ausgewählte handlungs- und produktionsorientierte Verfahren eignen sich wie andere analytische Methoden zur Erfahrung von Diskrepanz und Alterität, aber auch zum kulturellen Verstehen.

Motiv- und formgeschichtliches Vorgehen besteht beispielsweise im kontrastiven, vergleichenden Untersuchen von Werken auf repräsentative, textimmanente Erscheinungen, auf politisch-gesellschaftliche Umstände oder auf das Verhältnis von Werk und Autor. Problemorientierte Querschnitte können die diskursive Auseinandersetzung mit zentralen Themen eines Zeitraums zum Gegenstand haben. Neben Literatur, Wissenschaft, Philosophie, Religion und Wirtschaft wäre hier zu denken an die Autonomie des Individuums, das Verhältnis und die Stellung der Geschlechter, die Frage der Determination, an Schuld- und Sühne-Relationen oder Fragen von Kunst und Künstlertum. *Literaturdidaktik* könnte im Zusammenhang mit fächerübergreifenden Zielsetzungen so zu einer *Kulturdidaktik* werden, ohne die Texte zu verraten[17]. Auch mentalitäts-, sozial- und kulturgeschichtliche Konstellationen, wie sie im Umkreis von markanten Zeitereignissen – beispielsweise der Französischen Revolution, dem Ersten oder Zweiten Weltkrieg – zu finden sind, eröffnen Möglichkeiten zu einer interaktiven Auseinandersetzung mit Literatur. Dies gilt ebenso für literarische Topographien, wie sie im Zuge der Erkundung[18] literarischer Zentren wie Berlin, München, Weimar oder Wien sowie beim Besuch von Stätten der Literaturvermittlung entstehen können.

Der Stellenwert des handlungsorientierten Vorgehens ist – trotz der vorliegenden Menge fachwissenschaftlicher Publikationen – noch unentschieden.[19] Kügler hat in einem mittlerweile berühmten Aufsatz davor gewarnt, die Autonomie des Textes durch die Zerstörung der kohärenten Strukturen, wie sie Zerschneiden und unvollständiges Präsentieren mit sich bringen, zu verletzen und den Rezipienten durch die Zielsetzung der Literaturdidaktik zu bevormunden (Kügler 1996, 21f.)[20]. Die von Waldmann (1984, 98–141) beschriebenen 81 Handlungs- und Produktionsformen bieten für Kügler (Kügler 1996, 21f.) „ein Gruselkabinett" schulbezogener Leseweisen.

Gattungspoetologisches Wissen

Das Umgehen mit Texten muss die spezifischen Eigenheiten der verschiedenen Gattungen berücksichtigen. Dramatik, Lyrik und Epik und auch pragmatische

---

16 Vgl. auch Nutz 1999, 27.
17 Vgl. Fingerhut 1996a, 52.
18 Vgl. Die literarische Exkursion 1998, 249–272.
19 Vgl. dazu Belgrad/Melnek 1996, 10–115; Beiträge von Kügler; Bremerich-Vos; Fingerhut;
    Willenberg; Belgrad; Hinz.
20 Auflistung von Kritik bei Spinner 1999c, 35f.

Texte eröffnen und fordern jeweils andere Zugehensweisen, selbst wenn die Gattungsfrage im Unterricht außer Acht gelassen werden sollte.

Die Auseinandersetzung mit dramatischen Texten (Ziesenis 1993; Pfister 1984) bezieht sich auf den Lesetext und auf dessen Realisierung in Form der Aufführung. Beide Gegenstandsbereiche korrespondieren miteinander, weisen Gemeinsamkeiten und Unterschiede auf, ermöglichen unterschiediche Rezeptionsformen und eignen sich zum Vergleich. Dass Sprechen immer auch Handeln bedeutet, wird gerade im Drama evident und hat seine Auswirkungen im Unterricht, weil nicht nur das Sprechen in seiner pragmatischen, semantischen und syntaktischen Struktur Gegenstand ist, sondern auch die Rezeption durch den Schüler. Schließlich geht es um dessen Verständnis und um eine daraus resultierende Produktion, beispielsweise als szenische Improvisationsinszenierung, als Unterrichts- oder Klassenspiel, als Fach „Dramatisches Gestalten" oder als Schulspiel. Der Spielcharakter ist gekennzeichnet durch Freiheit und Scheinhaftigkeit.[21]

Auch die Auseinandersetzung mit *Lyrik* bedient sich eigener didaktischer Vorgehensformen. Eine Herausforderung stellt der hohe Dekodierungsaufwand der Rezipienten dar. Er ist bedingt durch Momente der Überstrukturierung (Waldmann 1992, 224), durch die Strukturen gebundener Formen oder ihrer Negation, durch Merkmale wie Konzentration, Sinnverdichtung und Bedeutungsintensität, die ein dichtes Konnotations- und Denotationsgefüge schaffen. Lyrik stellt den Rezipienten so vor die Aufgabe, als „kreativer Textbearbeiter" (Fingerhut 1993a, 27) schöpferisch zu agieren. Hier heißt es ganz besonders von der Verkürzung auf eine einzige Lesart oder auf bloße hermeneutische Analogiebildungen Abschied zu nehmen. Dies bedingt offene Unterrichtsgespräche und setzt bei den an Lyrik anknüpfenden Schreibformen wie Interpretation oder Schreiben von Gedichten substanzielles gattungspoetologisches Wissen voraus.

Das Verstehen *epischer* Texte erfordert ebenso den Einbezug struktureller Elemente. Damit ist keineswegs eine Verkürzung der Untersuchung auf erzählstrukturelle Merkmale gemeint, sondern die Berücksichtigung von Wesensmerkmalen des Erzählens im Literaturunterricht.

Die Erschließung *pragmatischer* Texte bedarf der Rekonstruktion von Aussage und intendierten Absichten ebenso wie der Auseinandersetzung damit. Die Spannbreite reicht von einfachen, aber in ihrer Struktur keinesfalls unkomplizierten Texten aus Werbung und Zeitung bis zu anspruchsvollen journa-

---

[21] Nach Scheuerl 1990

listischen Schreibformen und zu Texten soziologischen, poetologischen, metasprachlichen, ethischen oder philosophischen Inhalts.

Fachwissenschaftliche Methoden im Literaturunterricht

Die Frage nach den wissenschaftlichen Methoden, die der Textarbeit zugrunde liegen, ist zunächst keinesfalls dominant. Die methodische Art und Weise der Texterschließung (z. B. unter thematischen oder historischen Aspekten, psychoanalytisch, diskursanalytisch, rezeptionsorientiert oder durch die Untersuchung von Themen, Motiven und Strukturen) kann sich ausschließlich aus den angestrebten Lernzielen ableiten. Diese sollten auf einer intensiven wissenschaftlichen, didaktischen und methodischen Analyse basieren.[22]

Da Literaturunterricht meist in integrativer Form[23] abläuft und einzelne Sequenzen verschiedene Bereiche des Faches einbeziehen, beansprucht ein literarisches Thema meist mehrere Stunden und korrespondiert mit anderen Unterrichtsstunden oder Unterrichtsreihen – unabhängig von den methodischen Verfahren. Fachwissenschaftlicher Methodenpurismus ist weder erforderlich noch wünschenswert. Verschiedene erfolgversprechende didaktische sowie methodische Wege sind denkbar; so kann gleichermaßen mit dem Rezeptionsdiskurs als Problemstellung begonnen werden wie mit einer handlungsorientierten Inszenierung, die dann textimmanent hermeneutisch und strukturell analysierend weitergeführt wird und in einer Schreibaufgabe endet. So wenig wie das noch häufig praktizierte Herangehen aus historisch-sozialer Perspektive kann die Inszenierung eines Textes in allen Fällen ungeprüft zum Grundsatz erklärt werden. Die gewählten fachwissenschaftlichen, didaktisch-methodischen Vorgehensweisen müssen sich auf Lernziele richten, die sich an Interessen, Bedürfnissen und Einstellungen der Jugendlichen sowie an gesellschaftlichen Erziehungszielen orientieren. Fachwissenschaftliche Methoden stellen Hilfsmittel in einem auf die Schüler bezogenen Unterricht dar, in dessen Mittelpunkt ebendiese stehen und nicht etwa Fachwissen oder Inhalte.

2 Schreiben über Texte – Schreiben zu Texten

Das Arbeiten mit Texten in der Sekundarstufe II schließt seit der Hinwendung zum gestalterischen Schreiben, das mittlerweile breite praktische Anwendung

► S. 128

---

22 Zur Frage der Wissenschaftlichkeit in Didaktik und Unterricht siehe den Beitrag „Fachdidaktik und Wissenschaft" von Michael Kämper-van den Boogaart, S. 75–94.

23 Siehe den Beitrag „Integrativer Deutschunterricht" von Peter Klotz, S. 41–59 sowie Werlen, 1996, 3–9.

Beispiele für Schreibaufgaben in der Sekundarstufe II

(Die folgenden Aufgabenbeispiele sind entnommen aus: Landesinstitut für Erziehung und Unterricht 2000)

Heuristisches Schreiben

Thomas Bernhard, Umgekehrt. Als sich die beiden einige Zeit später wieder treffen, kommen sie (Theologie-professor und Ich-Erzähler) auf ihren Besuch im Zoo zu sprechen. Sie versuchen dabei, ihr damaliges Verhalten zu klären. Gestalten Sie den Dialog.

Peter Bichsel, Die Tochter. Auf der Rückfahrt schreibt die Tochter einen Brief an eine Freundin. Darin denkt sie über ihre Eltern nach und versucht, sich über ihre Situation klar zu werden. Gestalten Sie diesen Brief.

Silvio Blatter, Der Fremde. An einem anderen Ort, wieder an einem Tisch sitzend und umgeben von anderen Leuten, vertraut der Fremde seine Erinnerung an den ersten Ort seinem Tagebuch an. Schreiben Sie diesen Tagebucheintrag.

Analysieren von poetischen und pragmatischen Texten – Interpretieren

Bertolt Brecht, Gedanken über das Ende des Exils; Max Herrmann-Neiße, Ein deutscher Dichter bin ich einst gewesen. Erschließen und interpretieren Sie die Gedichte von Bertolt Brecht und Max Hermann-Neiße vergleichend unter Berücksichtigung des zeit- und literaturhistorischen Hintergrundes.

Elias Canetti, Der Beruf des Dichters. (Münchner Rede, Januar 1976, 94 Zeilen). Analysieren Sie den folgenden Text von Elias Canetti unter besonderer Berücksichtigung von Aufbau und Rhetorik. Erläutern Sie, worin die Verantwortung des Schriftstellers in der heutigen Gesellschaft besteht.

Döblin, Berlin Alexanderplatz. Erschließen und interpretieren Sie den Schluss von Alfred Döblins Roman. Beziehen Sie dabei auch ihre Kenntnisse über den gesamten Roman ein.

Chaim Noll, Dritte Nacht: Volk ohne Sprache (aus: *Nachtgedanken über Deutschland*, 1992). Analysieren Sie den folgenden Text nach Inhalt und Aufbau und setzen Sie sich mit den sprachkritischen Überlegungen des Autors auseinander.

Hugo von Hofmannsthal, Brief des Lord Chandos in Auszügen

a) Fassen Sie den Inhalt des Textes zusammen.

b) Stellen Sie vom Text ausgehend dar, welche Sprachauffassung der Erzähler vertritt und worin die Gründe dafür zu suchen sind.

c) Überprüfen Sie die Thesen des Autors ausgehend von einer sprachlichen Analyse dieses Textes unter Berücksichtigung zeitgenössischer Sprachkritik.

Erörtern von literarischen und allgemeinen, anhand von Texten erarbeiteten Fragen

1) Literarische Fragen

1a) Autoren und Werke

Georg Büchner, Woyzeck. „...Woyzeck, Er hat keine Moral! Moral das ist, wenn man moralisch ist, versteht Er." Nehmen Sie zu dieser Charakterisierung Woyzecks durch den Hauptmann unter Einziehung anderer Dramenfiguren kritisch Stellung.

Jakob R. M. Lenz, Der Hofmeister; Gotthold E. Lessing, Nathan der Weise. Vergleichen Sie die unterschiedliche literarische Behandlung die „Familie". Beziehen Sie die Dramenhandlung ein.

Franz Kafka, Der Prozess. „Nein", sagte der Geistliche, „man muss nicht alles für wahr halten, man muss es nur für notwendig halten" (Kafka, Der Prozess). Erörtern Sie ausgehend von diesem Zitat, inwieweit Kafkas Roman der Weltsicht der Moderne entspricht.

Erich Kästner, Fabian; Franz Kafka, Der Prozess. Erschließen Sie den folgenden Ausschnitt aus Erich Kästners Roman *Fabian*. Erläutern Sie das in diesem Ausschnitt zum Ausdruck kommende Menschenbild, und vergleichen Sie es mit dem in Franz Kafkas Roman *Der Prozess*.

Lenz, Der Hofmeister. Vergleichen Sie, wie die Frauenfiguren in Lessings *Nathan der Weise* und Lenz' *Der Hofmeister* gestaltet werden.

1b) Literarische Themen

Frankfurter Buchmesse. Die Frankfurter Buchmesse ist die größte Veranstaltung ihrer Art auf der Welt. Zeigen Sie die Funktion der Messe auf und beurteilen Sie erörternd den Stellenwert, der der „Literatur im engeren Sinn" dort zukommt.

Jugend. Die Jugend von heute ist voller Mängel: Mangel an Werten und Zielen, Mangel an Leistungsbereitschaft und Durchhaltevermögen, Mangel an Respekt und Höflichkeit. Erörtern Sie kritisch und differenziert, ob und inwieweit dieses von einem Soziologen entworfene Bild von der Jugend zutreffend ist.

Nobelpreis. Anlässlich der Verleihung des Nobelpreises an Günther Grass wurde Kritik laut: „Natürlich war Grass der falsche." (FAZ, 1999) Erörtern Sie, ausgehend vom Nobelpreis für Literatur 1999, generell die mit dieser Preisvergabe verbundenen Probleme.

2) Erörtern von allgemeinen Fragen, auch ausgehend von Texten und Zitaten − Problemerörterung

Kultur. Günther Kunert, Die Abschaffung der Kultur durch die Zivilisation (85 Zeilen; DIE ZEIT; 4. Februar 1994). Arbeiten Sie die zentralen Thesen des nachfolgenden Textes heraus und überprüfen Sie, unter Berücksichtigung Ihrer eigenen Leseerfahrungen, die Behauptung Günter Kunerts, die Literatur habe „als Sinnvermittlerin ausgespielt". (Aufgabe aus dem Bayerischen Zentralabitur Leistungskurs 2002).

Naturverständnis und Technologieanwendung. „Man kann der Natur nur gebieten, wenn man ihr gehorcht!" (Francis Bacon, 1620). Erörtern Sie, inwieweit Bacons oben zitierte Auffassung in unserer Zeit eine Orientierung für die Naturwissenschaft und unseren Umgang mit moderner Technologie sein kann. (Aufgabe aus dem Bayerischen Zentralabitur Leistungskurs 1999).

Privatbereich und Öffentlichkeit. Gertrud Lehnert, Mit dem Handy in der Peepshow (76 Zeilen; Vorwort zu einem 1999 erschienenen Essay von G. Lehnert, ohne Fundstelle). Analysieren Sie den gedanklichen Aufbau des folgenden Textes. Setzen Sie sich mit den Ansichten der Autorin zu gegenwärtigen Tendenzen im Bereich von Medien und Kommunikation auseinander und erörtern Sie davon ausgehend, inwieweit „private Räume" für den Einzelnen notwendig sind. (Aufgabe aus dem Bayerischen Zentralabitur Leistungskurs 2001).

Schule. Werden Fächerkanon und Lehrmethoden des Gymnasiums den gegenwärtigen gesellschaftlichen Anforderungen noch gerecht?

Verfolgung. Zeigen Sie an Beispielen Ihrer Wahl, gegebenenfalls auch an literarischen, die Auswirkungen von Vertreibung und Verfolgung auf die betroffenen Menschen auf sowie deren Weise, sich mit dieser Ungeheuerlichkeit des Geschehens auseinander zu setzen.

Mischformen von Textanalyse, Interpretation und Erörterung

Paul Celan, Espenbaum. Erschließen und interpretieren Sie das Gedicht *Espenbaum* von Paul Celan, indem Sie auch auf den zeit- und literaturgeschichtlichen Hintergrund eingehen. Erörtern Sie anschließend, ausgehend von Ihren Ergebnissen, die These Theodor Adornos, es sei unmöglich, nach Auschwitz Gedichte zu schreiben.

Döblin, Berlin Alexanderplatz. Erschließen Sie folgenden Romananfang. Charakterisieren Sie anschließend den Helden und vergleichen Sie ihn mit einem anderen literarischen Helden der Moderne. Erörtern Sie, inwieweit Franz Biberkopf einem modernen Helden-Typus entspricht.

Kästner, Fabian. Ordnen Sie anhand einer inhaltlichen und sprachlich-erzähltechnischen Analyse Kästners Roman *Fabian* zeit- und literaturgeschichtlich ein. Beziehen Sie dann Stellung zu der Frage, inwieweit die Romanfigur und ihre Vorstellungen in unserer Zeit noch Aktualität aufweisen.

und großen Rückhalt in der Didaktik findet, unterschiedliche Schreibformen ein, darunter auch nicht spezifisch oberstufenrelevante. Die nachstehende Kategorisierung umfasst folgende Formen des Schreibens:

- gestalterisches Schreiben (nicht an strenge Konventionen gebunden, häufig heuristischen Intentionen[24] folgend),
- Umgang mit poetischen und pragmatischen Texten,
- erörterndes Schreiben und
- wissenschaftspropädeutisches Schreiben.

Formen des Schreibens in der Sekundarstufe II

Einnehmen von Rollen

| Umsetzen von Formen: Anwenden von Mustern und Konventionen | • Gestalterisches Schreiben, ausgehend von Texten
  – Erzählen und Schildern
  – Aufgreifen literarischer und pragmatischer Schreibformen
  – Orientieren an literarischen Vorbildern
• Arbeiten mit poetischen und pragmatischen Texten
  – Exzerpieren
  – Zusammenfassen
  – Précis schreiben
  – Analysieren
  – Erschließen
  – Auswerten und Reflektieren
  – Vergleichen
  – Zusammenstellen und Neufassen
  – gestalterisches Erschließen und Interpretieren
  – Interpretieren
• Erörtern von ethischen, philosophischen, ästhetischen, gesellschaftlichen und literarischen Fragestellungen
• Propädeutisches Schreiben in Form der Facharbeit | Gestaltendes Schreiben: Vorlagen variieren und individuelles Formulieren |

Schreiben für implizite sowie explizite Leser

---

24 Darstellung bei Fingerhut 1996a; Erläuterung des Begriffs auch bei Paefgen 1999a, 98.

Textbezogenes, gestalterisches Schreiben in Abgrenzung zum kreativen Schreiben

Wird vom *literarischen, poetischen, gestalterischen Schreiben* oder zuweilen vom *Produzieren von Texten*[25] gesprochen, sind alle Formen des poetischen und gehobenen journalistischen Schreibens gemeint[26]. Diese Termini beziehen sich weniger auf etwaige literarische Qualitäten des Produkts als auf dessen Struktur, Semantik und die verfolgten Intentionen. Literarisches Schreiben verfolgt den Anspruch, heuristisch dem Verstehen „als integraler Bestandteil des Literaturunterrichts" (Paefgen 1999a, 95)[27] zu dienen.

Zu den gestalterischen oder literarischen Schreibformen gehören zum Beispiel das Verfassen von Phantasie- und Erlebnisgeschichten auch in Anlehnung an Textvorlagen, des Weiteren das Ausgestalten von Erzählkernen, das Fortführen von poetischen Texten, das Schreiben nach literarischen Vorbildern, das Umschreiben und das Korrespondieren in Briefform. Gestalterisches Schreiben umfasst weiterhin das Schildern von Erlebnissen, Eindrücken, Empfindungen, das Schreiben in literarischen und journalistischen Stilformen sowie das Entwerfen von inneren Monologen. Ebenso zählen hierzu das assoziative Schreiben nach optischen und akustischen Impulsen, die Textmontage, -collage und auch die gestaltende Interpretation – beispielsweise analoge Texte oder Gegentexte schreiben –, Texte weiterführen und Perspektive oder Stilebene verändern. Hinzu kommen Essay und Kritik als ungebundene pragmatische Schreibformen sowie freie Versuche, Stilübungen, Bearbeitungen literarischer Vorlagen, Übungen zur Logik der Argumentation und Textkohärenz.

Alle diese Formen des Schreibens nehmen subjektiv auf Texte Bezug, interpretieren und werten sie. Unbewusstes freisetzend, stellen sie ichbezogene Formen des Schreibens dar. Dieses kann sich auf Cluster-Methoden, Tagebuch-Skizzen und assoziative Verfahren stützen und orientiert sich auch an literarischen bzw. musikalischen Mustern. Bei aller Individualität kann gerade diese Art des Schreibens in verschiedensten Sozialformen ablaufen: in Teams, in Schreibwerkstätten und Literaturgruppen. Der literarische Text rückt scheinbar in den Hintergrund, wird zum Stimulus, stellt aber trotzdem den zentralen Gegenstand dar, mit dem sich der Schreiber auf der Basis komplexen Verständnisses produktiv auseinander setzt.

---

25 Vgl. Melenk 1996, 193–216.
26 Terminus nach Fritzsche 1994a, 159.
27 Siehe auch die Beiträge von Elisabeth K. Paefgen, Kaspar H. Spinner sowie Jürgen Baurmann im vorliegenden Band.

Schreiben im Internet

Internetbezogenes und *computergestütztes Schreiben*[28] birgt eine noch unausgeschöpfte Zahl von Möglichkeiten freien, aber auch textanalytischen oder sachbezogenen Gestaltens. Texte im Internet weisen spezifische Eigenheiten[29] auf, z.b. das Fehlen einer festgelegten Abfolge von Textsequenzen. Sie stellen häufig *Hypertexte* dar, deren Informationen als „autonome Module (...) nach thematischen und funktionalen Gesichtspunkten zu größeren Clustern zusammengefasst werden können" (Storrer 1999, 35) und sich durch *Nichtlinearität* und *Multimedialität* auszeichnen[30]. Digitale Texte laden auf direkte oder indirekte Weise zur Kommunikation ein, indem sie beispielsweise in beigefügten Diskussionsräumen oder über die bereitgestellten E-Mail-Adressen Kontakt zu anderen Lesern oder den Autoren anbieten. Über Links gelangt der User zu weiterführenden Texten[31], Graphiken, Bildern, die auf mehreren Textebenen verbunden und rhizomartig vernetzt sind[32]. Texte im Internet verändern sich ständig und fordern daher die Kreativität ihrer Leser; der Lesevorgang ist sehr individuell; jeder Leser kann eigene Verknüpfungswege über die diversen Ebenen wählen. So bietet das Internet zahlreiche Rezeptionsmöglichkeiten, aber auch Gelegenheiten zur Textproduktion: Sie reichen vom Gestalten eigener Websites über Schreibkonferenzen und -werkstätten bis hin zur Produktion von Netzliteratur. Diese umfasst alle Formen von der Lyrik bis zum Internet-Roman[33]. Mit „Dr. Usus rettet das Universum"[34] wurde z.B. die vorgegebene Science-Fiction-Story des Jugendbuchautors Harald Parigger zur Grundlage eines Internet-Schreib-Projekts, in dem konkurrierende Schülerteams ausschließlich über das Netz den Roman in verschiedenen Versionen beendet.

Textbezogenes informierendes Schreiben: Textzusammenfassungen und propädeutisches Schreiben

Der Fähigkeit, Texte auszuwerten, kommt große Wichtigkeit zu: „Verstehen des Textinhalts, Rekonstruieren der argumentativen Textstruktur, Abstrahieren und Reformulieren"[35] sind Schlüsselqualifikationen. Steets weist darauf hin,

---

28 Vgl. Runkehl 2000, 33–44; Schlobinski/Siever 2000, 54–65.
29 Vgl. Vogel 2000, 62–63.Wagner 2000, 6–11.
30 Vgl. Schlobinski 2001, 58–67, besonders 58; Runkehl 2000, 42 f.
31 Vgl. Vogel 2000, 63.
32 Vgl. Runkehl 2000, 36 f.
33 Vgl. DU, 52.2/2001, u. a. die Beiträge von Suter und Simanowski.
34 CD-ROM, Hg. Bayerisches Staatsministerium für Unterricht und Kultus, Unterbrunn 2000; weitere Möglichkeiten in: DU 2/2001; 2/2002; Hinweise u. a. zu Links und Projekten bei Suter/Auer 2002, 75–82.
35 Vgl. Steets 1999, 399–420.

dass das Exzerpt wohl zu Unrecht als Arbeitstechnik, nicht als Schreibform betrachtet wird und plädiert für das Einüben anhand von Sachtexten.

Informierendes Schreiben, bezogen auf den Umgang mit Texten, erscheint als singuläre, nicht kombinierte Schreibform im Deutschunterricht der Oberstufe hauptsächlich in den Formen Zusammenfassung, Textanalyse, Protokoll oder Facharbeit zu einem Thema. Im Rahmen komplexer Aufsatzformen, zum Beispiel beim Analysieren, Erschließen, Interpretieren, gehört die Textzusammenfassung zu einer zentralen Qualifikation, die den Ausgangspunkt für so verschiedene Operationen wie Auswertung, Vergleich und Beurteilung bildet.

Informierendes Schreiben zielt auf das Erfassen des Inhalts, die Rekonstruktion der Zusammenhänge und auf Objektivierung. In der Sekundarstufe II bereitet es Analyse und Interpretation vor. Es schult die Fähigkeit, Textinhalte zu abstrahieren und sachlich distanziert darzustellen.

Beachtung sollte einer informierenden Schreibform zukommen, die sich aus den heutigen Erfordernissen der Textarbeit ergibt: Das vergleichende Auswerten von Texten unter bestimmten Aufgabenstellungen ist mit Blick auf die allgegenwärtige Informationsfülle eine wichtige Voraussetzung für anschließende Denk- und Schreibprozesse. Die Fähigkeit, Texte zu benutzen, sie auf Inhalt, Informationswert, Stil und Textgattung zu untersuchen sowie unter gewissen Aspekten zu kompilieren, ihre Aussagen reflektierend zu ordnen und der eigenen Argumentation zuzuführen, bildet das methodische Fundament für die Erarbeitung von Diskussionsbeiträgen, Vorträgen und Referaten. Das methodische Vorgehen gliedert sich in zwei Schritte: Dem allgemeinen Vergleich der zu analysierenden Texte folgt die Fokussierung auf *eine* Fragestellung, die etwa in die Darstellung eines Sachauftrags münden, aber auch auf erörterndes Schreiben abzielen kann. Die Verwendung mehrerer Texte beugt einem rein textimmanenten Vorgehen bei der Analyse vor, da zwischen den Texten klärende Referenzbezüge bestehen.

Beim Précis soll der Schreibende Stilelemente und Handlungsstruktur der Vorlage möglichst beibehalten, während er den Text auf etwa ein Drittel des ursprünglichen Umfangs kürzt. Diese Aufsatzart stellt hohe Anforderungen an die stilistische Präzision des Schreibenden. Die Aufforderung, den Text gleichmäßig und sinnerhaltend zu kürzen, unterstützt das Verständnis für das Geschehen, fördert die Stilsicherheit, birgt aber auch das Risiko formaler Rigorosität. So erscheinen die Hoffnungen, dieses Modell sei eine Alternative zu schematischen Inhaltsangaben und Textanalysen (Abraham 1998, 34), zumindest fragwürdig.

Analysieren von poetischen und pragmatischen Texten

Poetische Texte (Schmidt 1975, 66ff.) zeigen in ihrer Organisation Leerstellen und Polyfunktionalität; ihr Bezugssystem ist eine fiktionale, konstruierte Welt. Diese kann vom Leser nicht auf eine einzige Bedeutungsebene reduziert werden. *Pragmatische* Texte zielen eher auf Eindeutigkeit. Nach Spinner ist die *Textanalyse*[36] „ein methodischer Zugang zu Texten, der durch systematische Aussonderung und Herausarbeitung funktionaler Zusammenarbeit gekennzeichnet ist" (Spinner 1989b, 20). Analysieren ist in dieser Sichtweise eine wichtige Grundlage des Interpretierens[37], obwohl es als Schreibform umstritten ist. Der Didaktik der 70er-Jahre entsprungen, steht diese Methode unter dem Verdacht der einseitigen kommunikationstheoretischen Ausrichtung, mangelnder Systematik und ausschließlich aufklärerischer Intention. Ein derart objektivierter Textumgang ende in der gegenwärtigen „defizitäre(n) Praxis" (Nutz 1995, 72)[38] von Ritualisierung und Gängelung. Das in der Praxis zu beobachtende standardisierte Vorgehen berge[39] die Gefahr der kognitiven Sterilität und werde unter dem Trugschluss praktiziert, Analyse und Schreibvorgang[40] seien voneinander zu trennen.

Die Analyse setzt eine intensive Auseinandersetzung mit dem Text, Kreativität und Gestaltungswillen voraus. Sie bezieht sich auf Prozesse der Erfassung des Aufbaus, der Konstruktion gedanklicher Zusammenhänge und der sprachlich-stilistischen Untersuchung bedeutungskonstituierender Elemente. Das grammatische Wissen wird einerseits durch das Textverständnis des Lesers organisiert, wirft in seiner autonomen Bedeutung aber auch Fragen auf: Warum findet sich hier diese Konstruktion oder aus welchem Grund fehlen Adjektive? Nutz verweist auf die Notwendigkeit eines anwendungsbezogenen grammatischen Wissens, welches nicht nur „ein Beschreibungsinstrumentarium ergänzt, das aus einem Konglomerat stiltypologischer und rhetorischer Kategorien besteht" (Nutz 1995, 72), sondern das auf die Erzählstrukturen und Strategien eines Textes abzielt und damit Verstehen intensiviert.

Bei all den in Anspruch genommenen Wissensmomenten, so z.B. der Gattungspoetologie, geht es nicht um die möglichst umfangreiche Ansammlung von Einzelelementen, sondern darum, textdominante Merkmale zu erkennen, Einzelbeobachtungen zuzuordnen und die Bildung von Entscheidungs- und

---

36 Vgl. Diskussion Deutsch, Heft 4, 1971.
37 Zur Unterscheidung der Begriffe *Analysieren* und *Interpretieren* vgl. Staatsinstitut für Schulpädagogik und Bildungsforschung München 1997, 66f.
38 Vgl. dazu auch Abraham 1998, 94; Abraham 1994, 76.
39 Vgl. Abraham 1994, 76ff.
40 Vgl. Abraham 1998, 93.

Wertungskompetenzen zu ermöglichen. Vorgegebene Lesarten und Interpretationserwartungen sind nicht alleiniger Maßstab zur Bewertung des Schreibens. Zu berücksichtigen ist die gesamte Leistung eines Schülers, der weder Germanist ist, noch einer zu werden braucht.

Die Analyse impliziert nicht unbedingt eine umfassende Interpretation, auch wenn eine Untersuchung im Verlauf des Erarbeitens und Schreibens das Verstehen fordert und fördert. Die Ursache missglückter Analysen ist weniger der Schreibform als vielmehr didaktisch-methodischen Fehlern zuzuschreiben, die häufig in zu engen Aufgabenstellungen, in der Nichtbeachtung des Schreibprozesses und in der mangelnden Arbeitszeit zu sehen sind. Während des Schreibens entwickelt der Lernende nach umfangreichen Vorarbeiten, die genaues Lesen, Beobachten, Erfassen, Strukturieren, Verbessern, Umstellen und Neubeginnen beinhalten, weitere Erkenntnisse, und er nimmt Änderungen gegenüber früheren Planungen vor – oft ohne dabei inhaltliche oder formale Stimmigkeit zu erreichen.

Die Realität des Schreibens konterkariert unrealistische Erwartungshaltungen an den perfekten Aufsatz: Der fehlerfreie Abituraufsatz war und ist Fiktion. Altersstufe, Wissen und Erfahrungsbereich der Schüler müssen bei der Initiierung von Schreibprozessen und bei ihrer Beurteilung Beachtung finden.

Interpretierendes, heuristisches Schreiben

Das *Interpretieren* reicht in der Sprachregelung vieler Unterrichtskommentare über die Textanalyse hinaus, insofern der Interpret darstellt, wie er den Text in seiner Gesamtheit auffasst. Die Verfertigung einer Interpretation ist eine komplexe, voraussetzungsintensive Aufgabe. Gefordert sind unter anderem eine dem Fachgegenstand angemessene Fachterminologie und anwendungsfähiges Grundwissen aus verschiedenen Bereichen. Wichtig ist es ebenso, dass der interpretierende Schüler eine Vorstellung davon gewonnen hat, dass sein Schreiben ein gestalterischer Prozess ist. Lehrende haben darauf zu achten, dass die von den Schülern zu lösenden komplexen Gesamtaufgaben weder stereotyp noch überfordernd gestellt sind. Gegebenenfalls empfiehlt sich die Vorgabe von Einzelschritten der Interpretation.

Interpretationen verfolgen im Unterricht der Sekundarstufe II weniger Ziele, die um das Subjekt des Schreibenden kreisen, als vielmehr die Intention, eine „möglichst intensive ästhetische, nämlich produktionsästhetische Erfahrung von literarischen Texten einzurichten" (Waldmann 1984, 115). So wird Schreiben zu einem Mittel des Literaturunterrichts, das der Autonomie des Textes gerecht wird, ohne dabei die Sichtweisen und Intentionen des Schreibenden zu verleugnen. In einigen Bundesländern[41] hat sich das gestaltende Interpretieren als Aufsatzform etabliert. Es erlaubt, in den Text einzugreifen und eröffnet subjektive Spielräume. Mit dieser Aufsatzart wird der produktive Umgang mit Literatur auf seine Klausurtauglichkeit geprüft. Gefordert wird von den Schülern z.b., epische Texte zu dialogisieren, innere Monologe zu entwerfen und Briefe zu verfassen.

Argumentierendes Schreiben: Erörtern

Als schwierige Aufsatzart gilt die *Erörterung*.[42] Fritzsche (1994a, 116) unterscheidet die *Sach-* von der *Problem*erörterung, wobei er jener die Sachverhaltsdarstellung in Form von Referat, Abhandlung und Facharbeit und der Problemerörterung die „Auseinandersetzung mit unterschiedlichen, ja gegensätzlichen Auffassungen" zuordnet. Der *Besinnungsaufsatz* als nicht textbezogene Aufsatzform wird wegen der darin bearbeiteten allgemeinen Wertfragen als Sonderform angesehen. Eine solche Unterscheidung berücksichtigt nicht, dass viele Sachfragen, gerade im Rahmen komplexer Arbeiten, sich rasch als Entscheidungsfragen erweisen, da unterschiedliche Standpunkte in die Darstellung einbezogen werden müssen.

Die Erörterung setzt Eigenorganisation voraus: Inhalte sind zu sammeln, zu gliedern, eine Präsentationsstrategie ist zu entwerfen und ein Standpunkt zu erarbeiten. Keine der Schreibformen wird in der Praxis so missverstanden und zum Formalismus deklassiert wie das erörternde Schreiben. Dazu trägt eine vage und schablonisierte Terminologie bei: Pro- und Kontra-Argumente gilt es gegeneinander in einer Stellungnahme (Synthese)[43] „abzuwägen", von objektiver Darstellung ist gegen alle Erkenntnistheorie die Rede. Erst zum Schluss gelte es, die „eigene Meinung" zu präsentieren. Aus solcher Schematisierung des erörternden Schreibens, deren Basis meist der Unterricht in der Sekundarstufe I legt, resultiert die Ablehnung dieser Schreibform. Hinter ihrer Infragestellung verbirgt sich m.e. nichts anderes als die Übermacht des subjektivistischen Denkens, die Abneigung gegenüber umfangreichen Aufgaben und die Angst, Erwartungshaltungen zu enttäuschen.

Gegenüber freien Aufgabenarten fehlen solche Vorbehalte, da sich dieses Schreiben einer Bewertung entzieht und häufig das Tun als solches das Ziel darstellt. Der vielerorts betriebene Schematismus bestärkt manche Zweifel der Didaktik. Das mitunter vorgeschlagene Nachschreiben von journalistischen Arti-

---

41 Die aufgeführten Beispiele stammen aus Baden-Württemberg: Landesinstitut für Erziehung und Unterricht 2000.
42 Siehe auch den Beitrag „Schulisches Schreiben..." von Jürgen Baurmann, S. 249–273.
43 Vgl. Wagner/Pelster 1992, 145; Krywalsky/Markgraf/Roedig 1992, 240.

keln aus Magazinen kann keine Alternative zum erörternden Schreiben darstellen, da die Muster manipulativ verkürzte Argumentationsstrategien und Sprachmuster benutzen, logische Operationen travestieren oder artifiziell nutzen, also Produkte routinierten Schreibens sind und im bewussten Vernachlässigen logischer Regeln kognitiv sowie ethisch bedenklich erscheinen.

Brinker (1992, 67) erläutert drei methodische Wege zur Entfaltung eines Themas: demonstratives Aufzeigen sowie explikatives und argumentatives Arbeiten. Ausgangspunkt des Schreibens stellen Sach- oder kontroverse Entscheidungsfragen dar. Abzulehnen sind Suggestivfragen oder allgemeine Aufgaben, die in ihrer Unüberschaubarkeit für Schüler kaum zu bearbeiten sind: Themen(-monster) wie „Fluch und Segen der modernen Technik" verhindern überzeugende Lösungen.

Mit der Fähigkeit, ein bearbeitbares und gesellschaftlich relevantes Thema zu erörtern, verfügt der Lernende über ein existenziell bedeutendes Instrument der subjektiven Äußerung, welche durch die Berücksichtigung der einzubindenden oder zu entkräftenden Gegenstandpunkte objektiviert wird. Der Schüler nimmt mit seinem Schreiben an einem öffentlichen Diskurs teil – auch wenn er nur für einen Korrektor schreibt – und erarbeitet sich die Kompetenz zur Teilnahme am öffentlichen Leben. Über die Aneinanderreihung von Einzelargumenten hinausgehend, ist eine Argumentationsstrategie für die Präsentation eines Standpunktes zu entwickeln. Eine Variante ist das themenbezogene Vorgehen, welches jeweils nach konträren, in dialogischer Beziehung stehenden Meinungen unterscheidet, kontroverse Auffassungen diskutiert und die verschiedenen Ansichten in einem Syllogismus oder in einer polarisierenden Meinungsäußerung enden lässt.

Eine weitere Möglichkeit eröffnet die Zuordnung von unterschiedlichen Standpunkten nach jeweiligen Sachaspekten. Auch hier hat die Erörterung die Erarbeitung einer Position zum Ziel, indem gegenteilige Meinungen entkräftet und die das Schlussergebnis stützenden Argumente abstrahierend zusammengefasst, neu geordnet und gewichtet werden. Der Aufbau eines Einzelarguments beinhaltet eine These oder Behauptung, eine Begründung und Schlussfolgerung bzw. ein Beispiel.

Weiterhin bietet sich eine Erörterung anhand von Texten an, aus denen die zu diskutierenden Thesen herauszuarbeiten sind. Zu leisten ist hier sowohl die Auseinandersetzung mit diesen Thesen als auch die Entwicklung eigener Vorstellungen. Diese Schreibform ist insofern sehr sinnvoll, als die zentralen Aussagen des Textes zu erfassen, in thesenhafter Form zu formulieren und zu diskutieren sind. Eine große Schwierigkeit besteht darin, mit einem kompetenten Autor konfrontiert zu werden, dessen faktischer oder unterstellter Wissensvorsprung u.U. einschüchternd wirkt. Dies kann dazu führen, dass selbst im Falle provokanter Thesen die Bereitschaft zur Auseinandersetzung versiegt. Häufig vermögen Schüler die Argumentation des Autors nur zu bestätigen; Distanzierung fällt ihnen schwer. Inhaltlich angreifbare Thesen und Themen aus dem weiteren Erfahrungsbereich der Lernenden, denen sie auch eigenes Wissen entgegenzusetzen haben, ermöglichen eine innovative Auseinandersetzung. Diese Form der Erörterung kann sich an eine sprachliche Analyse anschließen oder Argumentationsstrategien zum Gegenstand haben.

Von den genannten Formen der Erörterung weicht die *literarische* ab: Hier sind Texte auf literarische Fragestellungen hin zu beschreiben, zu untersuchen und zu diskutieren. Die Beurteilung von Schreibleistungen sollte Vorzüge und Mängel nicht allein konstatieren, sondern auch auf Verbesserungen abzielen. Unbedingt zu berücksichtigen sind Ausbildungsziele und die Schreibbedingungen in der Sekundarstufe II. Es schreiben keine professionellen Autoren; insofern sind die Maßstäbe zur Einschätzung von Schülerarbeiten zwar in Analogie zu poetischen und pragmatischen Texten zu entwickeln, Perfektion im Sinne eines literarisch Erwachsenen ist jedoch nicht voraussetzbar und auch nicht in jedem Fall wünschenswert.

Die bisher genannten Schreibformen legen jeweils Schwerpunkte auf verschiedene Bereiche von Verarbeitungs- und Denkprozessen. Gerth[44] unterscheidet Beobachten, Kommentieren, Analysieren und Interpretieren. Die verschiedenen Prozeduren laufen häufig simultan, keinesfalls immer geordnet und chronologisch ab. Schreibformen, die methodische Fähigkeiten trainieren, sind auf bestimmte Schwerpunkte fokussiert und verringern so die Möglichkeiten der Auseinandersetzung mit einem Text. Sie reichen vom subjekt- über das themenbezogene bis zum adressatenorientierten Schreiben. Der Orientierung an standardisierten Mustern einerseits steht andererseits die freie Verfügung über Vorbilder in Formen der eigenen Expression gegenüber.

Essayistisches Schreiben

Der *Essay*[45] stellt eine „offene Form des Schreibens" im „Schwebezustand zwischen Wissen und Zweifel" (v. Wilpert 1969, 236) dar. In Frankreich wird er eher als zielgerichtetes, deduktives, lineares und argumentatives Schreiben aufgefasst. In England interpretiert man ihn als induktiv, weitgehend subjektiv und weniger gebunden. Er unterscheidet sich von der Problemerörterung dadurch, dass er im Gedankengang freier vorgeht und die Subjektivität des

---

44 Vgl. Gerth 1989, 58–63, bes. 58.
45 Dazu Fritzsche 1994a, 117; ISB, 1997, 196f.

Schreibenden nicht nur duldet, sondern stilistische Kompetenz, gestalterische Souveränität und ästhetische Sensibilität geradezu fordert. Da selbst Oberstufenschüler über diese Fähigkeiten nicht in vollem Umfang verfügen, bilden der Erwerb und die Erweiterung der Sprachkompetenz Schwerpunkte dieser Schreibform. Eine der Schwierigkeiten (Fritzsche 1994a, 119) für den Schreibenden besteht darin, dass er über umfangreiches Wissen und über Lebenserfahrung verfügen müsste, welche ihm aber in der unterrichtlichen Schreibsituation nicht zur Verfügung stehen. Damit kommt es auch zu keiner wirklichen Wissenserweiterung für den Schreiber. Der Essay sei „weder Lernmedium noch Lerngegenstand, sondern ... Lernkontrolle" (Fritzsche 1994a, 220).

Nach Braak (1972, 158) sind der berichtende, der kritische, der meditative und der ironische Essay zu unterscheiden. Ein Essay kann themengebunden oder in Anlehnung an Erörterungsfragen gestellt werden. Vorgegebene Einleitungen ermöglichen gedankliche Spaziergänge.

Der Essay kann in Anlehnung an Vorbilder nachahmend, mit Hilfe des Cluster-Verfahrens von einem Aphorismus oder von einem Zitat ausgehend eingeübt werden. Sprachliche Gestaltungsmittel wie Vergleich, Bilder, Wortspiele, Ironie, Anspielungen, aussagekräftige Details, Ironie und Satire, Polemik und Provokation gehören zum Repertoire des Essays.

Wissenschaftspropädeutisches Schreiben

Das wissenschaftspropädeutische Schreiben auf der Oberstufe, vor allem die Facharbeit und als wichtige Vorstufe das Exzerpt, wird, wie Steets (1999, 405f.) feststellt, in der Literatur häufig vernachlässigt.[46] Eine Auseinandersetzung mit Texten stellt die Facharbeit dar, die in verschiedenen Bundesländern Schüler vor die Aufgabe stellt, auf 10–20 Seiten einen kohärenten Text zu verfassen. Dabei handelt es sich um keine vorgegebene Schreibform, jedoch um das fachbezogene Schreiben zu einem Thema, das im engeren Sinn an die Fachwissenschaft angelehnt ist, aber bis zu freien gestalterischen Aufgaben reichen kann. Eine Subsumierung unter Formen der Erörterung[47] wäre zu einseitig.

Ein wesentlicher Sinn der Facharbeit wird in ihrer wissenschaftspropädeutischen Funktion hinsichtlich der Entwicklung von Methodenkompetenz gesehen. Materialien zu recherchieren, auf ihre Bedeutung hin auszuwählen und in ihrer Qualität zu beurteilen, ist gerade in Anbetracht der Möglichkeiten, die das Internet bietet, von großer Wichtigkeit. Da die Beiträge innerhalb des Internets selten lektoriert sind, ergibt sich für die Schüler das Problem, in kurzer Zeit

▶ S. 140

46 Praktische Orientierung (v.a. für Schüler) bietet jedoch Braukmann 2001.
47 Vgl. Fritzsche 1994a, 114.

Beispiele für Sequenzbildungen und Reihenplanungen

Die Beispiele zeigen verschiedene Ansätze zur Planung von Stundeneinheiten. Sie können für den eigenen Gebrauch modifiziert werden. Die Einheiten sind handlungsorientiert oder lehrerzentriert realisierbar.

Fächerübergreifende, thematisch und kontrastiv ausgerichtete Reihenbildung
Schwerpunkte: Romanstruktur; geschichtliche und historische Bezüge
Umberto Eco: *Der Name der Rose*

Die Kriminal-Handlung I: (1) Recherche als Ausgangspunkt der Handlung (2) Struktur des Kriminalromans (3) Aufklärung der Verbrechen (oder: die Grenzen des induktiven Vorgehens)
Geschichtlicher Hintergrund: (4) ausgehendes Mittelalter: Papst kontra Kaiser (5) Volksfrömmigkeit und innerkirchliche Kritik (6) monastische Krise und Machtverlust der Kirche (7) ein historischer Roman?
Kriminalhandlung II und literarische Referenzen: (8) Spiele der Postmoderne: „verlorene" Werke des Aristoteles (9) Labyrinthstrukturen (Bibliothek) – literarische Referenzen (10) Fiktion und Wirklichkeit: Bösewicht Jorges und der argentinische Autor Borges
Romanstruktur: (11) monastischer Lebensrhythmus – erzählerisches Strukturprinzip (12) Rahmenhandlung als Legitimation des Erzählten (13) die Eigengesetzlichkeit des Romans (14) Merkmale postmodernen Erzählens
Philosophie: (15) Methodik Williams von Baskerville: Neuzeitliches Denken (16) Grenzen der Methodik Williams: vom Nominalismusstreit zu Wittgenstein und zur Chaostheorie
Literaturbetrieb: (17) Erkundung eines Geheimnisses – Wann hat ein Roman Erfolg?

Thematische Reihenbildung
Schwerpunkte: Erzählstruktur, Motivik, literaturhistorische Einordnung
Uwe Timm: *Johannisnacht*

Johannisnacht als *Beispiel Postmodernen Erzählens:* (1) narratives Muster: detektivischer Ich-Erzähler sucht (unauffindbare) Wahrheit (2) *Mis-en-abyme:* Spiegelung des Erzählens auf verschiedenen Ebenen (3) Johannisnacht als zeitgenössischer Großstadtroman (4) deutsche Vergangenheit im Spiegel deutscher Gegenwart (5) Kulturgeschichte – Motiv der *Kartoffel* (6) Personenkarussell – die Gesellschaft (7) Ironisierung als narratives Prinzip (8) Uwe Timm – ein Autor der deutschen Postmoderne (9) Sexualität als (einzige) Möglichkeit des Individuellen und Humanen (10) postmoderne Sprache (11) literarische Motive und Zitate: von Frischs *Homo Faber* zu Rosendorfers *Briefe aus der chinesischen Vergangenheit* (12) Ambivalenz und Semantik des Titels: *Johannisnacht* als Wendepunkt

Diachron-kontrastive, analoge Reihenbildung
Schwerpunkt: Aufzeigen von Grundzügen literarischer Epochen (Lyrik)

Klassik und Gegenwart: Goethes Nähe des Geliebten vs. Enzensbergers Call it Love:
(1) Kontroverse Naturerfahrungen als Bedingung unterschiedlicher Liebesauffassungen (2) vergleichende Analyse: Sprache in Klassik und Moderne (3) vergleichende Analyse: Zusammenhang von Form und Inhalt

Subjektive Liebeserfahrung des „Sturm und Drang": (4) Liebe als konkrete Erfahrung und ihr poetischer Ausdruck: Goethes *Mailied* (5) Goethe in Sesenheim – biographischer Hintergrund
Minnelyrik des Mittelalters: (6) Liebe als Konstruktion: mittelalterliche Rollenlyrik (z.B. Walthers von der Vogelweide *Unter der Linden* ...) (7) Minnekonzeption: „hohe" vs. „nidere" Minne
Schüler schreiben Lyrik: (8) Schüler schreiben Liebes-Lyrik: von der Idee zur Gestaltung (9) Gedichte „verbessern"? – Problematik: Bewertung und Kritik des Subjektiven
Die Liebe als Chiffre: (10) Clemens von Brentano *Die Abendwinde wehen* – die romantische Chiffre (11) Traum Universalpoesie (12) Ironisierung eines Gefühls – Heinrich Heines Gedichte *Die Lotusblüte* und *Sie saßen und tranken am Teetisch*
Liebe in der Moderne – Sagen des Unsagbaren: (13) Ingeborg Bachmann *Dunkles zu sagen* – Chiffrierung der Moderne (14) Erich Fried: *Als ich mich nach dir verzehrte* – Verwirrung im Sprachspiel (15) Banalisierung der Gefühle in Ursula Krechels *Episode am Ende* (16) Frauensicht – Ulla Hahn: *Mit Haut und Haar*

Induktiv vorgehende, gattungsausgerichtete, „Schneisen bildende", Einheit
Schwerpunkte: Vom Text ausgehende Einblicke in eine Epoche, aber auch in die literarische Gattung des Dramas. Die Auseinandersetzung mit dem Drama eröffnet als „Schneise" den Weg zu Antikenrezeption, zum Welt- und Menschenbild, zur Gattung, zur Theaterpraxis und zu den für Schüler relevanten Teilen der Biographie Goethes.

(1) Iphigenies Verlangen nach Heimat und kultureller Identität (2) Familiengeschichte Iphigenies I: Determinismus des Tantalidenfluches (3) Iphigenie – Heldin ohne Makel? (4) Familiengeschichte Iphigenies II: Tragödie der Eltern (5) weibliches und männliches Prinzip – Thoas und Iphigenie (6) Orestes' Plan – antikes Missverständnis des Orakelspruches (7) das neue Menschenbild – selbstverantwortliches Handeln (8) Glaube an die Allmacht der Sprache (9) das Humanitätsideal der Iphigenie – Utopie? (10) Euripides' *Iphigenie im Taurerland* als antike Tragödie: Struktur und Aufführungspraxis (11) Adaption der antiken Tragödie: Vergleich mit Euripides (12) Goethes Auseinandersetzung mit der Antike – Verklärung? (13) Kontraste: Schaffung der *Iphigenie* als Sublimation gesellschaftlicher Zustände? (14) Liebhabertheater am Weimarer Hof – die Aufführungspraxis (15) Goethe als Direktor des Weimarer Theaters: zwischen Pragmatik und nationaler Stilisierung (16) Biographische Bezüge: Iphigenie, Frau von Stein und Goethe (17) Weimarer Klassik ohne Schiller? Zum Begriff der *Klassik* (18) ewig junge *Iphigenie* – Inszenierungen heute

Gattungstypologisch ausgerichtete Reihe zu epischen Kurzformen
(1) Aphorismus oder die Schwierigkeit, sich geistreich zu äußern (2) Fabeln von Lamm und Wolf nach Phädron, Luther und La Fontaine – Medium von Kritik und Didaktik (3) Bauprinzipien der Fabel (4) Fabeln von Lamm und Wolf nach Lessing, Arntzen, Kunze – Bedeutungsverlust einer Gattung? (5) Widersprüchlichkeit des biblischen Gleichnisses vom verlorenen Sohn (6) die didaktische Parabel: *Andorra* (Max Frisch) (7) die gewaltsam verrätselte Parabel bei Kafka (8) auf Kafkas Spuren: *Der Skorpion* von Christine Reinig (9) die Anekdote als ursprüngliche Geheim- und Skandalgeschichte (10) Kleists *Anekdote aus dem letzten preußischen Krieg* als Instrument der Mobilisierung des preußischen Nationalismus (11) Funktion und Aufgabe der Gegenwarts-Anekdote (12) Kalendergeschichten – Geschichten, die im Kalender stehen?

aus einer kaum noch überschaubaren Materialfülle auswählen zu müssen, ohne über Auswahlkriterien zu verfügen. Ähnlich verhält es sich mit Fach- und
Wissenschaftsliteratur. Die Anfertigung der Facharbeit fördert neben dem
bewussten Lernen auch die Einübung von Stoffordnungs- und -gliederungs-
verfahren sowie fachmethodische Kompetenzen. Übungsbedarf besteht hinsichtlich der angesprochenen Materialrecherche, aber auch dahingehend, eine
folgerichtige wissenschaftliche Struktur zu entwerfen, das Material auf seinen
Aussagewert hin verstehend zu exzerpieren, das Thema einzugrenzen, sach-
orientiert darzustellen und Argumentationsstrategien zu entwerfen. Die Schüler tun sich schwer, gleichzeitig quellenkritisch, literaturkritisch und rezipien-
tenbezogen zu schreiben. Daraus ist die Forderung abzuleiten, die Lernenden
an das wissenschaftliche Schreiben durch die Verdeutlichung von Sinn und Ziel
wissenschaftlicher Arbeit heranzuführen.

3 Sprechen über Texte – Literarische Gespräche führen

Texte bilden in jedem Fall den Impuls zu verschiedenen Gesprächs- und Kommunikationsformen und können produktive Tätigkeiten stimulieren. Die
Sprachhandlung im Gespräch schließt das *gelenkte Unterrichtsgespräch* ein,
welches oft als zu lehrer- und themenzentriert kritisiert wird: Da es kognitions-,
fakten- und ergebnisorientiert sei, eignet es sich nach Meinung vieler nicht
dazu, die Teilhabe an einer Gesprächskultur vorzubereiten. In diesem
Zusammenhang wird empfohlen, das gelenkte Unterrichtsgespräch durch
freiere, ungebundene Formen zu erweitern, die offene Gesprächssituationen
fördern, so zum Beispiel in der Brainstorming-Phase oder in einer Diskussions-
runde. Wichtig sei dabei, die Künstlichkeit des Gesprächsanlasses vergessen zu
lassen.

Der heftigen Kritik am gelenkten Unterrichtsgespräch[48] ist allerdings durchaus zu begegnen, wenn Fehler vermieden und diese Gespräche als Diskurse
aufgefasst werden, die nicht allein auf Lehrerdominanz zielen, sondern in ab-
gestufter Form zu offenen Diskussionen, zu literarischen Gesprächen, aber
auch wieder zurück zu einer deutlichen Lenkung führen. Vor allem sollte das
Unterrichtsgespräch nicht nur bestimmt sein von verschiedenen Frageformen,
von Aufträgen, Aufforderungen und Impulsinformationen, sondern gleichbe-
rechtigte Kommunikation innerhalb der Lerngruppe (einschließlich des Lehrers) zulassen.

---

48 Vgl. dazu Abraham 1998, 174f; Paefgen 1999a, 16–113.

Didaktische Intention *literarischer Gespräche* ist es, standardisierte Verfahren des Deutschunterrichts in ihrer Schematik und Monotonie aufzubrechen. Als Gefahr gelenkter Gespräche wird im Allgemeinen angesehen, dass die Ergebnisse durch das Fachwissen des Lehrers, durch Unterrichtshilfen und die Literaturwissenschaft stark vorbestimmt sind. Neben der Forderung nach Demokratisierung[49] wird gemäß konstruktivistischer Lern- und Lehrtheorien die Forderung erhoben, den Unterricht nicht zur Demonstration von Textstrukturen oder Gattungsmerkmalen verkommen zu lassen, sondern im Gespräch über Literatur sinnstiftendes Verständnis zu schaffen und die subjektiven Absichten der Rezipienten ernst zu nehmen. Das Gespräch über einen Text wird so zu einem Sprechen über Ansichten, Meinungen und Vorstellungen der Beteiligten, deren Erkenntnisse sich in diesem Prozess formen und weiten. Die Beschäftigung mit dem Text nutzt diesen als Impuls, führt aber auch über ihn hinaus. Sie kann somit die verschiedensten Richtungen einschlagen und wird Gedanken, Bilder, Meinungen freilegen und zu neuen Einsichten sowie erweiterter Handlungskompetenz führen.

Der Wert literarischer Gespräche liegt in der Subjektbezogenheit und mithin motivierenden Wirkung und im Austausch verschiedener Vorstellungs- und Bilderwelten. Die Vorteile implizieren aber auch Gefahren. Ein ausschließlich subjektiver Textzugang kann die Bedingungskonstellationen des Textes vernachlässigen und so eine Naivität fördern, die weder dem Text noch dem Niveau der Lernenden angemessen ist.

Die Rolle des Lehrers ist zuerst auf die des Moderators oder Gesprächsteilnehmers beschränkt, der lediglich Wissen zuführt, Anstöße gibt, Standpunkte unterstützt oder auch Gegenpositionen einnimmt. Alle Beiträge sind ernst zu nehmen und zu diskutieren. Alle Teilnehmer sollten den Gesprächsgegenstand, d. h. zumindest den Basistext, kennen.

Gegenstand des literarischen Gesprächs können alle Textarten sein; sicherlich eignen sich Gedichte besonders gut, aber auch Romane und ihre Verfilmungen. In manchen Schulen ist das literarische Gespräch in Form eines Literaturcafés fest institutionalisiert. Jedoch kann die stark propagierte Produktionsorientierung eine Gesprächskultur, wie sie das literarische Gespräch voraussetzt, u.U. beeinträchtigen. Vom literarischen Gespräch unterscheidet sich die *Diskussion* darin, dass sie emotional distanzierter und analytischer abläuft; rein subjektive Auffassungen unterliegen hier stärker dem Korrektiv des Textes. Das literarische Gespräch bleibt dagegen offen, häufig im Ergebnis auch unverbindlich und kennt „kein letztes Wort" (Ivo 1994, 254).

---

49 Vgl. Hurrelmann 1987, 57–82, bes. 57.

Kanonprobleme

Angelika Buß

Dieses Kapitel widmet sich einer Frage, welche weit über den Kreis der Deutschdidaktik hinaus die Gemüter bewegt: Welche literarischen Texte sollen in der Schule gelesen werden? Und wie verbindlich soll die Antwort auf diese Frage ausfallen? Angelika Buß setzt sich zunächst mit dem Begriff des Kanons und seinen Facetten auseinander. Hierauf folgt eine knappe historische Skizze zum Lektürekanon im Deutschunterricht, die in eine ausführlichere Darstellung der gegenwärtigen Diskussion mündet. Entscheidende Bedeutung kommt hier den zur Auswahl eines verbindlichen Textkorpus vorgeschlagenen Kriterien zu. In der Erörterung der jeweiligen Argumentationslinien erweist sich, dass die Kanondiskussion Schlüsselprobleme eines jeden Literaturunterrichts spiegelt.

1 Der Kanon: Definition und Probleme

Der Begriff *Kanon* entstammt ursprünglich der Theologie und bezeichnet dort eine unabänderliche Liste heiliger Texte, die ihren Eingang in die Schriften religiöser Gemeinschaften (z.b. die Bibel) fanden und unbegrenzte Gültigkeit beanspruchen. Übertragen auf literarische Texte meint er zunächst einen auf Konsens beruhenden, verbindlichen Fundus tradierter Werke und Autoren der Hochliteratur, auf die im sicheren Bewusstsein ihrer ästhetischen Qualität immer wieder zurückgegriffen wird.[1]

Die Akzeptanz durch zumindest eine gesellschaftliche Gruppe und der wiederholte Rekurs auf einen solchen literarischen Kanon bilden unabdingbare Voraussetzungen für seine Existenz. Auf den Kanon rekurriert wird vornehmlich über den Buchmarkt (z.B. durch Neuauflagen, kritische Ausgaben), in Besprechungen (Feuilletons, literaturwissenschaftliche Beiträge) und in der Schule, „dem klassischen Refugium des Kanons"[2]; entsprechend besitzen diese Institutionen kanongenerierende bzw. -stabilisierende Funktion. Obwohl auf lange Dauer angelegt, bildet der Kanon keine starre Konstellation; vielmehr kann seine Zusammensetzung durch die Aufnahme oder das Ausscheiden von Werken variieren. Modifikationsprozesse dieser Art vollziehen sich langsam und auf informellem Wege. Insofern jede Aufnahme von Werken zugleich den Ausschluss anderer bedeutet, fungiert der Kanon dabei immer auch – intendiert oder nicht – als Instrument der *Zensur*.[3]

So plausibel der Gegenstand bis hier erscheinen mag, sind mit ihm jedoch Probleme verbunden. Zum einen ist ungeklärt, auf welche Weise Werke Ein-

1 Zur Definition vgl. Dainat/Kruckis 1995, Heydebrand 1998 und Grübel 2001.
2 Vgl. Dainat/Kruckis 1995, 150.
3 Zum Zusammenhang von Kanon und Zensur vgl. Assmann 1987.

gang in den Kanon finden, denn der Akt der Kanonisierung ist kein rationales Verfahren, sondern ein hochkomplexer, bislang wenig erforschter Prozess.[4] Auch sind die Einzelbestandteile eines Kanons kaum exakt fassbar, liegt er doch i.d.R. nicht als Liste oder Verzeichnis vor.[5] Wenig hilfreich scheint dabei der Hinweis, dass sich ein Kanon aus einem relativ konstanten Kern (z.b. die Bibel; Werke Homers, Shakespeares und Goethes), einer verhältnismäßig beständigen Zwischenschicht sowie einer beweglichen Peripherie zusammensetzt.[6]

Bereits die Rede von *dem* Kanon ist irreführend, da innerhalb eines kulturellen Systems verschiedene Kanones parallel existieren können. Da ihnen Überzeugungen und Interessen der jeweiligen Gruppen zugrunde liegen, bleiben die Werke und Interessen anderer Gruppen implizit oder explizit ausgeschlossen.

Je nach Affinität der einzelnen Gruppen werden sich deren Kanones mehr oder weniger berühren oder überschneiden. Der Kanon der Grünen ist ein entschieden anderer als der der Katholiken oder der der Feministinnen oder der der Homosexuellen, etc., etc., wobei jedes Individuum selbstverständlich mehreren Gruppen angehören kann und als Person an verschiedenen Kanones teilhaben wird (Gaiser 1993, 14).

Es kann davon ausgegangen werden, dass Kanones dieser Art sich schneller verändern als der etablierte Kanon der Klassiker.

Hinsichtlich der *Funktionen*, die ein Kanon erfüllen kann, schien bisher größere Einigkeit zu bestehen. Die in einem Kanon enthaltenen Texte – besonders die des nationalen Klassikerkanons, so hieß es – gehörte zum Bestandteil der erinnerten Kultur einer Gesellschaft und könnte zu deren kultureller Identität beitragen. Aus soziologischer Perspektive fungiert die Kenntnis kanonischer Werke und Autoren im Sinne kulturellen Kapitals[7] als Eintrittskarte zu literarischer Kommunikation. Aus psychologischer Sicht vermittelt der Kanon Orientierung und „subjektive Sicherheit" (Abraham 1998, 239) im literarischen System und kann als moralische Instanz oder Wertorientierung fungieren.

---

4 Aus diesem Grund heißt es bei Dainat/Kruckis (1995, 150): „Der Kanon ist keine brauchbare methodische Kategorie der literaturwissenschaftlichen Theoriebildung, sondern eines der Probleme (vielleicht sogar das größte), an denen sie sich abarbeitet und vor deren Horizont sie zu agieren versucht".

5 Zu Möglichkeiten der Rekonstruktion des akademischen und des bildungsbürgerlichen Kanons vgl. Winko 2001, 597f. Eindeutig dokumentierbar wäre nur ein wirklich homogener Kanon (wie im Fall totalitärer Gesellschaften oder sehr kleiner Interessengemeinschaften). Vgl. Grübel 2001, 619.

6 Vgl. Grübel 2001, 618f.

7 Vgl. Bourdieu 1987.

Jegliche dem Kanonwissen zugesprochene Funktion ist (auch) Resultat des mit dem jeweiligen Werk eng verbundenen *Deutungskanons*. Die Kenntnis kanonischer Werke kann nur dann als symbolisches Kapital fungieren, wenn diesen interpretativ ein bestimmter ästhetischer Wert unterstellt wird. Dieser jedoch ist, so bereits Herrlitz, keine dem Kunstwerk inhärente Eigenschaft, sondern der Befund literarischer und außerliterarischer Werturteile (Herrlitz 1964, 151). Spricht man einem literarischen Werk die Funktion einer moralischen Instanz bzw. der Wertorientierung zu, so ergibt sich diese Wirkung ebenfalls aus dem interpretierten Gehalt, in dem sich bestimmte Vorstellungen von Mensch und Welt niederschlagen. Auch die Annahme, kanonisches Wissen verhelfe zur Orientierung im literarischen System, speist sich aus der Existenz des Deutungskanons, der bestimmten Werken Exemplarität (etwa für eine Epoche oder Gattung) zuschreibt. Hierzu tragen vor allem traditionelle Literaturgeschichten bei.[8]

Zu fragen bleibt allerdings, unter welchen Umständen sich kulturelle Identität oder subjektive Sicherheit einstellen: Reicht es, den Namen des Autors bzw. des Werkes und einige „geflügelte Worte" zu kennen oder muss man das Werk gelesen haben? Sollte man über Kenntnisse der Entstehungsbedingungen und Rezeptionsgeschichte verfügen oder gar ästhetischen Genuss bei der Lektüre empfunden haben?

Fraglich ist ferner, ob kanonisches Wissen in der gegenwärtigen Gesellschaft tatsächlich noch ein „Distinktionsmerkmal für gesellschaftliche Eliten" (Korte 2002, 67) darstellt und identitätsstiftende Funktion besitzt. Erweckt die Kenntnis geflügelter Worte nicht eher den „Anschein musealen Wissens" (ebd.) und werden Kollektiverlebnisse nicht häufiger über „andere Medien, andere Inszenierungen und Rituale als Dichterfeiern oder Bühnenfestspiele" (ebd.) vermittelt?

2 Zur Geschichte des Kanons im Literaturunterricht

Bis zur Mitte des 19. Jahrhunderts stand die Behandlung von Werken der deutschen Literatur – ebenso wie das ungleich umfangreichere Studium antiker Literatur – im Dienst der rhetorisch-stilistischen Schulung von Gymnasiasten. Mit der Neuorientierung des Literaturunterrichts um 1850 zugunsten eines selbstständigeren, literarhistorisch orientierten Lektüreunterrichts kam es

---

8   Zur Kritik an einer Literaturgeschichtsschreibung, die Kanones stillschweigend festschreibt statt Auskunft über deren Zustandekommen zu geben und dadurch „die Fiktion eines literarischen Gesamtzusammenhangs" aufrecht erhält, vgl. Gaiser 1993, 24ff.

zur Ausbildung eines nationalen Schulkanons, der Eingang in den Literaturunterricht von Gymnasien und Realschulen fand.[9] Der Kanon hielt sich anschließend im konservativ-nationalistischen Literaturunterricht des wilhelminischen Kaiserreichs, in der von der „vaterländischen Aufgabe" geprägten völkischen Deutschkunde der Weimarer Republik ebenso wie im rassenideologisch beeinflussten Deutschunterricht des Nationalsozialismus – jeweils mit entsprechenden Akzentuierungen und Deutungskanones.[10]

Zwar war auch nach dem Zweiten Weltkrieg die Existenz von und Orientierung an kanonischen Vorgaben gängige Praxis des Literaturunterrichts. Selbstverständlich konnte dieses normative Instrument allerdings nur so lange sein, wie es eine auf gemeinsamen Überzeugungen beruhende Gesellschaftsform gab, „die feste Traditionen pflegt und ihr Selbstverständnis teils aus der Literatur gewinnt, teils an ihr demonstriert" (Fritzsche 1994b, 102). Mit den gesellschaftlichen Veränderungen in der *BRD* der 60er-Jahre, nicht als Reaktion auf eine Wissenschaftskritik, ging ein radikal gewandeltes Verhältnis von Literaturwissenschaftlern wie Didaktikern zum Kanon einher, das in den so genannten „Klassikersturz" mündete. Im Kontext der öffentlichen Kritik am regressiven Geist des Literaturunterrichts sowie eines Generationswechsels im Leben der literarischen Öffentlichkeit wurde dem Kanon nun vorgeworfen, er fungiere als Instrument der Herrschaftsstabilisierung, erziehe zu blinder Anpassung und konservativem Beharren.[11] Eine kritische Prüfung der Lehrinhalte führte dazu, dass bislang kanonische Werke mit neuen, besonders auf den emanzipatorischen Gehalt gerichteten Kommentierungen versehen wurden. Gleichzeitig kam es zu einer radikalen Erweiterung der Unterrichtsgegenstände: *Trivialliteratur, Sachtexte* und Ideologiekritik sowie audiovisuelle Präsentationsformen, u. a. das Hörspiel, hielten Einzug in den Literaturunterricht. Kritiker dieser Entwicklung sahen in der Entkanonisierung unweigerlich eine Entliterarisierung, eine „Liquidation von Tradition unter dem Vorwand der Emanzipation" (Kreft 1977, 308). Der Fachdidaktik wurde später vorgeworfen, sie habe weder Gewissen noch Gedächtnis (Hein 1990, 318) besessen und „mindestens zwei Generationen junger Leute ... betrogen" (von Matt, 1997).

---

9 Für die Volksschulen hingegen galt die Lektüre der Bibel sowie das Auswendiglernen kürzerer dichterischer Stücke als ausreichend. Vgl. dazu Paefgen 1999a, 10.

10 Vgl. Paefgen 1999a, 1–16.

11 Vgl. dazu auch Kreft: „Das Kanon-Prinzip galt als Inbegriff von ideologieträchtiger Traditionsgebundenheit, und Tradition war überhaupt ein konservatives, progressionsfeindliches Ding" (Kreft 1977, 310).

In der **DDR** hielt man an einem obligatorischen, jedoch deutlich modifizierten Kanon fest. Mit dem Ziel, Schüler „mit bedeutenden Werken der sozialistischen sowie der bürgerlich-realistischen Literatur" vertraut zu machen und ein „enges Verhältnis zur sozialistischen Literatur und zum humanistischen Erbe" (Lehrplan 1987) aufzubauen, erließ das Ministerium für Volksbildung einen für die gesamte DDR geltenden und größtenteils schulformübergreifenden Lehrplan. Dieser enthielt neben ausgewählten und den Erziehungszielen entsprechend zu rezipierenden Werken des traditionellen Kanons vor allem solche mit sozialistischer Weltanschauung. Dadurch, dass die Behandlung der genannten Werke verbindlich war – in einigen Fällen wurde *eine* mögliche Alternative genannt –, ist der Katalog der Werke weniger umfassend als die zeitgleich existierenden Listen in den Rahmenplänen der Bundesrepublik.[12]

3 Kanon und Literaturunterricht: Gegenwärtige Positionen

Wie zuvor in der BRD, gibt es seit der „Wende" in ganz Deutschland keinen gültigen normativen Literaturkanon für die Schule. Die einzelnen Bundesländer beschränken sich statt dessen auf die Formulierung von lernzielorientierten – und neuerdings Kompetenzen formulierenden – Unterrichtskonzeptionen, fügen ihren Rahmenplänen jedoch nach Jahrgängen unterteilte, im Vergleich zum Werkekatalog der DDR-Lehrpläne ungleich umfangreichere, kommentierte oder unkommentierte Lektürevorschläge bei. Sie sollen der Lehrperson Orientierung bieten und sind lediglich für den Zeitraum maßgeblich, in dem der Rahmenplan gültig ist.[13] Zugleich etabliert sich ein revidierter Kanonbegriff, dem nicht länger ein präskriptives, sondern nun deskriptives Verständnis zugrunde liegt.

▪▪ *Die Tendenz, ,Kanon' quasi als Synonym für ,Literaturlehrplan' oder ,Unterrichtsgegenstand' zu verwenden, hat sich in der literaturdidaktischen Diskussion weitgehend durchgesetzt. Vormals ein autoritatives Konzept, scheint der Kanon heute nurmehr als didaktisch realisierter zu existieren; mit anderen Worten: Nicht mehr der Unterricht orientiert sich an einem nach ideellen Gesichts-*

---

12 Die Richtlinien der DDR enthielten im Übrigen neben kurzen interpretatorischen Anmerkungen die obligatorische Stundenanzahl für die Behandlung des Werkes sowie verbindliche Lernziele. Vgl. zu diesem Thema Dahlke u. a. (Hgg.) 2000.

13 Untersuchungen haben allerdings ergeben, dass sich diese Lektürelisten ebenso langsam wie der ursprüngliche Kanon ändern. Wie Gerhard Blitz' Bestandsaufnahme 1978 und Beiträge in Detlef C. Kochans Sammelband 1990 nachgewiesen haben, enthalten nämlich die heutigen Lektüre-Empfehlungen im Anhang von Lehrplänen beinahe dieselben Werke, „die vor der wissenschaftsgeschichtlichen Zeitenwende 1968 vorrangig und verordnet gelesen wurden" (Bark 1996, 4).

punkten vorgegebenen Kanon, sondern das wird als Kanon bezeichnet, was in einem nach eigenständigen Erfordernissen ausgerichteten Unterricht behandelt wird (Gaiser 1993, 12).

Der Verzicht auf einen amtlich postulierten Lektürekanon bedeutet jedoch keineswegs die Beseitigung eines faktischen bzw. heimlichen Kanons.[14] Im Gegenteil, ihn gibt es gerade dort, wo der normative Kanon durch Lektürelisten – oder richtiger: Text- oder Autorenlisten – ersetzt wurde. Zur Existenz eines heimlichen Kanons tragen laut Fritzsche (1994b) zwei Umstände bei: Zum einen sei er „die Folge von unterrichtspraktischen Notwendigkeiten (Sicherheitsbedürfnis und Beharrungstendenz bei den Lehrern sowie arbeitsentlastendes Ökonomieprinzip)", zum anderen mache sich darin eine „posttraditionale Einsicht in die Unersetzbarkeit überlieferter Werke und Bedeutung der Aneignung unserer spezifischen kulturellen Tradition geltend, unersetzbar für die Identitätsbildung der Subjekte" (ebd. 102).

Im Zusammenhang mit dem heimlichen Kanon darf die Rolle von Lesebuchverfassern und Schulbuchverlagen nicht unterschätzt werden: Entscheidet man sich nämlich, einen Text in ein Lesebuch aufzunehmen oder ein Werk als Schülerlektüre mit entsprechenden Interpretationshilfen und didaktischen Materialien auf den Markt zu bringen, finden diese Werke u.U. schneller Eingang in den heimlichen Kanon.[15]

Die Kritik am heimlichen Kanon, der sich nach Meinung von Fachwissenschaftlern und Didaktikern einer wissenschaftlichen Reflexion und Legitimierung entzieht, dürfte ebenso wie ein wieder einsetzendes Bedürfnis nach Orientierung Ursache dafür gewesen sein, dass bereits seit den 80er-Jahren die Kanondebatte mit Regelmäßigkeit auf verschiedenen gesellschaftlichen Ebenen geführt wird.[16] Das fachdidaktische Publikationsorgan *Diskussion*

---

14 Korte 2002 spricht zu Recht davon, dass der Begriff „heimlicher Kanon" insofern unzutreffend sei, als es sich „von der Kanonform her um einen echten Kernkanon [handelt], dessen hegemoniale Kraft so offensichtlich ist, dass er keine Diskussionen provoziert" (ebd. 72).

15 Ein gutes Zeugnis für die gegenwärtig im heimlichen Kanon angesiedelten Werke ist der 2000 vom Oldenbourg-Verlag herausgegebene Band „(K)ein Kanon. 30 Schulklassiker neu gelesen", in dem Literaturwissenschaftler und Didaktiker der Frage nachgehen, ob als kanonisch geltende Texte diese Position noch zu Recht einnehmen. Grundlage für die Auswahl der zu besprechenden Werke waren im Übrigen die Verkaufszahlen der Lektürehilfen des Verlags. Man ging – wahrscheinlich nicht ganz zu Unrecht – davon aus, dass die Werke, für die sich die meisten Lektürehilfen verkauften, tatsächlich auch am häufigsten im Literaturunterricht gelesen werden und folglich als Bestandteil des heimlichen Kanons gelten können.

16 Der Zeitpunkt dieser Diskussion ist insofern bemerkenswert, als die literaturdidaktische Diskussion der 80er-Jahre in der Bundesrepublik vornehmlich unter dem Primat des Methodischen (Handlungs- und Produktionsorientierung, Kreativitätsförderung etc.) und weniger dem der Unterrichtsgegenstände stand.

Deutsch dokumentierte 1982 (Heft 64) – also noch deutlich vor der „Wende" –
eine kontroverse Diskussion unter Fachdidaktikern, bei der sich zeigte, dass
ein abschließendes Ergebnis kaum zu erwarten ist. Im Verlauf des sich über
weitere Ausgaben der Zeitschrift erstreckenden Diskurses legten Didaktiker
nicht nur ein Bekenntnis zum Kanon ab; sie nannten auch Werke, die Eingang
in einen neuen Kanon finden sollten. Besonders nennenswert ist in diesem Zusammenhang die Liste des Kanon-Befürworters Müller-Michaels, die zwölf
z.T. kurz kommentierte Werke enthält.[17]

Auch mit der deutschen Wiedervereinigung gewinnt die Frage nach einem
verbindlichen Kanon wieder an Aktualität. Das besonders in den neuen Bundesländern geäußerte Bedürfnis nach Orientierung führte zu „restaurativen Tendenzen" (Gaiser 1993, 11), die sich auf dem ersten gesamtdeutschen Germanistentag 1991 in Augsburg niederschlugen. Dort nämlich stieß die Forderung der
Kanonforscherin Renate von Heydebrand nach einem restriktiven Kanon auf
breiten Zuspruch. In den folgenden Jahren diskutierten Fachwissenschaftler
und -didaktiker in den einschlägigen Publikationen weiter (so etwa im *Deutschunterricht* 1, 1993, in *Diskussion Deutsch* 142, 1995 und in den *Mitteilungen des
deutschen Germanistenverbandes* 3, 1996). Dass der Kanon auch in den Augen
der Öffentlichkeit einen ernst zu nehmenden Diskussionsgegenstand darstellt,
zeigte nicht zuletzt die ZEIT-Debatte von 1997[18]. Dem Orientierungsbedürfnis
des „Normallesers" trägt Reich-Ranicki Rechnung mit seiner 2001 im „Spiegel"
veröffentlichten „Arche Noah der Bücher" und dem Unternehmen, seinen persönlichen Literaturkanon in fünf Kartons (!) vorzulegen.

Grundsätzlich wird dem Kanon von seinen *Befürwortern* zugute gehalten,
dass er aufgrund der hinter ihm stehenden Kriterien und bewussten Entscheidungen „allemal besser als Orientierungslosigkeit, perspektivlose Offenheit
und Ad-hoc-Entscheidungen" von Lehrpersonen sei (Hein 1990, 229). Auch
Lektürelisten werden begrüßt, weil sie die notwendige und kritische Arbeit am
Kanon unterstützen. Die damit verbundene Vorgabe von Unterrichtsgegen-

---

17 Hierzu zählen: 1) theoretische Schriften zur Aufklärung 2) Schiller, *Wallenstein* 3) Goethe,
    Faust 4) Büchner, *Woyzeck* 5) Heine, *Wintermärchen*, 6) Mann, *Buddenbrooks* 7) Brecht,
    Kaukasischer Kreidekreis 8) Grass, *Blechtrommel* 9) Sophokles, *König Ödipus*, 10) Shake-
    speare, *Hamlet* 11) Lyrik der deutschen Klassik und Romantik sowie des frz. Symbolimus
    12) Tolstoj, *Krieg und Frieden*. Vgl. Müller-Michaels 1982. Als weitere Aufstellung wäre die
    von Fuhrmann 1983 zu nennen, die aufgrund der in ihr enthaltenen Alternative ungleich um-
    fangreicher als die von Müller-Michaels ist.
18 Zur Kritik an dieser Debatte aus fachdidaktischer Sicht vgl. Abraham 1998, 237f. und Kamm-
    ler 1997.

ständen, die im Übrigen in anderen Fächern gang und gäbe ist,[19] lasse genügend Freiraum für unterschiedliche Schwerpunktsetzungen oder Lesarten (z.B. gesellschaftskritische, psychologische, feministische etc.). Mit Blick auf die Schüler heißt es, kanonisches Wissen befähige zur Teilnahme am kulturellen Leben und vermittle historisches Bewusstsein sowie unentbehrliche Wertvorstellungen (ebd.).

Kanongegner hingegen kritisieren die mit solcherlei Vorgaben einhergehende Gängelung eines Deutschlehrers, dessen kulturelles Vermögen dadurch nur frustriert werde (so z.B. Kreft, Kammler). Ein am Kanon orientierter Literaturunterricht laufe Gefahr, der Verdinglichung von Bildung Vorschub zu leisten, da ausschließlich nach dem Gegenstand der Lektüre, weniger nach deren Prozess gefragt werde (Abraham 1998, 237).[20] Ein Literaturunterricht, der sich „als zügiges und zielorientiertes Abarbeiten von Bildungsgütern versteht", laufe Gefahr, formelhaftes Wissen über Autoren, Werke und Epochen zu produzieren, statt Schülern eine intensive und bereichernde Begegnung mit dem Werk zu ermöglichen (Abraham 1998, 189).

Auch angesichts der Forderungen des Arbeitsmarkts nach der Ausbildung von anwendungsbezogenen Schlüsselqualifikationen dürfte man kanonischem Wissen eher eine marginale Bedeutung beimessen, spielen doch Struktur- und Methodenwissen, insbesondere Verfahren der Wissensaneignung und -verarbeitung, eine wichtigere Rolle als Inhalte oder Faktenwissen.[21] Zwar ließe sich argumentieren, dass das Lesen schöner Literatur eine funktionale Voraussetzung für die kompetente Nutzung anderer Medien darstelle und man sowohl die allgemeine Lesekompetenz als auch den schriftlichen Sprachgebrauch im Umgang mit kanonischer Literatur schulen könne. Allerdings ist es bei Argumentationen dieser Art „nicht mehr in erster Linie der Unterricht, der dem Kanon gerecht zu werden hat, sondern der Kanon hat zu leisten, was für den Unterricht nötig ist" (Gaiser 1993, 11).

Fritzsche (1994b) gibt zu bedenken, dass eine Festlegung auf bestimmte Texte nur dann sinnvoll sei, wenn der Literaturunterricht Erziehung *zur* Literatur anstrebe. Betrachte man jedoch Literatur als Medium bei der Erziehung *durch* Literatur, wie er es Müller-Michaels vorwirft, sei eine solche Festlegung weniger erfolgversprechend, weil man keine allgemein gültigen Prognosen über die Wirkung von Texten abgeben könne (ebd. 104).[22]

---

19 Man denke sich etwa einen Mathematikunterricht ohne den Dreisatz oder einen Geschichtsunterricht, der den Zweiten Weltkrieg ausspart.
20 Zu dieser Kritik vgl. auch Fritzsche 1994b, 107 und Bark 1996, 8.
21 Vgl. zu dieser aktuellen Diskussion auch den interessanten Sammelband von Witte 2000.
22 Vgl. auch Fritzsches Kritik an Müller-Michaels' Textauswahl ebd. 132.

Eher *vermittelnde Positionen* sprechen sich zwar nicht gegen den Kanon *per se* aus, verstehen diesen jedoch nicht als abzuarbeitende Liste für Abiturienten, sondern als lebenslange Herausforderung (Abraham) und fordern vom schulischen Kanon, dass er weder einer Behandlung von Kinder- und Jugendliteratur zum Zweck des Aufbaus und der Sicherung von Lesemotivation (Abraham, Hurrelmann), noch einem ungezwungenen Umgang mit Gegenwartsliteratur im Wege stehen dürfe (Kammler, Paefgen).

Didaktiker, ebenso wie Fachwissenschaftler und Öffentlichkeit, haben längst erkannt, dass das Ziel solcher Diskussion nicht die Vereinheitlichung von inhaltlichen Vorgaben sein kann, dass eine gemeinsame und auch kontroverse *Reflexion von Textauswahlkriterien* – sei es für einen Kanon, sei es für Lektüreempfehlungen – jedoch von großem Nutzen ist, weil sie immer auch mit der pädagogischen und literaturwissenschaftlichen Theorie über Unterrichtsziele verbunden ist.[23] Allerdings sollte die Schwierigkeit, Kriterien für die Textauswahl zu postulieren, nicht unterschätzt werden. Ivo (1990) hat bereits darauf hingewiesen, dass vollkommen unterschiedliche Gründe dazu führen können, dass dasselbe Werk Eingang in einen Kanon bzw. eine Lektüreliste findet. Gaiser (1993) vertritt (unter Bezugnahme auf Herrlitz) sogar den Standpunkt, dass die Existenz zwingender objektiver Qualitätskriterien illusorisch sei (ebd. 12). Dennoch stellten Didaktiker verschiedene Konzepte für die Textauswahl zur Diskussion. Hier seien stellvertretend die Kriterien von Müller-Michaels vorgestellt, da die durch sie ausgelöste Debatte die Problematik der Diskussion widerspiegelt.

Ausschlaggebend für die Textauswahl sollten nach Müller-Michaels (1999) die Gesichtspunkte „Exemplarität", „Aktualität" und „Wirkungsmächtigkeit" sein (ebd. 173).[24] In seinen neueren Arbeiten (seit 1993) führt er den Nachweis, dass die Wirkungsmächtigkeit besonders von so genannten *Denkbildern* ausgehe, in denen sich komplexe menschliche Elementarerfahrungen wie beispielsweise Liebe, Generationskonflikte, Gewalt oder Tod niederschlagen. Über den Umgang mit derart ausgewählter Literatur will Müller-Michaels „Schlüsselerfahrungen in anregender Form" vermitteln, „damit Jugendliche sie für sich gewinnen, den eigenen Horizont erweitern und zu komplexer Wahrnehmung der Erscheinungen in der Lebenswelt befähigt werden" (Müller-Michaels 1999, 166).

---

23 Vgl. dazu auch Kämper-van den Boogaart (1997a), der unter wissenschaftsgeschichtlichen oder diskursanalytischen Gesichtspunkten an der Kanonfrage weniger das Ergebnis der Selektion als vielmehr deren Modus interessant findet (25).

24 Zur Kritik an diesen drei Kriterien vgl. Abraham 1998, 244.

Kämper-van den Boogaart (1997a) bemängelt die Intuitivität des Konzepts. Es sei nicht nachvollziehbar, weshalb ausgerechnet Denkbilder „intersubjektiv gültige bzw. wissenschaftliche Kriterien zur Selektion eines Textkorpus liefern sollen" (ebd. 25ff.). Auch nach Fingerhut (1997) stellen Denkbilder ungeeignete Kriterien dar, da sie letztlich keine Eigenschaften des Textes, sondern Ergebnisse von Diskursen über Texte seien. Ferner tauge das Konzept aufgrund seiner Orientierung an ethischen Wertaussagen nicht zur Bestimmung von Ästhetizität (ebd. 184).

Fingerhut setzt dem moralisierenden Umgang mit Literatur „die didaktische Arbeit am Kanon unter den Bedingungen der Postmoderne" (ebd. 180) entgegen, d.h. die Beschäftigung mit *Kanonisierungsprozessen* und mit der Entstehung von Deutungskanones. Ein am Kanon interessierter Unterricht müsse die auf den Text bezogenen kontroversen Urteile und Kommentare, die akzeptierten Auslegungen und die für bedeutend gehaltenen Inszenierungen zum Gegenstand der Reflexion machen und jene Sinnkonstruktionen beobachten, die aus einem literarischen Werk einen Schulkanontext machen können. Indem Kanonisierungsprozesse selbst zum Unterrichtsthema gemacht würden, erhielten Schüler Einsicht in die Verschiebungen von gesellschaftlichen und kulturellen Wertschätzungen.[25]

Nennenswert ist das Textauswahlkriterium, das der Leseliste für Studierende der Neueren Deutschen Literatur an der Universität Stuttgart zugrunde liegt. Sie empfiehlt die Lektüre jener „klassischen Werke der Welt- und Nationalliteratur …, die immer wieder gelesen worden sind und deshalb auch für spätere Werke folgenreich wurden, als Vorbild, als Zitat, zur Parodie oder auch zur Negation".[26] *Generativität* als Maßstab für die Textauswahl stellt auch ein geeignetes Kriterium für die Zusammenstellung schulischer Lektüre dar, nicht nur weil sie objektiver bestimmbar ist als die Wirkungsmächtigkeit von Denkbildern. Ein nach diesem Gesichtspunkt erstellter Schulkanon würde Schüler nicht nur nach wie vor mit zentralen Werken der (Welt-) Literatur vertraut machen, er schaffte ferner die nötigen Voraussetzungen, um die vielfältigen Spielweisen vor allem postmoderner Literatur, wie z.B. die der Intertextualität, zu verstehen.

---

25 Vgl. dazu auch Fingerhut (1992) sowie die Forderung Heins (1990), nach der der Kanon, „wo immer dies möglich ist, selbst zum Gegenstand des Unterrichts gemacht werden [sollte]" (ebd. 339).
26 Leseliste für Studenten der Neueren deutschen Literatur. Zu erfragen im Institut für Literaturwissenschaft der Universität Stuttgart. Zur Begründung dieser Liste vgl. Bark 1996.

4 Fazit

Niemand wird heute noch ernsthaft einen obligatorischen Kanon für den Literaturunterricht fordern, sei es, weil er ihn für ein diktatorisches Moment im demokratischen Gesellschaftssystem hält oder aufgrund der Einsicht in die Unmöglichkeit eines solchen Unterfangens. Einigkeit sollte dennoch dahingehend bestehen, dass sich Literaturwissenschaftler und -didaktiker ebenso wie Lehrer dem Problem der *Textauswahl* zu stellen haben, auch wenn sie sich zuweilen wünschen mögen, dass „sich das Thema Kanon endlich wieder ... in die Heimlichkeit der Schule verliefe" (Kämper-van den Boogaart 2000a). Denn nur, wo die Reflexion von Textauswahlkriterien eingefordert ist, kann eine Lehrperson sich Entscheidungen bewusst machen und begründen, weshalb sie am „Kerncurriculum vorbeiunterrichten möchte" oder sich „auf das Kanonische beschränkt ... [und] die didaktischen Freiräume nicht nutzen möchte für das Aktuelle, für das weniger Bekannte, das weniger Komplexe oder den originären Schülervorschlag". (Müller-Michaels 1994b). Nur wo diese Diskussionen geführt werden, kann man auch dem heimlichen Kanon mit seiner fehlenden Legitimation und den wenig transparenten Auswahlkriterien wehren.

Lesesozialisation und Leseförderung – literarisches Leben in der Schule

Cornelia Rosebrock

Die hier diskutierten Probleme bestimmen – nicht erst seit Publikation der PISA-Studie – die fachdidaktische Forschung in wesentlichem Maße. Es geht um die sozialisatorischen Voraussetzungen der Lernenden im Literatur- und Leseunterricht und um die Rolle, die die Schule für die Entwicklung von Lesekarrieren spielt oder spielen könnte. Die Autorin untersucht das Verhältnis von literarischer Sozialisation und Lesesozialisation: Muss man lesen können, um literarische Erfahrungen zu gewinnen? Sie stellt neue Einsichten in die Verlaufsformen der Lesesozialisation dar, die wichtige Anhaltspunkte für die Lektüreauswahl liefern. Berücksichtigt werden empirische Befunde zu den Lektüreintensitäten in den einzelnen Entwicklungsphasen, aber auch die zur Zeit kursierenden Annahmen zur Entwicklung literarästhetischer Kompetenzen in Kindheit und Jugend. Dies zielt auf Anregungen für einen entwicklungspsychologisch fundierten Literaturunterricht, in dem die Lernenden eine für sie „passende" Lektüre finden. In der Darstellung zu Perspektiven und Strategien der Leseförderung werden abschließend Ergebnisse der PISA-Studie konsequent aufgegriffen und für den Entwurf künftiger Praxis des Deutschunterrichts genutzt.

1 Lesesozialisation, literarische Sozialisation

Unter *literarischer* oder *Lesesozialisation* versteht man den dialektischen Verlauf der Herausbildung des Einzelnen in der Auseinandersetzung mit literarischen Medien und den Prozess seines Hineinwachsens in die Schrift- bzw. die literarische Kultur. Dialektisch ist dieser Prozess insofern, als das Individuum einerseits beim Eingang in Gesellschaft, Kultur und Geschichte u. a. von den vorgefundenen literalen Praktiken geprägt wird, es aber andererseits im Sinne der Selbstsozialisation Wahl- und Einflussmöglichkeiten auf diese Vorgänge hat. Die literarische Kultur unterliegt ihrerseits historischen Wandlungsprozessen durch die Veränderung der Rezeptionspraktiken im Kontext des Wandels der Medienkultur. Mit Lese- oder literarischer Sozialisation ist ein Ausschnitt des gesamten Sozialisationsprozesses von Individuen und insbesondere ein Ausschnitt ihrer Mediensozialisation begrifflich gefasst.

Lesesozialisation (Groeben 1999) umfasst all die Prozesse, die auf individuell-biografischer Ebene zur Entwicklung von Fähigkeit, Motivation und Praxis führen, geschriebene Sprache im Medienangebot zu rezipieren. Der Begriff der *literarischen Sozialisation* (Eggert/Garbe 1995) ist dagegen zugleich enger und weiter als der der Lesesozialisation: Denn literarische Erfahrungen werden auch ohne individuelle Schriftlektüre gemacht, beispielsweise in (vorschulischen) Vorlesesituationen, bei der Rezeption von Hörspielen, im Theater, bei der Filmrezeption usw. Andererseits betrifft der größte Teil der tatsächlichen Lesevorgänge bei Erwachsenen – anders als bei Heranwachsenden – nicht literarische Texte, sondern pragmatische. Insbesondere im Blick auf das Lesen Erwachsener ist folglich Lesesozialisation der weitere Begriff. In Kindheit und Jugend ist der Lesesozialisationsprozess dagegen eng an literarische Medien gebunden.

Die Differenz zwischen den Begriffen Lesesozialisation und literarische Sozialisation manifestiert sich vor allem in den ihnen innewohnenden Orientierungen auf unterschiedliche Ziele: Der Terminus *reading literacy*, Lesekompetenz, entstammt der angloamerikanischen Tradition und zielt auf schriftsprachliche Rezeptionsfähigkeit im weiten Sinn, etwa auf Verstehensleistungen bei der Lektüre verschiedener linearer Textsorten, aber auch bei Tabellen, Graphiken, Lexikon- oder Hypertexten usw.[1] Horizont des Begriffs der literarischen Sozialisation ist im Gegensatz dazu die Idee literarischer Bildung, also die Kenntnis der literarischen Traditionen und die entsprechende Rezeptions- und Genussfähigkeit. Diese Zieldifferenz relativiert sich im Blick auf den Erwerb der Lese- bzw. literarischen Kompetenzen: Die biografische Genese der verschiedenen Lesehaltungen und -praktiken des Erwachsenen geschieht auch in der Mediengesellschaft wesentlich über die Rezeption insbesondere erzählender Kinderliteratur, mithin über ein literarisches Korpus, in dem die Trennung in ästhetische und in Gebrauchstexte, in „autonome" und in unterhaltende Literatur weit weniger vollzogen ist als in der Literatur für Erwachsene. Für die Prozesse des Erwerbs von Schriftsprachlichkeit ist – neben Schulbüchern – altersangemessene Literatur (in Buchform und als Hörkassette) faktisch auch in der gegenwärtigen Medienlandschaft das zentrale Medium.[2] Wegen dieser Dominanz literarischer Texte in den Sozialisationsprozessen hin zu konzeptueller Schriftlichkeit bestimmt sich auch in der gegenwärtigen Mediengesellschaft literarische Sozialisation als der prototypische Kern von Lesesozialisation (Groeben 1999).

Bedingungen der Lesesozialisation

Einflussfaktoren der literarischen Sozialisation des Einzelnen sind neben dem kulturell und historisch verfügbaren Medienangebot und neben den kognitiven Fähigkeiten insbesondere die lebensweltlichen Bedingungen, unter denen sich Lektüreprozesse bzw. Medienrezeptionen insgesamt herstellen. Sie füh-

---

[1] Vgl. Deutsches PISA-Konsortium (Hg.) 2001; Christmann/Groeben 1999.
[2] Die Lesehaltung von Kindern und auch noch von Jugendlichen ist weniger differenziert als die von Erwachsenen mit hoher Lesekompetenz.

ren faktisch zur Auswahl von Medien, zu ihrer habituellen Nutzung und zum Erwerb spezifischer Rezeptionskompetenzen und -motivationslagen. Wie überhaupt in Sozialisationsprozessen hat sich der *Faktor der sozialen Schicht* auch für die literarische Sozialisation als die dominante Einflussgröße erwiesen: Bei den Bevölkerungsteilen mit niedrigem sozioökonomischen Status gehört literarisches Lesen weit weniger zum kulturellen Repertoire als in den oberen Sozialschichten.[3] Dieser Befund gilt historisch für die gesamte bürgerliche Lesekultur und kulturübergreifend für moderne Gesellschaften (Schön 1999). Es lassen sich sozialschichtspezifische Mediennutzungsmuster nachweisen, wobei sich eine durch Fernsehen und Video ausschließlich bestimmte Mediensozialisation als ungünstige Bedingung für die Entwicklung zur Nutzung von Printmedien erwiesen hat.[4] In niedrigen Sozialschichten beherrscht das Fernsehen spätestens seit seiner Teilprivatisierung Ende der 80er-Jahre den nichtinstitutionellen Mediengebrauch von Kindern wie von Erwachsenen.[5] Auch in der Mittelschicht ist das Fernsehen Leitmedium, wobei aber Printmedien hier ebenfalls in größerem Umfang rezipiert werden. In der mittelschichtdominierten Gruppe der Vielleser unter den Grundschulkindern beansprucht das Fernsehen etwa ebenso viel vom täglichen Zeitbudget wie die Lektüre, in der Unterschicht weit mehr. Kinder aus Haushalten mit gemischter Mediennutzung verfügen dabei über etwa gleiche Chancen, sich zu Lesern bzw. Leserinnen zu entwickeln wie Kinder aus dezidiert buchbezogenen Familien (Lesesozialisation 1993). Das gegenwärtige Schulsystem der BRD hat, was die Herstellung von Zugangsmöglichkeiten zu habituellem Lesen auch für die unteren Sozialschichten angeht, weit weniger ausgleichende Funktionen als die Bildungssysteme vergleichbarer Staaten (PISA 2001).

Ein weiterer Bedingungsfaktor der literarischen Sozialisation ist das *Geschlecht*: Mädchen sind höher motiviert und lesen entsprechend mehr und literarisch orientierter als Jungen – ein Umstand, der für Kinder am Ende der Grundschulzeit wie für Jugendliche und Erwachsene belegt ist. Diese Gewichtung vertieft sich im Fortgang der Sozialisation. In qualitativer Hinsicht sind Mädchen schon am Ende der Grundschulzeit mehr an belletristischen, insbesondere erzählenden Texten interessiert, die Erfahrungen psychischer und sozialer Befindlichkeiten eröffnen; Jungen sind tendenziell mehr an Sachtexten interessiert. Die quantitativen wie qualitativen Differenzen zwischen den Geschlechtern bauen sich im weiteren Lebensverlauf nicht mehr ab, sondern

---

3 Vgl. Bonfadelli 1999; Lange/Bentlage 2000; Franzmann 2001.
4 Vgl. zuletzt Ennemoser/Schiffer/Schneider 2002.
5 Vgl. Hurrelmann/Hammer/Stelberg 1996.

bleiben ziemlich konstant. Sie sind zudem, ebenso wie die Schichtabhängigkeit des Leseverhaltens, kulturübergreifend belegbar und darüber hinaus historisch „tief": Sie lassen sich für die gesamte bürgerliche Lesekultur seit etwa Mitte des 18. Jahrhunderts zeigen und finden sich vergleichbar in allen 32 an der PISA-Studie beteiligten Staaten.[6]

Schließlich ist der Faktor *ethnische Herkunft* zentral. 27% der 15-Jährigen in der BRD stammten im Jahr 2000 aus Familien mit Migrationshintergrund. Diese Gruppe verfügt im Schnitt über signifikant schlechtere Lesekompetenz und niedrigere Schulbildung als ihre Altersgenossen (PISA 2001). Bezüglich der literarischen Sozialisation von Kindern und Jugendlichen aus Migrationsfamilien bestehen große Forschungsdefizite: Über die Genese der Lesemotivation und -kompetenz von Kindern und Jugendlichen mit fremdkulturellem familiären Hintergrund liegen kaum qualitative Daten vor.[7] Fokussiert man mit der PISA-Studie die Leseleistung von 15-Jährigen, so wird deutlich, dass die insgesamt unterdurchschnittliche Bildungsbeteiligung und Lesekompetenz dieser Gruppe mit dem relativ niedrigen Sozialstatus der Familien und den misserfolgsanfälligen Schulkarrieren positiv korrelieren. Etwa ein Viertel der Jugendlichen mit Migrationshintergrund verfügen als 15-Jährige nicht über die elementaren Lesekompetenzen, um der Beanspruchung in Alltag und Beruf zu genügen. Dabei hatte der bei weitem größte Teil der Jugendlichen mit Migrationshintergrund zum Zeitpunkt der Datenerhebung von PISA das bundesdeutsche Bildungssystem von Beginn an durchlaufen. Gleichwohl ist das im internationalen Vergleich sehr schlechte Abschneiden des unteren Viertels der 15-Jährigen in der BRD im Blick auf Lesekompetenz nicht allein auf die Jugendlichen mit familiärer oder persönlicher Migrationsgeschichte zurückzuführen. Mehr als die Hälfte der von PISA so bezeichneten „Risikogruppe" ist familiengeschichtlich deutschsprachig. Der überwiegende Anteil davon ist männlich und besucht die Haupt- oder Sonderschule.

Wie sich diese drei großen Kriterien *Klasse*, *Gender* und *Ethnie* im Blick auf die Lesesozialisation zueinander verhalten, wann sie sich gegenseitig verstärken oder durchkreuzen, ist weitgehend unerforscht. Deutlich ist hingegen, dass Lesesozialisation als Teilprozess von Mediensozialisation interpretiert werden muss und die Funktion von Lesekompetenz für die Schulkarriere und die Wahrnehmung gesellschaftlicher Chancen zentral ist.[8]

---

6   Vgl. Deutsches PISA-Konsortium (Hg.) 2001; Bonfadelli 1999; Lesesozialisation 1993; Garbe 1993.
7   Vgl. allerdings Ehlers 1998.
8   Vgl. Groeben/Hurrelmann 2002a, 2002b.

Verlaufsformen der Lesesozialisation

Bei der Frage nach dem Verlauf des Literaturerwerbs kam seit den 50er-Jahren das Konzept des *Lesealters* zum Tragen. Es geht auf die entwicklungspsychologisch argumentierende Lesepädagogik vom Beginn des 20. Jahrhunderts zurück, die mit dem Lesealter-Theorem Stufen der literarischen Kompetenz annahm: Ihr zufolge wird das Struwwelpeteralter (von 2–4) vom Märchenalter (von 4–7) abgelöst, es folgen das Robinsonalter (7–12), das Dramen- und Balladenalter (12–15) und das lyrische und Romanalter (15–20) (zuerst Bühler 1918). Dieses Theorem ist aber trotz folgender Ausdifferenzierung spätestens seit den 70er-Jahren obsolet geworden. Das aus mehreren Gründen: Die spezifischen literarischen Verstehensmöglichkeiten der verschiedenen Altersstufen sind schwerlich als Produkt biologischer Reifung zu denken. Abhängig sind sie vielmehr von der Art und Weise der sprachlichen Interaktionen, in denen Heranwachsende alltäglich vor allem in Familie und Schule handeln, und insbesondere von den alltagspraktischen Funktionen literarischer Kommunikation. Die Annahme, dass es Entwicklungsstufen gibt, die jeweils die Gesamtpersönlichkeit umfassen und eine Art psychologisches Niveau bilden, ist angesichts entwicklungspsychologischer Erkenntnisse längst überholt: Sie ist zu wenig komplex, um Entwicklungs- und Sozialisationsprozesse zu beschreiben. Die These, dass es ein Entsprechungsverhältnis zwischen dem Textinhalt und dem jeweils einer Altersstufe zugänglichen Erfahrungsbereich gibt, überzeugt zwar im Grundsatz. Die Komplexität der Beziehungen bleibt aber unberücksichtigt, solange die biografischen, die kommunikativen und affektiven Erfahrungsstrukturen vernachlässigt werden, auf die im Leseprozess über das jeweilige Thema des Textes hinaus zurückgegriffen wird.

Ein gravierender Einspruch gegen Lesealtersstufen-Theoreme muss schließlich mit Blick auf die Bedeutung medialer Erfahrungen formuliert werden: Der kulturelle Wandel hat Einfluss auf das in der Entwicklungsgeschichte wichtig werdende Angebot von Büchern und anderen Medien, auf deren Themen und literarische Struktur.[9]

Gegenwärtig wird die Verlaufsform der literarischen Sozialisation insbesondere unter der interaktionstheoretischen Perspektive der empirischen Lesesozialisationsforschung betrachtet: Eine Kindheit, in der literarische Kommunikation zum Alltag gehört, ist die lebensgeschichtliche Basis nicht nur für literarästhetisches Lesen, sondern insgesamt für die Leseentwicklung und den Erwerb der Schriftsprachlichkeit. Lange vor Schuleintritt werden in paralite-

---

9 Zusammenfassend Oerter 1999.

rarischen Kommunikationssituationen[10] die musikalisch-poetischen Dimensionen der Sprache und die schrittweise Lösung der Kommunikation aus der
situativen Handlungsbezogenheit eingeübt. In der neueren Forschung wird
mit Blick auf die Situationen, in denen das Kind Literatur erfährt, der interaktive, kommunikative Charakter der literalen Enkulturation nachdrücklich
betont: Es ist die Unterstützung durch einen kompetenten Anderen in einer
dialogischen Situation, die es dem Kind erlaubt, sich beispielsweise bei Vorlesesituationen in seinen Verstehensbemühungen in der „Zone der nächsten
Entwicklung" (Wygotzki) zu bewegen. Kommunikativ gestützt durch diesen
Anderen, können schrittweise differenziertere und situationsabstraktere Vor-
stellungswelten aufgebaut werden. Vermutlich ist das der Grund, weshalb sich
ausgeprägtes, kommunikativ unbegleitetes Fernsehen in der Kindheit als
nicht förderlich für den Literaturerwerb zeigt.[11] Aus dieser ko-konstruktiven
Perspektive auf den kindlichen Leseprozess kann der selbstsozialisatorische
Anteil im individuellen Lesen von Kindern und Jugendlichen besser einge-
schätzt werden: Auch im späteren einsamen Lesen kann, gegebenenfalls mit
Unterstützung eines im Text verborgenen kompetenten Partners – des Erzählers –, die kommunikative Enkulturation in der nächsten Entwicklungszone
betrieben werden.

Faktisch zeigen sich Ausmaß und Intensität der (para-)literarischen Kommunikation im Vorschulalter als hochgradig vom kommunikativen Klima der
Familie abhängig: Medial mündliche, aber konzeptuell schriftliche Kommunikationsformen werden mit Kindern in Familien der oberen Schichten weit umfangreicher und altersadäquater praktiziert als mit Kindern der unteren
Sozialschichten. Diese Kinder können folglich mit besseren sprachlichen Voraussetzungen und differenzierterer literarischer Kompetenz (Genrewissen,
Erzählfähigkeit) in die Schule eintreten. Das elterliche Vorbild und die Beteiligung der Erwachsenen an den literarischen Erfahrungen der Kinder sind zudem Grundlagen für die Motivation, sich einer Geschichte anzuvertrauen und
sie als Muster imaginärer Wirklichkeitsüberschreitungen und Anregungsfaktor der Persönlichkeitsentwicklung wahrzunehmen. Die Stabilität der aus diesen Situationen erwachsenden intrinsischen Lesemotivation ist in der Folge
der entscheidende Faktor für den Fortgang der literarischen Sozialisation.
Hier scheint der Schlüssel für das Verständnis der nachhaltigen Schichtspezi-

---

10 Gemeint sind das Vorlesen von (Bilder-)Büchern, Erzählen von Geschichten, spielerischer
    Umgang mit Reimen, Versen und Liedern u. a.
11 Gerade literarische Texte provozieren die innere Konstitution von „Übergangsräumen" zwi-
    schen individuellen Erfahrungen und sozial geteilten Wirklichkeitsdeutungen, die im Aus-
    tausch über Literatur manifest werden (Bruner 1987, Abraham 1998).

fik des Verlaufs der Lesesozialisation und der relativen Erfolglosigkeit schulischer Kompensationsbemühungen zu liegen.

Der Schriftspracherwerb zu Schulbeginn stellt insofern eine Krise der Lesesozialisation dar, als hier den relativ weit entwickelten literarischen Kompetenzen nur unzureichende technische Fähigkeiten zur Dechiffrierung von Schrift gegenüberstehen. Beim Selbstlesen wird das Kind zunächst in seinen literarischen Erfahrungsmöglichkeiten weit zurückgeworfen, wenn die literarischen Interessen und Fähigkeiten nicht unabhängig vom Schreiben- und Lesenlernen weiterhin unterstützt werden (Dehn 2000).

Die folgende Phase der späten Kindheit bis zur Pubertät ist in lesesozialisatorischer Hinsicht für Mittelschichtkinder vom hohen Stellenwert des Bücherlesens in der Freizeit geprägt. Empirischen Studien zufolge liest mehr als die Hälfte aller Kinder dieses Alters gern und häufig; die Problemgruppe, die kaum Kontakt zu Büchern finden kann, ist mit etwa 13% niedriger als in allen folgenden Altersstufen.[12] In der Regel wird in diesem Alter gern und viel altersgemäße Unterhaltungsliteratur gelesen. Auch das Verhältnis zum Lesen in der Schule und die dort ggf. etwas höheren Ansprüche an die literarische Qualität der Texte ist in der Regel unproblematisch.

Auf diese Viellesephase bei etwa zwei Dritteln aller Kinder folgt in der Regel eine starke Motivationskrise in der sogenannten ‚literarischen Pubertät‘, die in allen einschlägigen Studien nachgewiesen wird: Etwa ab dem 11. Lebensjahr nehmen Lesebereitschaft, Lesefreude und auch das tatsächliche Lesen kontinuierlich ab. Mit etwa 14 Jahren, ab der 7. Klasse, ist ein erneuter und deutlicher Abfall in den Statistiken wie in der pädagogischen Praxis zu beobachten, der etwa von der 7. bis zur 10. Klasse anhält. Im Ausmaß ist dieser zunächst langsame und dann rapide Rückgang im Verlauf der Sekundarstufe I wiederum differenzierbar nach den sozialen Gruppen und dem Geschlecht. Etwa zwei Drittel der Jugendlichen haben am Tiefpunkt dieser Entwicklung in der 8. bzw. 9. Klasse das Freizeitlesen annähernd ganz eingestellt. Nur eine Minderheit von ihnen nimmt es in der Adoleszenz wieder auf.[13]

In der biografischen Leseforschung sind die Hintergründe dieser Lesekrise erforscht[14] und in dem Zusammenspiel entwicklungspsychologischer Veränderungen und mangelnder institutioneller Unterstützung verortet worden: Ab der Pubertät wird die Kindheitslektüre mit ihren spezifisch auf das psychische

---

12 Vgl. Lesesozialisation 1993; Harmgarth 1997.
13 Vgl. Harmgarth 1997; Schön 1996.
14 Dies gilt lediglich im Blick auf solche Mittelschichtjugendliche, die später zu Leserinnen oder Lesern geworden sind.

System des Kindes und seine Identifikationsbedürfnisse zugeschnittenen Gratifikationen zunehmend unbefriedigend. Dies gilt für Themen, aber auch für Darstellungsweisen. Es muss ein Neuanfang in der Lesegeschichte erreicht werden, für den oft Anregungen von außen notwendig sind. Das Anregungszentrum bietet nun nicht mehr die Familie, sondern in der Regel die Gruppe der Gleichaltrigen oder – empirisch selten – der Deutschlehrer bzw. die Deutschlehrerin. Nach der Typologisierung von Graf (1995) formieren sich in dieser Phase für dasjenige Drittel der Jugendlichen, für das die Lektüre belletristischer Texte eine Erfahrungsform bleibt, dauerhafte *Lesekonstruktionen*: Die Gruppe der *Gefühlsleser* führt die lustbetonte Leseweise der Kindheit mit einem eingeschränkten Spektrum der Unterhaltungsliteratur weiter, sucht also spezifische lustvolle Versunkenheit des kindlichen Lesens gleichsam unterhalb des intellektuell erreichten Niveaus der Wirklichkeitskonstitution. Ihre Lektüre hat oft die – den Jugendlichen durchaus bewusste – Funktion, schlichte Tagträume imaginär zu erfüllen. Die Gruppe der *Konzeptleser* baut dagegen im Zuge der Bewältigung dieser Lesekrise eine sekundäre Lesemotivation auf, beispielsweise das Streben nach (literarischer) Bildung oder bestimmte thematische Interessen. Für den bedauerten Verlust der kindlichen Form „versunkener" Lektüre machen diese Jugendlichen nicht selten retrospektiv den Deutschunterricht der Sekundarstufe mit seinem Zwang zu Distanz und Reflexion verantwortlich. Lesen ist für diese Gruppe im Unterschied zur ersten nicht ein selbst belohnender oder genussreicher Vorgang wie in der Kindheit, sondern folgt nun äußeren Zwecken. Graf modelliert eine weitere Gruppe, der die Transformation der kindlichen Leselust in die kommende Lebensphase adäquater gelingt. Dies geschieht mit der Lektüre verschiedener literarischer Genres, wobei sich modal der Wechsel von Identifikation und Distanzierung vollzieht. Für diese Gruppe fällt bei Sichtung der Leseautobiografien auf, dass ihre Lektüreerfahrung häufig in Anschlusskommunikationen insbesondere mit Gleichaltrigen sozial gestützt, differenziert, relativiert und in die Lebensvollzüge integriert wird.[15]

Ein quantitativer Anstieg des freiwilligen Lesens ist bei denjenigen Jugendlichen, die die weiterführende Schule besuchen, erst etwa ab dem 17. Lebensjahr wieder zu beobachten (Harmgarth 1997). Hier tritt der Literaturunterricht erneut – wie bereits in der Grundschule – als anregender Faktor in den lesebiografischen Zeugnissen einer allerdings nun weit kleineren Gruppe von Lesenden auf. Im Alter ab 17 haben sich in der Regel individuelle Lesehaltun-

---

[15] Freilich erfasst diese Klassifikation nur diejenige Minderheit von Jugendlichen, die einen hohen Schulabschluss erreicht hat und zur Leserin bzw. zum Leser wurde.

gen herausgebildet, und den verschiedenen Lektüremodalitäten sind lebenspraktische Funktionen zugeordnet. Die Motivation, mit einer bestimmten Lesehaltung einen Text zu rezipieren, ist nun an spezifische Gratifikationen gebunden, die die Lektüre dem Leser lebenspraktisch bietet.

2 Literarästhetische Rezeptionskompetenz als Ziel des Literaturunterrichts

Während der Verlauf der außerschulischen Lesesozialisation weitgehend der biografischen Kurve der Lesemotivationen entspricht, ist der schulische Literaturunterricht insbesondere ab der Sekundarstufe wenig an der motivationalen Seite des Lesens und deutlich auf den Aufbau *literarästhetischer Rezeptionskompetenzen* hin orientiert.

Älteren didaktischen Entwürfen vom Entwicklungsverlauf literarästhetischer Rezeptionskompetenz zufolge wird nach dem technischen Leselehrgang in den ersten beiden Grundschuljahren zunächst durch ausgeprägte mehrheitlich außerschulische Lektüre von Kinderliteratur die Fähigkeit zur Lektüre längerer Texte erworben, bis schließlich nach abgeschlossener Pubertät eigentliches literarisches Lesen stattfinden kann. Diese Vorstellung geht auf Käte Friedländers „Über Kinderbücher und ihre Funktion in Latenz und Vorpubertät" von 1941 zurück, eine der ersten Studien zum Thema spezifisch literarischer Kompetenz in der Erwerbsperspektive. Friedländer untersucht das Freizeitlesen von Kindern mit dem Ergebnis, dass diese bis in die Pubertät in ihrer freiwilligen Lektüre solche Themen aufsuchen, die ihnen die Darstellung ihrer Triebkonflikte erlauben. In der Vorpubertät habe Lesen also in erster Linie eine ökonomische Funktion für das Triebleben – so formuliert es Friedländer und macht das anhand der beliebten kinderliterarischen Themen in dieser Altersstufe evident. Zu der Bereitschaft, literarisch zu lesen, gehöre die Überwindung der Triebkonflikte, so dass die fruchtbare Zeit für den Literaturunterricht erst nach dem 15. Lebensjahr beginne. Damit folgt Friedländer bezüglich der Leserseite der von heute aus gesehen zu naiven Vorstellung, dass die Triebbedürfnisse nach der Pubertät weitgehend erledigt seien. Bezüglich der Gegenstandsseite geht sie von einem autonomieästhetischen Literaturbegriff aus, der ästhetische Texte jenseits von Gebrauchssituationen stellt, insbesondere jenseits psychodynamisch motivierter Bedürfnisse. Das sind philologisch gleichsam „saubere", aber empirisch weitgehend wirklichkeitsferne Prämissen. Gleichwohl impliziert dieser veraltete Lektüre- und Literaturbegriff einen auch gegenwärtig schulisch einflussreichen Lesebegriff, demzufolge kindliches und jugendliches Lesen die Vorgeschichte des literarischen Lesens im Medium nicht-autonomer Literatur darstelle. In Form der didaktischen Idee des „Hinauflesens" sind diese Vorstellungen auch gegenwärtig verbreitet.

Aktuell wird in der akademischen Literaturdidaktik kindliche Literaturrezeption weniger unter dem Gesichtspunkt des Defizitären, sondern vielmehr mit Aufmerksamkeit für die jeweils bereits vorhandenen literarästhetischen Möglichkeiten des lesenden Kindes gesehen.[16] Motiviert ist diese Perspektive durch zwei Interessen. Einerseits möchte man literarische Erfahrungsfähigkeit als eine elementare Verstehensdimension von Symbolsystemen darstellen können, die Kindern unter prinzipiell beschreibbaren Bedingungen früh zuzuwachsen beginnt. Andererseits gilt es, den hohen Stellenwert literarästhetischer Lesekompetenz im Deutschunterricht der weiterführenden Schulen zu legitimieren. Unter diesem Blickwinkel liegt ein stärkeres Gewicht auf dem Erwerb struktureller Verstehensfähigkeit poetischen Sprachgebrauchs im Verlauf der literarischen Sozialisation als auf dem Aufbau literarhistorischen und kulturgeschichtlichen Wissens. Daraus resultiert die Notwendigkeit eines Literaturbegriffs, der auch Texte einbezieht, die nicht durchweg poetische Strukturen aufweisen, sondern z. T. konventionellen Sprach- und Denkformen verhaftet sind – insbesondere Kinder-, Jugend- und Unterhaltungsliteratur. Solche Texte verwirklichen durchaus einzelne Stilmittel der Hochliteratur wie innere Monologe, Zeitsprünge, perspektivisches und nicht-lineares Erzählen, Wechsel der Erzählpositionen, Polysemie usw., wenn sie auch in anderen Bereichen ggf. konventionelle Stilmittel verwenden bzw. sich insgesamt nicht oder nur bedingt in das Konstrukt der „autonomen Literatur" einbinden lassen.[17]

Lesekompetenz und literarische Verstehensfähigkeit werden unter dieser Perspektive nicht mehr als aufeinander aufbauende Entwicklungsstufen theoretisch modelliert, sondern entfalten sich neben- und miteinander. Die Frage nach den Schritten des Erwerbs literarischer Kompetenzen führt demnach viel tiefer in die Kindheit als innerhalb der tradierten Modelle. Schließlich folgt daraus eine relativierte Einschätzung der Möglichkeiten des institutionellen Zugriffs auf Erwerbsprozesse: Da Involviertheit ein zentraler Faktor der Lesemotivation bei Heranwachsenden ist und Motivation wie Kompetenz sich in enger Abhängigkeit voneinander lebensgeschichtlich entfalten[18], ist eine Textanalyse mit dem Ziel der Vermittlung philologischer Wissensbestände gleichsam die Arbeit an der Spitze des Eisbergs. Gerät dessen Basis, literarische Erfahrung nämlich, im Unterrichtsgeschehen aus dem Blick, so stellen

---

16 Spinner 2001b; Abraham 1998.
17 Siehe die Beiträge von Barbara Schubert-Felmy und Angelika Buß im vorliegenden Band.
18 Die Lesesozialisationsforschung kann dies belegen.

sich die nachhaltigen Entfremdungseffekte gegenüber literarischen Texten ein, die den Literaturunterricht als Instanz der Lesesozialisation so wenig erfolgreich sein lassen. Einem Literaturunterricht, dem vor allem im Zeitraum der Sekundarstufe I die Inszenierung ästhetischer Erfahrung ein zentrales Anliegen ist, sind aus dieser Perspektive die höheren Erfolgsaussichten zuzugestehen.

Reiz und Evidenz der veralteten Lesealtersstufen-Theoreme beruht(e) auf der offensichtlichen „Passung" entwicklungsspezifischer Lesebedürfnisse und jeweiligem kinderliterarischen Textangebot. Mit dem Konzept der „Entwicklungsaufgaben", also der Vorstellung, dass es kulturelle Anforderungen in bestimmten Lebensabschnitten gibt, die bewältigt werden müssen, könnte die Restitution einer Lesealtertheorie unternommen werden. Ein solcher Versuch müsste um die Frage kreisen, durch welche Dimensionen des literarischen Textes welche Entwicklungsvoraussetzungen und -bedürfnisse beansprucht werden, und er müsste insofern neben thematischen Konvergenzen auch formale Textmerkmale und die moralischen Dimensionen berücksichtigen.

Die Erforschung dieses Feldes ist bisher kaum geleistet. Insbesondere die Schriften von Spinner[19] verfolgen diesen Zusammenhang zwischen entwicklungspsychologischen Voraussetzungen und Textästhetik, um literarische Erfahrungen von Kindern und Jugendlichen besser zu verstehen. Mit kognitionstheoretischem Instrumentarium und Interesse an den imaginativ-kreativen Dimensionen der Aneignung ästhetischer Texte sowie unter Berücksichtigung entwicklungspsychologischer Voraussetzungen skizziert er folgende Dimensionen: die Fiktions-Wirklichkeits-Unterscheidung, das Abstrahieren, der indirekte Sprachgebrauch, der Nachvollzug von Perspektiven und Gefühlen, das Moral- und Komikverstehen.[20]

Das Schulfach Deutsch und insbesondere der Literaturunterricht sind in empirischer Perspektive die nach der Familie einflussreichste Instanz literarischer Sozialisation. Die Ziele des Literaturunterrichts[21] sind bei aller Widersprüchlichkeit zueinander sämtlich auch auf eine Stabilisierung literarischen Lesens als Gewohnheit ausgerichtet. Gemessen an diesen Zielen sind die Erfolge des schulischen Literaturunterrichts nicht optimal: Während die Leseneigung gegenüber institutionell geforderten literarischen Texten bis etwa zur 6. Klasse mit der außerschulischen Leseaktivität korrespondiert, verändert

---

19 Vgl. Spinner 1989c, 1993, 1995a, 2001b; Abraham 1998; Rosebrock 2001.
20 Hier zeigt sich ein Desiderat empirischer Forschung.
21 Mit Spinner handelt es sich um: Texterschließungskompetenz, literarische Bildung, Förderung von Imaginationsfähigkeit und Kreativität, Identitätsfindung und Fremdverstehen, Auseinandersetzung mit anthropologischen Grundfragen, Leseförderung (in Dehn u. a. 1999).

sich dieses Bild deutlich in den Klassen 7 bis 10. Das oben beschriebene Absacken der Lesemotivation, das im Freizeitbereich zu beobachten ist, findet sich in noch schärferer Konturierung beim Blick auf die Lesemotivation im Rahmen des Literaturunterrichts: Selbst Schüler mit ausgeprägter Freizeitlektüre vertreten Mitte der 90er-Jahre in dieser Altersstufe zu mehr als 50% die Ansicht, in der Schule würden „nur langweilige Texte" gelesen (Harmgarth 1997). Bei Gruppen mit generell niedrigerer Leseneigung steigt dieser Prozentsatz erwartungsgemäß noch weiter an. Die Leseinteressen der Jugendlichen werden durch die Schullektüre in dieser Altersstufe offensichtlich nicht erreicht. Dem entspricht das Bild, das in den autobiografischen Dokumenten der lesebiografischen Forschung von der Schule gezeichnet wird: Erst in der Sekundarstufe II tritt der Literaturunterricht bei literarisch interessierten Jugendlichen wieder als Anregungsfaktor in den Blick, während die Schullektüre in der Sekundarstufe I in der Regel als entfremdend erinnert wird.[22] Neben entwicklungspsychologischen Erklärungen für dieses Phänomen darf die Frage nach der Qualität von Unterricht nicht aus dem Blick geraten: Angestrengte, im „fragend-entwickelnden Unterrichtsgespräch" stark formalisierte Vermittlungsprozesse von Interpretationswissen dominieren den Literaturunterricht nach der Grundschule. Für die literarische Sozialisation sind sie nachweislich relativ erfolglos. Kaum ein Deutschlehrer betrachtet es als seine Aufgabe, auch die Freizeitlektüre der Jugendlichen im Blick zu haben.

Auch in Reaktion auf diesen Umstand hat in den letzten zwei Jahrzehnten der Einbezug von Texten der Kinder- und Jugendliteratur in den schulischen Lektürekanon der Sekundarstufe I unter der Zielperspektive der Leseförderung stattgefunden; sie sind mittlerweile fester Bestandteil der Curricula sämtlicher Bundesländer. Allerdings deuten alle empirischen Studien zum Einsatz von kinder- und jugendliterarischen Büchern im Unterricht darauf hin, dass die faktische Nutzung dieser Literatur die lesefördernden Absichten konterkariert: Das Spektrum der gelesenen Texte ist extrem schmal, faktisch wird fast ausschließlich eine kleine Anzahl von problemorientierten realistischen Jugendbüchern der 70er- und 80er-Jahre gelesen. Die Vermutung ist kaum von der Hand zu weisen, dass diese Texte im Unterricht die Funktion haben, im fächerübergreifenden Rahmen in ein sozialkundliches Themengebiet einzuführen.[23] Damit kann Kinder- und Jugendliteratur nicht diejenigen Funktionen erfüllen, die ihr im Interesse einer erfolgreichen literarischen Sozialisation beizumessen sind:

---

[22] Vgl. Schön 1996; Graf 1998.
[23] Vgl. Runge 1997a; Oskamp 1996; Lektüre von Ganzschriften 1994; sowie summarisch Rosebrock 1997.

- durch aktuelle Literatur mit tragfähigen Bezügen zur Lebenswelt der Jugendlichen genussreiche Leseerfahrungen ermöglichen,
- die tradierten schulischen Rituale des Umgangs mit Literatur aufbrechen, Lesemotivation aufbauen und sichern,
- die Vertrautheit mit literarischen Texten und die Fähigkeit zu ihrer bedürfnisgerechten Auswahl und Beschaffung steigern und
- durch die schulischen Umgangsformen mit Kinder- und Jugendliteratur auf der einen Seite das Freizeitlesen anregen und auf der anderen Seite die literarästhetische Verstehenskompetenz verbessern.

In solcherart lesefördernden Lernkontexten könnte Kinder- und Jugendliteratur dann erfolgreicher auch zum Medium literarischer Bildung und Identitätsförderung im Sinne der Lernzielbestimmungen des Literaturunterrichts werden (Rosebrock 2000a).

3 Leseförderung

Schenkt man den Leseautobiografien späterer Leser Glauben, so besteht die wirksamste schulische Leseförderung ab der Sekundarstufe in einem Deutschlehrer oder einer Deutschlehrerin, der oder die

- sich selbst als Leser bzw. Leserin zu erkennen gibt,
- sich für die Lesestoffe und -interessen der Lernenden auch jenseits des aktuellen Lehrstoffs interessiert,
- sich in der einschlägigen Literatur auskennt,
- anregende Anschlusskommunikation an Lektüren zu inszenieren weiß, und
- Leseempfehlungen formuliert, die bei den Lernenden auf Lesebereitschaft treffen.

Wenn nämlich dem Literaturunterricht in der Rückschau von späteren Leserinnen und Lesern überhaupt ein positiver Einfluss auf die eigene Lesesozialisation zugeschrieben wird, dann sind es einzelne Lehrpersonen, die als die Zentralfiguren der literarischen Sozialisation emphatisch erinnert werden. Diese Zuschreibung ändert nichts an der fast durchweg abwertenden Einstellung zum Deutschunterricht als Institution. Freilich, so überzeugend diese Kontur der idealen Lehrperson auch ist: Charisma lässt sich schlecht als Verfahren empfehlen, wenn das Engagement für die außerschulische Lektüre der Jugendlichen auch wesentliches Anliegen jeder Deutschlehrerin, jedes Deutschlehrers sein muss. Aber die häufigen Ressentiments späterer Leserinnen und Leser, der Deutschunterricht habe ihnen allen Spaß an der Literatur verdorben, sollten zwar ernst genommen, aber doch nicht uneingeschränkt geglaubt werden: Denn die Lesekrise insbesondere in den letzten Jahren der Sekundarstufe I ist schwerlich allein die Reaktion auf das unterrichtliche Geschehen.

Die Kritik der Gymnasiasten am schulischen Umgang mit Literatur fungiert sicher auch als Stilelement literarisch-intellektueller Selbstdefinition. Darüber hinaus erinnern spätere Nicht-Leser vor allem der unteren Sozialschichten ihren Deutschunterricht nicht in dieser Weise: Insbesondere Hauptschülerinnen und -schüler verlassen gegenwärtig in der Regel das Schulsystem, ohne überhaupt auf literarische Erfahrung im Kontext des Deutschunterrichts zurückzublicken: Persönliche Beteiligung an der ohnehin seltenen Lektüre von jugendliterarischen Büchern in den letzten Hauptschuljahren ist in retrospektiven Interviews fast überhaupt nicht rekonstruierbar; zwischen Lektüre und Lebenswelt stellte sich im Kontext des Literaturunterrichts keine wie auch immer geartete Verbindung her. Die These Bourdieus (1970), dass im unteren Segment des Bildungssystems der hochkulturelle Habitus „Literarisches Lesen" lediglich vorgeführt, zugleich aber als unerreichbar konturiert wird, hat einige empirische Evidenz[24].

Was fördern? Leseverstehen, reading literacy *und literarische Rezeptionskompetenz*

Die internationale Leseleistungsstudie PISA 2000 ist zweifellos Ausdruck der beginnenden Globalisierung der Bildungssysteme und wird vermutlich zu einer Reform der Bildungsziele auch des bundesdeutschen Schulsystems und des Deutschunterrichts erheblich beitragen. Sie hat den bundesdeutschen 15-Jährigen insgesamt unterdurchschnittliche Lesekompetenzen bescheinigt. Erschreckend sind dabei die schwachen Leistungen des unteren Viertels (10% erreichen nicht die erste Kompetenzstufe, weitere 13% nicht die folgende), dessen Fähigkeiten beim Leseverstehen nicht oder kaum ausreichen, um alltagspraktischen, z.B. beruflichen Anforderungen zu genügen. Leseleistung im Sinne von PISA ist nicht nur eine wesentliche Kompetenz für eine erfolgreiche Integration in das Berufsleben, sondern auch (in starker Überlappung mit der sozialen Herkunft) der maßgebliche Indikator für das Gelingen der Schulkarriere.

---

24 Die Aussagen beziehen sich auf ein gegenwärtig laufendes DFG-Forschungsprojekt der Autorin an der Goethe-Universität zum Mediengebrauch und Lektüregeschichte von jungen Erwachsenen, die etwa im Jahr 2000 die Hauptschule verlassen haben. Die Ergebnisse des Projekts stehen ab Spätsommer 2003 zur Verfügung.

Kaum ein Bildungssystem einer vergleichbaren Industrienation produziert so viele schwache und sehr schwache Leser wie Deutschland, und kaum irgendwo ist der Zusammenhang zwischen Leseleistung, Schichtzugehörigkeit und formaler Schullaufbahn so eng wie hier. Ein für diesen Zusammenhang ebenfalls wesentliches Ergebnis der PISA-Studie ist die mangelnde Diagnose-fähigkeit der Deutschlehrenden: Sie konnten Lernende mit erheblichen Lese-problemen in der Regel nicht identifizieren. Angesichts dieser Ergebnisse muss die bisherige Diskussion um Form und Umfang der Leseförderung im Rahmen der Schule[25] einer Revision unterzogen werden.

PISA überprüfte die Leseleistung von 15-Jährigen unter Maßgaben eines Lesebegriffs (*reading literacy*, S. 154), der dem angloamerikanischen Bildungssystem entstammt und sich nicht am Fächerkanon des deutschen Schulsystems, sondern an lebenspraktischen Anforderungen orientiert. Breite Lese- und Verstehensleistungen auch nicht-linearer Texte wie Tabellen und Grafiken wurden abgefragt.

Spezifisch literarisches Verstehen spielte bei PISA keine Rolle. Die Resultate geben allerdings keinen Anlass zu der Vermutung, dass bei einer stärkeren Berücksichtigung literarischer Textsorten im Fragenkatalog der Befund besser ausgefallen wäre. Denn während das untere Leistungsviertel elementare Verstehensprobleme bereits bei der Identifikation von Informationen in den vorgelegten Texten hat, zeigen die leistungsstärkeren Gruppen insbesondere im Bereich „Reflektieren und Bewerten"[26] signifikant schlechtere Leistungen – trotz eines Bildungssystems und insbesondere eines Literaturunterrichts, dessen Selbstwahrnehmung diese Bereiche deutlich akzentuiert.

Aufgrund der curriculumfernen Ausrichtung der Studie auf *reading literacy* ist es nicht ohne weiteres möglich, die Ergebnisse linear auf das hiesige Bildungssystem zu übertragen und in Handlungsvorgaben zu übersetzen. Denn allenfalls in den ersten beiden Grundschuljahren ist der Deutschunterricht allein für diesen Typ Leseleistung in die Verantwortung zu nehmen. Schon in der späten Grundschulzeit und vor allem in der Sekundarstufe geht es um Fähigkeiten, die in allen Fächern erworben und trainiert und ggf. gezielt gefördert werden müssen.

Zugleich ist es nicht legitim, den Lesebegriff der Studie mit Verweis auf die differente deutsche Tradition des Lese- und Literaturunterrichts zurückzuweisen – auch ein weiter angelegter, literarisch orientierter Lesebegriff als Ziel-

---

25 Zusammenfassend Bertelsmann Stiftung 1995, Dehn u. a. 1999.
26 Hierbei handelt es sich um eins von drei textbezogenen Leistungsmerkmalen neben „Informationen entnehmen" und „textbezogen interpretieren".

perspektive des Literaturunterrichts muss sich gegenüber Basisqualifikationen, wie sie in PISA gefasst sind, ausweisen können.

Deutlich wird trotzdem, dass Leseförderungskonzepte sich nicht weiterhin mit dem Ziel der Motivierung zum Lesen zufrieden geben dürfen. Die gängigen Formen der Verlockung zum Buch[27] orientieren sich auf Schüler, deren Lesefähigkeit lediglich im motivationalen Bereich gehemmt ist. Dabei wird übersehen, dass für einen erheblichen Teil der Heranwachsenden die mit diesen Maßnahmen verheißenen Genussversprechungen beim Lesen deshalb nicht wirksam werden können, weil andere Bereiche der Lesekompetenz zu wenig ausgebildet sind, um die erhoffte Wirkung erzielen zu können.

Für die Frage, wie die PISA-Ergebnisse zur Implementierung systematischer Förderung der Lesekompetenz im hiesigen Schulsystem der Sekundarstufen und insbesondere im Deutsch- und Literaturunterricht führen könnten, soll ein Begriff von Lesekompetenz vorgeschlagen werden, der – anders als bei PISA – aneignungsorientiert angelegt und insofern für die tatsächlichen lite-

Lesekompetenz		
Kognition	**Motivation, subjektive Beteiligung**	**Reflexion**
– Wort- und Satz-identifikation – Verknüpfung von Satzfolgen – globale Kohärenz-herstellung – Makrostrukturbildung auf der Basis von Textsortenkenntnis – Erkennen von Darstellungsstrategien im Hinblick auf die Textintention	Fähigkeit, Lesebereitschaft aufzubauen: – Genussversprechen des Textes selbst – Interesse an bestimmter emotionaler Anregung – Aussicht auf anschließende Kommunikation – thematische Interessen, außertextuelle Zwecke – die Fähigkeit, Lesebedürfnisse und -angebote aufeinander abzustimmen	Auf der Metaebene: Reflexive Begleitung der Lektüre Retrospektive Reflexion
↓ ↗ mentale Modelle ⟵	Die Fähigkeit des lesenden Subjekts, sich affektiv zu engagieren: Genuss, Identifikation, Involviertheit, Distanziertheit, Alterität usw.	Als kulturelle Praxis: Retrospektive Reflexion in Situationen der Anschlusskommunikation

27 So die Einrichtung von Leseecken, die Inszenierung von Autorenlesungen, Lesenächten, literarischen Spaziergängen, Theaterbesuchen oder eigenen Theaterstücken, die Produktion und Rezeption von Buchbesprechungen oder der Besuch bei Verlagen, Buchhandlungen und Bibliotheken.

rarischen Erwerbsverläufe offen ist. Ein solcher Begriff soll zunächst entwickelt und im Anschluss daran die Dimensionen der Leseförderung insbesondere in der Sekundarstufe I entworfen werden (siehe Abb. S.168).

Die Einteilung eines allgemeinen Begriffs von Lesekompetenz in die Bereiche *Kognition*, *Beteiligung* und *Reflexion* (Hurrelmann 2002) hat mehr analytischen als abbildenden Charakter, mag aber für die Vergegenwärtigung der Komplexität von Lektürevorgängen hilfreich sein. Solche differenzierenden Modelle sollen Relationen, die der Beobachtung unzugänglich sind, gleichsam ruhig stellen, um eine Vorstellung von ihrer Beschaffenheit überhaupt zu ermöglichen, ohne dass die in solchen Modellen benannten Einzelelemente isoliert faktisch in Erscheinung treten.

Bei der Lektüre kommen im kognitiven Bereich auf jeder der genannten Ebenen erworbene, flexible und von den Kontexten abhängige Strategien zum Tragen, in denen die Momente des Textes jeweils mit dem vorhandenen Schrift-, Sprach- und Weltwissen des Lesers aktiv verknüpft werden. Bereits bei etwas komplexeren Texten von mehreren aufeinander Bezug nehmenden Sätzen werden Bedeutungen nicht allein als sprachliche Einheiten repräsentiert, sondern es wird zusätzlich eine interne, von den unmittelbar sprachlichen Strukturen gelöste Repräsentation des Dargestellten gebildet, die gleichsam analog funktioniert. Iser nennt in seinem „Akt des Lesens" diese Bildungen „Bewusstseinskorrelate" (Iser 1976), vonseiten der Leserpsychologie hat sich der Begriff des „mentalen Modells" durchgesetzt.[28] Solche inneren Situationsmodelle beinhalten im Blick auf literarische Texte beispielsweise dargestellte Zeit- und Raumstrukturen, die Perspektiven handelnder Personen, Kausalbeziehungen usw. Sie bilden gleichsam das innere „Bühnenbild" mitsamt gestaffelter Horizonte im jeweils aktuellen Moment der Lektüre (Rinck 2000). In ihrer Differenziertheit und Reichhaltigkeit sind sie natürlich nicht allein von den Textvorgaben abhängig, sondern auch von dem Weltwissen, dem Grad der emotionalen Involviertheit und den lesestrategischen Fähigkeiten des Subjekts.

Bei jeglicher Lektüre und insbesondere bei literarischer ist das affektive und motivationale Engagement des lesenden Subjekts nicht bloß irgendwie zusätzlich beteiligt. Vielmehr ist das lesende Subjekt in das Entstehen dieser mentalen Modelle mit seinen eigenen Interessen, Erfahrungen, Wissensstrukturen und Bedürfnissen verstrickt, indem es gewissermaßen durch „Zufütterung" seines Sprachwissens und seines Weltbezugs den Text überhaupt erst innerlich inszeniert. In anschlusskommunikativen Situationen – z.B. im Unter-

---

28 Vgl. zusammenfassend Christmann/Groeben 1999.

richtsgespräch über die Gesamtheit der Lektüre – wird auf diese mentalen Modelle des Lektüreprozesses zurückgegriffen und sie werden retrospektiv ggf. erweitert oder relativiert.

Nun ist Lesen kein Vorgang, in dem die kognitiven Leistungen von den in der Abb. S. 168 aufgelisteten hierarchieniedrigen zu den hierarchiehohen Ebenen nacheinander abgearbeitet würden, also ausgehend vom Buchstaben sukzessive die Sinndimensionen aufgebaut würden (*bottom-up*). Auch die umgekehrte Vorstellung, dass zunächst eine Sinnerwartung aufgebaut und diese durch die Dechiffrierungsprozesse bestätigt oder modifiziert wird (*top-down*), ist allein zu naiv, um die Komplexität des Vorgangs beschreiben zu können. Bereits das im Schriftspracherwerb befindliche Kind, das sich noch eine große Anzahl von Wörtern lautierend vorsprechen muss, um verstehensorientiert lesen zu können, nutzt eine ganze Palette von Strategien zwischen *bottom-up* und *top-down*, um der kognitiven Vielschichtigkeit der Leseanforderungen gerecht zu werden. Insbesondere bekannte Wörter oder Wortteile, syntaktische Strukturen und weitere Sinnstützen wie Illustrationen oder sonstige Kontexte unterstützen den Weg zur Automatisierung der hierarchieniedrigen Komponenten.[29] Die mentalen Modelle sind gewissermaßen der Ort bzw. der Zeitpunkt im Bewusstsein, an dem die Leistungen der verschiedenen Ebenen synthetisiert werden. Je mehr Leistungen automatisiert bzw. mühelos abrufbar sind, desto mehr Ressourcen stehen für hierarchiehöhere Leistungen bereit, sofern die entsprechende Motivation sie unterstützt.

Dieses Modell von Lesekompetenz ist gegenüber der gelesenen Textsorte zunächst relativ neutral: Es kann auf die Lektüre linearer und nicht-linearer, ästhetischer und pragmatischer, konventioneller und Hypertexte angewandt werden, auf einfach strukturierte wie auf komplexe Texte mit tief eingebetteten, nur indirekt erschließbaren Gehalten. Es zeigt zudem Anschlussfähigkeit für Diagnoseschritte: Gelingt es überhaupt, die Sätze bzw. Sequenzen miteinander stimmig zu verbinden? Ist die Thematik des Textes zutreffend wahrgenommen? Mit Blick auf literarische Texte sollten literaturspezifische Modifikationen zum Tragen kommen: Die Polyvalenz- und die Ästhetikkonvention literarischer Kommunikation verlangen in der Regel größere Unsicherheitstoleranzen vom lesenden Subjekt als pragmatische Texte, mehr Sensibilität für noch nicht konventionalisierte Bedeutungen sowie höhere Fähigkeiten bei der Ausbalancierung von Irritation und Verstehen in der Lektüre; tendenziell kann vermutlich auch von einer intensiveren Anforderung an die Fähigkeit zur begleitenden Selbstreflexion ausgegangen werden (Eggert 2002). Es darf aber

---

[29] Vgl. Crämer u. a. 1998, Wedel-Wolff 2000, Dehn 2000.

trotz solch unterschiedlicher Gewichtungen mit einigem Recht ein gemeinsamer struktureller Kompetenzbegriff für die Lektüre der verschiedenen Textsorten angenommen werden.

Leseförderung im Deutschunterricht

Ausgehend von den PISA-Ergebnissen und dem skizzierten Begriff von Lesekompetenz lassen sich, bezogen allein auf den Deutschunterricht der Sekundarstufe, insbesondere zwei Dimensionen der Leseförderung entwerfen:

Die von PISA so definierte „Risikogruppe" von knapp einem Viertel der bundesdeutschen Schülerschaft ist allein durch Maßnahmen, die auf eine Erhöhung der Motivation zur Lektüre von (Jugend-)Literatur setzen, vermutlich kaum zu erreichen. Bunter „Lesezauber", der für das Lesen als genussreiche Freizeitaktivität wirbt, wird in der Sekundarstufe deshalb mehrheitlich an dieser Gruppe vorbeigehen, weil ihr zur Lektüre längerer auch einfach strukturierter literarischer Texte die Voraussetzungen fehlen. Diese Gruppe braucht in erster Linie ein Training von Strategien, um die verschiedenen kognitiven Dimensionen des Leseprozesses müheloser bewältigen zu können, um überhaupt adäquate mentale Modelle während der Lektürevorgänge auszubilden und um so erst die Erfahrung eines genussreichen eigenen Engagements beim Lesen machen zu können. Gemessen an denjenigen Schülern, die in die Sekundarstufe mit einer relativ stabilen intrinsischen Lesemotivation und umfangreichen Lektüreerfahrungen vor allem mit linear erzählenden Texten eintreten, liegen ihre Defizite auch, aber nicht nur im motivationalen Bereich. Sie befinden sich zudem wegen meist fehlender sprachlicher Differenziertheit, wegen eines offensichtlich nur unzulänglich kompensierenden Unterrichts im Bereich des weiterführenden Lesens in den letzten beiden Grundschuljahren und wegen eines insgesamt langjährigen Defizits sowohl an Lesetraining als auch an literarischen Erfahrungen in einer Misserfolgsspirale, die weitgehend verhindert, dass sie bei der Lektüre längerer oder komplexer Texte mithalten können.

Bei der Suche nach erprobten Verfahren zur Steigerung des Leseverstehens zeigt sich freilich, dass dieses Gebiet von der Deutschdidaktik kaum wahrgenommen wurde. Trainiert werden müssen im Blick auf diese Gruppe Verfahren der Wort- und Satzidentifikation, gezielt dann Strategien der Verknüpfung von Satzfolgen und der Entwurf von Bedeutungshorizonten größerer Textteile.[30] Willenberg (1995, 2001) legte Vorschläge zur Übung von Lesestrategien im Deutschunterricht vor, wobei das Training der „Öffnung" von Einzelmo-

---

30 Vgl. grundsätzlich zu Trainingsverfahren Grzesik 1990; Wember 1999. Ein ausgearbeitetes Trainingsprogramm bietet Pramper 1999, 2000.

menten des Textes hin zu personalen Bezügen und Weltbezügen aus dem Wissensrepertoire und den Erfahrungen des Subjekts die zentrale Rolle spielt. Die Arbeitsgruppe um Gold[31] entwickelte ein Förderkonzept, das den gezielten Einsatz von Lesestrategien trainiert und das gegenwärtig mit Fünftklässlern erprobt wird. Die Schüler werden zum bewussten Planen, Überwachen und eventuell auch zum Modifizieren des Leseprozesses angeleitet. Vor, während und nach dem Lesen werden dafür Reflexionsphasen eingeplant, in denen zunächst die mit dem Lesen verbundene Aufgabe und die Ziele der Lektüre bewusst gemacht werden. Während des Lesens werden dann sieben Strategien gezielt trainiert.[32] Nach dem Lesen findet eine Reflexion hinsichtlich der eingangs formulierten Leseziele statt. Bei der Erprobung des Programms wird beispielsweise sichtbar, dass die meisten Lernenden und insbesondere die schlechten Leser und Leserinnen nicht in der Lage sind, im Zuge des Lesens Wichtiges zu identifizieren.

Solche Unterstützung bei der Lektüre im Klassenverbund oder für Kleingruppen ist selbst für die geübteren Leser ein Gewinn, denn auch sie trainieren die Fähigkeit, komplexes Textverstehen systematisch zu erarbeiten.

Ein zweites, von den PISA-Ergebnissen ausgehendes Szenario der Leseförderung innerhalb des Deutschunterrichts der Sekundarstufe I muss m. E. von dem rapiden Abfall der Lesemotivation insbesondere ab der 7. bis zur 10. Klasse ausgehen. Wie oben ausgeführt, stehen auch lesegewohnte Heranwachsende mit guten lesesozialisatorischen Bedingungen während der „literarischen Pubertät" in einer Motivationskrise. Diese resultiert u. a. aus der Notwendigkeit, die nunmehr regressiv gewordene kindliche Lesehaltung gegenüber belletristischen Texten neu zu organisieren. Die affektive und interessenorientierte subjektive Beteiligung, ohne die Leseverstehen im umfassenderen Sinn nicht realisiert wird, ist in dieser Phase der literarischen Sozialisation für den Unterricht nicht leicht zu gewinnen. Zugleich ist sie aber unverzichtbar, wenn der empirisch beobachtbare endgültige Abbruch der privaten Lektürepraxis verhindert werden soll, der für etwa ein Drittel der Heranwachsenden nun zu erwarten ist (für ein weiteres Drittel hat er sich bereits vollzogen). In dieser Phase bedarf es gezielter Leseanregungen durch den Literaturunterricht, die im Angebots- und Anforderungsprofil insbesondere auf die schwierige Motivationslage reagieren und den Jugendlichen neue Genuss- und Erfahrungs-

---

31 Vgl. Küppers/Souvignier 2002.
32 In Stichworten: Überschrift beachten, bildlich vorstellen, Verstehen überprüfen, Wichtiges unterstreichen, Wichtiges zusammenfassen, Behalten überprüfen, Umgang mit Textschwierigkeiten.

möglichkeiten mit literarischen Texten im Literaturunterricht selbst, aber auch in seinem weiteren Kontext eröffnen. Mehr als die ein bis zwei obligatorischen jugendliterarischen Ganzschriften sind aus vielerlei Gesichtspunkten anzustreben; die Stabilisierung eines längeren „Leseatems" ist nur einer davon (Hurrelmann 1994). Für den binnendifferenzierten Literaturunterricht empfehlen sich Methoden wie etwa das Führen von „Lesetagebüchern".[33] Freilich ist die interessantere Jugendliteratur für Jugendliche mit Leseschwierigkeiten in der Regel zu komplex und auch zu lang. Der Markt hat auf den Bedarf an Literatur für solche Jugendliche bereits in den 90er-Jahren reagiert und ein z.t. qualitativ sehr gutes Angebot an Texten insbesondere für Jugendliche herausgebracht, das „leicht zu lesen" ist.[34] In einem buch- und leseorientierten Literaturunterricht sind durch solche binnendifferenzierenden Angebote auch die leseschwachen Schüler eingebunden. Raum im Unterricht müssen schließlich auch Verfahren haben, durch die Schüler lernen, sich im Kosmos der Texte, der Informations- und Beschaffungsmöglichkeiten zu orientieren und Bücher bedürfnisgerecht auszuwählen, zu bewerten und weiterzuempfehlen.

Eine Polarisierung von „eigentlichem" Literaturunterricht und (literarischer) Leseförderung ist dabei unangemessen: Zentrales Medium des literarischen Lernens sollte in der Phase der literarischen Pubertät altersangemessene Kinder- und Jugendliteratur sein.[35] Die Lektüre aktueller Kinder- und Jugendliteratur, wie sie der Markt seit geraumer Zeit in großem Umfang und Differenziertheit anbietet, eröffnet selbst einen Weg zu literarischer Rezeptionskompetenz. Dies ist ein Weg, der für den überwiegenden Teil der Heranwachsenden in dieser Lebensphase gangbarer ist als der traditionelle über Auszüge aus klassischen Texten oder Kurzformen der kanonischen Literatur, die im Klassenverband gelesen im fragend-entwickelnden Gespräch engschrittig interpretiert werden. Lehrpersonen brauchen die Fähigkeit, jugendliterarische Texte auf ihre poetische Einfachheit bzw. Komplexität hin und damit auf ihre Position in einem literarästhetischen Curriculum zu beurteilen. Sie brauchen weiterhin den Mut, aktuelle und originelle Texte mit ihren Schülern auch dann zu lesen, wenn keine unterrichtsbezogene Sekundärliteratur dazu vorliegt – vor allem an Letzterem mangelt es dem Literaturunterricht den ein-

---

33 Siehe hierzu die Hinweise von Barbara Schubert-Felmy im vorliegenden Band S. 117–121 .

34 Vgl. Genuneit 1998; Dahrendorf 1995.

35 Das Korpus der Kinderliteratur enthält als Ganzes gleichsam ein „Lesecurriculum" – gute Kinder- und Jugendliteratur zeigt altersgemäße sprachliche und poetische Komplexität, adäquate thematische Verankerung in der Lebenswelt bzw. Interessensphäre von Jugendlichen und angemessenen Umfang.

schlägigen Studien zufolge.[36] Mit solcher Literatur und unter Nutzung der handlungs- und produktionsorientierten Verfahren[37] können auch die konventionellen Lernziele wie die Kenntnis bestimmter Genres und literarischer Verfahren verfolgt werden; es kann aber auch durch die Kultivierung des „literarischen Gesprächs" (Merkelbach 1998) eine Intensivierung der Beteiligung und der Situierung literarischer Texte „im Leben" angezielt werden.

Wie bereits erwähnt, reflektieren die PISA-Ergebnisse nicht allein die Lehrleistung des Deutschunterrichts. Insofern müssen die beiden oben für den Deutschunterricht entworfenen Szenarien zur Steigerung des Leseverstehens und der Lesemotivation auf andere Fächer und auf die Schulkultur als Ganzes ausgeweitet werden: Jede Lehrperson ist in der Sekundarstufe auch Leselehrerin bzw. Leselehrer; zu ihren Aufgaben gehört es, die Lesekompetenz im Blick auf die fachspezifischen Textsorten entwickeln zu helfen. Und jede Schule ist schließlich ein kultureller Mikrokosmos. Dass in ihm Literatur und die vielfältigen Formen literarischer Geselligkeit einen dominanten Platz einnehmen, ist Bedingung erfolgreicher Leseerziehung.

---

[36] Vgl. Oskamp 1996; Runge 1997a.
[37] Siehe den folgenden Beitrag Kaspar H. Spinner.

Handlungs- und produktionsorientierte Verfahren im Literaturunterricht

Kaspar H. Spinner

Dieses Kapitel setzt sich unter dem Stichwort der Handlungs- und Produktionsorientierung mit den seit Mitte der 80er-Jahre meist diskutierten Paradigmen des Literaturunterrichts auseinander. Kaspar H. Spinner skizziert zunächst die literaturtheoretischen Begründungsansätze handlungs- und produktionsorientierter Verfahren und nennt hier jeweils typische Beispiele. Im Anschluss werden die wichtigsten lernpsychologischen und pädagogischen Aspekte erläutert, Verbindungen zur neueren Schreibdidaktik hergestellt und die wichtigsten didaktischen Autoren in ihren Akzentsetzungen vorgestellt. Auf kritische Stimmen geht der Autor ein, bevor er die methodischen Verfahren ausführlich darstellt. Er zeigt zudem, welche Bedeutung handlungs- und produktionsorientierte Verfahren gerade im Umgang mit Medien haben können. Berücksichtigt wird auch die häufig als Einwand vorgebrachte Frage, wie sich produktive Leistungen der Lernenden denn beurteilen lassen.

1 Begriff

Der handlungs- und produktionsorientierte Ansatz versteht sich als Gegenposition zu der bis Mitte der 80er-Jahre im Unterrichtsgespräch vorherrschenden Textanalyse und -interpretation. Gemeint ist ein Unterricht, bei dem die Schüler selbst produktiv tätig werden, indem sie Texte ergänzen, umschreiben, imitieren, antizipieren, szenisch umsetzen und in andere Medien transformieren (Malen, Vertonen, Filmen ...). Dabei werden viele methodische Anregungen aus früheren Formen eines gestaltenden Umgangs mit literarischen Texten aufgegriffen und in einen übergreifenden didaktischen Begründungszusammenhang eingebracht.

2 Literaturtheoretische Hintergründe

Der entscheidende Auslöser der Entwicklung handlungs- und produktionsorientierter Verfahren war die *Rezeptionsästhetik*. Sie hat gezeigt, dass der Leser eines literarischen Textes produktiv an der Sinnbildung beteiligt ist und nicht einfach eine vorgegebene Bedeutung erschließt. In diesem Sinne formuliert z.B. Wolfgang Iser:

> *Bedeutungen literarischer Texte werden überhaupt erst im Lesevorgang generiert; sie sind das Produkt einer Interaktion von Text und Leser und keine im Text versteckten Größen, die aufzuspüren allein der Interpretation vorbehalten bleibt. Generiert der Leser die Bedeutung eines Textes, so ist es nur zwangsläufig, wenn diese in einer je individuellen Gestalt erscheint.* (Iser 1970, 7)

Mit handlungs- und produktionsorientierten Verfahren soll diese aktive Mitwirkung an der Bedeutungskonstitution gezielt gefördert werden, indem die Schüler nicht nur mental, sondern durch Schreiben, Malen, Vertonen der eigenen Konkretisierung des Textes Ausdruck geben. Besonders beliebt ist in der Literaturdidaktik Isers Begriff der „Leerstelle" geworden; damit ist gemeint, dass bei einem Text verschiedene „schematisierte Ansichten" auf den dargestellten Gegenstand (Iser 1970, 14) aufeinander stoßen (wie bei den Schnitten im Film) und der Leser die dadurch entstehenden Leerstellen ausfüllt. Dieser Leerstellenbegriff ist in der Literaturdidaktik ausgeweitet worden und wird als Argument dafür verwendet, dass der Text für Leserinnen und Leser nur die Partitur ist, der sie in ihrer Vorstellung – und bei produktionsorientierten Verfahren durch entsprechende schriftliche, bildnerische, szenische und akustische Konkretisationen – Gestalt geben müssen.

Mit der Rezeptionsästhetik ist auch der Begriff der *Einbildungskraft* für die didaktische Diskussion wichtig geworden; wenn, wie Iser sagt, „der literarische Text seine Realität nicht in der Welt der Objekte, sondern in der Einbildungskraft seiner Leser besitzt" (Iser 1970, 33), dann gilt für den Unterricht, dass Lernende vor allem darin gefördert werden sollen, ihre Einbildungskraft bzw., wie man heute eher sagt, ihre Fähigkeit zur Imagination (Spinner 1997) oder zur Vorstellungsbildung (Abraham 1999) zu entwickeln. Handlungs- und produktionsorientierte Verfahren stellen sich diesem Anspruch in besonderem Maße.

In jüngster Zeit werden die handlungs- und produktionsorientierten Verfahren auch durch *konstruktivistische Ansätze* der Literaturwissenschaft gestützt; sie stellen eine Radikalisierung rezeptionsästhetischer Theorien dar. Wenn z.B. Bernd Scheffer jede Interpretation als „autobiografische Tätigkeit" des Lesers bezeichnet und in der „vielfältigen Rezipienten-Aktivität" ein Literaritäts-Merkmal sieht (Scheffer 1992, 24f.), dann ist damit zugleich ein Argument für einen handlungs- und produktionsorientierten Literaturunterricht gegeben, dem es gerade auf eine solche Leseraktivierung ankommt.

Wichtig für die Begründung handlungs- und produktionsorientierter Verfahren sind auch *differenztheoretische* Überlegungen in der Tradition des russischen Formalismus und des Prager Strukturalismus (auf diese beiden Traditionslinien berief sich auch die rezeptionsästhetische Literaturtheorie). Dabei wird Literatur in ihrer Differenz zur Alltagssprache und auch zur alltäglichen Vorstellungswelt begriffen. Neben dieser Differenz zum Außerliterarischen sind die binnenliterarischen Differenzen wichtig: Eine literarische Ausdrucksweise erhält ihre Wirkung dadurch, dass sie sich von anderen Ausdrucksmöglichkeiten abgrenzt. Das epische Theater Brechts z.B. definiert sich durch seine Differenz zum aristotelischen Theater. Schüler gewinnen einen Einblick in solche Differenzqualitäten am ehesten dadurch, dass sie selbst verschiedene Gestaltungsmöglichkeiten erproben, bei Theaterstücken z.b. durch szenisches Spielen. Bei einem Erzähltext kann ein Bewusstsein für die Leistung bestimmter Ausdrucksmöglichkeiten z.b. durch das Schreiben von Schlüssen und ein darauf folgendes Gespräch über Funktion und Wirkung der verschiedenen Varianten geschaffen werden. Solche differenztheoretischen Begründungen findet man vor allem bei Günter Waldmann, einem der Hauptvertreter des handlungs- und produktionsorientierten Ansatzes (z.b. Waldmann 1998).

Schließlich kann man die handlungs- und produktionsorientierten Verfahren mit der *dekonstruktivistischen Literaturtheorie* in Verbindung bringen. Sie geht davon aus, dass literarische Texte nicht nur offen sind für die Konkretisation durch den Leser (wie das die Rezeptionsästhetik gezeigt hat), sondern dass sie in sich selbst widersprüchlich sind, jede endgültige Deutung verweigern und einen unendlichen Prozess der Semiose (Zeichen- und Sinnbildung) auslösen. Mit dem Eingreifen in Texte, dem Weiter- und Umschreiben, Verändern, Parodieren, überhaupt mit einer experimentierenden Haltung kann ein handlungs- und produktionsorientierter Literaturunterricht eine Antwort auf solche neuen literaturtheoretischen Positionen darstellen.

3 Pädagogisch-psychologische Hintergründe

Für die Begründung handlungs- und produktionsorientierter Verfahren sind auch pädagogische und lernpsychologische Argumentationen wichtig.

In den 70er-Jahren des 20. Jahrhunderts spielte, ausgehend von amerikanischen Forschungen, der Begriff der *Kreativität* in der pädagogischen Diskussion eine hervorstechende Rolle. In der Literaturdidaktik bewirkte dies, dass als Ergänzung zu einem analysierend-interpretierenden Vorgehen experimentelle, spielerische Formen des Umgangs mit Texten vorgeschlagen wurden. Viel beachtet waren z.b. die „Kreativitätsübungen im Literaturunterricht der Oberstufe" von Ingeborg Meckling (1972). Die Diskussionen um einen kreativen Literaturunterricht in den 70er-Jahren waren das Vorspiel zur Ausformulierung des handlungs- und produktionsorientierten Konzeptes in den 80er-Jahren.

Handlungs- und produktionsorientierte Verfahren werden auch mit dem Begriff des *analogen Denkens* in Verbindung gebracht. Es ist als Gegensatz zum analytischen Denken zu verstehen und bezeichnet einen Zugang zur Welt, der nicht begrifflich-abstrahierend, sondern ikonisch-abbildhaft ist. Damit kann begründet werden, warum etwa das Malen eines Bildes zu einem Gedicht oder das Schreiben nach dem Modell eines vorgegebenen Kurzprosatextes *ohne Analyse* eine Form von Aneignung und Interpretation sein kann. Damit will man insbesondere auch Schülern gerecht werden, deren Stärken eher im gestalthaften Erfassen liegen. Darüber hinaus kann das analoge Verstehen grundsätzlich als wesentlicher Aspekt des ästhetischen Umgangs mit Texten verstanden werden, dem im Sinne einer gezielten literarischen Bildung auf allen Klassenstufen und in allen Schulformen Rechnung zu tragen ist.

Mit der Kennzeichnung „handlungsorientiert" ordnen sich die handlungs- und produktionsorientierten Verfahren in die Diskussion um einen *offenen, schülerorientierten, ganzheitlichen Unterricht* ein, der schon von der Reformpädagogik am Anfang des 20. Jahrhunderts gefordert wurde und der in den letzten Jahren in der schulpädagogischen Diskussion im Vordergrund steht. Handlungsorientierter Unterricht versteht sich insbesondere als Gegenmodell zum fragend-entwickelnden Unterrichtsgespräch, das traditionell gerade im Literaturunterricht dominiert. An ihm wird kritisiert, dass in der Regel nur ein kleinerer Teil der Schüler aktiv am Unterricht beteiligt ist und dass es oft den Anschein erweckt, es gehe nur um den Nachvollzug der Interpretationen des Lehrers; eine selbstständige Auseinandersetzung mit dem Text kann so nur schwer entstehen. Mit handlungs- und produktionsorientierten Verfahren sollen alle Schüler zur selbstständigen Mitarbeit angehalten werden.

Handlungs- und produktionsorientierte Verfahren erlauben in diesem Sinne insbesondere auch eine *Individualisierung* des Unterrichts. Den Lernenden werden Spielräume für eine eigene Auseinandersetzung mit dem Text eröffnet. Unterricht zielt dabei nicht auf ein einheitliches Ergebnis, vielmehr ist es gerade als eine Bereicherung zu sehen, wenn die Schüler z.B. bei der Beschäftigung mit einem Buch schreibende, visualisierende, spielende Zugänge nach ihrer individuellen Wahl realisieren. Eine innere Differenzierung nach Interessen und Fähigkeiten, wie sie in der Didaktik immer wieder gefordert wird, kann bei solchem Vorgehen besser verwirklicht werden als beim traditionellen Interpretationsunterricht.

4 Verhältnis zum Schreibunterricht

Handlungs- und produktionsorientierte Verfahren ermöglichen eine enge und vielgestaltige Verbindung von Schreib- und Literaturunterricht und werden so auch dem Postulat eines integrierenden Vorgehens, wie es die meisten Lehrpläne fordern, gerecht.

Ein enger Bezug besteht zum *kreativen Schreiben*, das in der jüngeren schreibdidaktischen Diskussion große Beachtung findet und sich zum Teil mit dem handlungs- und produktionsorientierten Literaturunterricht deckt. Ein Unterschied besteht im Begründungszusammenhang, der im einen Fall literatur-, im anderen Fall schreibdidaktisch ist. Zu Letzterem gehört z.b., dass mit dem kreativen Schreiben Schreibblockaden abgebaut werden sollen, dass es Möglichkeiten des persönlichen Gefühlsausdrucks und der Selbstreflexion eröffnet und dass es die Ausbildung eines individuellen Stils unterstützen kann. Viele Unterrichtsarrangements ordnen sich allerdings sowohl in schreib- als auch in literaturdidaktische Zielzusammenhänge ein. So kann z.b. das Schreiben eines Gedichtes nach dem Muster der Alltagslyrik der 1970er-Jahre sowohl neue Ausdrucksmöglichkeiten in schreibdidaktischer Sicht eröffnen als auch das Verständnis für eine bestimmte Form von Lyrik fördern. Wenn hingegen die Zeilen eines Gedichtes auseinander geschnitten und durcheinander gewürfelt ausgegeben werden und die Schüler eine mögliche Fassung legen sollen, bezeichnet man das zwar als ein (operativ-)produktionsorientiertes Verfahren, aber nicht als kreatives Schreiben, weil ja nur mit vorgefertigtem Material gearbeitet wird und keine eigene Schreibleistung erfolgt. Ebenso gehört das szenische Gestalten, das Malen, das Musizieren zu Texten natürlich nicht zum Schreibunterricht. Umgekehrt wird man ein freies Schreiben zu Bildvorlagen als kreatives Schreiben, aber nicht als handlungs- und produktionsorientierten Literaturunterricht bezeichnen, weil hier kein Bezug zu Textvorlagen vorhanden ist.

Das kreative Schreiben hat sich weitgehend parallel zu den handlungs- und produktionsorientierten Verfahren seit den 1980er-Jahren entwickelt und ist zu einem wichtigen Bestandteil des Deutschunterrichts geworden (vgl. Merkelbach 1993).

5 Wichtigste Vertreter

Die umfangreichsten Publikationen zu den handlungs- und produktionsorientierten Verfahren hat *Günter Waldmann* vorgelegt. Am Anfang stand bei ihm ein spielerischer Umgang mit Trivialliteratur im Vordergrund (z.b. Waldmann 1980), bei dem die Schüler durch eigenes Produzieren und damit durch Anwenden von Textmustern die Strukturen und Strategien der Trivialliteratur durchschauen. In der Folge legte Waldmann dann ausführliche Publikationen zum produktionsorientierten Umgang mit Lyrik, mit Erzähltexten, mit Dramen und mit autobiografischen Texten vor und stellte seinen Ansatz zusammenfassend in einem 1998 erschienenen Buch dar (Waldmann 1998). Für Waldmann spielt die Erschließung poetischer Strukturen durch das produktive Arbeiten die zentrale Rolle; insofern sieht er Produktion und Analyse in engem

Zusammenhang. Dabei kommt der Produktion im Sinne eines induktiven Zugangs eine eigene Erkenntnisqualität zu; darin unterscheidet sich sein Ansatz von Vorstellungen, die bis 1980 vorherrschten und z.T. bis heute vertreten werden, nämlich dass einer literarischen Produktion durch die Schüler immer eine analysierende Erschließung des Musters vorangehen müsse.[1]

Als zweiter Hauptvertreter des handlungs- und produktionsorientierten Literaturunterrichts ist *Gerhard Haas* zu nennen. Sein unter diesem Titel 1984 erschienenes Buch (Neufassung Haas 1997) hat dem Begriff zum Durchbruch verholfen. Gerhard Haas, dessen erste Anregungen wie bei Waldmann auf die 70er-Jahre zurückgehen, legt besonderes Gewicht auf den ganzheitlichen Umgang mit Literatur und ordnet seinen Ansatz dezidiert in die pädagogischen Konzeptionen eines offenen Unterrichts in der Tradition der Reformpädagogik ein. Seine Verfahren sind weniger funktionalisiert im Hinblick auf strukturelle Einsichten und Aneignung, sondern zielen in erster Linie auf einen intensiven, lebendigen Kontakt der Schüler zu den literarischen Texten.

Karlheinz Fingerhut ist zugleich Kritiker und Vertreter des handlungs- und produktionsorientierten Literaturunterrichts. Er sieht produktive Verfahren nur dann als gerechtfertigt an, wenn sie in enger Verbindung mit Textanalyse eingesetzt werden. Dazu hat er viele Anregungen gegeben, z.B. mit seinem Bändchen „Umerzählen", in dem er in Anlehnung an Umerzählungen, wie sie Schriftsteller selbst praktiziert haben (z.B. Fassungen alter Fabeln), die Schüler zur produktiven Auseinandersetzung mit Texten anregt (Fingerhut 1982).

Harro Müller-Michaels hat unter dem Begriff der Rezeptionspragmatik einen literaturdidaktischen Ansatz entwickelt, bei dem die Schüler vielfältige Formen der schriftlichen Verarbeitung ihrer Literaturrezeption realisieren, wobei insbesondere Verfahren Berücksichtigung finden, die außerhalb der Schule im literarischen Leben eine Rolle spielen – von der Rezension bis zur Umsetzung eines Stoffes in eine andere Gattung (vgl. Müller-Michaels 1978).

Diesen Ansatz hat *Gerhard Rupp* weiterentwickelt zu einer rezeptionspragmatischen Methode, die den Schwerpunkt auf Eingreifhandlungen der Lernenden legt (Rupp 1987). Was sie selbst mit einem Text tun (z.B. ergänzen, verfremden, szenisch umsetzen), soll die gleiche Bedeutung haben wie die Texte der Schriftsteller. In diesem Sinne setzt Rupp den Akzent anders als Fingerhut, bei dem die Schüleraktivitäten im Dienst der Auseinandersetzung mit dem Ausgangstext stehen.

---

1 Zum Phasenmodell literarischen Verstehens und des Literaturunterrichts siehe auch den Beitrag „Unterrichtsplanung" von Michael Kämper-van den Boogaart, S. 274–287.

Vor allem auf die Vorstellungsbildung der Schüler zielen *Kaspar H. Spinner* und *Christine Köppert* mit ihren Vorschlägen für die produktiven Verfahren. Sie betonen mit Bezugnahme auf rezeptionsästhetische Einsichten die Bedeutung der Imagination für das literarische Verstehen. Die produktiven Verfahren dienen ihnen insbesondere dazu, die Lernenden zu einer differenzierten, intensiven und perspektivenreichen inneren Wahrnehmung der literarischen Vorstellungswelt hinzuführen. (z.B. Spinner 2001b, 89–107; Köppert 1997). Bei Köppert spielen vielfältige szenische Verfahren als imaginationsorientierter Weg zur Analyse eine bedeutende Rolle.

Wolfgang Menzel hat schon früh einen kreativen, experimentell-spielerischen Umgang mit Texten vorgestellt und in vielen Unterrichtsvorschlägen vor allem handwerklich orientierte Verfahren realisiert (z.B. Menzel 2000). Dabei zeigen sich Parallelen zu den operativen Methoden (Umstell-, Erweiterungs-, Transformationsproben u. a.), die Menzel als Sprachdidaktiker im Grammatikunterricht praktiziert.

Für die szenische Interpretation, die zu den handlungs- und produktionsorientierten Verfahren gezählt werden kann, hat *Ingo Scheller* die wichtigsten Anregungen gegeben (z.B. Scheller 1996). Das kurze Anspielen von Szenen, das Bauen von Standbildern (eingefrorene Szenen), die pantomimische Gestaltung einer Situation u.Ä. können Teil des alltäglichen Literaturunterrichts sein; sie sind nicht an eine geplante Aufführung gebunden, sondern dienen der Auseinandersetzung mit dem literarischen Text.

6 Kritik

An handlungs- und produktionsorientierten Verfahren wird auch vielerlei Kritik geübt (z.B. Kügler 1996). Sie würden, so wird gesagt, der *Autonomie des literarischen Kunstwerks nicht gerecht*. Bedenkenlos werde dessen Geschlossenheit aufgelöst, wenn die Schüler z.B. ergänzend oder umschreibend beliebige Varianten erstellten. Hinter den hier sichtbar werdenden Kontroversen stehen unterschiedliche Auffassungen über das Wesen von Literatur. Es ist unverkennbar, dass die Vertreter der handlungs- und produktionsorientierten Verfahren eher einem Literaturkonzept in der Tradition der Avantgarde nahe stehen, auf die sie sich z.T. explizit berufen (z.B. auf den russischen Formalismus, auf Bertolt Brecht und auf antiklassische Vorläufer der Moderne seit der Romantik).

Darüber hinaus wird kritisiert, dass handlungs- und produktionsorientierte Verfahren zu einer *Verabsolutierung des Methodischen* verführten. Ohne Rücksicht auf Erkenntnisziele und auf die Angemessenheit hinsichtlich des literarischen Textes würden die Lernenden dazu angehalten, sich produktiv zu betätigen. Vertreter des Ansatzes sehen darin eine Verfälschung ihrer Intentionen, können aber kaum abstreiten, dass in der Praxis eine allzu sorglose Anwendung handlungs- und produktionsorientierter Verfahren häufig zu beobachten ist. Sie zeigt sich z.b. im beliebigen Herausgreifen einzelner Verfahren aus dem reichen Methodenarsenal, ohne dass den Schülern einsichtig wird, warum in der gegebenen Situation das Verfassen des Briefes einer Figur, das Ergänzen eines weggelassenen Titels oder das Entwerfen eines Bühnenbildes einen Erkenntniswert haben kann.

Mit diesem Kritikpunkt hängt der Vorwurf zusammen, die Schüler und Schülerinnen würden bei handlungs- und produktionsorientierten Verfahren dazu verleitet, bloß ihre *subjektiven Anmutungen* auszubreiten, und würden so in ihren stereotypen Vorstellungen befangen bleiben, statt sich der Andersartigkeit des jeweiligen literarischen Textes auszusetzen und das Eigene in Frage zu stellen. Vertreter des handlungs- und produktionsorientierten Ansatzes halten dagegen, dass gerade mit dessen Verfahren eine intensivere Konfrontation von Text und eigener Vorstellungswelt in Gang gesetzt werden könne.

Immer wieder sind Hinweise auf die Gefahr zu vernehmen, durch die handlungs- und produktionsorientierten Verfahren werde in einseitiger Weise nur ein gefühlsmäßiger und *unreflektierter Umgang* mit den literarischen Texten gefördert und der analytische Zugang komme zu kurz. Oft würden literarische Texte geradezu trivialisiert durch die Eigenproduktionen, etwa wenn die Rätselhaftigkeit der Kafkatexte durch selbst geschriebene Fortsetzungen zu einer Auflösung geführt werde. Im Gegenzug betonen viele Vertreter des handlungs- und produktionsorientierten Ansatzes, dass dessen Verfahren mit Analyse verbunden werden müssen und dass gerade der Vergleich von Eigenproduktion und Originaltext vertiefte Erkenntnisse ermögliche.

Schließlich gibt es den Verdacht, mit handlungs- und produktionsorientierten Verfahren werde auf Kosten der Anstrengung einer bedenklichen Beliebigkeit Raum gegeben und die Schule der *Spaßkultur* geöffnet. Eine solche Kritik ordnet sich ein in die fachübergreifende Diskussion darüber, wie Orientierung an den Lernenden und Leistungsprinzip zueinander in Beziehung zu setzen seien. Befürworter des Ansatzes versprechen sich von einem lustvollen und individualisierten Umgang mit Literatur gerade eine größere Intensität der Auseinandersetzung mit Texten und damit auch des Lernprozesses.

7 Methodische Varianten

Der Schwerpunkt des handlungs- und produktionsorientierten Ansatzes liegt auf *schriftlichen Verfahren*.[2] Der einfachste Typ besteht darin, dass Schüler etwas in der Textvorlage Weggelassenes *ergänzen* sollen: Sie denken sich z.b. einen Titel zum Text aus, sie fügen einzelne getilgte Wörter ein, sie verfassen einen fehlenden Schluss, eine ausgelassene Raum- oder Personenbeschreibung. Solche Vorgehensweisen lassen sich ohne großen Zeitaufwand realisieren.

Noch weniger eigene Schreibaktivität verlangen diejenigen Verfahren, bei denen Teile eines Textes *zusammengefügt* werden sollen (z.b. die auseinander geschnittenen Verse eines Gedichtes) oder bei denen aus vorgegebenen Varianten *auszuwählen* ist (z.b. aus drei Varianten eines Schlusssatzes: die originale und zwei von der Lehrkraft ausgedachte Versionen).

Umfangreicher werden die Schreibaufgaben, wenn man nur einzelne *Elemente* eines Textes *vorgibt* und entsprechende Ausgestaltungen vorzunehmen sind – z.b. wenn zu drei Schlagwörtern eine Kurzgeschichte zu verfassen ist oder aus einem Gedicht nur die Reimwörter für eine Eigenproduktion bekannt sind. Hierbei nähert man sich den Methoden des kreativen Schreibens.

Als größere Aufgaben sind in der Regel auch die Verfahren des *Umschreibens* einzustufen, z.b. wenn ein älterer Text in die heutige Zeit umgesetzt werden soll (mit entsprechender Veränderung inhaltlicher Elemente und sprachlicher Ausdrucksweisen) oder wenn ein Handlungsmerkmal geändert wird und die Schüler entwerfen, wie die Geschichte nun weitergehen könnte. Auch das Umschreiben in eine andere Textsorte gehört zu den häufig angewandten Verfahren: Einen Bericht zu Ereignissen aus einem Roman verfassen, eine Ballade in eine Kalendergeschichte umformulieren, ein Drehbuch zu einem Erzählanfang entwerfen sind hierfür Beispiele.

Sehr typisch sind auch Schreibaufgaben, die *Erweiterungen* eines Textes verlangen. Ein bekanntes Beispiel dafür ist der Auftrag, sich den inneren Monolog, den eine Figur an einer bestimmten Textstelle führen könnte, auszudenken. Das Schreiben von Tagebüchern, von Briefen oder Träumen der Figuren ist diesem Vorgehen verwandt. Zu den Erweiterungen gehört ferner das Ausgestalten von Szenen, die im Original raffend erzählt sind, z.b. das Formulieren von Dialogen, die im Text erwähnt, aber nicht wörtlich wiedergegeben sind. Hier einzuordnen ist auch das Verfassen von Rollenbiografien, in denen

---

2   Siehe auch die Beiträge von Elisabeth Paefgen, Jürgen Baurmann sowie Barbara Schubert-Felmy im vorliegenden Band.

die Schüler in Ich-Form eine Figur vorstellen. Verbreitet ist schließlich der Auftrag, zu einem Text eine Fortsetzung zu schreiben, z.b. wenn der originale Text mit einem offenen Schluss endet.

Auf eine lange Tradition in Literatur- und Aufsatzunterricht geht das *analoge Schreiben* zurück, bei dem nach dem Muster eines originalen Textes ein eigener verfasst werden soll. So lässt man Schüler schon seit Jahrhunderten Fabeln nach tradiertem Muster schreiben. Dabei muss der Eigenproduktion nicht notwendigerweise die Analyse des Ausgangstextes vorangehen; auch ein mehr intuitiv-imitatives Vorgehen kann sinnvoll sein, auf das dann durch Vergleich der Eigenproduktionen mit dem Ausgangstext analytische Überlegungen folgen können.

Die Ergebnisse schriftlicher Produktionsaufgaben können in Mappen oder Büchern zusammengefügt werden. Produktive Texte finden ebenfalls Eingang in *Lesetagebücher*, die neuerdings insbesondere unter der Zielsetzung der Leseförderung angeregt werden.

Neben den Schreibaufgaben sind die *visuellen* und *akustischen Verfahren* zu nennen, beispielsweise: Skizzen zu Texten erstellen, ein Gedicht musikalisch untermalen, einen Videoclip oder eine Hörszene zu einem Text gestalten. Eine Verbindung von schriftlicher und visueller Gestaltung liegt vor, wenn Plakate zu den Figuren des Textes oder zu verschiedenen Stationen der Handlung gestaltet werden.

Im Rahmen der *szenischen Interpretation* gibt es eine Vielzahl von Verfahren vom Standbild über die Pantomime bis zum Spiel mit Stimme und Gestik. Schattenspiel und Spiel mit Masken ermöglichen in besonderem Maße Verfremdung, Abstraktion und Konzentration. Methoden aus dem Psychodrama wie das Doppeln (Alter-Ego-Technik, es stellt sich z.B. ein zweiter Schüler hinter den Spielenden und formuliert Gedanken der Figur) haben Eingang in den Literaturunterricht gefunden.

8 Funktionen

Für den Einsatz handlungs- und produktionsorientierter Verfahren ist eine genaue Reflexion ihrer jeweiligen Funktion wichtig; allgemeine Vorstellungen von ganzheitlichem Lernen oder schülerorientiertem Vorgehen reichen nicht aus, um die Leistung einzelner Verfahren in Bezug auf konkrete Texte genau einschätzen zu können. Die folgende Erläuterung von Funktionen kann deren Vielfalt und Unterschiedlichkeit deutlich machen.

Eine Hauptfunktion handlungs- und produktionsorientierter Verfahren besteht in der *imaginativen Vergegenwärtigung* literarischer Vorgaben. Durch szenische Darstellung, durch Schildern von Schauplätzen, durch Verfassen und Vortragen von Selbstdarstellungen der Figuren, durch Anfertigen von Zeichnungen u. a. werden Schüler angeregt, sich eine lebendige Vorstellung vom Ausgangstext zu schaffen. Man geht davon aus, dass gerade bei den heutigen Medienkindern und -jugendlichen die Förderung der Vorstellungsfähigkeit im Hinblick auf die gedruckte Sprache besonderer Berücksichtigung bedarf. Vorstellungsbildung wird als eine notwendige Voraussetzung für Analyse und Interpretation literarischer Texte angesehen (ausführlich dazu Köppert 1997); ohne sie ist den Rezipienten der Zugang zum ästhetischen Charakter von Literatur unmöglich.

Wichtig sind die handlungs- und produktionsorientierten Verfahren im Rahmen von *Leseförderung*.[3] Dabei geht es darum, dass die Kinder und Jugendlichen mit Neugier und innerer Beteiligung den literarischen Texten begegnen. Diese Funktion können handlungs- und produktionsorientierte Verfahren insbesondere dann erfüllen, wenn die Lernenden in einem offenen Unterricht mehrere Angebote erhalten und in freier Arbeit einzeln oder in Gruppen mit Texten umgehen. Bei der Gestaltung der Unterrichtsanregungen wird man bei solcher Zielsetzung vor allem auch den subjektiv-affektiven Zugängen großen Raum lassen.

Oft werden handlungs- und produktionsorientierte Verfahren auch eingesetzt, um die Vorstellungswelt der Schüler vergleichend mit der des Textes zu konfrontieren und so eine *Differenzerfahrung* zu schaffen. Das geschieht zum Beispiel dann, wenn zu einem Konflikt in einem älteren Drama oder Roman eine moderne Variante der Konfliktlösung entworfen oder (mehr detailbezogen) Vorschläge für ein weggelassenes Wort gemacht und dann der Unterschied zwischen den eigenen Vorschlägen und der Fassung des Autors erörtert werden. Solche Verfahren dienen dazu, eigenes Vorwissen und subjektive Vorstellungen zu aktivieren, weil so ein intensiverer Bezug zum Text hergestellt werden kann. Angesichts der verbreiteten Konsumhaltung im Schulunterricht sind solche kognitiv aktivierenden Vorgehensweisen zunehmend wichtig. Die Gegenüberstellung von Eigenem und Textangebot dient aber auch dazu, das Ungewöhnliche, Fremde, Überraschende an einem literarischen Text überhaupt erst ins Bewusstsein zu heben. Das kann sich sowohl auf einzelne Formulierungen als auch auf Gestaltung von Schauplätzen, auf die Charakterisierung von Figuren oder auf Handlungsverläufe in einem Text beziehen (z.B.

---

3   Siehe hierzu auch den Beitrag „Lesesozialisation und Leseförderung" von Cornelia Rosebrock, S. 153–174.

wenn bei einer Erzählung die Schüler den Schluss zunächst antizipierend selbst entwerfen und dann erst die originale Fassung kennen lernen).

Differenzerfahrung spielt auch eine Rolle, wenn die handlungs- und produktionsorientierten Verfahren zur *Form- und Stilanalyse* eingesetzt werden. Besonderheiten der Ausdrucksweise eines Textes fallen Schülern oft kaum auf. Mit Produktionsaufgaben werden Vergleichsmöglichkeiten geschaffen, damit sie erkennen können, dass eine Formulierung auch anders sein könnte. Einem solchen Vorgehen liegt eine Konzeption von Stil als Wahl zugrunde, die besagt, dass beim Formulieren aus Formulierungsmöglichkeiten ausgewählt und so dem Text eine bestimmte Gestalt gegeben wird. Wenn Schüler sich z.b. überlegen, welches Adjektiv im Satz aus Werthers Brief vom 12. Dezember: „Und wenn dann der Mond wieder hervortrat und über der schwarzen Wolke ruhte und vor mir hinaus die Flut in fürchterlich [...] Widerschein rollte und klang [...]“ stehen könnte und dann ihre Vorschläge mit Goethes Formulierung „fürchterlich herrlichem Widerschein“ vergleichen, kann ihnen bewusst werden, wie ungewöhnlich diese Formulierung ist (ein Oxymoron); davon ausgehend kann der besondere Stilwille der Sprache des Sturm und Drang erörtert werden. Bei solcher Vorgehensweise versetzen sich die Schüler sozusagen in die Situation des Autors, der sich für Formulierungen entscheidet; sie vollziehen also das Produzieren nach. Produktionsaufgaben erhalten hier einen ausgeprägt handwerklichen Charakter und stärken die genaue Aufmerksamkeit für die stilistischen Qualitäten literarischer Sprache.

Handlungs- und produktionsorientierter Literaturunterricht kann, insbesondere durch die oben erwähnte Methode des analogen Schreibens, schließlich auch dazu dienen, den Schülern *Modelle für eigenes literarisches Schreiben* zu bieten. Damit knüpft der Ansatz an alte rhetorische Konzeptionen von Unterricht an. Zwar ist es nicht gerade eine Aufgabe von Schule, Schriftstellerinnen und Schriftsteller auszubilden; literarische Ausdrucksformen können aber auch als eine Möglichkeit der imaginativen Auseinandersetzung mit der eigenen Person und der (Um-)Welt betrachtet werden. Durch das Schreiben eines Gedichtes können Schüler z.B. ein intensiveres Bewusstsein für Stimmungen entwickeln, durch das Verfassen einer Kurzgeschichte sich zwischenmenschliche Konfliktsituationen vergegenwärtigen, durch die Anwendung moderner Montagetechniken der heterogenen, reizüberfluteten modernen Lebenswelterfahrung Ausdruck verleihen. Produktionsorientiertes Arbeiten verbindet sich hier mit schreibdidaktischen Zielen, wie sie auch im Rahmen der Didaktik des kreativen Schreibens diskutiert werden. Wenn produktionsorientierte Verfahren so eingesetzt werden, steht dahinter die Überzeugung, dass literarische Ausdrucksformen immer auch Modelle des Weltverstehens bieten. So wirkte zum Beispiel Franz Kafka modellbildend für das Erfassen moderner Befindlichkeit, und entsprechend haben viele Autorinnen und Autoren des 20. Jahrhunderts seine inhaltlichen und strukturellen Anregungen aufgegriffen. In diesem Sinn kann das Schreiben zu Texten auch im Unterricht eingesetzt werden. Dies lässt sich – in traditionellerem Sinne – auf der Basis von Strukturanalysen realisieren; es wird z.b. ein Kurzprosatext aus „Paare, Passanten" von Botho Strauß inhaltlich und formal analysiert und dann als Modell genommen, um in einem Text eine eigene Erfahrung mit dem Leben in der modernen „Passanten"-Welt zu gestalten. Das Gleiche ist aber auch ohne vorherige explizite Analyse des Modelltextes möglich, weil imitative Prozesse auf halbbewusster Ebene ablaufen können, im Sinne eines intuitiven, ganzheitlichen Erfassens. Damit geht der handlungs- und produktionsorientierte Ansatz über ältere Auffassungen von musterorientiertem Schreiben hinaus. Schülerinnen und Schüler können bei solchem analogem, imitativem Schreiben z.T. Strukturen übernehmen und in ihren Texten realisieren, die sie analytisch noch nicht zu durchdringen vermögen.

9 Mediendidaktische Aspekte

Handlungs- und produktionsorientierte Verfahren sind in mehrfacher Hinsicht auch für einen medienintegrierenden Literaturunterricht[4] geeignet.

　　Viele Verfahren sind unmittelbar auf die *Filmdidaktik* übertragbar und können genaueres Sehen und vertiefende Reflexion fördern. Hier seien beispielhaft einige besonders ertragreiche Verfahren genannt[5]: Da der Film wie kaum ein anderes Medium mit Gesichtsausdruck arbeitet und zum Lesen von Mimik anhält, ist das Schreiben innerer Monologe von Figuren ein Verfahren, das eine filmspezifische Rezeptionsfähigkeit, nämlich das Entschlüsseln innerer Befindlichkeit aus einem Gesicht, besonders fördert. Die moderne Technik bietet die Möglichkeit, dass der Film angehalten und die Schüler die Großaufnahme eines Gesichtes für das Schreiben vor sich haben; auch das Ausdrucken einzelner Bilder ist inzwischen problemlos möglich. Da der Film Sprache, Bild und Ton miteinander kombiniert, gibt es auch vielfältige Möglichkeiten, einen dieser Aspekte auszublenden und durch die Schüler ergänzen zu lassen, also z.B. eine Filmszene stumm ablaufen und einen Dialog erfinden zu lassen. Auch die selbstständige Synchronisation einer fremdsprachigen Filmsequenz kann die genaue Erfassung fördern und zugleich einen Beitrag zur interkulturellen

---

4　Siehe hierzu den Beitrag „Medienpädagogik…" von Bodo Lecke, S. 34–45.
5　Vgl. z.B. Köppert, 1999.

Kommunikationsanalyse bieten, die angesichts des massiven Einflusses, den amerikanische Fernsehserien mit ihrem Synchronisationsdeutsch auf die Jugendlichen ausüben, heute besonders angebracht ist. Zu den handlungs- und produktionsorientierten Verfahren sind selbstverständlich auch die vielfältigen Möglichkeiten zu nennen, ausgehend von einem Film oder von einem literarischen Text mit der Videokamera eigene Szenen zu drehen. Im zuletzt genannten Fall kann durch das eigene Tun ein Einblick in die jeweiligen gattungsspezifischen Möglichkeiten gewonnen werden, der auf analytischem Wege traditionell durch Vergleiche von Verfilmungen mit ihren Ausgangstexten geleistet wird.

Angesichts der Bedeutung, die das *Hörbuch* gerade in den letzten Jahren gewonnen hat, ist es sinnvoll, die produktiven Verfahren auch auf Hörtexte anzuwenden und zu einer aktiven Rezeption bei diesem Medium anzuleiten.

Handlungs- und- produktionsorientierte Verfahren zeigen ferner eine große Nähe zu den Möglichkeiten, die der *Computer* bietet. Das Ausfüllen von Lücken, das Zusammensetzen von Textteilen, das Unterlegen eines Textes mit einer Illustration, das verfremdende Verändern usw. lässt sich elektronisch besonders reizvoll realisieren. Das Medium ist hierbei Hilfsmittel, zugleich werden die Lernenden mit dessen Möglichkeiten vertraut. Auch die *Hypertextstrukturen* digitaler Texte zeigen Verwandtschaft zu dem, was mit den handlungs- und produktionsorientierten Verfahren realisiert wird. Wenn z.B. die Schüler einer Klasse 25 oder 30 Fortsetzungen zum gleichen Geschichtenanfang schreiben, liegt schon eine einfache Hypertextstruktur vor. Zunehmend werden deshalb größere produktionsorientierte Unterrichtsvorhaben mit Hilfe digitaler Textverarbeitung realisiert, z.B. das Verfassen einer sich verzweigenden Erzählung, an der mehrere Schüler mitschreiben. Im *Internet* entsteht im Übrigen eine Kultur des produktiven Umgangs mit Texten, wie sich z.B. an den unzähligen Homepages zu den Harry-Potter-Romanen zeigen lässt, in denen man auf Zeichnungen von Figuren, Schauplätzen und Szenen stößt, Unterrichtsstunden und -materialien von Hogwarts findet, hinzuerfundene Buchkapitel, Ausgaben des „Tagespropheten" (der Zeitung der Zauberer) und Sammlungen von Zaubersprüchen usw. lesen und Harry-Potter-Song-Parodien hören kann –, alles verfasst von Kindern und Jugendlichen. Hier eröffnen sich reichhaltige multimediale Gestaltungsmöglichkeiten, die durch die Vernetzung auch einen Austausch über lokale bzw. nationale Grenzen hinaus erlaubt. Durch die digitalen Medien mit ihren Hypertextstrukturen ergeben sich so neue Formen einer Verbindung von eigener Produktion und kommunikativem Austausch.

10 Beurteilung produktiver Leistungen

Immer häufiger werden produktionsorientierte Verfahren auch in Klassenarbeiten, die benotet werden, einbezogen. Dies wirft die Frage nach den Beurteilungskriterien auf. Dazu sind von verschiedenen Autoren Vorschläge vorgelegt worden, z.b. von Schurf (1995), der seinerseits Anregungen von Müller-Michaels weiterentwickelt.

Folgende *Kriterien* können genannt werden:
- Der Schülertext soll in einem sinnvollen *Bezug zum Ausgangstext* stehen; je nach Aufgabe gilt es, Vorgaben zu übernehmen (z.b. eine bestimmte Gedichtstruktur oder Stilhaltung) oder gezielt ein Gegenmodell zu entwickeln (Umschreiben aus veränderter Perspektive, parodistische Verfremdung, Übertragung in einen anderen zeitlichen Kontext u.Ä.).
- Wie bei anderen Schreibaufgaben auch spielt die *Kohärenz* eine Rolle. Dabei ist zu berücksichtigen, dass auch Verfremdung, Stilbrüche u. dgl. angemessen sein können, und zwar dann, wenn sie innerhalb des Schülertextes funktional sind und einem konsequenten Prinzip folgen.
- Speziell auf *sprachlich-stilistischer Ebene* können Texte mehr oder weniger differenziert, prägnant, dicht, anschaulich bzw. mehr oder weniger redundant usw. sein. Es ergeben sich also die Kriterien der Differenziertheit, der Prägnanz, der Dichte, der Anschaulichkeit, wobei die jeweiligen textsortenspezifischen Ansprüche zu berücksichtigen sind.
- Bei vielen Produktionsaufgaben kommt es auch auf *Originalität* an, z.B. darauf, ob ein Einfall erkennbar ist oder ob eine ungewohnte, interessante Perspektive eröffnet wird. Dabei spielt auch eine Rolle, ob Einfälle und dergleichen in den Gesamtzusammenhang des Textes eingebunden sind oder strukturell beliebig bleiben.
- Bei manchen Aufgaben spielt die Intensität der *Imagination* und der *Einfühlung* in Handlung und Figuren eine Rolle. Dies zeigt sich in differenzierter, aspektreicher und sensibler inhaltlicher Gestaltung.

Die Bewertung produktiver Aufgaben erfordert grundsätzlich einen vorwiegend *hermeneutischen Zugang* zu den Schülertexten, der den Deutschlehrerinnen und -lehrern von der literarischen Wertung her vertraut sein sollte. Ein Rezensent spult bei der Beurteilung einer Neuerscheinung ja nicht einfach Beurteilungskriterien ab, sondern lässt sich auf die jeweilige Eigenart des vorliegenden Textes ein und misst ihn, wie man sagen könnte, an dem Maßstab, den dieser selbst setzt. Bei der Beurteilung produktiver Schülerleistungen sollten Lehrende eine solche Haltung einnehmen (die übrigens auch bei manch anderer Schreibaufgabe angebracht wäre).[6]

Angesichts der Tatsache, dass die Bewertung kreativer Leistungen immer schwierig ist, werden produktive Aufgaben oft mit *analytischen verbunden*, z.b. in der Weise, dass beim stilimitierenden oder verfremdenden Schreiben nach einer Vorlage anschließend eine vergleichende Analyse des selbst verfassten und des Ausgangstextes verlangt wird. Solche Schülerarbeiten erlauben die Berücksichtigung sowohl produktiver als auch analytischer Fähigkeiten und zugleich geben sie Einblick in die Schreibintention des Schülers und helfen so bei der Bewertung der produktiven Aufgabe.

Im offenen, handlungsorientierten Unterricht (z.b. bei größeren Projekten) bietet es sich an, sich für die Bewertung nicht nur auf einzelne Ergebnisse zu stützen, sondern auch den Arbeitsprozess einzubeziehen. Dabei wird man von Beobachtungen während der Arbeitsphasen ausgehen; für die Leistungsbewertung kann dann z.b. eine Rolle spielen, welches Maß an Selbstständigkeit ein Schüler zeigt, ob er kooperativ Anregungen von anderen aufgreifen und Anstöße weitergeben kann. Auch individuelle Fortschritte können so stärker berücksichtigt werden, als wenn nur bezogen auf ein Endprodukt und auf Leistungsvergleich geurteilt wird. Bei offenen Unterrichtsverfahren sollten möglichst auch die Lernenden in die Bewertung mit einbezogen werden, denn eine intersubjektive Absicherung, die durch den kommunikativen Austausch erfolgt, ist bei produktiven Leistungen besonders wichtig (zum Bewerten im offenen handlungs- und produktionsorientierten Literaturunterricht vgl. z.B. Haas 1999 und Lange 1999a).

---

6   Siehe hierzu den Beitrag „Schulisches Schreiben im Schnittpunkt von Schreibdidaktik und Schreibforschung" von Jürgen Baurmann, S. 249–262.

Textnahes Lesen und Rezeptionsdidaktik

Elisabeth K. Paefgen

Im Zentrum dieses Kapitels steht die Auseinandersetzung mit zwei jüngeren Konzepten der Literaturdidaktik. Während das Programm eines *textnahen Lesens* die Erkenntnisarbeit an der Sprache der Texte stark machen will, orientiert sich die *Rezeptionsdidaktik* an den Lesehaltungen und -interessen der einzelnen Schüler. Auf den ersten Blick scheinen es konträre Positionen zu sein: hier der Akzent auf dem Gegenstand, dort das Interesse für die Subjekte. Elisabeth K. Paefgen sucht in ihrem Beitrag nach Möglichkeiten, beide Konzepte dennoch zu verbinden und findet sie mit Blick auf die schreibdidaktischen Aspekte beider Ansätze. Diese gehen, in je unterschiedlicher Weise, auf die Diskussion um eine ‚Krise der Interpretation' zurück. Im Anschluss an ein praktisches Beispiel aus dem Unterricht werden die theoretischen Grundlagen der diskutierten Konzepte erläutert.

1 Erläuterung der Begriffe

Textnahes Lesen ist ein genaues, langsames, gründliches Studieren des literarischen Textes; ein Lesen mit Stiften, mit Papier, mit Zeit und Geduld für den Satz, den Absatz, die Seite; ein statarisches Lesen, das häufiges Zurückblättern ebenso wenig scheut wie wiederholtes Lesen ein- und derselben Passage, ein- und desselben Textes. Es handelt sich vielleicht um ein ‚altmodisches' Lesen, das immun ist gegen aktuelle Beschleunigungstendenzen; es ist ein studierendes Lesen, das den Text ernst nimmt und diesem Zeit und Aufmerksamkeit widmet; ein intellektuelles Lesen, das fragend und erkenntnisinteressiert vorgeht. Freiwillig lesen Lernende nur selten ‚textnah'. Textnahes Lesen gehört zu den Leseformen, die gelehrt und gelernt werden müssen – in der Schule, aber nicht nur dort. Textnahes Lesen ist ein erkenntnisorientiertes Lesen, kein unterhaltungsorientiertes.

Deswegen ist dieses Lesen abhängig von den literarischen Gattungen: Lyrik wird vielleicht am ehesten textnah gelesen: wegen der überstrukturierten Sprache, aber auch wegen der geringen Textmenge. Dramatische Texte, die wegen ihrer dialogischen Form ebenfalls als sperriger Lesestoff empfunden werden, fordern auch textnahe Leseformen; allerdings steht die Textmenge einer solchen lang dauernden Lektürepraxis gemeinhin entgegen. Am schwersten haben es wohl längere epische Texte, zumal wenn sie eine verführerische Geschichte erzählen. Insgesamt gilt wahrscheinlich: Je fremder der Text einem jugendlichen Leser gegenübersteht, umso stärker wird dieser – wenn er nicht aufgibt und ein Verstehen anstrebt – versuchen, ihn textnah zu lesen.

Methodische Verfahren, die zum textnahen Lesen auffordern und dieses erleichtern, sind: (radikale) Reduktion der zu lesenden Textmenge, Diktieren, Abschreiben, Kommentieren; überhaupt die enge Verbindung des Lesens mit dem Schreiben.

Während in der Konzeption des textnahen Lesens die *Text*orientierung betont wird, akzentuiert eine rezeptionsdidaktische Ausrichtung des Literaturunterrichts die *Leser*interessen. Im Mittelpunkt dieser Didaktik steht (zunächst) weniger der literarische Text, sondern vielmehr die Wahrnehmungen und Verstehensprobleme der Schüler, also Überlegungen, wie einzelne Schüler Literatur ‚wirklich' lesen, was sie an literarischen Texten interessiert bzw. wie sie auf die sprachlichen Welterklärungsangebote der Literatur reagieren. Während für textnahe Leseprozesse reflektiert wird, welche *sprachlichen* Elemente des jeweiligen Textes irritierend sein könnten bzw. sollten, geht es in der rezeptionsdidaktischen Orientierung eher darum, welche *inhaltlichen* Momente auf welche Resonanz beim Schülerpublikum stoßen. Der Lernende wird mit seinem begrenzten (Fach-)Wissen ernst genommen und manchmal in das Zentrum des Unterrichts gestellt. Es geht darum, die Schüler für literarische Lektüreunternehmungen zu motivieren und den Unterricht so zu organisieren, dass eine angeregte und breite Beteiligung möglichst vieler von ihnen stattfinden kann: Meistens wird Raum für die mündliche, schriftliche, spielende, musizierende oder malende Darbietung des jeweiligen individuellen und subjektiven Literaturverstehens eingeplant. Wichtig ist ein breites Methodenrepertoire, um den Schülern vielfältig und abwechslungsreich Gelegenheit zu geben, ihr primäres und spontanes Wahrnehmen des Textes zu veröffentlichen. Schreiben steht nicht selten auch in dieser didaktischen Konzeption im Mittelpunkt; bevorzugt werden aber literarische Schreibformen, die den Schülern erlauben, unbefangener und unbelasteter auf das Gelesene zu reagieren.

Die beiden didaktischen Konzepte liegen auf den ersten Blick weit auseinander und können an entgegengesetzten Polen angesiedelt werden: Hier die klassische Ausrichtung auf die literarische Sprache, die sich mit ‚kostbaren' Einzelheiten und sprachlich interessanten Details befasst; dort die Orientierung auf den kindlichen bzw. jugendlichen Leser und die Rücksichtnahme auf dessen Schwierigkeiten und Probleme mit literarischer Lektüre. Hier die traditionelle Lektüre, die den Text in den Mittelpunkt stellt und davon ausgeht, dass dieser es wert ist, geduldig, aufmerksam, langsam und sorgfältig studiert zu werden; dort der Blick auf die naiven, unbefangenen Rezeptionsvorgänge und -widerstände, bei denen weniger der ästhetischen Qualität Aufmerksamkeit gezollt, sondern der inhaltliche (Unterhaltungs-)Wert der Literatur in den Mittelpunkt gerückt wird. Hier die eher werkimmanente Betrachtungsweise, die – der strukturalistischen Textauffassung folgend – sich auf die ‚Sache Literatur' selbst konzentriert; dort die Gefühle, Wahrnehmungen, Gedanken und Reflexionen der Schüler, die durch die Lektüre von Texten ausgelöst werden können. Den Konzeptionen liegen zwei unterschiedlich akzentuierte Blicke auf Literatur zugrunde: Zum einen steht die Vermittlung von *sprachästhetischer* Kunst im Vordergrund; zum anderen wird Literatur vor allem auf ihre *inhaltliche* Botschaft hin überprüft und neben ihrer Unterhaltungsfunktion auch als ein Mittel verstanden, um Hilfe bei der Identitätsfindung zu leisten oder sich in krisenreichen Lebens- und Entwicklungsphasen zurechtzufinden. Beide didaktischen Akzentsetzungen haben – von der Literatur her gesehen – ihre Berechtigung: die eine, weil auch Literatur aus Sprache gemacht ist; die andere, weil in literarischen Texten dichtes, profundes und nicht selten originelles Welt- und Menschenwissen erzählt und in modernen Texten zudem noch realistisch und lebensnah präsentiert wird, sodass sich eine Verführung zum Inhaltlichen und zum Lebensnahen anbieten kann.

Die Unterschiede liegen auf der Hand; gibt es aber auch Gemeinsamkeiten zwischen den beiden Ansätzen? Haben sie nicht doch etwas miteinander zu tun? Lassen sich didaktische Brücken schlagen zwischen dem engen Textbezogenen und dem weiten Leserorientierten? Es scheint, als wäre das *Schreiben* bzw. die enge Verbindung von Lesen und Schreiben eine Gemeinsamkeit, die textorientierte mit rezeptionsorientierten Didaktiken gemein haben. In der schreibenden Begleitung des Lesens bzw. der schreibenden Gestaltung der Rezeption finden beide Didaktiken eine Basis für ihre jeweilige Schwerpunktsetzung. Anhand eines Beispiels soll diese These konkretisiert werden.

Ein Beispiel vorweg

Schülern einer 11. Klasse werden – ziemlich voraussetzungslos und ohne jede schmückende Einleitung – drei Sätze diktiert; sie erfahren, dass es sich um die ersten drei Sätze einer längeren Erzählung handelt. Autor und Titel des Textes sowie Entstehungszeit werden nicht genannt. Die Schüler werden gebeten, nach jedem Satz ihre eigenen Kommentare, Fragen, Überlegungen zu notieren; besonders hingewiesen wird dabei auf die Möglichkeit, Fragen zu notieren, die sich für sie aus jedem Satz ergeben. Dieses doppelte Schreiben – das nochmalige Schreiben der Dichtung und das Aufschreiben der eigenen Gedanken, die während des Schreibens und beim nochmaligen Lesen des Geschriebenen entstehen – soll zu einer vertieften Lektüre führen; dazu, den sprachlichen Einzelheiten Aufmerksamkeit zu schenken, indem man sich der Mühe des Schreibens von Hand unterzieht; aber auch dazu, den Anfang einer Erzählung genau zu registrieren, den man sonst leicht überliest, weil man aufs zügige Weiterlesen aus ist. Gefahren der leichtgängigen Lektüre soll entgegengesteuert werden, indem das verlangsamende und mühsamere Schreiben die Wahrnehmung auf das sprachliche Gemachtsein des Textes hin konzentriert. Die Materialisierung der Dichtung in der jeweils eigenen Schrift soll – selbstverständlich, unaufwändig und ohne dass dieses allzu deutlich gesagt werden müsste – zu einer textnahen Lektüre verhelfen.

Der erste der drei diktierten Sätze lautete: *Es war an einem Sonntagvormittag im schönsten Frühjahr*. Die Schülerinnen und Schüler notierten zu diesem Satz folgende Anmerkungen[1]:

I. Der eigene Text ist in Klammern gesetzt:

1   (Wo? Wann? Kirchengeläute; Blühende Bäume, Vögelgezwitscher.)

2   (Zeit, Jahreszeit, Beurteilung der Jahreszeit, Vergangenheit, übliche Einleitung, abgedroschen?)

3   (Ort: Sonntag Vormittag, Frühling, Freude, Wetter: gut, Beschreibung von Situation)

4   (Wo ist es? Wer tut etwas? Spaziergang?)

II. Die drei Sätze sind nacheinander im Zusammenhang geschrieben; die Kommentare stehen als Fußnote unten auf der Seite, jeweils mit dem Vorspann: Satz 1 etc.:

5   Sonntag, Frühjahr

6   Sonntag, Sonne, Frühling, schwacher Anfang, alles offen, Vergangenheit, Vormittag

7   Zeit: Sonntag, Vormittag, Frühjahr, Vergangenheit

III. Das gleiche Schreibgerät für beide Texte und keine oder nur eine geringe Markierung, um die beiden Texte voneinander abzusetzen:

8   Ist er verliebt?/ Ist es für ihn in der Zukunft schön?/ Ist es ein (unleserlich) Märchen?/ Woran misst er die Schönheit?/ Ist er ein er?/ Welche Uhrzeit ist es genau?

9   Was für eine Geschichte? Was wird kommen? Familiengeschichte vielleicht oder ein Erlebnis.

10   Ort: Sonntag Vormittag, Frühling, Freude, Wetter: gut

11   Sonntag, freier Tag, Idylle, Naturerwachen, Liebesroman

IV. Der eigene Text ist eingerückt, manchmal zusätzlich in Klammern gesetzt:

12   (– wo?; wer? welches Jahr bzw. Jahrhundert?; alles offen: übliche Einleitung; Vergangenes / Märchen?)

13   Warum ausgerechnet im Frühjahr? Ist er verliebt?

14   Was war an diesem Tag? – Wann genau war das? – Wo? – Wochenendstimmung

15   Sonntag; schönes Wetter; (glücklich), alles offen; Vormittag

---

1   Nicht unwichtig erscheint bei den so entstandenen Dokumenten, wie die Schüler mit der schriftlich-grafischen Gestaltung der Aufgabe umgehen. Angaben dazu waren nicht gemacht worden. Die Schüler wählen unterschiedliche Lösungen, um das Diktierte und das eigene Schreiben zu formen und voneinander abzusetzen. Bei der Auflistung der Dokumente sind die verschiedenen Schreibgeräte berücksichtigt wie auch sonstige grafische Lösungen, um das Fremde vom Eigenen zu unterscheiden.

V. Füller/Kugelschreiber für den diktierten, Bleistift bzw. andere Farbe für den eigenen Text:

16 Was? Wo? Wer? konventionell – Zeitpunkt bzw. -raum – traurig? tragisch?

17 Es war schwülwarm, die Vögel zwitscherten usw., noch nicht absehbar was für eine Geschichte es ist

18 schönes Wetter, freier Tag, Entspannung, Liebesgeschichte?

19 Sonntag → Gemütlichkeit, Vergangenheit, Erinnerung an etwas Schönes

20 Zeit wird angegeben; Was war da? Wo? Welche Personen? wie ein Märchen? („Es war...")

VI. Alles mit Bleistift geschrieben, der eigene Kommentar in kleinerer Schrift an den relativ breiten Rand:

21 Wird das ironisch oder kitschig? Kriegserzählung?

Die Auswertung dieser Ergebnisse kann auf vielfache Weise geschehen. Für unseren Zusammenhang scheinen folgende Vorschläge angebracht und ergiebig:

1. Nicht wenige Schreiber bleiben bei ihren Kommentaren – wie intendiert – relativ streng beim ‚Text' und befragen die einzelnen Worte bzw. das Gesamt des Satzes auf den Informationsgehalt hin (vgl. 2, 3, 6, 7, 10, 12, 16, 20). Interessant, dass unter diesen genauen Schreib-Lesern einige diesen Satz bewerten und ihm eine schlechte Note geben oder in ihm die Märchenformel (wieder)erkennen (2, 6, 12, 16, 20). Bemerkenswert auch, dass zwei der drei Fußnotenschreiber zu streng-sachlichen Kommentaren neigen, die allerdings etwas redundant sind. Einen informativen, weil verallgemeinernden Kommentar gibt der Schreiber 2 ab, der seinen Text in Klammern gesetzt hat: Er wiederholt kein einziges Wort, sondern ist auf der Suche nach Abstraktionen für das im ersten Satz der Erzählung Mitgeteilte.

2. Auch extrem verlangsamtes Lesen, das zudem noch mit dem eigenen langsamen Handschreiben verbunden wird, führt nicht automatisch zu einer sprachbezogenen Lektüre, sondern kann ebenso wie schreibloses Lesen zum (Weiter-)Träumen verleiten (vgl. 1; 8; 11; 17; 18; 19). Besonders Kommentar 17 fällt in diesem Zusammenhang auf, weil er keine Anbindung an den diktierten Satz mehr erkennen lässt. Hingegen beziehen sich die anderen ‚Träumer' zumindest am Anfang oder in Andeutung auf das gerade Aufgeschriebene.

3. Es gibt wenige Mischtypen, die vom genauen Nachlesen des Geschriebenen zum Nachdenken über das mögliche Folgende oder Mitgemeinte kommen (vgl. 4, 14).

4. Einige Schreib-Leser stellen – wenn man die Erzählung *Das Urteil* von Franz Kafka (1912) kennt – Fragen, die für den Fortgang der Geschichte von Interesse sind; einige von ihnen gehören nicht zu den textnahen Lesern (8, 9, 13, 14, 16, 18, 21). Insbesondere der letzte Kommentar (21), der schon in der schriftlichen Gestaltung aus der Reihe fällt, ist außergewöhnlich. Der

Schreiber geht sofort zu einer Gesamtbewertung über, die sich zudem auf den Fortgang der Erzählung bezieht; in lässigem Ton erfasst er mit der Arroganz eines klugen 17-Jährigen das Problem dieses Eingangssatzes. Außerdem stellt er eine Vermutung an, die umso mehr erstaunt, wenn man weiß, dass Kafka in der Nacht vom 22. auf den 23. September 1912, als er das *Urteil* schrieb, sich niedersetzte, um „einen *Krieg* [zu] beschreiben"; „(...) dann aber drehte sich mir alles unter den Händen" (Kafka 1990, 394; Hervorh. d.V.). Es scheint fast, als stecke in diesem harmlos klingenden Satz doch noch etwas von der ursprünglichen Schreibidee. Überhaupt beinhaltet – das zeigen die Schülerkommentare – dieser ‚kleine' Eingangssatz sehr viel von dem, was für Georgs Kampf mit seinem Vater eine Rolle spielen wird (Die Schüler wählen dafür Worte wie ‚Liebe' und ‚Familie'; hervorgehoben wird auf diese Weise auch der Kontrast zwischen dem ruhigen ersten Teil und dem dramatischen Zweikampf im zweiten Teil der Erzählung).

5. Interessant ist, dass auch vorsichtige Schreiber angesichts des „schönsten Frühjahr(s)" zu Deutungen kommen wie „Freude" und „glücklich". Schreiber 15 hält sich mit seiner Kommentierung sehr zurück, kann es aber nicht unterlassen, das Wort ‚glücklich' zu notieren – wobei er es in Klammern setzt – fast als erschiene es ihm zu weitgehend. (Er kann nicht wissen, dass Georg Bendemann gerade an seinen Petersburger Freund geschrieben hat: „Es wird sich noch Gelegenheit finden, Dir Näheres über meine Braut mitzuteilen, heute genüge Dir, daß ich recht glücklich bin und daß sich in unserem gegenseitigen Verhältnis nur insofern etwas geändert hat, als Du jetzt in mir statt eines ganz gewöhnlichen Freundes einen glücklichen Freund haben wirst." Kafka 1995, 99–100.) Bei den textnahen Lesern 3 und 10 fällt die „Freude" als einziges Wagnis aus dem Kommentar heraus und durchbricht die ansonsten nüchtern-strenge, oft wiederholende Auflistung.

Dieses Beispiel ist für unsere Fragestellung gut geeignet, weil es in seiner offen-geschlossenen Anlage beide Rezeptionsformen ermöglichte: es sollte durch das Schreiben zwar zum textnahen Lesen ‚verführen', aber die Schüler konnten auch ausweichen und ihren eigenen Träumen nachhängen. Untersagt war Letzteres genauso wenig, wie Erstgenanntes gefordert worden war. Die Schüler wählten jeweils die ihnen nahe liegende Form, wobei auffällt, dass die textgenauen Lesarten nicht unbedingt die ergiebigsten sind. Textnahes Lesen kann sogar zu langweiligen und wenig originellen Ergebnissen führen (3, 7, 10), zumindest dann, wenn keine eigenen Schlussfolgerungen, Vermutungen oder Bewertungen aus dem Kommentar erwachsen (wie in 2, 6, 12, 16, 20). Auch Kommentar 15 wird vielleicht nur durch das vorsichtige ‚glücklich' bemerkenswert. Ergiebig sind insbesondere die Kommentare, die von dem ersten Satz ausgehend auf das Ganze zu blicken versuchen oder die eine Bewertung wagen. Deutlich wird auch, dass die textnahe Lektüre eine *Basis* vorstellen kann, um weiterzudenken (2). Dabei zeigt sich, dass phantasievolle Schüler den textnahen Vorgang nicht nötig haben und gleich weiterdenken können (21) und dass den Träumern, denen die eigenen Lebensträume näher sind als ein geschriebener Satz, eine textnahe Anbindung gut tun würde (1, 17). Man erkennt an diesem Beispiel vielleicht auch, dass textnahe Lektüreformen dann in Verbindung mit epischen Texten möglich sind, wenn man die Textmenge beschränkt und sich auf ausgewählte Passagen konzentriert.

2 Poststrukturalistische Texttheorie und textnahes Lesen

Inspiriert ist diese Didaktisierung des Erzählanfangs durch eine Schrift von Roland Barthes: *S/Z* (Barthes 1987). Barthes, ein poststrukturalistischer (Literatur-)Theoretiker mit großen Interessen für die Semiotik und für die Psychoanalyse Lacans, hat in dieser Textauslegung vorgeführt, wie er sich *seine* (ideale) Lektüre eines literarischen Texts – in diesem Fall der längeren Erzählung *Sarrasine* von Honoré de Balzac – vorstellt und wie er sie praktiziert sehen möchte. Barthes zerlegt die Erzählung nach bestimmten Sinneinheiten in Einzelteile und versieht die unterschiedlich langen Bruchstücke je mit eigenem Kommentar.[2] Barthes führt vor, wie er dieses durch den literarischen Text beeinflusste Kommentar-Schreiben versteht: Fett gedruckte Zitate aus *Sarrasine* werden zunächst in derselben Schriftart, aber in normalen Schrifttypen, eng am Text ‚decodiert' und in einen ‚eigenen Text' überführt, der benennt, was die literarische Sprache nur indirekt sagt (das sollten die Schüler mit ihren Kommentaren in Ansätzen ebenfalls versuchen). Dann erfolgt, jeweils unter einer neuen Kapitelüberschrift und mit größerem Zeilenabstand, der ausführliche, die Symbolsprache entschlüsselnde Kommentar, der sich weiter vom Text fortbewegt und der eine Erläuterung, eine eigene Deutung versucht (das haben einige Schüler ebenfalls getan, obwohl es noch nicht intendiert war). Die unterschiedliche Schriftgestaltung identifiziert die nebeneinander stehenden Schreibweisen sofort und setzt sie indirekt, aber nicht wertend, voneinander ab (interessanterweise haben die Schüler ohne Aufforderung für dieses Problem auch nach eigenen grafischen Lösungen gesucht): Dem literarischen Text wird durch den deutlich hervorgehobenen Schrifttyp Tribut gezollt, aber der Kommentar beansprucht mehr Raum auf der Seite.

---

2   Vgl. dazu auch Paefgen 1996b.

Roland Barthes betrachtet Sprache als „das eigentliche Material der Literatur" (Barthes 1987, 50); Autor und Werk sind hingegen nur noch Ausgangspunkt einer Analyse, bilden aber nicht mehr wie ehemals ihr Zentrum. Es ist die *geschriebene Sprache*, die alle am literarischen Prozess Beteiligten vereint: den Literatur Schreibenden, den Lesenden wie auch den Kommentierenden oder Kritisierenden. Ein anderes Text-Leser-Verhältnis entsteht: In den sprachlich geschaffenen Text kommt erst durch die sprachliche Aktivität des Lesers Bewegung. Die Schreibtätigkeit gewinnt dabei eine neue Bedeutung. „Ich schreibe mein Lesen", sagt Barthes in *S/Z* (Barthes 1987, 15); d.h. die beiden literaturverbundenen und -abhängigen Tätigkeitsbereiche können nicht voneinander isoliert werden. Der Text ist erst dann geschrieben, wenn er gelesen wird; sein Potenzial bleibt unausgeschöpft, wenn die Aktivität des Lesers fehlt. *Lesen* wiederum ist nur schreibend möglich, wenn es keine „parasitäre Geste" bleiben soll: „Lesen ist in der Tat *Spracharbeit*. Lesen, das heißt Sinne finden, und Sinne finden, das heißt sie benennen" (Barthes 1987, 15; Hervorh. d.V.)! Barthes holt das Lesen herunter auf den Boden der geschriebenen literarischen Sprache und versucht es gleichsam zu materialisieren. Lesen bedeutet Schreiben und Schreiben bedeutet (Wieder-)Lesen. Lesen wird aufgewertet und Schreiben erhält sowohl eine Erkenntnis- als auch Dokumentarfunktion. Das kommentierende Schreiben, das auf dieser Basis zustande kommt, steht zum literarischen Text in einem Abhängigkeitsverhältnis. Das eigene Schreiben des Lesers ist wichtig und wertvoll, aber es orientiert sich am literarischen Ausgangstext. Barthes' eigenes Schreiben demonstriert sowohl strenge, fast klebende ‚Textnähe' als auch – deutlich davon abgesetzt – freie Sinnanlagerungen. Den zeitlichen Rahmen, den Lesen unter diesen Bedingungen in Anspruch nimmt, kann man sich nicht groß genug vorstellen. Barthes schlägt nicht nur ein Zeitlupentempo vor, sondern plädiert darüber hinaus für eine (mehrmals) wiederholte Lektüre. Der Vorschlag der genauen, verlangsamten, wiederholten Lektüre erfordert ein anderes Zeit-Lektüre-Verhältnis: Nicht die Quantität des Gelesenen ist wichtig, sondern die Qualität des solchermaßen intensivierten Leseprozesses steht im Vordergrund.

Das liest sich stellenweise wie eine literaturdidaktische Programmerklärung, die jene literaturbezogenen Arbeitsformen des Lesens und Schreibens aufwerten will und die theoretisch zu begründen versucht, warum diese beiden Tätigkeiten so untrennbar miteinander verwoben sind. Barthes isoliert das Lesen nicht. Schreiben und Lesen bilden vielmehr eng aufeinander bezogen eine Einheit, in der der eine Teil von dem anderen (existenziell) abhängig ist. Das Schreiben gewinnt einen neuen Stellenwert: Es ist nicht ‚kreative' Kür, sondern eine zwingend erforderliche Spracharbeit; da der zu lesende Text geschrieben wurde, kann man ihm nur durch erneutes Schreiben gerecht werden.

Barthes mischt Textnähe und Textweite in seinem gleichermaßen sprachbezogenen wie leserorientierten Konzept. Eigenwillig werden beide Lektüreformen zusammengeführt, wird das Recht des Textes auf eine eingehende Lektüre fast eingeklagt und gleichzeitig für das anarchische Recht des Lesers plädiert: Nachdem er die Pflichtarbeit des genauen Lesens erledigt hat, geht er schreibend zu *seiner* Kür über und sieht z.b. im Buchstaben Z den „Buchstabe(n) der Verletzung".[3] Barthes führt in *S/Z* vor, wie die scheinbar so weit auseinander liegenden Konzepte der Textnähe und der Rezeptionsorientierung zusammengeführt werden können. Mit Hilfe eines hoch entwickelten semiotischen Analyseverfahrens ‚kriecht' Barthes zunächst fast in *Sarrasine* hinein, um in einem zweiten Schritt frei, offen und phantasievoll seinen eigenen Spuren zu folgen. Dabei geht er großzügig von der intertextuellen Vernetztheit eines jeden Textes aus. Intertextualität fließt in die Entstehung von Literatur ein, beeinflusst aber auch den Leseprozess. Sie bedeutet für Barthes zweierlei: Zum einen wird Literatur als Aufbewahrungsort für das Wissen, für die Wissenschaften der Welt gesehen. Gemeint ist der kulturelle, kunstgeschichtliche, historische, psychologische, philosophische, medizinische etc. Hintergrund des literarischen Textes, der in diesen eingeht und durch ihn indirekt repräsentiert wird. Die in *S/Z* vorgenommene Dekodierung versucht ebendieses Wissen zu entschlüsseln. Zum anderen aber aktiviert der Leser das in seinem bisherigen Leben angesammelte Wissen, wenn er liest. Diese Erinnerung an bereits Gelesenes, Gesehenes, Erlebtes grundiert unweigerlich und unberechenbar jeden Leseprozess. Es gibt keine ‚unschuldige', voraussetzungsfreie Lektüre,die ausschließlich vom jeweils vorliegenden Text bestimmt wäre.

3 Von der Rezeptionstheorie zur Rezeptionsdidaktik

Barthes' Ansatz lässt sich rezeptionstheoretisch begründen; auch er wertet die Rolle des Lesers auf und sieht in ihm eines der wichtigen Elemente des literarischen Prozesses. Gleichwohl unterscheidet sich sein Ansatz von der Rezeptionstheorie deutscher Provenienz, wie sie in Konstanz durch den Romanisten Hans Robert Jauß und den Anglisten Wolfgang Iser entworfen wurde. Barthes

---

3 Es handelt sich bei *Sarrasine* um eine Kastratengeschichte; dieser Eigenname – Sarrasine – hätte nach den Regeln der französischen Onomastik eigentlich in der Mitte mit z geschrieben werden müssen. Zambinella – der Kastrat – trägt diesen Buchstaben nicht nur, sondern er trägt ihn offensiv: „Sarrasine betrachtet in Zambinella seine eigene Kastration" (Barthes 1987, 110; Hervorh. E.K.P.).

nutzt die rezeptionsbezogenen Kenntnisse, um eine Aufhebung der Trennung von Lesen und Schreiben zu erreichen bzw. dazu, das Lesen im Schreiben zu materialisieren. Der deutsche rezeptionstheoretische Ansatz ist hingegen ideeller, philosophischer und *kann* zu einer textfernen bzw. sehr leserorientierten Wahrnehmung von Literatur führen. Wenngleich diese Textentfernung von den Konstanzer Theoretikern nicht intendiert war, konnten ihre Überlegungen so ausgelegt werden. Sie enthielten dieses Potenzial, weil sie engagiert auf die Bedeutung des Lesers im literarischen Prozess aufmerksam machten und vielleicht auch, weil weder Jauß noch Iser Lesen an das Schreiben koppelten. Wenngleich dem Leser keineswegs völlige Gedankenfreiheit eingeräumt wird, konnte man die Rezeptionsästhetik in didaktischer Vereinfachung verstehen als programmatische Hinwendung zum autonomen Schülersubjekt, für das der literarische Text in erster Linie Startbasis eigener Träume ist.[4]

Die Ansätze von Jauß und Iser unterscheiden sich in einigen Details und akzentuieren jeweils unterschiedliche Aspekte des literarischen Prozesses: Jauß weist darauf hin, dass der historische Horizont des Textes und der aktuelle Horizont des jeweiligen Lesers immer wieder neu in Übereinstimmung gebracht werden müssten[5] (Jauß 1970). Iser, der eher einen wirkungsästhetischen Ansatz vertritt, kommt es darauf an zu belegen, dass der Leser bereits bei der Produktion des literarischen Werkes mitgedacht ist: vom Autor eingebaute ‚Leerstellen‘, die – besonders in moderner Literatur – Füllung durch den Leser erfordern, belegen seine These (Iser 1988).[6] Jauß plädierte für eine Rehabilitierung des ästhetischen Genusses, des genießenden Verstehens; beides sei untrennbar mit Literaturlektüre verbunden (Jauß 1984). Iser sucht die Besonderheit fiktionaler Texte zu begründen und die aktive Rolle des „impliziten Lesers" in diesen nachzuweisen. Beide gehen davon aus, dass das literarische Werk nicht zu allen Zeiten das gleiche sei, sondern – wie eine Partitur – durch den jeweiligen Lektürevorgang zum (jeweils neuen) Leben erweckt und mit immer wieder aktualisierten Bedeutungen gefüllt werde. Es geht beiden Theoretikern um Lesen (nicht um Schreiben), und zwar nicht um genaues Lesen, sondern um eine Aufwertung des Lesens im literarischen Prozess bzw. darum zu zeigen, dass ohne Leser nichts mit dem Text geschieht.

---

4   Die didaktische Rezeptionsgeschichte der hier angesprochenen und weiterer Literaturkonzepte dokumentieren Bark/Förster 2000. Hier finden sich auch kommentierte Schlüsseltexte sowohl von Iser und Jauß als auch von Barthes u. a. Vgl. auch Förster 2000, eine Sammlung didaktischer Beiträge, die Anregungen jüngerer Literatur- und Kulturtheorien für den Umgang mit Schulklassikern nutzbar machen.

5   Stichworte: ‚Erwartungshorizont' und ‚Horizontverschmelzung'.

6   Vgl. auch Iser 1976, 1979.

Dieser neue Reflexionsstand ist auch den rezeptionsästhetisch beeinflussten lesedidaktischen Konzepten zu entnehmen, die sich vor allem auf die ästhetische Komponente des literarischen Lesens konzentrieren. Dieses Lesen wirkt häufig auch dann schreibnah, wenn Schreiben nicht im Mittelpunkt steht.[7] Nicht zuletzt entsteht dieser Eindruck wohl durch ein größeres Maß an Schüleraktivitäten: Der Schüler muss in irgendeiner Weise mehr tun als nur lesen! Harald Frommer beispielsweise – deutlich inspiriert von Isers ‚implizitem Leser‘ – hat nach lesedidaktischen Formen gesucht, die es den Schülern ermöglichen, von Beginn der Lektüre an dem ästhetischen Anspruch von Literatur gerecht zu werden. „Der Literaturunterricht muß *vor* der Erstrezeption einsetzen" (Frommer 1981a, 6), ist eine seiner Konsequenzen aus dieser Erkenntnis: Der Lernende muss darauf vorbereitet werden, die in den Text „eingezeichnete" Leserrolle zu übernehmen, damit er während der häuslichen Lektüre den zweiten ästhetischen Code literarischer Texte entdeckt und sich so der – von Jauß nunmehr rehabilitierte – „Genuß" (Frommer 1981a, 6) einstellen kann. In einer verzögerten Aufnahme des literarischen Textes erblickt Frommer eine Möglichkeit, die Schüler zu dieser ästhetischen Lektüre zu ‚verführen‘. Der Text wird zunächst in irgendeiner Weise unvollständig präsentiert: Ein Gedicht wird Zeile für Zeile an die Tafel geschrieben (Frommer 1988, 113–116), der Schluss fehlt, und es stehen unterschiedliche Lösungsvarianten zur Auswahl (Frommer 1988, 120–123); oder – eine beliebte Methode im Frommer'schen Unterrichtsrepertoire – eine ‚Kernstelle‘ im Text ist getilgt und soll von Schülern ‚gefüllt‘ werden (Frommer 1981b). Zumeist werden ihnen neben der originalen noch weitere Lösungsvarianten zur Auswahl vorgelegt. Ziel ist, „automatisiertes" (Sklovskij; ebd., 13) Lesen zu verhindern und durch ‚Verlückung‘ und Verzögerung eine dem künstlerischen Text angemessene, unbequeme Lesehaltung zu erreichen: „Ein literarischer Leser (...) ist derjenige, dem es gelingt, über den Schatten der eigenen ‚Neigung‘ zu springen, der allzeit lauernden Verführung zum bequemen Lesen zu widerstehen" (ebd.). Rezeptionsdidaktik wird erfolgreich mit einer textnahen Lesepraxis verbunden.

Überzeugend hat Frommer diese Überlegung in seinen Ausführungen zu dem Gedicht Bertolt Brechts *Fahrend in einem bequemen Wagen* dargelegt (1981b) – überzeugend, weil zahlreiche eigene Erprobungen in Vorlesungen und Seminaren zu fruchtbaren Diskussionen und immer wieder neuen Erkenntnissen geführt haben. In dieser Textdidaktisierung denkt Frommer die Leerstellentheorie Isers weiter und baut *tatsächliche* Leerstellen in das Gedicht ein, um die Schüler für die Brisanz lyrischer Sprache zu sensibilisieren. Er argumentiert im Unterrichtsvorschlag zu dem Brecht-Gedicht *im Interesse des Textes*, der ‚richtig' gelesen werden will; aber auch *im Interesse des Schülers*, dem er fair einen gangbaren Weg zur ästhetischen Lektüre ebnen will. Viel Arbeit macht es dem Schüler (scheinbar) nicht, die Frommer'sche Aufgabe zu erfüllen. Aber in der anschließend gemeinsam durchgeführten Reflexion muss er *mit*- und zumeist auch *um*denken – und möglichst eben auch *weiter*denken für zukünftige Lektüren. Das Verfahren der Verzögerung führt tatsächlich zu textnahem Lesen, weil die Lücken nur nach eingehendem Studieren der Verse zu füllen sind. Trotzdem werden die Lücken – an zwei entscheidenden Stellen – zumeist falsch ausgefüllt, auch von Studierenden noch, weil sie als ‚gute Menschen', nicht aber als ‚gute Leser', weil sie eher als Autofahrer und nicht als Fußgänger lesen. So beginnen viele Leser das Gedicht mit folgenden Versen:

> *Fahrend in einem bequemen Wagen*
> *Auf einer regnerischen Landstraße*
> *Sahen wir einen durchnäßten Menschen bei Nachtanbruch*
> *Der uns winkte, ihn mitzunehmen, sich tief verbeugend.*

Die dritte und letzte Strophe lautet in der Leserfassung häufig:

> *Wir waren schon weit voraus, eine halbe Fahrstunde vielleicht*
> *Als ich plötzlich erschrak über diese meine Stimme*
> *Dies mein Verhalten und diese*
> *Ganze Welt.*

Dass aber bei Brecht die im bequemen Wagen Sitzenden einen „zerlumpten" Menschen am Straßenrand stehen lassen; dass das lyrische Ich in der dritten Strophe einen Perspektivwechsel vollzieht und die Entfernung nunmehr aus der Sicht des zu Fuß Gehenden auf „einen Tagesmarsch" veranschlagt, macht das Gedicht überhaupt erst explosiv; die Lesarten der Schüler und Studenten hingegen reproduzieren Alltägliches. Solch alltagsorientiertes Lesen kann aber auf der Basis derartiger Lücken-Lektüren transparent gemacht werden. Es wird deutlich, dass nicht der freundliche und nette Mensch gefragt ist, wenn Literatur gelesen wird, sondern der skeptische, kritische, manchmal auch bissige Leser. Konkret wird erfahrbar, dass angesichts des knappen Sprachraums im Gedicht mit wenigen Worten viel Neues ausgesagt werden muss (besonders ‚durchnässt' ist redundant angesichts der „regnerischen Landstraße"). Frommers Vorschlag kann im textnahen Sinn weitergedacht werden. Auf der Basis seiner Ergebnisse, die durch zahlreiche eigene Versuche bestätigt wurden, kann eine Unterrichtseinheit entwickelt werden, in der die Schüler lernen, die

Lücken *richtig* zu füllen. Notwendig ist dazu, dass sie mehrere Gedichte eines Autors kennen, dass sie die Eigenarten seines lyrischen Sprechens erarbeitet haben und dass ihnen der Kontext der Gedichte bekannt ist; außerdem müssen sie auf die sprachliche Brisanz aufmerksam gemacht werden. Unter diesen Voraussetzungen haben sie nicht nur die Chance, die Lücken richtig auszufüllen, sondern lernen auch, sprachästhetische Besonderheiten richtig einzuschätzen. Frommers Lückenentwurf baut darauf, dass falsche Füllungen eingesetzt werden. Denkt man es weiter, setzt dieses lesedidaktische Modell auf richtige Ausfüllungen; noch weiter gedacht vielleicht darauf, dass Schüler selbst Kernstellen in Gedichten suchen, die sich zum Tilgen eignen. Auch dazu muss man sprachgenau und textnah lesen. Insgesamt bietet Frommers Konzeption die Chance, Rezeptionsdidaktik mit Textorientierung zu verbinden und in unterschiedlich organisierten Unterrichtsprozessen mal mehr dem einen, mal mehr dem anderen entsprechenden Raum zu geben.

Frommer sucht neben diesen geschickten lesedidaktischen Verzögerungstaktiken auch nach Lösungen für ein anderes Problem, das seit der rezeptionsästhetischen Wende von Beginn an die Literaturdidaktik beschäftigt hat und noch immer beschäftigt: Wie kann eine allgemein verbindliche (benotbare) Interpretation gelehrt und vertreten werden, wenn die Leserwahrnehmung als unberechenbare Größe einkalkuliert werden muss?[8] Die didaktische Diskussion um die Krise der Interpretation ist noch immer virulent und hat – wie wir weiter unten sehen werden – zu radikal textfernen bzw. lesernahen Entwürfen geführt. Frommer hat hingegen nach Unterrichtsformen gesucht, die Text- wie Leserinteressen gleichermaßen berücksichtigen. Für die Lösung dieses Problems greift auch er des Öfteren auf unterschiedliche Schreibaufgaben zurück, welche in die verschiedenen Stadien der Textrezeption und -arbeit integriert sind.[9] Schreiben gewinnt auch in Frommers Lesedidaktik vor allem die Funktion, Raum für die subjektive Konkretisation zu geben[10], seltener hat es die Funktion, den Schüler streng und eng an den Text zu binden und ihm die Leserfreiheit zu rauben (Frommer 1988, 55). Schreiben, das sowohl zur Herstellung von Distanz wie auch zur Intensivierung von Nahgefühlen genutzt werden kann, bietet Frommer zumeist an, damit die Schüler ihre Verbindung zum Text aufrechterhalten können. Er nutzt es auch, um die von ihm getroffe-

---

8 Vgl. u. a. Eggert/Berg u. a. 1975b; Spinner 1987, 1989b.
9 Vgl. dazu auch Frommers Vorschlag, vor der Lektüre des Gedichts „Fahrend in einem bequemen Wagen" die Schüler eine Erzählung schreiben zu lassen zum Thema „Autofahrer lässt Anhalter im Regen stehen" (Frommer 1981b, 21–25); in diesem Unterrichtsentwurf hat sicherlich eher der Leser ‚das Wort' als der Text.
10 Frommer 1988, 33, 65, 88; vielleicht auch 105–106.

ne Unterscheidung zwischen Konkretisation und Interpretation sowohl für die
Schüler als auch den Unterrichtenden manifest werden zu lassen:

■■ *Das erste Stadium der Konkretisation ist die ‚Aneignung' des Textes, die Pro-*
jektion der eigenen Erfahrungen und Wünsche des Lesers in den Text. Die nach-
folgende Phase ist die der ‚Aufnahme' des Textes, sie ist bereits mitbestimmt
vom Gefühl der Verantwortung für den ganzen Text, mithin von der Interpretation
(Frommer 1988, 47).

Die distanzierte, reflektiertere Interpretation unterscheidet sich also deutlich
von der spontanen Konkretisation; gleichwohl gehen beide Prozesse der
Auseinandersetzung mit dem Text ständig ineinander über und beeinflussen
sich wechselseitig. Für die unverbindliche Phase der Konkretisation nennt er
Momente wie: „Verstrickung in den Text", „Text als ‚Partner'", „subjektive
Unverbindlichkeit" und „Privatcharakter"; für die Interpretation sind ihm folgende Elemente wichtig: „Reflexion", „Distanz zum Text", „Text als Gegenstand", „‚intersubjektiver' Geltungsanspruch", „Öffentlichkeit" und „Verankerung des Textes in einen Bezugsrahmen" (Frommer 1988, 12). Frommer
akzeptiert also die Phase der persönlichen Textbegegnung und will sie in den
Literaturunterricht integrieren; allerdings ist dieser erste unmittelbare Eindruck ein Sprungbrett für die nachfolgende „Kür" der Interpretation (Frommer 1988, 51), welche die unbefangenere Konkretisation durchaus modifizieren und sogar korrigieren kann.[11] Frommers Unterrichtsvorschläge, die in
diesem Band zusammengefasst sind, demonstrieren denn auch, dass er unter
Interpretation nicht die klassische Form der distanziert-sachlichen Textaus-
einandersetzung versteht. Vielmehr handelt es sich um indirekte, versteckte
Interpretationen, die unter den Begriff der Produktionsdidaktik zu subsumie-
ren sind und die den Schülern als Interpretationsaufgaben nicht transparent
werden. Insofern zeigt Frommer, wie aus subjektiven Konkretisationen ‚ob-
jektivere' Interpretationen werden können, ohne dass der übliche textanalytische Weg beschritten wird. Er reagiert auf das neue rezeptionsdidaktische Bewusstsein, das um die subjektiven Textrezeptionen weiß; gleichwohl behält er
die Ziele eines textorientierten Unterrichts immer im Blick. Er bindet die Leser immer wieder an den Text.

---

[11] Im Unterschied zu Barthes gibt Frommer zunächst ‚Gedankenfreiheit' und fokussiert dann
aufs Detail. Barthes las zunächst sehr genau den Text und folgte dann seinen eigenen Gedanken. Was ist ‚besser', jugendlichen Lesern gemäßer?

4 Von der Rezeptionsdidaktik zur Krise der Interpretation

Während Frommer für das Interpretationsproblem eine Lösung findet, gibt es in der Nachfolge der rezeptionsästhetischen Wende aber auch Konzepte, die die entstandene Schere zwischen den Leserfreiheiten und dem Interpretationsdiktat nicht mehr so einfach schließen möchten bzw. eine solche Schließung für unglaubwürdig halten. Die Konstanzer Theoretiker sprachen auch nicht von einer Krise der Interpretation, sondern versuchten Wege aufzuzeigen, wie Interpretieren von Literatur unter Einbeziehung einer (ideellen, historischen, werkimmanenten) Lesergröße konziser und abgerundeter stattfinden kann. Aber die Grundgedanken und -ideen ihrer Theorien führten in der Rezeption – und wohl nicht zuletzt in der *didaktischen* Rezeption – dazu, dass die Rechte und die Freiheit des Lesers besondere Wertschätzung erlangten, dass das Recht des Textes in den Hintergrund und das Problem einer ‚richtigen‘ Interpretation überdeutlich in den Blick geriet:

> *Wenn zehn Leute einen literarischen Text lesen, kommt es zu zehn verschiedenen Lektüren. Das weiß doch jeder. […] Der Leser hat in diesem Sinn immer recht, und es kann ihm niemand die Freiheit nehmen, von einem Text den Gebrauch zu machen, der ihm paßt. […] Die Lektüre ist ein anarchischer Akt. Die Interpretation, besonders die einzige richtige, ist dazu da, diesen Akt zu vereiteln (Enzensberger 1988, 33–34).*

Der Schriftsteller Hans Magnus Enzensberger hat den literaturdidaktischen Konflikt in seinem *Bescheidenen Vorschlag zum Schutze der Jugend vor den Erzeugnissen der Poesie* ebenso polemisch wie richtig auf den Punkt gebracht: Nicht mehr aus der Welt zu schaffen ist seit der rezeptionsästhetischen Wende die Erkenntnis, dass in das Lesen eines literarischen Textes zahllose nicht steuerbare Faktoren eingehen und dass mit dem zielorientierten und interpretationsfixierten Literaturunterricht diese wilde, textferne und oft text-ungenaue Lektüre gebändigt werden soll. Es ist kein großer Schritt von Enzensbergers ‚anarchischem Akt‘ zur konstruktivistischen Lebensroman-These: „Leser handeln als ‚Autobiographen‘; sie reagieren nicht einfach auf Texte, sondern können, veranlasst durch Texte, nur das nehmen, was sie ihrerseits im ‚Roman‘ des eigenen Lebens auch geben können und wollen" (Scheffer 1992, 25). Auf der Basis einer konstruktivistischen Literaturtheorie entwirft der Literaturwissenschaftler Bernd Scheffer ein radikal subjektabhängiges Leserbild; der Begriff ‚textnah‘ wird als Illusion *ad absurdum* geführt, weil der Leser nur lesernah, nicht aber textnah lesen kann, denn Leser lesen in (literarischen) Texten nur und ausschließlich *sich selbst*. Nicht *die Texte* werden von ihnen zum Sprechen gebracht, sondern *sich selbst* bringen sie zum Sprechen. Sie gelangen über die Lektüre nicht zu einem Verstehen *des Textes*, sondern zu einem Verstehen *ihrer selbst*. Auszugehen wäre demnach von einem dem *Leser impliziten Text* (und nicht – wie Iser entwirft – von einem dem Text impliziten Leser). „Textwahrnehmung", so Scheffer, „besteht aus Lebens-Ideen und nicht aus ‚Worten pur'; (...)" (Scheffer 1992, 179). Die jeweilige Rezeption kann bzw. muss als Ergebnis des Lebens gesehen werden und nicht als eine Aussage über den Text. Von einem solchen *Leser*-Text-Verhältnis ausgehend, kann Scheffer gelassen die Feststellung treffen, dass andere Leser *nie* das tun, was wir (Fachleute) prognostizieren, wenn sie diesen oder jenen Text lesen:

> *Die anderen sind eigenwilliger, als wir glauben wollen; sie schreiben ihre individuellen ‚Lebensromane', und tun es auf ihre Weise; (...)* (Scheffer 1992, 197).

Es soll in unserem Zusammenhang nicht vorrangig um eine Erörterung der konstruktivistischen Theorie im Allgemeinen gehen, sondern um den auf literarische Prozesse übertragenen Diskurs. Deswegen nur einige Anmerkungen zum theoretischen Hintergrund: Im Mittelpunkt steht ein relativierter Begriff von Wirklichkeit. Diese wird nicht als ‚vorhanden' verstanden, sondern als ein immer wieder neu herzustellendes „menschliches Ereignis" (Scheffer 1992, 77), als eine subjekt*abhängige* „jeweilige Wirklichkeit des einzelnen Erkennenden" (ebd. 71). Statt im Singular, müsste man plural von Wirklichkei*ten* sprechen. Wahrnehmung ist demnach kein „(Heraus-) Finden" von etwas, sondern ein „Erfinden", ein „Erschaffen von Wirklichkeit" (ebd. 65). Scheffers daraus abgeleitete Idee, das Lesen von Literatur und das Schreiben über sie als eine autobiografische Tätigkeit, als eine subjektabhängige Konstruktion zu verstehen, knüpft an das rezeptionstheoretisch aufgeworfene Problem an, wie der Anspruch des Textes (hinter dem sich die Lehrautorität verbirgt) und der des einzelnen Lesers miteinander in Einklang zu bringen sind. Scheffers Bestreben ist es aufzuzeigen, dass *es einen Anspruch des Textes nicht gibt*. „‚Vom Text her' [sind Interpretationen] nicht zu sichern" (ebd. 234), weil die ‚Wirklichkeit des Textes' eine ebenso menschliche, subjektabhängige Konstruktionsleistung erfordert wie sonstige Wirklichkeiten auch. Textnahes Lesen kann es demnach nicht geben, ‚richtiges' Interpretieren schon gar nicht. Aber auch Scheffer möchte das Lesen von Literatur und das Weiterarbeiten mit literarischen Texten nicht aufgeben; auch er sucht die Lösungen im Schreiben, und zwar in einem sehr leserorientierten, das Spielraum für die Leserwahrnehmungen lässt.

Scheffer schlägt vor, das Schreiben über Literatur als „halluzinatorische Essayistik" zu verstehen. ‚Halluzinatorisch' meint dabei die Form der Wirklichkeitshervorbringung, die man *selbst* relativ invariant leistet und die auch von *anderen* als ‚wirklich‘ akzeptiert wird. Wiederholbarkeit und soziale Gebundenheit sind also mit diesem Begriff gemeint. „Essay“ scheint ihm ein glücklicher Begriff, weil mit dieser Textform „im allgemeinen keine Wissenschaftlichkeit“ intendiert ist und weil sie die Chance bietet, „als exponierte Individualität des Essayisten akzeptiert zu werden“ (ebd. 1992, 329). Dieses Schreiben ist deutlich leserorientierter als textorientiert. Es ist auch bezeichnend, dass Scheffer von ‚Halluzinatorik‘ spricht, während Barthes noch – im Vergleich dazu – nüchtern ein ‚schreibendes Lesen‘ entworfen hatte. Barthes bewegte sich noch nah am Text, zumindest in den jeweiligen Anfängen seines Schreibens zu einzelnen Passagen von *Sarrasine*, während Scheffer diese Textnähe nicht nur nicht als notwendig, sondern bereits im Entwurf als reine Konstruktion ansieht. Barthes glaubte auch nicht an die ‚einzig richtige‘ Interpretation, aber er hielt Interpretieren durchaus für möglich und befand ein genaues Lesen dafür als äußerst nützlich; Jauß und Iser zweifeln überhaupt nicht an einer möglichen Interpretation, argumentieren nur dafür, dass sowohl historische Rezeptionsprozesse und mögliche Horizontverschiebungen berücksichtigt werden müssten bzw. der im literarischen Werk mitgedachte Leser nicht übersehen werden dürfe – unter diesen Voraussetzungen können Interpretationen zu fundierteren Erkenntnissen gelangen. Scheffer gibt den Glauben an die Interpretation auf; auch im textnahen Lesen, das von den Rezeptionstheoretikern unter jeweils eigenen Prämissen als Lösung für dieses Problem gesehen wurde, sieht er keine Hilfe und Garantie für eine ‚richtigere‘ Interpretation.

Die Didaktik hat Scheffers Ausführungen weitgehend ignoriert. Es scheint aber nicht ganz unwichtig, diese extreme Position aus literaturdidaktischer Sicht zur Kenntnis zu nehmen, weil sie kindlich-jugendlicher wie unbefangen dilettantisch-naiver Literaturrezeption in besonderer Weise gerecht wird und Ausdruck verleiht.[12] Es scheint auch nicht zufällig, dass Scheffer zwar nicht mehr nach Lösungen für das Problem der Interpretation sucht, aber nach Lösungen dafür, *wie über Literatur geschrieben werden kann*. Ulf Abraham hat sich von Scheffers Überlegungen inspirieren lassen und Vorschläge für neue Schreibaufgaben gemacht. Dabei geht es ihm vor allem darum, wie die mit Literaturwahrnehmung unweigerlich verbundenen affektiven Reaktionen auch im literarischen Schreibunterricht berücksichtigt werden können (Abraham 1994). Textgenauigkeit und Textnähe sind dabei keine Ziele. Abraham zielt im Gegenteil darauf, dass die meisten der im Unterricht praktizierten Schreibfor-

---

12 Vgl. Paefgen 1996c; Zabka 1999.

men das Ziel hätten, „Distanz" zum gelesenen Text herzustellen und nicht ein *„Gewinnen von Nähe"* (ebd. 67). Poetische Texte, so seine Ausgangsthese, hätten aber einen „Anmutungscharakter, der durch kognitive Lehrziele kaum zu fassen ist" (ebd. 1994, 13). Der Schüler solle nicht nur lernen, die in einen poetischen Text eingeflossene „Subjektivität, Emotionalität und Sinnlichkeit" des Autors zu erfassen, sondern sich auch seiner eigenen vergleichbaren Gefühle bewusst werden und sie äußern können (ebd. 1994, 14–15). Textanalytische Operationen, die im Übrigen immer auch interpretierende Aussagen enthielten, seien aus diesem Grund – als ausschließliche Form – einem Schreiben über Literatur nicht angemessen. Abraham bezweifelt weniger die Lehr- und Lernbarkeit der Interpretation als vielmehr ihren Zweck und Nutzen. Er entwickelt Alternativen und sucht nach „divergenten Schreibarten", nach einer „Erweiterung der Bandbreite dessen, was wir Schülern abverlangen" und nach einem Schreiben, das Raum für „Affekte" bietet: für auf den literarischen Text „gerichtete" und *über* diesen „richtende" Affekte (ebd. 1994, 118–119). „Mit der Illusion der ‚richtigen' und für alle verbindlichen Textinterpretation, die fachwissenschaftlich schon lange als altes Eisen gilt", sei nun auch „fachdidaktisch nachhaltig aufzuräumen" (ebd. 1994, 119). Dass Abraham sich auf Scheffers konstruktivistische Literaturauffassung bezieht, wird besonders deutlich, wenn er als Alternativaufgabe z.B. vorschlägt, die Lernenden „biographische Lebensromane" verfassen zu lassen. Die abgedruckten Beispiele zeigen persönliche, unmittelbare und auf Lebenserfahrungen bezogene Kommentare zu einer Erzählung von Siegfried Lenz (ebd. 1994, 130–136); mal beziehen sie sich mehr auf den gelesenen Text, mal mehr auf das gelebte Leben – wenngleich die offene Aufgabe dazu verleitet, Letzterem große Aufmerksamkeit zu schenken.

Nicht alle Schreibformen bieten so große Freiheiten. Obwohl Abraham im theoretischen Teil betont, dass er emotionales Schreiben zur Literatur zulassen und herausfordern möchte, sucht er auch nach anderen Aufsatzformen, die die traditionellen, nach seiner Einschätzung unzulänglichen, aber im Deutschunterricht nach wie vor üblichen ergänzen: So verlangt der im deutschen Schreibunterricht unübliche *Précis* zum einen eine Kürzung des jeweiligen literarischen Textes auf exakt ein Drittel der ursprünglichen Länge, zum anderen eine Beibehaltung bzw. Nachahmung seines Stils – eine schwierige und anspruchsvolle Aufgabe, wie die abgedruckten Beispiele zeigen (ebd. 1994, 147–154). Aber gerade diese Schreibaufgabe lässt sich mit Reflexionen zum textgenauen Lesen verbinden. Der Précis verlangt vom Schreibenden, dass er genau liest, um den Stil des Textes, den er nach präzisen Vorgaben kürzen soll, erhalten zu können. Gerade weil Inhaltliches wegfallen muss, muss er den Text genau kennen, um in der von ihm gestalteten Kürzung das seiner Auffassung nach Wesentliche erhalten zu können. Diese Aufgabe kann auch im Sinne von Textnähe gedeutet werden, und sie kann bewusster eingesetzt werden, um die Schreibenden zum nochmaligen genauen und eingehenden Lesen des Textes aufzufordern. Es geht beim Précis nicht nur um eine „lesedidaktisch bedeutsame Identifikation" mit dem Gelesenen, die „im Nachgestalten abgearbeitet" wird (ebd. 1994, 150), sondern es geht gleichermaßen um das Herstellen von Distanz. Distanz – und nicht nur ‚operative' „Analyse" und „‚kreative Texterschließung'" (ebd. 1994, 153) – ist wahrscheinlich auch notwendig, damit die sprachliche Eigenart eines Textes erfasst und überzeugend in eine eigene Textfassung umgeformt werden kann.

Letztlich ‚erdet' Abraham die konstruktivistischen Entwürfe Scheffers wieder, indem er nach Schreibwegen sucht, mit denen auf die erkannte Problemlage reagiert werden kann. Schreiben scheint tatsächlich ein Kompromiss zu sein, in dem sich textnahe und lesersympathisierende Didaktiker und Theoretiker treffen können. Auch wenn die Schreibaufgaben jeweils andere Intentionen haben, so können sie von der ‚anderen Seite' – manchmal ein wenig modifiziert – nicht selten auch in ihrem Sinne eingesetzt werden. Nicht unwichtig ist offensichtlich der literaturdidaktische Ausgangspunkt: Geht man von einem literarischen Text oder einem Autor aus, wird zumeist auch nach Textnähe oder zumindest danach gestrebt, eine nochmalige, aufmerksame Lektüre des Textes zu erreichen.[13] Wenn die Rezipienten oder die Rezeptionstätigkeiten wie Lesen, Schreiben, Interpretieren im Zentrum stehen, geht es eher darum, den Lesern Freiheiten für ihre Wahrnehmungen zu lassen, ihnen gleichzeitig aber (Schreib-)Formen anzubieten, über die sie auf einen literarischen Text reagieren können. Es gibt wohl eine Tendenz, dem Lesen von und dem Schreiben zu Literatur den Arbeitscharakter zu nehmen; Erkenntnisse – über den Text, aber auch über sich selbst – sollen die Schüler eher indirekt gewinnen, möglichst ohne dass sie es merken. Für textnahes Lesen und eigenes Schreiben scheint zu gelten: Je genauer und präziser die Schreibaufgabe umrissen ist, umso genauer muss der Schreibende den literarischen Text (zuvor, währenddessen) (wieder)lesen, zu dem er schreiben soll.[14] Dass sich solche textbindenden Lese- und Schreibaufgaben mit einer rezipientenorientierten Didaktik gleichwohl verbinden lassen, konnten diese Ausführungen hoffentlich zeigen.

---

13 Vgl. dazu insbesondere die zahlreichen Arbeiten von Karlheinz Fingerhut zu seinem ‚Lieblingsautor' Franz Kafka; z.B. 1991, 1993a, 1993b, 1996a.
14 Vgl. dazu auch die Ausführungen zum Pastiche in Paefgen 1996b, 130–148.

Lernbereich Sprache in der Sekundarstufe I

Angelika Steets

Aktuelle Tendenzen im Sprachunterricht der unteren Sekundarstufe werden in diesem Kapitel vorgestellt und diskutiert. Angelika Steets erklärt, welche Hoffnungen sich seit den 1970er-Jahren auf einen Lerngegenstand „Sprachreflexion" richteten, während gegenwärtig, in Reaktion auf die PISA-Studie, der Ruf nach einer Neubestimmung des alten Lernfeldes Grammatik lauter wird. Sie erläutert in diesem Kontext unterschiedliche Konzepte von Grammatikunterricht und entwickelt in der Diskussion eigene Perspektiven. Ausführlich kommentiert werden Kernprobleme eines jeden Grammatikunterrichts. Eine instruktive Darstellung zur Rechtschreibdidaktik beschließt die Ausführungen.

Zwei gegenläufige Tendenzen prägen gegenwärtig die Situation des Lehrens und Lernens von Sprache. Seit geraumer Zeit folgt die Sprachdidaktik einer konsequenten Orientierung an der Perspektive des Lernenden, an dessen persönlichen Möglichkeiten und Bedürfnissen. Die Entwicklung von sprachlicher Kompetenz wird als individuell geprägter Aneignungsprozess verstanden, den es auch möglichst individuell zu fördern gilt. Gleichzeitig lassen sich Trends ausmachen, die offensichtlich in die Gegenrichtung verlaufen und auf größere Standardisierung verweisen. Im Zuge zunehmender Globalisierung gewinnt die Vergleichbarkeit schulischer Leistungen an Bedeutung. Die PISA-Studie ist hier ein wichtiges Indiz. Doch bereits bevor bekannt wurde, wie schlecht 15-jährige deutsche Schüler beim Lesen und Verstehen von Texten im internationalen Vergleich abschneiden, wurde z.B. in Bayern ein zentraler Deutschtest für alle Schüler der 8. Klasse eingeführt, der v.a. ihre Grammatik- und Rechtschreibkenntnisse überprüft. Zu fragen ist, wo – zwischen einer Pädagogik des Individuellen und der aktuellen Tendenz zu verbindlichen Standards – die Sprachdidaktik derzeit angesiedelt ist.

1 Zwischen Sprachreflexion und Grammatik

Muttersprachunterricht ist problematisch geworden. In den 70er-Jahren hatte man sich, ausgehend von einem pragmatischen Sprachbegriff, neue, ehrgeizige Ziele gesteckt. Nicht mehr *Sprachlehre* und *Sprachkunde* waren die erklärten Gegenstände, sondern *Sprachreflexion*. Seit den Hessischen Rahmenrichtlinien Deutsch Sekundarstufe I von 1972 bildet „Reflexion über Sprache" bzw. „Nachdenken über Sprache" einen eigenständigen Aufgabenbereich in allen Lehrplänen. Als Ziel war vorgesehen, die Schüler nicht nur zu einem angemessenen Gebrauch von Sprache zu befähigen, sondern sie darüber hinaus zu kritischem Nachdenken über die gesellschaftlichen Bedingungen und Voraussetzungen des sprachlichen Handelns anzuregen. Reflexion über Sprache setzt Sprachbewusstsein bzw. „Sprachbewußtheit" (Andresen 1985b) bei den Sprechenden voraus. Das sprachliche Wissen als Basis einer solchen Bewusstheit war scheinbar zur Selbstverständlichkeit geworden.

In den Lehrplänen hat sich seit den 70er-Jahren im Lernbereich Sprache nicht viel verändert – auch wenn von didaktischer Seite zugegeben wurde, dass die Ansprüche an einen aufgeklärten, reflektierten Sprachunterricht bisher in der Praxis nicht realisiert sind und nach Neuland (1993) ein „uneingelöstes Programm der Sprachdidaktik" darstellen. Dennoch hält man in den neueren Lehrplänen an „Reflexion über Sprache" als Aufgabenbereich fest. Nur kleine Akzentverschiebungen gibt es in jüngster Zeit: Im Rahmenplan für Brandenburg (2002) heißt der Bereich „Nachdenken über Sprache, einschließlich Rechtschreibung", im Rahmenplan für Hamburg (2001) „Sprachverwendung und integrative Grammatik" und im bayerischen Lehrplanentwurf (2002) „Sprache untersuchen, verwenden und gestalten – Sprachbetrachtung".

Unter den veränderten Etiketten haben sich die curricularen Inhalte nur wenig verschoben. Den Kern bilden nach wie vor die Teilbereiche Grammatik und Rechtschreibung (auch wenn der Begriff „Grammatik" zum Teil in den jetzigen Entwürfen vermieden wird). Das grammatische Pensum hat sich, darauf verweisen Steinig/Huneke (2001, 143), seit 100 Jahren kaum verändert. Mit der Konzentration auf Wortarten und Satzlehre ist Sprachunterricht bis heute überwiegend formale Grammatikunterweisung geblieben.

In der Praxis hingegen hat auch diese offensichtlich immer mehr an Stellenwert verloren. Einerseits fehlt – aus Gründen langer Jahre des Einstellungsstopps – nahezu eine ganze Generation von Lehrern, die neue Impulse aus dem sprachwissenschaftlichen Studium hätten mitbringen können. Andererseits dominiert in der Lehrerausbildung unangefochten die Literaturwissenschaft. Für Ludwig stellt sich die augenblickliche Situation an den Schulen so dar,

▪▪ *dass sich die Verantwortlichen von Schulstufe zu Schulstufe zunehmend aus ihrer Verantwortung stehlen, die Anteile für den Literaturunterricht immer größer und die für den Sprachunterricht immer kleiner werden, bis für diesen in der Sekundarstufe II kaum noch etwas – in einigen Bundesländern überhaupt nichts mehr – übrig bleibt* (Ludwig 2002, 82).

Bei den Schülern tritt, wie Neuland konstatiert, an die Stelle des eingeforderten Sprachbewusstseins in zunehmendem Maße ein „Sprach*mängel*bewußtsein" (Neuland 1993, 98), was den richtigen Umgang mit Sprache und das Sprechen über Sprache betrifft.

Die aktuellen Reaktionen der Didaktik auf diese Situation sind unterschiedlich. Während Ludwig, bestärkt durch die Ergebnisse von PISA, eine „Generalüberholung des Gesamtcurriculums für den Deutschunterricht" (2002, 82) einfordert, möchten andere, wie Neuland, an dem Ziel „Reflexion über Sprache" festhalten und die emanzipatorischen Erkenntnisinteressen aus den Anfängen der Entwicklung wieder aufgreifen (Neuland 1993, 92). Auch für Ingendahl (1999) ist Sprachreflexion nach wie vor das Ziel von Sprachunterricht; sie soll den Grammatikunterricht ersetzen.

Einzelne Didaktiker fokussieren allerdings das Thema wieder stärker. In diesem Zusammenhang bekommt der Begriff des *sprachlichen Wissens* neues Gewicht. Für Klotz umfasst „Sprachwissen" das Wissen über Sprache und sprachliches Können und enthält in seinem Kern „Grammatisches" (Klotz 1996b, 10). Ausdrücklich nicht von „Sprachreflexion", sondern von „Grammatik" spricht Ludger Hoffmann, der allerdings Grammatik nicht formal versteht, sondern in einem weiten Sinne als „Systematik der Mittel sprachlichen Handelns" (Hoffmann 1999, 235f.). Die Verschiebung von *Sprachreflexion* zu *Sprachwissen* und *Grammatik* lässt den Ansatz zur deutlicheren Konturierung des Lernbereichs erkennen, da wieder direkter an der Sprache selbst angesetzt wird. Aus meiner Sicht setzt das Nachdenken über Sprache voraus, dass man Sprachwissen besitzt, indem man die Mittel des sprachlichen Handelns kennt und über sie verfügt. Ein solches Kennen und Verfügenkönnen ist jedoch in der Sekundarstufe I nicht selbstverständlich.

2 Sprachliche Handlungsfähigkeit und Grammatikunterricht

Sieht man als Hauptziel des Sprachunterrichts an, sprachliche Handlungsfähigkeit aufzubauen und zu verbessern, stellt sich die Frage, auf welchem Weg dies erreicht werden kann. Um es vorwegzunehmen, eine klare Antwort zeichnet sich in der Didaktik derzeit nicht ab. Vielmehr macht die Widersprüchlichkeit der vertretenen Positionen deutlich, dass zentrale linguistische und didaktische Probleme bisher nicht gelöst sind bzw. ausgeblendet wurden. Zu fragen ist: Was können und sollen Grammatik und Grammatikunterricht hinsichtlich des Aufbaus von sprachlichen Fähigkeiten leisten? Und welche Art von Grammatikunterricht kommt in Betracht?

Wozu Grammatik?

Diese Frage wird in unterschiedlicher Akzentsetzung seit Jahren immer wieder gestellt. Die Antworten fallen je nach linguistischer und didaktischer Position verschieden aus.

Man verweist darauf, dass Schüler korrektes Sprechen und Schreiben auch ohne ausdrückliche Regelunterweisung erlernen, und es wird eingeräumt, dass das Nachvollziehen von Regelformulierungen nicht automatisch zu verbesserter Sprachkompetenz führt. Ja, es kann sogar zu Leistungseinbrüchen kommen, weil das interne, weitgehend automatisierte Sprachsystem gestört wird (Strecker 2001a). Grammatische Regeln beherrschen und schreiben können, so wird auch betont, sind zwei grundsätzlich unterschiedliche Kompetenzen, von denen die eine eher begriffliches und analytisches linguistisches Wissen verlangt, die andere dagegen stärker prozedurales Wissen über die Tätigkeit des Schreibens (Steinig/Huneke 2002, 147).

Auf der anderen Seite wird die Ansicht vertreten, dass beim Schreiben vor allem anspruchsvollerer Texte grammatische Kenntnisse durchaus eine wichtige Grundlage darstellen, z.B. um Flexionsendungen richtig zu setzen, logische Bezüge in komplexen Satzstrukturen zu gestalten oder den Tempus-Modus-Gebrauch zu beherrschen. Als wichtige Zielgruppe werden hier u. a. nichtdeutsche Muttersprachler angesprochen (Voigt 2001). Den engen Zusammenhang von Grammatik und „Textgestaltungskompetenz" betonte insbesondere Klotz (1996b). In spezifischer Weise eröffnet die Kenntnis syntaktischer Strukturen auch den Zugang zu Regelbildungen im Bereich von Rechtschreibung und Interpunktion.

Strecker, Mitautor der vom Institut für Deutsche Sprache neu erstellten „Grammatik der deutschen Sprache" (GDS) kommt zu dem Fazit, dass „Regelwissen hilft, eigenes und fremdes Sprechen und – in noch höherem Maß – Schreiben wie ein Sprachtrainer kritisch zu begleiten und nach und nach die gewonnene Einsicht in optimierte Praxis umzusetzen" (Strecker 2001a, 15). Dabei sollte man allerdings „Grammatik offen als Rekonstruktion einer Rede- und Schreibpraxis ausgeben und nicht als etwas, das dieser Praxis tatsächlich zu Grunde liegt" (ebd.). Dies macht verständlich, dass eine Grammatik als Beschreibung von Sprache modellhaften Charakter hat und es ‚die Grammatik' nicht gibt.

Konzeptionen von Grammatikunterricht

Jenseits der Frage, wie die Kenntnis des Sprachsystems und die Fähigkeit der Sprachverwendung zusammenhängen – eine Frage, die wohl letztlich noch nicht geklärt ist – steht zur Diskussion, *wie* Grammatikunterricht betrieben werden kann oder sollte. Die Geschichte des Grammatikunterrichts bietet reichlich Alternativen an.

Im Kern bildet diese Geschichte die Entwicklung der Sprachdidaktik insgesamt ab. Der ‚linguistischen Wende' der Didaktik in den 70er-Jahren entspricht der Versuch, der Schulgrammatik eine neue wissenschaftliche Grundlage zu geben und die inhaltsbezogene, nationalsprachlich orientierte Grammatik Leo Weisgerbers zu überwinden. Maßgebliche Impulse gingen von der amerikanischen strukturalistischen Linguistik aus, insbesondere von der Generativen Transformationsgrammatik Noam Chomskys, deren stringente Regelbildungen und Satzbaupläne abstraktes sprachliches Denken der Schüler fördern sollten. Die ‚kommunikative Wende' im Sprachunterricht brachte Ende der 70er-Jahre die Abkehr vom systematisch betriebenen und linguistisch fundierten Grammatikunterricht. An dessen Stelle trat der „andere Grammatikunterricht" im Konzept von Boettcher und Sitta (1978), der sich nicht mehr an den formalen Modellbildungen von Sprache orientieren wollte, sondern an Sprache, wie sie Schülern alltäglich begegnet und von ihnen zur sprachlichen Bewältigung von Lebenssituationen benutzt wird. An die Stelle des *systematischen* tritt ein *situativer* Unterricht, der sprachliche Phänomene dann thematisiert, wenn sie dem Erkennen und der Lösung sprachlicher Probleme im Unterricht dienen. Ausgehend von dem Einwand, dass diese rein kommunikativ ausgerichtete, spontane Art der Grammatikvermittlung nicht dazu beitragen könne, Einsichten in sprachliche Zusammenhänge zu vermitteln und sich auch nicht curricular einbinden lasse, entspann sich eine heftige didaktische Debatte, die im Konzept des *integrativen* oder *integrierten Grammatikunterrichts* eine Art Synthese fand. Boettcher/Sitta selbst haben sich in einer überarbeiteten Version ihres eigenen Konzepts dieser Position weitgehend angenähert. Das grammatische Pensum wird in mehr oder weniger geschlossenen Einheiten und in meist lockerer Form verschiedenen Situationen, Themen und Texten zugeordnet, die über die grammatische Fragestellung hinaus unterrichtsrelevant sind und das Schülerinteresse wecken sollen. Der integrative Ansatz erscheint bis heute als „gute Mitte", die weitgehend überall anerkannt ist (Bremerich-Vos 1993a, 105)[1].

In enger Verbindung dazu steht das Konzept eines *funktionalen Grammatikunterrichts*, wie es v.a. von Köller (1983) vertreten wird. Er betrachtet sprachliche Mittel nicht unter dem Aspekt ihrer formalen Systematik, sondern unter dem Aspekt ihrer kommunikativen Leistung und plädiert für eine kon-

---

[1] Berkemeier/Hoppe (2001a, 7) weisen allerdings zu Recht darauf hin, dass das integrative Konzept in keinem Lehrbuch bisher eine überzeugende Realisierung gefunden hat. Eine Gefahr besteht auch darin, dass literarische Texte zu stark für Grammatikunterricht instrumentalisiert werden. Im Berliner Rahmenplan der Sekundarstufe I wird als Reflex auf den integrativen Sprachunterricht ein „verbundener Sprachunterricht" gefordert: d.h. Verbindung unterschiedlicher Lernbereiche, kein isolierter Sprachunterricht, Sprachunterricht immer auch beim Umgang mit Texten.

sequente Einbettung des Grammatikunterrichts in den allgemeinen Unterricht: Er versteht also „funktional" in doppeltem Sinn. Demonstriert wird dies anhand der Tempus-, Genus- und Modusformen des Verbs. Zu einer funktionalen Gesamtdarstellung gelangt Köller allerdings nicht.[2]

In den 90er-Jahren ist eine Rückkehr zu traditionell Bewährtem (auch im Zuge der Einführung der KMK-Liste grammatischer Termini, vgl. S. 217f.) und parallel dazu eine Verlagerung von der *didaktischen Konzeption* zum *methodischen Konzept* zu erkennen. Ähnlich dem handlungs- und produktionsorientierten Vorgehen im Bereich der Literatur wird auch für die Grammatik ein handelnder, entdeckender Umgang empfohlen. „Grammatik-Werkstatt" heißt das von Eisenberg/Menzel (1995) ausgearbeitete und von Menzel (1999) weiterentwickelte Konzept. Auf dem Weg über operatives Manipulieren an Sätzen und Satzteilen mit dem Ziel, einzelne Wörter oder Satzteile zu isolieren und zu kategorisieren, werden Schüler zum aktiv handelnden, gleichzeitig aber auch systematischen Umgang mit Sprache aufgefordert. Allerdings, so ist kritisch bemerkt worden, setzt das Handeln in der Werkstatt grammatisches Wissen und Sprachgefühl voraus, das ja eigentlich erst entwickelt werden soll.

Die gegenwärtige Diskussion kehrt wieder stärker zu didaktischen Positionen zurück. Erkennbar sind m.E. zwei Trends. Einerseits findet – angesichts der immer offensichtlicher werdenden Lücken im grammatischen Wissen von Lehrenden und Studierenden (vgl. Ivo/Neuland 1991) – eine Rückbesinnung auf grammatisches Grundwissen statt, wie es Bremerich-Vos (1993a) mit seinem Plädoyer für „das Backen kleinerer Brötchen" und ähnlich Berkemeier/Hoppe (2001a) mit ihrer Forderung nach Sicherung von grammatischem Basiswissen anstreben. Diese Reduktion geht in beiden Fällen mit einer kritischen Überprüfung der schulgrammatischen Grundpositionen einher.

Andererseits beginnt die Sprach- bzw. Grammatikdidaktik aus ihrer insgesamt eher defensiven Position herauszutreten und dezidiert die Notwendigkeit *systematischen Sprachunterrichts* einzufordern. Am konsequentesten geschieht dies in Redders Vorschlag, „Sprachwissen als handlungspraktisches Bewußtsein" (1998, 72) im schulischen Unterricht zu vermitteln und zu einer Rückbesinnung auf Lernziele zu ermutigen, „welche Sprache in ihrer Komplexität – und in ihrem kritischen Potential – der nächsten Generation zugänglich werden lassen" (ebd.). Linguistisch begründet sind ihre Anstöße durch eine funktional-pragmatische Sprachtheorie,[3] die den Funktionsbegriff in umfas-

---

2 An diesem Punkt setzt auch die Kritik an: Nicht alle grammatischen Phänomene seien funktional erfassbar (v.a. Ingendahl 1999).
3 Vgl. als Überblick Ehlich (1991) und die Ausführungen in Redder (1998) selbst. Siehe dazu auch S. 245–248.

senderer Weise zum Ausgangspunkt nimmt als Köller. Sprache wird als ein Ensemble von sprachlichen Mitteln verstanden, die in einem historisch-gesellschaftlichen Prozess spezifische Formen für die Lösung der kommunikativen Bedürfnisse einer Sprechergemeinschaft herausgebildet haben. Auf der Grundlage einer Theorie des sprachlichen Handelns ist Grammatikunterricht keineswegs identisch mit formaler Wortarten- und Satzlehre. Die eingangs formulierte Frage „Wozu Grammatik?" stellt sich auf dieser Basis erst gar nicht.

Ausgehend von dieser Position, möchte ich für den Grammatikunterricht folgende *Perspektive* formulieren. Zunächst: Die linguistische Grundlage von Spracharbeit sollte ein weiter, handlungsorientierter Sprachbegriff sein. Darauf aufbauend kann *Grammatikunterricht* in einem doppelten Sinne als *funktional* verstanden werden: (1) funktional, indem er Sprachfähigkeit systematisch als sprachliche Handlungsfähigkeit begreift und sprachliche Phänomene in der Wechselwirkung von Form und Funktion betrachtet, und (2) funktional, indem er diese Kenntnisse für andere Bereiche des Sprachunterrichts (v.a. Schreib- und Literaturunterricht) nutzbar macht. (Der Begriff „funktional" wird hier für den sprachtheoretischen Ansatz reserviert, um dem inflationären Gebrauch des Begriffs entgegenzuwirken.)

Ein *funktionaler Grammatikunterricht* fördert sprachliches Wissen, das (für Muttersprachler und v.a. auch für Nicht-Muttersprachler) nützlich ist, um normengerecht, situationsangemessen und differenziert zu sprechen und v.a. zu schreiben und um sich über sprachliche Phänomene und kommunikative Probleme zu verständigen. Darauf aufbauend kann über die Einsicht in die Form-Funktionszusammenhänge von Sprache ein Wissen über gängige sprachliche Handlungsformen und Textarten erarbeitet sowie ein Bewusstsein für die Wirkungsmöglichkeiten von Sprache entwickelt werden. In allen Bereichen ist der Zusammenhang mit dem Schreib- bzw. Aufsatzunterricht und dem Literaturunterricht offensichtlich. Auch können die Kenntnisse für das Erlernen einer anderen Sprache nutzbar gemacht werden.

Wie lassen sich diese Ziele im unterrichtspraktischen Alltag realisieren, der in der Sekundarstufe I nach wie vor stark an die traditionelle Wortarten- und Satzlehre gebunden ist? Die Ansätze sind zunächst bescheiden und als eine erste „Anbahnung" (Berkemeier 1999, 98) zu verstehen. Formales Wissen kann notwendiges Handwerkszeug sein, aber die formalen Kategorien sollten so modelliert sein, dass eine funktionale Betrachtungsweise nicht blockiert, sondern offen gehalten wird. Als eine sinnvolle Annäherungsweise erscheint der mehrperspektivische Zugang, der Formen mit Blick auf ihre funktionale Bestimmung sowie Funktion mit Blick auf dafür ausgebildete Formen und beides im Zusammenhang betrachtet (Hoffmann 1993, 135). „Doppelperspektivik" ist auch das Grundprinzip der „Grammatik der deutschen Sprache" (GDS; vgl. dazu auch Strecker 2001b). Auf keinen Fall darf formales Wissen zum grammatischen Selbstzweck geraten. Grammatische Betrachtungen sollten so weit wie möglich auf konkrete Sprachprobleme von Schülern Bezug nehmen. Die gewonnenen Kenntnisse sollten durch das Lesen von Texten überprüft und gefestigt und beim Schreiben von eigenen Texten angewendet werden.

Die folgenden Überlegungen setzen am klassischen Grammatik-Curriculum an, d.h. an der Wortarten- und Satzlehre (Abschnitt 3). Die Rechtschreibung als syntaktisch basiertes Phänomen wird einbezogen (Abschnitt 4).[4] Aufgezeigt werden einige besonders neuralgische Punkte, die exemplarisch zeigen, wie nachteilig sich ungenügend reflektierte Kategorien und ein zu restriktives, weil rein formales Grammatikverständnis auf die Entwicklung sprachlicher Handlungsfähigkeit und sprachlichen Bewusstseins auswirken. Es geht also vornehmlich um das Hinterfragen von grammatischen Grundkategorien und um die Suche nach Übergangsmöglichkeiten zu einem funktionalen Verständnis. In diesem Zusammenhang sollten die Sekundarstufen I und II im Grunde nicht getrennt betrachtet werden. Vielmehr sind sie zu verstehen als systematisch aufeinander folgende Vermittlungsphasen im Sinne zunehmend differenzierter Beschäftigung mit sprachlichen Fragen[5].

3 Grammatische Probleme im Fokus

Zur grammatischen Terminologie

Um grammatische Gegenstände zu benennen, ist man auf Termini angewiesen. Die linguistische Wende der Didaktik in den 70er-Jahren führte zu neuen Begriffen, die zum Teil auch in die Schulbücher eingingen. Da großenteils auch die traditionellen Termini beibehalten wurden, waren begriffliche Uneinheitlichkeit und Verunsicherung die Folge. Um dem entgegenzuwirken, legte das Sekretariat der Ständigen Konferenz der Kulturminister der Länder 1982 das „Verzeichnis grundlegender grammatischer Fachausdrücke" vor. Seither prägt es als vermeintlich theorieunabhängige Empfehlung Lehrpläne, Schulbücher

---

4 Ich verzichte – zugunsten einer intensiven Auseinandersetzung mit den Kernbereichen Grammatik und Rechtschreibung, die auch in der Didaktik kontrovers diskutiert werden – auf die Betrachtung anderer thematischer Aspekte des Lernbereichs Sprache in der Sekundarstufe I: insbesondere auf Aspekte der Bedeutungslehre (Semantik) und das Thema Sprachgeschichte. Zur Arbeit mit dem Wortschatz vgl. das umfangreiche Kapitel in Ulrich (2001a), das auch reichhaltiges kommentiertes Unterrichtsmaterial enthält. Zur Sprachgeschichte s. S. 238–242.

5 Vgl. Homberger 1992.

und Unterricht normativ. Im Hamburger Rahmenlehrplan von 2001 wird z.B.
ausdrücklich auf die Verbindlichkeit der KMK-Liste verwiesen.
Die Kritik an der Liste ist so alt wie diese selbst.[6] Neben dem Umstand, dass
die Verfasser der Liste anonym geblieben sind, kritisiert man insbesondere die
Rückkehr zur Terminologie der lateinischen Schulgrammatik, außerdem ter-
minologische Vermischungen aufgrund der angestrebten Theorieneutralität
sowie wissenschaftliche und didaktische Mängel im Einzelnen. Ein Beispiel:
Auf die Ausdrücke „Ergänzung" und „Angabe" wird verzichtet, weil man kein
Grammatikmodell bevorzugen will; mit anderen Ausdrücken wie „Subjekt",
„Objekt", „Adverbiale" fällt *de facto* doch die Entscheidung für ein bestimmtes
Modell.[7] Nicht in Frage gestellt ist die Notwendigkeit einer *einheitlichen, lin-
guistisch gesicherten Beschreibungssprache* im Deutschunterricht, und zwar

- für eine klare und rasche Verständigung über sprachliche, speziell grammatische Phänomene,
- zur Klärung von Sprach- und Kommunikationsproblemen im Unterricht,
  als Mittel der Reflexion über die eigene Sprech- und Schreibpraxis und
- zur Analyse von sachlichen und literarischen Texten.

Einige Didaktiker fordern die Überarbeitung der Terminologie, auch wenn
dies in absehbarer Zeit wohl kaum in die Praxis umgesetzt wird.[8] Eine überarbeitete Terminologie sollte einerseits einem offenen Ansatz folgen, der für
die Beschreibung sowohl von Phänomenen der Laut-, Wort- und Satzebene als
auch von solchen der Textebene geeignet ist. Andererseits sollte sie einem
funktionalen Ansatz verpflichtet sein, der sprachliche Einheiten auch unter
dem Aspekt ihrer kommunikativen Funktion benennt, um so „auch rein formale Erscheinungen wie etwa Flexion oder Wortstellung als Verfahren einführen zu können, die nicht irgendeiner abstrakten Kombinatorik dienen, sondern der Lösung technischer Probleme" (Strecker 2001a, 16). Konkrete
Vorschläge zeigen, dass terminologische Veränderungen weitreichende Folgen für das Sprachverständnis haben können (vgl. S. 223f.).

Wortarten

Wortarten gehören dem Kern des grammatischen Curriculums vor allem der
5. und 6. Jahrgangsstufen an. Im Vordergrund der traditionellen Zielsetzung
steht die Bestimmung und Benennung von Wortarten. Ihre Kategorisierung
wird in der Regel als unproblematisch vorausgesetzt, auch wenn in der Lin-

---

6   Vgl. Homberger 1992.
7   Vgl. Bremerich-Vos 1993a, 118.
8   Vgl. ebd. sowie Berkemeier/Hoppe 2001a, 8.

guistik in vielen Fällen kein Konsens erreicht ist. Die KMK-Liste hat – wie oben angedeutet – problemverdeckende Wirkung.

Zur Klassifikation wird in traditionellen Grammatiken und Lehrbüchern eine Mischung aus semantischen, morphologischen und syntaktischen Merkmalen verwendet. In der Sekundarstufe I dominieren das syntaktische und morphologische Prinzip, das syntaktische Prinzip z.b. für die Unterscheidung von Artikel und Pronomen (Begleiter- *vs.* Stellvertreterfunktion), das morphologische z.b. für die Bestimmung des Adverbs (nicht flektierbar und nur beschränkt graduierbar).

Die Autoren der GDS kritisieren, dass die traditionelle Klassifizierung uneinheitlich sei und inkonsequent angewendet werde, sodass es z.b. unmöglich sei, Sprachen zu vergleichen und universelle Eigenschaften festzustellen (GDS, 23). Die dort vorgestellte Liste von Wortarten unterscheidet sich wesentlich von den acht Haupt-Wortarten der Duden-Grammatik. Ein Beispiel: Unter dem Oberbegriff *Determinativ* finden sich (u. a.) der *definite Artikel*, der *indefinite Artikel* sowie das *possessive Determinativ*. Ein Problem der traditionellen Unterscheidung von Artikel und Pronomen ist damit ausgespart: *mein, dein* etc. sind in traditionellen Grammatiken Pronomen, haben aber nicht Stellvertreterfunktion, sondern eher Begleiterfunktion.

Eine konsequente funktionale Betrachtungsweise würde auch andere Kategorisierungen aufbrechen, z.B. die der Personalpronomen. Diese bilden funktional gesehen keine einheitliche Kategorie, denn *ich* und *du* sind deiktisch (Zeigwörter), während *er, sie, es* als phorische Elemente (Anaphern) eine gegebene Orientierung auf eine Person oder ein Objekt aufrechterhalten.

Vielleicht liegt in dieser und anderen Inkonsistenzen auch eine Erklärung für die Tatsache, dass die Behandlung der Wortarten insgesamt im Deutschunterricht nicht sehr erfolgreich ist. Melenk kommt in einer empirischen Studie zu dem Ergebnis, dass Schüler der 8. Jahrgangsstufe (Realschule) bei einer Bestimmungsaufgabe die Wortarten *Konjunktion, Relativpronomen* und *Fragewort* in fast zwei Dritteln aller Fälle falsch oder gar nicht markieren und zudem viele andere Wörter diesen Wortarten falsch zuordnen. Zum Teil gebe es „regelrechte Kaskaden falscher Zuordnungen" (Melenk 2001, 186). Zuordnungsfehler bilden auch ein Problem für die Rechtschreibung, dann nämlich, wenn eine falsch bestimmte Wortart eine fehlerhafte Groß- bzw. Kleinschreibung auslöst. Das geschieht häufig bei Konstruktionen von Substantiv mit vorangestelltem attributivem Adjektiv: Dieses wird überdurchschnittlich häufig groß- und das folgende Substantiv kleingeschrieben, wobei der Schreiber wohl das Vorliegen einer Nominalgruppe als Ganzheit erkennt (Funke 2000, 64).

Dennoch: „Ohne Kenntnis der Wortarten und ihrer Grundleistungen ist Grammatikunterricht unmöglich" (Ulrich 2001a, III/9). Im Unterricht sollte der Akzent auf dem zweiten Teil der Aussage liegen. Eine Möglichkeit ist die mehrstufige Herangehensweise, die Rudolph (2001, 18) empfiehlt: In einer ersten Phase geht es um das systematische Betrachten von Wörtern in Texten durch Vergleichen, Weglassen, Einsetzen, Umstellen, Ergänzen usw. In einer zweiten Phase werden Gemeinsamkeiten und Unterschiede in Form und Leistung der Wörter ermittelt. Auf dieser Grundlage können dann Wörter bestimmten Wortarten zugeordnet und benannt werden – wobei man mit den Schülern auch noch darüber nachdenken könnte, welche Alternativen der Zuordnung und Benennung es gibt.

Wie sich die besonderen Leistungen von Substantiven z.B. erkennen lassen, zeigt Rudolph anhand von entsprechenden Lückentexten, die *ex negativo* die Informationsqualität von Substantiven enthüllen, oder anhand von Texten, in denen alle Substantive besonders hervorgehoben sind, was erlaubt, die Kerninformation des Textes auf einen Blick zu erfassen (ebd.). Auch kann man aus einem vorliegenden Text den Schülern erst alle Substantive, dann die Substantive zusammen mit den Verben und schließlich auch zusammen mit Adjektiven und Adverbien vorlegen, um zu prüfen, welche Informationsqualität diese Wörterfolgen besitzen:

- *Fakultät Sprachen, Professoren, Sprache Landes. Projekt, Rede, Wörter Verben Partizipien, Dinge Wirklichkeit Hauptwörter.*
- *gehen Fakultät Sprachen, Professoren beraten, Sprache Landes verbessern. Projekt bestehen Rede abkürzen, Wörter beschneiden Verben Partizipien auslassen, Dinge Wirklichkeit Hauptwörter sein.*
- *Darauf gingen Fakultät Sprachen, drei Professoren berieten, Sprache eigenen Landes verbessern. erstes Projekt bestand, Rede abzukürzen, vielsilbige Wörter einsilbigen beschneidet Verben Partizipien auslässt, vorstellbaren Dinge Wirklichkeit Hauptwörter sein.*[9]

Aspekte des Satzes

In ähnlicher Weise wie die Wortarten gehört die Verknüpfung der Wörter zum Satz dem traditionellen Kernbereich des grammatischen Curriculums an. Und auch in diesem Bereich fußt der herkömmliche Grammatikunterricht zum Teil auf Prämissen, die (linguistisch) durchaus nicht selbstverständlich und mit einer funktionalen Sprachbetrachtung nicht in Einklang zu bringen sind.

Kritisch zu betrachten ist bereits der Begriff *Satz* selbst, der zu den am häufigsten definierten Begriffen in der Sprachwissenschaft gehört. Die GDS be-

---

9   Aus Adamzik 2001, 91. Dort auch der vollständige Text (90).

nutzt dazu den Begriff der „kommunikativen Minimaleinheit". Diese bezeichnet einen nicht mehr in kleinere verstehbare Einheiten untergliederbaren Ge-
sprächsbeitrag, der verständlich ist. Hierzu gehören neben allen ‚vollständi-
gen' Sätzen auch Äußerungen wie *Bitte noch ein Bier!* In der mündlichen
Kommunikation sind solche nicht-satzförmigen Äußerungen sehr häufig und
zweckmäßig, z.B. als Antwort auf eine Frage.[10] Davon zu unterscheiden ist
allerdings die zunehmende Neigung von Schülern, sich in eigenen Texten über
standardsprachliche Satzstrukturen hinwegzusetzen und im eher mündlich
geprägten „Parlando"-Stil zu schreiben.[11] Liegen dem fehlende syntaktische
Kenntnisse und Fähigkeiten zugrunde, handelt es sich um ein sprachliches Defizit. Der Weg, dieses zu beheben, beginnt mit der Bewusstmachung grammatischer Strukturen.

Die Modellierung des einfachen Satzes
Die Beschäftigung mit der Syntax erfolgt in der Schulgrammatik auf der Basis
des einfachen Satzes, der in der Regel als einfacher Aussagesatz mit dem Vollverb in Zweitposition modelliert wird: *Peter macht seine Hausaufgaben.* Dies
mag didaktisch nahe liegen, entspricht aber weder der Sprachpraxis der Lernenden noch der wissenschaftlichen Sprachbeschreibung. Haueis kommt daher zu dem Fazit: „So einfach, dass sich sprachdidaktisches Nachdenken darüber erübrigen würde, ist der einfache Satz also nicht" (Haueis 1998, 41). Er
hingegen nimmt, ähnlich wie z.B. der Linguist Weinrich (2001), die für die
deutsche Sprache typischen *Klammerstrukturen* als Ausgangspunkt der Satz-
modellierung. Solche treten äußerst häufig auf: bei trennbaren Verbformen
(*Peter schiebt seine Hausaufgaben hinaus*), bei zusammengesetzten Tempus-
formen (*Peter hat seine Hausaufgaben schon gemacht*) und bei Modalverben,
die als finite Verben ein Vollverb modifizieren (*Peter mag seine Hausaufgaben
heute nicht machen*). Haueis plädiert dafür, die Satz- oder Verbklammer als
Regelfall und nicht als Sonderfall zu betrachten, und macht dies nicht nur für
zweiteilige Verbformen geltend, sondern auch für einteilige: Der rechte Klammerrand ist in diesen Fällen dann nicht sichtbar besetzt. Da er auch die Struktur der Nebensätze einbezieht, bei denen der linke Klammerrand durch einen
einleitenden Ausdruck markiert ist und das finite Verb den rechten Klammerrand bildet, postuliert er die *Verb-Endstellung* als Grundordnung des deut-

---

10 Redder demonstriert die ästhetische Wirkung bestimmter nicht-satzförmiger Äußerungsket-
    ten (erweiterte Partizipialkonstruktionen) in der mündlichen Alltagserzählung wie auch in li-
    terarischen Texten (Redder 2002).
11 Vgl. Sieber 1994.

schen Satzes: ... *weil Peter seine Hausaufgaben nicht macht.* In ähnlicher
Weise sieht auch Klotz (1999b) die deutsche Sprache aufgrund der Klammerstrukturen prototypisch als eine Sprache des XV-Typs (d.h. mit Verb-Endstellung) – im Gegensatz zum Englischen, das eine Sprache des VX-Typs ist.
Durch die Modellierung des Satzes über die Verb-Endstellung ergibt sich eine
Reihe von didaktischen Vorteilen, sowohl für die syntaktische Analyse selbst
als auch für eine sprechhandlungsbezogene Betrachtung, die sich aus den syntaktischen Verhältnissen ableiten lässt:

- Die Verbklammer muss nicht ab einem gewissen Zeitpunkt neu eingeführt
  werden; es muss insbesondere nicht geklärt werden, unter welchen Bedingungen diese entsteht. Es reicht zu beschreiben, wie die Ränder der Klammer, also das Vor- und Nachfeld, besetzt werden können (Haueis 1998).

- Die Klammer ist ein wichtiger Beitrag zur integrierten Betrachtung von
  Haupt- und Nebensätzen, damit auch der Textualität eines Textes.

- Es können kognitive Überlegungen eingebunden werden: Durch die Klammer entsteht ein Spannungsbogen zwischen Erwartung (wenn die Klammer
  eröffnet wird) und Erfüllung (wenn sie geschlossen wird). Wie die Informationen innerhalb der Klammer, im Mittelfeld, zu verstehen sind, darüber
  entscheidet im Wesentlichen die rechte Klammer (Klotz 1999b). Dies ist insbesondere für die Sprechsituation relevant.

- Es ergibt sich eine Brücke zu Fragen der Wirkungsmöglichkeit von Sprache,
  zu Fragen des Stils: Wie viele Elemente innerhalb der Klammer können kognitiv verarbeitet werden? Wann ist die Klammer überlastet und welche
  Möglichkeiten der Entlastung, der Ausklammerung gibt es? Wie erklärt sich
  die zunehmende Tendenz zu verstärkter Ausklammerung und welche stilistische Wirkung hat sie (in der Sekundarstufe II fortzusetzen)?

- Nicht zuletzt eröffnet sich ein Zugang zu komparatistischer Sprachbetrachtung (in der Sekundarstufe II fortzusetzen).

Das Verb-Endstellungs-Modell erscheint als das geeignetere didaktische
Grundkonzept, v.a. in Hinblick auf das sich zunehmend differenzierende
Sprachbewusstsein der Schüler. Es verbindet syntaktische und funktionale
Überlegungen und kann in der Sekundarstufe II weiter ausdifferenziert, für
das Sprechen und Schreiben sowie die Analyse von sachlichen und literari-
schen Texten nutzbar gemacht werden.

Satzglieder und ihre Bestimmung
Die Wörter im Satz erscheinen nicht in beliebiger Anordnung. Sie formieren
sich zu Satzgliedern, die wiederum an unterschiedlichen Positionen im Satz

auftauchen können. Dass Satzglieder zum einen aus zusammengehörenden Wortgruppen bestehen und zum anderen relativ frei positioniert werden können, ergibt die Möglichkeit, Satzglieder operational über so genannte *Proben* zu bestimmen. Es ist insbesondere die *Verschiebeprobe*, die zur Bestimmung des Begriffes „Satzglied" herangezogen wird. Satzglieder sind diejenigen Wortgruppen, die sich im Satz nur geschlossen verschieben lassen, wobei sich bei der Verschiebung die Bedeutung des Satzes nicht oder nur geringfügig verändern darf.

Bremerich-Vos (1993a, 116) bezeichnet Proben als den „Königsweg zur Bestimmung der Satzglieder". Sie haben auch curricular einen hohen Stellenwert. Im Brandenburgischen Rahmenlehrplan z.b. wird grammatische Kompetenz im Wesentlichen auf den sicheren Umgang mit Sprachproben zurückgeführt. Der didaktische Vorteil liegt in der operationalen Herangehensweise. Sätze werden nicht als statische Formen zur grammatischen Bestimmung angeboten, sondern bilden ein offenes Sprachmaterial, an dem der Schüler erprobend Umformungen vornehmen und das Ergebnis anhand seines intuitiven Sprachwissens daraufhin überprüfen kann, ob im Resultat eine akzeptable Bildung vorliegt.

Dennoch, auch dieser „Königsweg" hat seine Grenzen, und ich halte das Verfahren insgesamt für überbewertet. Das sinnvolle Operieren mit den Elementen des Satzes setzt strukturelles Sprachgefühl voraus sowie das Verständnis dafür, was ein grammatisch korrekter Satz ist. Die Ergebnisse sind darüber hinaus nicht immer zweifelsfrei. An dem Beispiel *Morgen früh um neun werde ich aufstehen* zeigt Bremerich-Vos (1993a), dass durch Verschieben (*Ich werde morgen früh um neun aufstehen* oder *Morgen früh werde ich um neun aufstehen*) nicht eindeutig geklärt werden kann, ob *morgen früh um neun* als *ein* Satzglied zu verstehen ist (wenn man den Satz als Verbzweitsatz auffasst). Aus funktionaler Perspektive ergibt sich der Einwand, das operative Hin- und Herschieben mit Ziel der Satzgliedbestimmung verdecke, dass Umstellungen im Satz kommunikativen Handlungscharakter haben, so insbesondere bei der Besetzung des Vorfelds. Im Grunde genommen fördert man formales Wissen auf Kosten der Einsicht in funktionale, handlungsbezogene Zusammenhänge von Sprache. Dies ist weniger der Fall, wenn man die Verschiebeprobe zur stilistischen Überarbeitung von Texten einsetzt.

Ein vergleichbarer didaktischer Einwand lässt sich gegen die so genannten *Grammatiker-Fragen* (*Wer oder was?*, *Wen oder was?* etc.) zur Kasus-Bestimmung formulieren. Das eigentliche „Elend der Grammatiker-Fragen" (Granzow-Emden 1999) besteht nicht darin, dass sie mitunter zu falschen Bestimmungsergebnissen verleiten und zu einem unangemessenen Sprachgebrauch führen[12], sondern darin, dass sie die kommunikative Qualität von Fragen missachten. Die Fragen werden herangezogen, um grammatische Kategorien zu bestimmen, und nicht dazu, sinnvolle Äußerungen, nämlich reale Antworten, zu provozieren. „Diese Abweichung im Gebrauch des alltäglich und funktional sinnvoll Verwendeten, d.h. der Frage, lässt den Vorteil alltagssprachlicher Verankerung als Nachteil erscheinen" (Granzow-Emden 1999, 175).

Anhand der dargestellten Überlegungen soll gezeigt werden, dass die linguistische Modellierung der grammatischen Gegenstände für den Unterricht nicht belanglos ist. Didaktische Vereinfachungen, die die Gegenstände nicht mehr angemessen abbilden, sind als Ausgangspunkt grammatischer Betrachtung wenig geeignet. Die formale Bestimmung von Wörtern und Satzteilen bleibt einseitig. Interessant wird sie erst dort, wo sich aus ihnen handlungspraktische sprachliche Einsichten gewinnen lassen, also dort, wo diese Phänomene funktional werden. Um diese Zusammenhänge zu erfahren, sollte die Behandlung im Unterricht an realem Sprachmaterial, möglichst an Texten erfolgen, nicht nur an Sätzen, die zu grammatischen Bestimmungszwecken konstruiert wurden und die immer genau das belegen, was von ihnen erwartet wird. Erarbeitetes Wissen sollte immer wieder auch in reale Sprech- und Schreibsituationen zurückgeführt werden, in denen sich die Qualität der formalen Bestimmung anhand der kommunikativen Funktionalität überprüfen lässt. Der folgende Abschnitt soll diese Forderung konkretisieren.

Vom Satz zum Text

Der traditionelle Grammatikunterricht geht in linearer Progression den Weg vom einfachen zum komplexen Satz. Das Satzgefüge ist Thema v.a. der 7. und 8. Klassen. Im Zentrum stehen die Unterscheidung von Haupt- und Nebensatz sowie die Klassifizierung und Bestimmung der Nebensatzarten, insbesondere der Adverbialsätze. Die in Zusammenhang mit der Wortartbestimmung angeführten empirischen Befunde lassen erwarten, dass in der Praxis auch hier der formale Weg kaum zu überzeugenden Ergebnissen führt: Melenk weist nach, dass die meisten Schüler die Unterscheidung von Haupt- und Nebensatz nicht analytisch leisten können (Endstellung der finiten Verbform, Einleitung durch Konjunktion, Relativpronomen, Fragewort), sondern höchstens intuitiv bzw. auf dem Weg über die Semantik: Als Hauptsatz wird der Teil angesehen, der den größten Anteil an der Gesamtaussage des Satzes hat. Die meisten Fehler werden bei Nebensätzen gemacht, die die inhaltliche Hauptaussage tragen (Melenk 2001, 186).

---

12 Beispiele bei Granzow-Emden 1999.

Ein Blick in ein Sprachbuch (1997), das einen eher traditionellen systematischen Weg der Vermittlung anbietet, kann diese Schwierigkeiten nachvollziehbar machen. Das Grammatikkapitel zu Haupt- und Nebensätzen enthält
folgende grammatische Aspekte:

▪ die unterschiedliche Struktur von Hauptsatz (Verbzweitsatz) und Nebensatz (Verbendsatz);
▪ die Unterscheidung von Satzreihe und -gefüge zusammen mit neben- und
  unterordnenden Konjunktionen und einer Regel zur Kommasetzung;
▪ eine systematische Übersicht zu den Infinitivgruppen (satzwertige und einfache Infinitive), verbunden mit den entsprechenden Hinweisen zur Kommasetzung;
▪ satzwertige Partizipien, gebildet aus den Partizipien I und II;
▪ die Unterscheidung von Attributsätzen (vor dem Hintergrund der Attribute)
  und Gliedsätzen (vor dem Hintergrund der Satzglieder);
▪ im Bereich der Gliedsätze die Unterscheidung von Adverbialsatz, Subjekt-
  satz und Objektsatz;
▪ im Bereich der Adverbialsätze die semantische Einteilung in Temporal-,
  Kausal-, Final-, Modal-, Konsekutiv-, Konditional-, Konzessiv- und Adver-
  sativsatz.

Die grammatischen Termini und Gesetzmäßigkeiten werden mit illustrie-
renden Beispielen in zehn Informationskästchen zusammengefasst.

Die Grammatikinstruktion ist in kurze Texte eingebettet, an denen die Schüler die eingeführten Formen bestimmen, farblich kennzeichnen oder heraus-
schreiben sollen. Ein mögliches inhaltliches Interesse an den Texten wird zwar
zunächst suggeriert, dann aber schnell wieder unterbunden: „Hier soll es aber
in der Hauptsache nicht um die Geschichte der Drachen gehen, sondern um die
Baugesetze der deutschen Sprache." Am Ende der Grammatik-Einheit werden
die Lernenden angehalten, die verschiedenen Satzarten im „Klassendialog" zu
üben, und zwar dergestalt, dass ein Schüler der einen Gruppe einen Hauptsatz
sagt, den ein Schüler der anderen Gruppe durch einen passenden Adverbialsatz ergänzen soll, welchen er gleichzeitig auch bestimmen muss.

Warum ist ein so aufbereitetes Grammatik-Kapitel, das zugegebenermaßen
hier sehr verkürzt skizziert ist, für die Entwicklung von sprachlicher Handlungsfähigkeit und Sprachbewusstsein wenig förderlich? Es stellt in der Einbeziehung der Texte ein sehr vordergründiges Konzept von integrativem
Unterricht dar. Das grammatische Wissen wird in äußerst geballter Form präsentiert und v.a. als formales Wissen, im Wesentlichen induktiv, dargeboten.
Es gibt kaum Anwendungsmöglichkeit für das vermittelte Wissen. Die wenigen

angebotenen Möglichkeiten sind in ihrem handlungspraktischen Wert nicht sinnvoll: Der „Dialog" wird zweckentfremdend instrumentalisiert.

Stärker funktional (vom Sprachlichen) und integrativ (in seinem Bezug zum Lesen und Schreiben von Texten) ist ein Unterrichtsvorschlag, den Klotz (1996b, 114–131) zu den Adverbialsätzen anbietet. Die Erarbeitung ist in konsequenter Weise an einen Text angebunden, der als solcher ernst genommen wird und das inhaltliche Interesse der Schüler wecken und wach halten soll: eine Kriminalgeschichte, deren Auflösung erst am Ende der Einheit gegeben wird. Terminologisches und systematisierendes Wissen wird deduktiv abgeleitet und ist insgesamt weniger stark gewichtet. *Textgestaltungskompetenz* wird durch die Verwendung der sprachlichen Mittel in unterschiedlichen mündlichen und schriftlichen Formen gefördert: im mündlichen Argumentieren, im Erzählen und Berichten, im Schreiben eines Polizeiberichts. Auf diese Weise kann sich ein Bewusstsein für die Funktion und stilistische Wirkung sprachlicher Mittel innerhalb verschiedener Diskurs- und Textarten entwickeln.[13]

4 Rechtschreibung im Fokus

Zur Rechtschreibdidaktik

Wie im Bereich der Grammatik ist auch im Bereich der Rechtschreibung die didaktische Ausgangslage widersprüchlich. Einerseits wird in der Öffentlichkeit Rechtschreibfähigkeit bei jungen Menschen, v.a. wenn sie in den Beruf einsteigen, nach wie vor hoch gewichtet und als Indikator für sprachliche Kompetenz überhaupt angesehen. Andererseits nimmt die Motivation, richtig schreiben zu können, bei der jungen Generation ab, bedingt vor allem durch das Schreiben mit dem Computer, das Rechtschreiben in ihrer Wahrnehmung auf ein technisch lösbares Problem reduziert.

Was den Rechtschreiberwerb betrifft, stehen sich ein *kognitiv-konstruktivistischer* Ansatz und ein *systematischer, regelbasierter* Ansatz gegenüber. Nach Steinig/Huneke handelt es sich beim Rechtschreiben

> ■■ um die eigenaktive, tentative Konstruktion eines Wissenssystems durch die einzelnen Schülerinnen und Schüler. Der Rechtschreibunterricht kann dieses Wissenssystem nicht in die Köpfe der Schüler implantieren, er kann nur möglichst günstige Bedingungen dafür schaffen, dass sie es sich aneignen können – und sich auch aneignen wollen (Steinig/Huneke 2002, 128).

---

[13] Zu weiteren textgrammatischen Phänomenen siehe S. 233–238.

Die eigentliche Aufgabe des fortgeschrittenen Rechtschreibunterrichts besteht aus dieser Sicht darin, Hilfen für die Ausdifferenzierung des persönlichen orthographischen Wissenssystems anzubieten.[14]

Afflerbach (1997), die eine größere empirische Untersuchung zur Kommasetzungsfähigkeit bei Schülern bis zur 10. Klasse durchgeführt hat, beobachtet jedoch, dass Schüler Kommas um so sicherer setzen, je klarer die grammatischen Strukturen nachvollziehbar sind und je mehr explizites Regelwissen vorhanden ist. (Es gibt allerdings auch viele Schüler, die nicht dazu fähig sind, grammatisches Wissen zu aktivieren, aber dennoch Kommas richtig setzen können.) Sie zieht den Schluss, dass neben der Vermittlung vor allem die Bewusstmachung von Regeln auf der Mittelstufe einen notwendigen didaktischen Schritt darstellt. Dies müsse jedoch im Einklang mit der jeweiligen Phase der Entwicklung allgemeiner schriftsprachlicher Fähigkeiten geschehen (Afflerbach 2001, 164f.).

In der Sekundarstufe I ist der Rechtschreiberwerb in den Grundzügen abgeschlossen; der Rechtschreibunterricht konzentriert sich auf spezifische Probleme wie besondere Fälle von Groß- und Kleinschreibung, von Getrennt- und Zusammenschreibung, die s-Laute und die Kommasetzung. Ziel ist es, Rechtschreibwissen weiter auszudifferenzieren, auch auf der Basis von Regelbildungen, und die Einsicht in den Zusammenhang zwischen grammatischen Strukturen und orthographischen Prinzipien zu fördern. Dazu sollten auch eine effiziente Nachschlagetechnik entwickelt und der Einsatz von Computer-Rechtschreibprogrammen kritisch reflektiert werden.[15]

Unter dem Titel „Rechtschreiben erforschen" schlagen Eisenberg und Feilke (2001) eine didaktische Herangehensweise vor, bei der Einsicht in die grammatischen Strukturen der Sprache und Erwerb von Orthographie gleichzeitig gefördert werden. Der Lernende soll die Ausdrucksmöglichkeiten und Gesetzmäßigkeiten der Sprache kennen lernen, die in ihrer schriftlichen Form viel grammatische Information direkt kodiert, welche im Gesprochenen höchstens indirekt enthalten ist. Die Autoren verweisen z.B. auf Silbengrenzen in Wörtern (*müssen, Watte*), auf morphologische Bezüge (*Schubs* – statt *Schups* – weil *Schub* und *schieben*) oder auf gleich lautende Wörter in unterschiedlicher Schreibung (*Seite – Saite*). „Das ‚Erforschen' möchte den Blick der Schüler und

---

14 Empirisch wird diese Ansicht durch eine Untersuchung von Thomé (1999) zum Orthographieerwerb gestützt, die auf der Basis von qualitativen Fehleranalysen die überindividuelle innere Regelbildung als Abfolge einzelner Schritte rekonstruiert, welche die Grundlage für die Entwicklung von der lautgetreuen Grundschreibung zur orthographisch korrekten Schreibung bildet.

15 Vgl. auch Ulrich 2001a, Bd. 2, 142.

Lehrer weg von der Fehler- und Normorientierung des Rechtschreibunterrichts und hin auf den Vorgang und die Ordnungen des Rechtschreibens lenken" (Eisenberg/Feilke 2001, 14). Die Stufen des Erforschens der Rechtschreibung sind entsprechend den Stufen der Kompetenzentwicklung angeordnet: individuelle Regularisierung, dann Problemformulierung, Problemlösungswettbewerb und gemeinschaftliche Konstruktion von Lösungen sowie schließlich Normierung, Normreflexion und Normkritik (ebd., 13).

Für das praktische Üben und die Bearbeitung individueller Rechtschreibschwächen bietet es sich darüber hinaus an, gezielt die Möglichkeiten des computergestützten Schreibens und Überarbeitens zu nutzen. Insbesondere sollte man zeigen, dass das Rechtschreibprogramm nicht nur der „automatischen Fehlerverbesserung" dient, sondern als technisches Instrument bewusstes Rechtschreibhandeln fördern kann. Es macht die Fehler sichtbar und lässt erkennen, was Tippfehler und was Rechtschreibfehler sind. Die vom Programm vorgeschlagenen Verbesserungen schärfen das Bewusstsein für die Differenzierung ähnlich geschriebener Wörter.

Individuelle Fehler können über die Liste der ausgeführten Korrekturen gesammelt und an Stelle oder in Ergänzung einer persönlichen Fehlerkartei bearbeitet werden. Es zeigt sich auch deutlich, dass die Korrekturmöglichkeiten letztlich begrenzt sind, dass das Rechtschreibprogramm z.B. den häufigsten Fehler, die Verwechslung von *das – dass*, nicht erkennt, also syntaktische Verhältnisse (einschließlich Kommasetzung) nicht erfassen kann. Dies unterstützt die Einsicht in die Notwendigkeit selbstständigen grammatischen Denkens.

Groß- und Kleinschreibung

Die Groß- und Kleinschreibung gehört zu den Phänomenen, die das deutsche Schriftsystem von den anderen lateinischen Alphabetschriften unterscheidet. Das Besondere ist die Großschreibung von Substantiven sowie sonstiger, wie Substantive gebrauchter lexikalischer Einheiten. Diese spezifisch deutsche Regelung ist ein wichtiger Grund, warum im Zuge der Rechtschreibreform die Diskussion gerade in diesem Punkt besonders intensiv und kontrovers geführt wurde. Die modifizierte Großschreibung, für die man sich entschieden hat, führt gegenüber der alten Regelung zu einer Ausweitung der Großschreibung in den nicht-substantivischen Bereich hinein. Die Übertragung der Großschreibung auf Nicht-Substantive zeigt sich z.B. bei Fügungen wie *Recht haben* (neben *das Recht auf Arbeit haben*) oder *Unrecht bekommen* (neben *ein Unrecht begehen*) oder bei den Bezeichnungen von Tageszeiten nach Adverbien, z.B. *heute Abend*, in denen „abend" adverbialen Charakter hat. Allein die formale Identität mit einem Substantiv oder das Vorangehen eines typischen Substantivbegleiters (*im Allgemeinen*, *im Übrigen*) begründen die Großschreibung. Dies bedingt insgesamt eine stärkere Formalisierung des Substantivbegriffs.

Diese Tatsache ist auch didaktisch von Belang, und zwar deshalb, weil wiederum ein formales Grammatikverständnis suggeriert wird, das auch im Hinblick auf eine grammatisch fundierte Rechtschreibung eher kontraproduktiv ist und die durch die Vereinheitlichung entstandenen Erleichterungen (*radfahren* zu *Rad fahren* wie *Auto fahren*) negativ aufwiegt (zumal es mit der Neuregelung im oben genannten Problemfeld auch zu neuen Oppositionsschreibungen kommt: *Es ist uns recht – Wir haben Recht* oder *aufs Neue – von neuem*). In der Praxis hat sich die hohe Fehleranfälligkeit bei der Großschreibung m.E. nicht verbessert.[16]

Im Unterricht kann das Thema Groß- und Kleinschreibung von zwei Bezugspunkten her angegangen werden: der Einsicht in die Funktion von Groß- und Kleinschreibung in schriftlichen Texten und der Bewusstmachung von Zusammenhängen zwischen grammatischen Strukturen und orthographischen Regeln. Anhand von Texten mit konsequenter Kleinschreibung kann man Großschreibung (am Satzanfang und von Substantiven) als Mittel der Textstrukturierung und als Lesehilfe erfahrbar machen. Auch historische Texte in authentischer Schreibung können hinzugezogen werden, einerseits als Mittel der ,Verfremdung' bzw. des Perspektivenwechsels und andererseits als Basis sprachgeschichtlicher Betrachtung, die auch andere orthographische Erscheinungen mit in den Blick nimmt.

Für eine vertiefte *funktionale grammatische Betrachtung* haben Eisenberg und Feilke im Rahmen von „Rechtschreiben erforschen" ein Konzept vorgestellt. Es beruht auf dem Grundgedanken, dass Substantive in ihrem normalen Vorkommen eine wichtige Funktion für die Sprachverarbeitung von Sätzen in Texten haben, und zwar als Kern von Nominalgruppen. Die Großschreibung dient zur Hervorhebung dieses Kerns. Nicht durch die Zugehörigkeit zu einer Wortart, sondern durch sein grammatisches Verhalten wird ein Wort damit als Substantiv identifiziert. Zur Bestimmung des Kerns dienen operationale Verfahren, die Artikelprobe (zum Kern gehört in der Regel ein Artikelwort als Kopf der Nominalgruppe), der Attributtest (Nominalgruppen können außer Kopf und Kern verschiedene Attribute enthalten) oder die Kasusprobe (typische Nominalgruppen kommen in allen Kasus vor).[17] Allerdings: Diese Verfahren sto-

---

16 Eisenberg und Feilke weisen darauf hin, dass am Ende der Primarstufe ungefähr jeder vierte Orthographiefehler auf die Groß- und Kleinschreibung entfällt, wobei die meisten Fehler die Großschreibung von Substantiven betreffen (Eisenberg/Feilke 2001, 9).
17 Vgl. Eisenberg/Feilke 2001, 8f.

ßen auch bei den oben angeführten Problemfällen an ihre Grenzen, so, wenn kein echtes Substantiv vorliegt wie bei *im Allgemeinen* etc.

Kommasetzung

Hinsichtlich der Kommasetzung ist die grammatische Fundierung noch offensichtlicher. In Lehrplänen und Lehrbüchern wird sie häufig direkt dem Bereich der Grammatik zugeordnet und dort in Zusammenhang mit den Strukturen des komplexen Satzes (Haupt- und Nebensatz) bearbeitet.

Was das sprachliche Bewusstsein von Schülern betrifft, so ist die Korrelation zwischen grammatischen Kenntnissen und Kommasetzung allerdings wenig eindeutig, wie die empirischen Untersuchungen von Afflerbach (1997 und 2001) und Melenk (2001) zeigen. Andere Faktoren beeinflussen die Entscheidung, Kommas zu setzen: Sprechpausen (beim innerlichen Mitsprechen), Signalwörter (Kommaauslösung durch einige Konjunktionen, besonders *weil*, Kommablockierung durch andere Konjunktionen, v.a. *und, oder, bzw.*), Satzmuster (*der Mann, der ...; die Frau, die ...; glauben, dass...*) sowie quantitativ bedingte Entscheidungen (Orientierung an fortlaufenden Einheiten von ca. sechs Wörtern).[18] Auch ist eine Schwäche bei der Kommasetzung meist kein isoliertes Phänomen, wie an der Vertauschung von *das* und *dass* zu erkennen ist, die sehr häufig mit einem nicht gesetzten Komma korrespondiert. Umgekehrt sind nicht selten unübersichtliche oder falsche Satzstrukturen auch die Folge fehlender oder falscher Zeichensetzung.

Didaktisch bietet sich eine Mischung aus *direktem* (Lehren von Kommaregeln) und *indirektem Weg* (reflektierter Umgang mit Texten, v.a. beim Schreiben und Überarbeiten; vgl. Augst 2001) an. Dass die Regelvermittlung im Grammatikunterricht stattfinden sollte, geht aus den obigen Betrachtungen hervor. Als Ausgangspunkt können die „drei ultimativen Kommaregeln zur sicheren Zeichensetzung" (Hoppe/Schütz 2001, 101) dienen, die nach dem Wegfall des obligatorischen Kommas vor dem erweiterten Infinitiv im Grunde noch zwei Regeln sind: (1) Komma bei Satzteilen und (2) Komma bei (Teil-)sätzen.[19]

Der *indirekte, textuelle* Weg bedeutet, dass man sich gezielt sprachlichen Sachverhalten widmet, die nebenher eine explizite oder implizite Beschäftigung mit dem Komma zur Folge haben. Augst schlägt neben der reinen

---

18 Die letzte Beobachtung stammt von Afflerbach (1997). Sind Kommas auf engem sprachlichem Raum notwendig, spricht sie von „Komma-Dichte-Vermeidungsschema". Dies kann auch eine Erklärung für zuviel gesetzte Kommas bilden, die z.B. häufig am Ende eines üppig besetzten Vorfeldes (vor dem finiten Verb) auftreten.

19 Augst (2001) geht bei der Darstellung der Kommaregeln von der formalen Unterscheidung zwischen einfachem und paarigem Komma aus.

‚Nebensatzkunde' das Dekomponieren von komplexen Sätzen vor, bei dem sich die Schüler automatisch auf die Kommas stützen, oder das Komponieren von Sätzen aus vorgegebenen Einzelpropositionen, wobei jeweils die Kommasetzung reflektiert werden muss (Augst 2001, 93f.). Sinnvoll wäre es, den indirekten Weg *vor* dem direkten Weg einzuschlagen.

Betrachtet man Grammatik- und Rechtschreibunterricht als Kern des sprachlichen Curriculums zusammenfassend, so ist Folgendes festzuhalten: Beides sollte sprachtheoretisch fundiert sein, wobei der Form-Funktions-Zusammenhang von sprachlichen Elementen konsequent zu berücksichtigen ist. Auf dieser Grundlage können didaktische Ansätze entwickelt werden, die sich den sprachlichen Problemen in einem mehrstufigen Prozess nähern:

- Erfassen der Phänomene, und zwar dort, wo sie in realen Diskursen und Texten, auch in Schülertexten, auftreten;
- analysierende, vergleichende Betrachtung der Elemente mit Blick auf ihre besonderen Merkmale und Leistungen;
- Erarbeiten von Mustern und Regeln und kritisches Nachdenken darüber;
- Rückführen der sprachlichen Elemente in reale Kontexte, d.h. Anwenden des Erlernten beim Sprechen und Schreiben bzw. Rezipieren und Erschließen von Texten.

Was als Reflexion *über* Sprache in Lehrplänen propagiert wird, ist in einem sorgfältigen Umgehen *mit* der Sprache, *mit* ihrer Grammatik eingeschlossen, denn Sprache *ist* das praktische Bewusstsein der Menschen, wie es Redder mit Bezug auf Marx und Engels formuliert (1998, 60). Damit im Sprachunterricht diese Erfahrung Realität werden kann, bedarf es gemeinsamer Anstrengungen von Sprachwissenschaftlern, Didaktikern, Lehrern und Schülern.

Lernbereich Sprache in der Sekundarstufe II

Angelika Steets

Das Kapitel setzt mit dem nicht immer leichten Übergang zwischen Sekundarstufe I und II an und skizziert die Bereiche, in denen Fragen der Grammatik auch in der Sekundarstufe II noch eine Rolle spielen können. Im Anschluss daran erläutert Angelika Steets, wie Sprache ansonsten als Thema in der Oberstufe gefasst sein kann, nämlich als Auseinandersetzung mit Sprachgeschichte, mit Varietäten und Sprachtheorien.

1 Von der Sekundarstufe I zur II

Die Lehrpläne der Sekundarstufe II führen den Sprachunterricht – ebenso wie die der Sekundarstufe I – unter der Überschrift „Reflexion über Sprache". In der Praxis hat er weniger Gewicht als bis zum 10. Schuljahr und tritt gegenüber dem Literaturunterricht noch deutlicher in den Hintergrund. In den Expertisen für ein neu zu entwickelndes Kerncurriculum Deutsch für die Oberstufe werden einleitend „sprachliche Kompetenz" und „literarische Bildung" (Tenorth 2001b, 81) gleichberechtigt nebeneinander gestellt. Die näheren Ausführungen sind jedoch zu allgemein, um erkennen zu lassen, ob hier eine „Generalüberholung des Gesamtcurriculums", wie sie Ludwig (2002, 82) angesichts des derzeitigen massiven Ungleichgewichts zwischen Sprach- und Literaturunterricht fordert, für die Sekundarstufe II angestrebt ist. Kammler und Switalla formulieren für den Lernbereich *Reflexion über Sprache*:

■■ *[Es geht] zum einen um den kompetenten Sprachgebrauch, die Weiterentwicklung normgerechten Sprechens und Schreibens, zum anderen um die Auseinandersetzung mit dem System der Sprache, ihrer synchronen und diachronen Struktur, ihrer Funktion als Verständigungsmittel usw. (Kammler/Switalla 2001, 104).*

Diese Aufwertung des Sprachunterrichts ist m.E. ein wichtiger Ansatz. Empirische Untersuchungen machen immer stärker deutlich, dass die sprachlichen Fähigkeiten von Jugendlichen am Ende der 8. Klasse nicht ausgereift sind, wie es die Lehrpläne der Sekundarstufe I suggerieren, sondern dass sie in der oberen Mittelstufe, in der Sekundarstufe II und für bestimmte (z.B. akademische) Zwecke auch darüber hinaus einer gezielten Förderung bedürfen.[1]

---

1 Vgl. v.a. die Studie von Sieber 1994. Zu den (schrift-)sprachlichen Fähigkeiten von Schulabgängern und Studienanfängern vgl. auch die von Kammler/Switalla durchgeführte Umfrage unter Lehrern und Hochschullehrern (2001, 105) sowie die Ergebnisse einer von Ehlich/Steets 2000 ausgewerteten Befragung von Professoren der Ludwig-Maximilians-Universität München.

Allerdings muss man sich fragen, wie eine konsequente Weiterführung des Sprachunterrichts überhaupt zu leisten ist – angesichts der Tatsache, dass das sprachliche Curriculum am Ende der 8. Klasse nahezu abbricht. Fast das ganze Grammatik- und Rechtschreibpensum der Sekundarstufe I ist auf die Klassenstufen 5–8 konzentriert. Danach entsteht in den Stufen 9 und 10 eine empfindliche Lücke, die bis in die Sekundarstufe II nachwirkt. Die Entzerrung des Grammatik-Curriculums in der Sekundarstufe I, wie sie manche Didaktiker fordern (Bremerich-Vos 1993b, Berkemeier 1999), wäre eine wesentliche Voraussetzung für einen zielgerichtet fortgeführten Sprachunterricht in der Oberstufe.

Anders als in der Sekundarstufe I, wo es zentral um die Ausbildung sprachlicher Fähigkeiten geht, wird in der Sekundarstufe II Sprache als Betrachtungsgegenstand intensiver thematisiert, und zwar unter dem Aspekt ihrer historischen und strukturellen Dimensionen. Damit eröffnet sich ein äußerst breites und vielschichtiges Feld, das man auf der Grundlage der bestehenden Lehrpläne und Lehrbücher allerdings nur in kleinen Ansätzen abdecken kann: ein bisschen Sprachgeschichte hier, ein wenig Sprachtheorie dort, dazu einige Textauszüge aus der Sprachphilosophie. So entsteht leicht der Charakter der Beliebigkeit, welche weder dem Gegenstand angemessen ist, noch das Schülerinteresse an Sprache weckt.

Die folgenden Ausführungen zu Grammatik (2), Sprachwandel (3), sprachlichen Varietäten (4) und Sprachtheorie (5) zeigen Querverbindungen innerhalb des Sprachsystems auf, deren Bewusstmachung Sprachunterricht zu Stringenz und Systematik verhilft. Sie sind in einem funktionalen Verständnis von Sprache begründet, welches davon ausgeht, dass sich sprachliche Formen in einem historisch-gesellschaftlichen Prozess den jeweiligen kommunikativen Zwecken adäquat entwickelt haben.

2 Grammatik: Fortsetzung der Sekundarstufe I

Die Beschäftigung mit grammatischen Fragen in der Oberstufe zielt auf eine vertiefte Betrachtung komplexer sprachlicher Erscheinungen. Gefestigtes und erweitertes sprachliches Wissen ermöglicht größere sprachliche Variation beim Sprechen und Schreiben und fördert die bewusstere Wahrnehmung sprachlich-ästhetischer Prozesse in sachlichen und literarischen Texten. Auf zwei Themen ist in diesem Zusammenhang einzugehen:
(1) auf indirekte Rede und Konjunktiv sowie
(2) auf spezifische textgrammatische Aspekte.

Die indirekte Rede und der Konjunktiv

Nachdem der Konjunktiv und die indirekte Rede in der 7. und 8. Jahrgangsstufe eingeführt und in der Aufsatzart Inhaltsangabe angewendet werden, gibt
es im Anschluss daran keine Schreibaufgaben, in denen diese Formen systematisch Einsatz fänden. In der Oberstufe taucht die indirekte Rede in Zusammenhang mit der Textwiedergabe erneut auf – und bereitet Schülerinnen
und Schülern erhebliche Schwierigkeiten, vor allem, was die Formenbildung
betrifft. Unklar ist den meisten aber auch, wann und zu welchem Zweck man
indirekte Rede benutzt, was sie gegenüber direkter Rede leistet und für welche Text- bzw. Diskursarten sie typisch ist. Das Phänomen stellt sich allerdings
als sehr komplex dar, insbesondere, weil es keine eindeutige Korrelation zwischen Form und Funktion gibt. Für die Umwandlung des Satzes *Er sagte: „Ich
bekomme Besuch."* gibt es folgende tatsächlich vorkommende Möglichkeiten:

(a) Er sagte, er bekomme Besuch.

(b) Er sagte, dass er Besuch bekomme.

(c) Er sagte, er bekäme Besuch.

(d) Er sagte, er würde Besuch bekommen.

(e) Er sagte, dass er Besuch bekommt.

(f) Er sagte, dass er Besuch bekäme.

(g) Er sagte, dass er Besuch bekommen würde.

(h) Er sagte, er bekommt Besuch.

Aus der Betrachtung dieser Formen lassen sich folgende Beobachtungen und
Fragen ableiten:

- Wie „eng" bzw. wie „weit" gefasst sind die Regeln zum Konjunktivgebrauch
  in der Grammatik? In stark normativen Grammatiken werden nur (a) und
  (b) als standardsprachlich eingestuft. Die verschiedenen anderen Formen
  werden als umgangssprachlich bzw. redesprachlich bezeichnet. Nach dem
  Duden sind auch das Präteritum und die *würde*-Form regelgemäß.

- Ist das doppelte Signal der Indirektheit (durch *dass* und Konjunktiv) in (b)
  notwendig oder redundant und daher aus sprachökonomischen Gründen
  abzulehnen?

- Wie gehören Indirektheitsfunktion und Modalitätsfunktion zusammen?
  Gibt es einen Bedeutungsunterschied zwischen (b) und (c), in dem Sinn, dass
  die Verwendung des Präteritums in (c) die Verbindlichkeitsqualität der Aussage einschränkt (s.u.)?

- Wodurch unterscheiden sich direkte und indirekte Rede, wenn man eine
  Form wie (h) betrachtet?[2]

---

2   Zu den Beispielsätzen vgl. Menzel 1995, 61f.

Geht man nicht wie hier von konstruierten, sondern von real vorkommenden Beispielen aus, erweist sich das Phänomen als noch vielschichtiger. In der „Grammatik der deutschen Sprache" (GDS) des Instituts für Deutsche Sprache ist das Thema unter dem Stichwort „Indirektheitskontexte" behandelt, was die Kontextgebundenheit indirekter Redewiedergabe hervorhebt.

Einige Differenzierungen, die dort vorgenommen werden, erscheinen mir auch für den schulischen Zusammenhang wichtig. So verweisen die Autoren darauf, dass nur die Proposition der Originaläußerung in indirekter Redewiedergabe wörtlich umsetzbar ist. Die vollzogene Sprechhandlung dagegen muss beschrieben werden, denn sie ist als Referatsanzeige Teil des Indirektheitskontextes.

Die Referatsanzeige kann die vollzogene Sprechhandlung unterschiedlich genau bzw. interpretierend wiedergeben. *Sagen* dient als allgemeinstes referatsanzeigendes Verb. Es kann jedoch auch eine Interpretation stattfinden, die sich bezieht auf

- den interaktiven Status der Originaläußerung (*Sie warf mir vor/sie warnte mich/sie gab zu, dass eine solche Reaktion falsch sei),*
- ihren Ort im Originaldiskurs (*Sie antwortete/sie fuhr fort, noch sei nicht aller Tage Abend*) oder
- ihre Realisierungsmodalität (*Er jammerte/stotterte/flüsterte, so gehe es aber nicht*) (GDS, 1756f.).

Diese Hinweise, die die Wiedergabe von mündlicher Rede betreffen, können auch auf die Wiedergabe von Texten übertragen und dort sehr effektiv eingesetzt werden, nämlich um die argumentative Struktur des Originaltextes herauszuarbeiten. Es ist eine anspruchsvolle Aufgabe für Schülerinnen und Schüler (im Leistungskurs), auf der Basis der obigen Beispiele die Transposition in die Textwiedergabe zu leisten und entsprechende sprachliche Mittel (Referatsanzeigen) zusammenzustellen. In diesem Zusammenhang ist v.a. auch auf adverbiale Formen und die Möglichkeiten der Parenthese zu verweisen: *nach Ansicht von ..., laut ..., ..., so der Autor,* etc.

Ein anderes Problem der Textwiedergabe, dem man sich durch ein Nachdenken über Indirektheitskontexte nähern kann, ist die Unterscheidung zwischen Textwiedergabe und Darstellung der eigenen Meinung. Es zeigt sich immer wieder, dass Schüler hier Schwierigkeiten mit klaren Markierungen haben und die Funktion von indirekter Rede nicht deutlich genug erfassen. Ein Beispiel: Eine Schülerin, die den Artikel „Vergesst die Kopfnoten!" von Norbert Niemann aus der SZ vom 6.3.2002 zum Thema Schule zusammenfassen sollte, um dann auch selbst Stellung zu diesem Thema zu nehmen, schreibt:

■■ *Niemann ist der Meinung, dass die Grundlage jeden Unterrichts eine gemeinsame Sprache zwischen Lehrern und Schülern ist. Sie ist aber inzwischen verloren gegangen, weil nicht mehr genügend Respekt vorhanden ist.*

Was diese Schülerin nicht leistet, ist die „Ausdehnung" des Indirektheitskontextes. Für den zweiten Satz ist nicht erkennbar, ob sie weiterhin Niemann referiert oder ihre eigene Meinung darlegt, zumal die angeführte Begründung nicht dem Originaltext entspricht. Anhand entsprechender Beispiele aus Schülertexten kann die Notwendigkeit der Abgrenzung veranschaulicht und kann diskutiert werden, wie diese sprachlich umzusetzen ist (Konjunktiv, Referatsanzeige). In einen diffizilen Bereich gerät man, wenn Indirektheitskontexte und Modalitätskontexte zusammenfallen bzw. sich überschneiden. Dann wird gewöhnlich der Konjunktiv Präteritum verwendet, obwohl, wie viele Beispiele aus der GDS zeigen, dieser nicht zwangsläufig eine Distanzierung gegenüber der referierten Aussage bedeutet (GDS, 1775). In folgendem Beispiel kommen sowohl der Indirektheits- als auch der Modalitätsaspekt zum Tragen, d.h. der Schreibende gibt eine Äußerung wieder, distanziert sich gleichzeitig aber von ihr:

■■ *Aber Hitler suggerierte den Massen auch, dass sie als Herrenrasse den Völkern der ganzen Welt überlegen wären, dass sie das Recht hätten, rassische und politische Untermenschen zu beseitigen* (zit. in GDS, 1773).

Das sprachliche Mittel der indirekten Rede ist charakteristisch für die Textarten der öffentlichen Kommunikation, insbesondere für massenmediale Nachrichtentexte. Es besteht die Empfehlung, die Indirektheit mindestens durch *ein* Sprachmittel klar von Direktheit zu scheiden. Sehr häufig wird sie doppelt markiert. In der nicht-öffentlichen, informellen Kommunikation dagegen ist der Konjunktiv weitgehend durch den Indikativ ersetzt. Ein weiterer Bereich, für den Indirektheitskontexte eine wichtige Rolle spielen, ist die wissenschaftliche Kommunikation. Aus wissenschaftsethischen Prinzipien ist es unerlässlich, genau zu verdeutlichen, welche Aussagen von einem anderen Autor übernommen sind. Im Hinblick auf die Facharbeit kommt dies auch im vorwissenschaftlichen Schreiben als wichtiger Punkt zum Tragen.

Schlägt man die Brücke zur Literatur, werden andere Verwendungs- und Wirkungsweisen des Konjunktivs deutlich. Ulrich (2001b, 7) verweist auf Rudolf Otto Wiemers „Geschichte im Konjunktiv", Menzel (1995, 64) auf den Text „Der junge Mann" von Thomas Bernhard. Beide Male führt der Autor eine Figur vor und lässt sie in indirekter Rede von sich erzählen, was stark distanzierende, verfremdende Wirkung hat.

In der Literatur taucht manchmal der Konjunktiv auf, wo man Indikativ erwarten würde: „Beide wussten, diesmal seien sie verloren." (H. Mann: „Der

Gläubiger") oder „Nun erkannte er, dass der Vogel ihn auf einen anderen Stern gebracht habe und dass alles, was seine Augen sehen, Wirklichkeit und Wahrheit sei" (H. Hesse: „Merkwürdige Nachrichten von einem anderen Stern", beide zit. in GDS, 1772). Figurenwahrnehmung und Erzählerperspektive klaffen hier auseinander. Aus dem Zusammenhang der Indirektheitskontexte lässt sich auch die erlebte Rede als spezielle Kontextform ableiten, die man als Mischform zwischen Behauptung (aus der Autorenperspektive) und Gedankenwiedergabe (aus der Figurenperspektive) fassen kann. Allerdings steht, anders als der Terminus *erlebte Rede* vermuten lässt, hier nicht die Rede im Vordergrund, sondern das Reflektieren einer Figur.

■■ *Nun kreuzte Doktor Mantelsack im Stehen die Beine und blätterte in seinem Notizbuch. Hanno Buddenbrook saß vornübergebeugt und rang unter dem Tisch die Hände. Das B, der Buchstabe B war an der Reihe! Gleich würde sein Name ertönen, und er würde aufstehen und nicht eine Zeile wissen ...* (Thomas Mann: *Die Buddenbrooks*, zit. in GDS,1775f.).

Textgrammatische Aspekte

Eine Grammatik des Textes (z.B. Weinrich 1983) betrachtet sprachliche Erscheinungen aus textlinguistischer Perspektive, was etwas anderes ist, als wenn eine Satzgrammatik um einen Aspekt *Text* erweitert wird. Die für die deutsche Sprache typische Klammerstruktur ist z.B. für Weinrich ein textuelles Phänomen.

In der Textlinguistik wird *Text* definiert als „eine begrenzte Folge von sprachlichen Zeichen, die in sich kohärent ist und die als Ganzes eine erkennbar kommunikative Funktion signalisiert" (Brinker 1992, 17). Textlinguistische Phänomene, die im Unterricht betrachtet werden können, sind: die Thema-Rhema-Abfolge mit den Möglichkeiten der Themenkomposition und Themenfortführung (thematische Progression), die Textphorik mit Rückverweisen und Vorverweisen, Anfangs- und Schlusssignale sowie, auf sprachlicher Ebene, die Mittel der Textkohäsion: Rekurrenz (sprachliche Wiederaufnahme durch Nomen und Pronomen) und Isotopie (sprachliche Wiederaufnahme durch Wörter und Ausdrücke, die zum selben Wortfeld oder Sachbereich gehören). Ziel ist es, die Mittel der Vertextung sprachlicher Zeichen bewusst werden zu lassen (vgl. Ulrich 2001b, 6).

Dass Vertextungsmittel nicht nur die für das Verstehen notwendige Kohärenz gewährleisten, sondern darüber hinaus auch ästhetische Wirkung entfalten können, zeigt folgendes literarische Beispiel, in dem die nominale Rekurrenz in ungewöhnlicher Form genutzt wird, nämlich dazu, gerade nicht die Zusammengehörigkeit von Dingen, sondern deren Separation zu zeigen.

Himly und Himly
Herr Himly läßt sich von der Überlegung leiten, daß bei der Partnerwahl nicht nur
das Gefühl, sondern auch der Verstand zu Rate gezogen werden soll.
Herr Himly besitzt ein Haus mit schönem Garten.
Zwei Krückstöcke bewegen Herrn Himly leidlich fort.
Herr Himly ist siebzig.
Frau Himly soll nicht älter als fünfzig sein.
Sie muss Interesse für Haus und Garten hegen.
(H.J. Schädlich: Versuchte Nähe, 73; zit. bei Hoffmann 1993, 140)

Aus funktionaler Perspektive kann man *Text* noch anders fassen, indem man nämlich den Begriff in systematischer Weise von *Diskurs* abgrenzt. Im Gegensatz zur mündlichen Kommunikation, in der Sprecher und Hörer in einer gemeinsamen Sprechsituation interagieren, sind Texte aus der unmittelbaren Sprechsituation herausgelöst. Die Sprechsituation ist „zerdehnt" (Ehlich 1991, 126), da die Handelnden zeitlich und räumlich voneinander getrennt sind und jeweils nur einen Teilbereich des komplexen sprachlichen Handelns ausführen. Die Situationsentbundenheit bedingt eine Reihe von sprachlichen Mitteln, die texttypisch sind und der Orientierung des Lesers im *Textraum* dienen. In spezifischer Weise sind dies die Mittel der Deixis, Zeigwörter im Text. Das folgende Beispiel zeigt, wie sich durch die bewusste Setzung solcher Wörter eine besondere ästhetische Wirkung erzielen lässt. Es ist der erste Satz des Romans „Rita Münster" von Brigitte Kronauer:

Da, damals, die kleine alte Frau im grellen Gras: Was für Knöchelchen!

Der unmittelbare Beginn mit den deiktischen Formen *da* und *damals* sowie der Ausruf sind sprachliche Mittel, die normalerweise an einen gemeinsamen Wahrnehmungsraum von Sprecher und Hörer gebunden sind. Im Text suggerieren sie eine direkte Kommunikationssituation von Ich-Erzählerin und Leser und fordern diesen auf, die Mittelbarkeit des Textes quasi zu überspringen und zum unmittelbaren Beobachter der Szene zu werden (vgl. Riedner 1996, 53).[3]

3 Sprache und Geschichte

Im „Kerncurriculum" wird als zweiter Pol des Lernbereichs Reflexion über Sprache – neben kompetentem Sprachgebrauch – die „Auseinandersetzung

---

[3] Die Ergiebigkeit der Analyse der deiktischen (und anderer) Prozeduren für das Verstehen und Interpretieren von Literatur zeigen die Arbeiten von Krusche 2001, die unter dem bezeichnenden Titel „Zeigen im Text" zusammengefasst sind. Ehlich hat 1997 in einem vergleichenden Ansatz auf dieser Basis Stilcharakteristika von Eichendorff und Goethe herausgearbeitet.

mit dem System von Sprache, ihrer synchronen und diachronen Struktur" genannt (Kammler/Switalla 2001, 104). Sprachgebrauch und Sprachsystem stehen nach verbreiteter linguistischer Auffassung im Gegensatz zueinander, da im einen Fall der Zweckcharakter von Sprache als zentralem Kommunikationsmittel im Mittelpunkt steht, im anderen Fall das Sprachsystem als zweckfreies Gebilde mit eigenen Gesetzen erscheint. Diese Dichotomie hebt sich jedoch auf, betrachtet man die Herausbildung von Sprache als gesellschaftlich-historischen Problemlöseprozess, der hinreichende Mittel für die Realisierung der kommunikativen Handlungszwecke einer Gesellschaft herausgebildet hat. Auch sprachgeschichtliche Veränderungsprozesse können so unter kommunikativem Aspekt betrachtet werden, und zwar auf allen Ebenen des sprachlichen Systems bis hin zu den kleinsten Funktionswörtern (z.B. *so*, *denn*). Für eine solche Betrachtungsweise hat Ehlich (1994) den Begriff der „funktionalen Etymologie" geprägt.

Sprache im Wandel

Die Auseinandersetzung mit Phänomenen der Sprachveränderung ist für den Deutschunterricht insofern relevant, als dadurch eine distanzierte Haltung zur Sprache gefördert wird, die für eine reflektierte und kritische Sprachbetrachtung wichtig ist. Angesichts sich ständig verändernder Wirklichkeitserfahrungen kann Sprache als ein Instrument gesehen werden, das sensibel und effizient auf Veränderungen reagiert und diese verarbeitet. Dem beschleunigten Rhythmus gesellschaftlicher und kultureller Entwicklungen entsprechend, verläuft auch der sprachliche Wandel in vielen Bereichen rascher als früher. Didaktisch gesehen ist das ein Vorteil, weil er „die Sprachbiografien einer Sprechergeneration direkt tangiert" (Linke 2000, 66). Insofern kann er bewusster wahrgenommen werden. Aufschlussreich sind vor allem diejenigen Alltagssituationen, in denen sich sprachliche Veränderungen am Unterschied zwischen dem Sprachgebrauch der Eltern- und Großelterngeneration und dem der Jugendlichen konkret festmachen lassen.

Aus einer solchen an die Alltagspraxis angeschlossenen Perspektive kann deutlich gemacht werden, dass Sprachwandel ein der Sprache inhärentes Phänomen ist, da jeder Gebrauch von Sprache auch die Möglichkeit neuer Wörter und veränderter Strukturen impliziert. Ist dieses Bewusstsein geweckt, kann der Blick von den Prozessen, die sich in offensichtlicher Weise und unter starker öffentlicher Aufmerksamkeit vollziehen (z.B. die Anglisierung der Sprache), auch auf die Veränderungen gelenkt werden, die weitgehend unbemerkt geschehen und sich langfristig auswirken, z.B. Veränderungen in der Syntax (Genitivobjekt s.u.) oder bei den Funktionswörtern (s.o.).

In der Sprachgeschichte hat es immer wieder Epochen gegeben, in denen sich Sprachwandel in besonders auffälliger Weise vollzog. Dies steht in Zusammenhang mit medialem Wandel (Einführung der Schrift, Erfindung des Buchdrucks, Einsatz multimedialer Kommunikationsmittel) und institutionellem Wandel (Herausbildung von Schule und Wissenschaft). Die jüngere Sprachgeschichtsforschung hat auch nachgewiesen, dass Sprache in Zeiten sozialer Revolutionen (z.b. Französische Revolution, Mauerfall 1989) einem schnellen Wandel unterliegt, der bis in die grammatische Organisation reichen kann und Anlass zu verstärkter öffentlicher Reflexion des Sprachgebrauchs ist. Insgesamt ist Sprachwandel das Resultat eines komplexen Bedingungsgefüges, in dem sprachliche, kulturelle und subjektive Faktoren zusammenwirken (vgl. Feilke 2000, 4–7).

Zu den sprachlichen Veränderungen, die sich aus der Perspektive der Gegenwart beobachten lassen, zählen vor allem folgende Phänomene (um nur einige zu nennen):

- Vereinfachungs- und Vereinheitlichungstendenzen in der Syntax: das zunehmende Verschwinden des Genitivobjekts zugunsten des Dativobjekts nach den Präpositionen *trotz* oder *wegen*; Zunahme von Präpositionalisierung bei Verben mit Genitiv: *sich einer Sache erinnern > sich erinnern an*; *weil*-Sätze mit Hauptsatzstruktur;
- zunehmende Tendenz zu Wortzusammensetzungen: *Arzt im Krankenhaus > Krankenhausarzt*;
- verstärktes Eindringen von Fremdwörtern, vor allem aus dem englischen und amerikanischen Sprachbereich (Anglizismen);
- Hang zu Intensivierungsformeln, v.a. im Bereich von Adjektiven und Adverbien (zusammen mit Bedeutungswandel): *super, total, echt*, oft kombiniert: *total geil, echt krass, voll fett* (Jugendsprache);
- Tendenz zur Familiarisierung, v.a. in Anrede- und Begrüßungsformeln: *tschüss, hallo* (auch in offiziellen Briefen);
- insgesamt: stärkere Akzeptanz von umgangssprachlichen Strukturen in schriftlichen Texten: „Parlando" (Sieber 1994) als besondere Mischung von Mündlichkeit und Schriftlichkeit.

In diese Veränderungsprozesse sind Jugendliche in besonderem Maße involviert, und in einigen Bereichen stellen sie die eigentlichen ‚Sprachexperten' dar. Ihr sprachliches Wissen und ihr Gefühl für Verschiebungen sollte man für den Unterricht nutzen. *Jugendsprache*, so umstritten der Begriff auch sein mag, ist auf allen Klassenstufen, bereits in der Sekundarstufe I, ein sehr naheliegendes Thema. Interessant ist hier auch die historische Perspektive. Die

Sprache der Jugendkultur der 70er- und 80er-Jahre kann z.b. anhand folgender Rotkäppchen-Parodie einer Schülerin analysiert werden, zu der Schüler dann einen Paralleltext für die heutige Zeit entwerfen könnten:

■ ■ *Rotkäppchen in der Scene (Von Irmela)*
Da wa ma ne echt coole Frau, die hatte sich die Haare mit Henna gefärbt, da hieß sie überall nur noch Rotkäppchen. Die wohnte bei ihren Alten wegen der Kohle, auf Malochen hatte sie Null Bock. Aber die Alten machten total Terror von wegen Jobben oder so. Emotional lief da rein gar nichts mehr, und ne Zweierkiste hatte sie auch gerade nicht am Laufen [...].[4]

Noch deutlicher historische Dimension gewinnt das Thema, wenn man weiter in die Geschichte zurückgreift. „Jugendsprache um 1900" ist ein interessantes Sujet, da „Jugend" um die Jahrhundertwende ein neues gesellschaftliches Thema ist, dessen sich auch die Literatur sehr stark annimmt. Der deutsche Schülerroman des beginnenden Jahrhunderts kann als Spracharchiv genutzt werden. Entsprechende Analysen können zeigen, dass – damals wie heute – die spezifischen Artikulationsformen ihren vornehmlichen Zweck in der „Abgrenzung nach außen" und der „Identifikation nach innen" haben (Krämer 2001, 58).

Sprache als Spiegel der Zeit

Am Thema Jugendsprache wird Sprachwandel als Ausdruck zeitbedingter Trends wahrnehmbar. Als Indikator und Katalysator von kulturellen und sozialen Veränderungen hat er „seismische Qualität" (Linke 2000, 68).

Die Interdependenz von Sprache und sich wandelnder gesellschaftlicher Wirklichkeit zeigen besonders anschaulich die so genannten *Wörter* und *Unwörter des Jahres*, jährlich publiziert vom Institut für deutsche Sprache in Wiesbaden mit der Intention, öffentliches Nachdenken über die deutsche Sprache anzuregen. Besondere Aufmerksamkeit erfährt jeweils das *Unwort des Jahres*, selbst ein umstrittener Begriff, der inzwischen jedoch allgemein bekannt und akzeptiert ist[5]. Zudem wurden aus Anlass der Jahrtausendwende von einer Jury des Fernsehsenders 3sat die „100 Wörter des Jahrhunderts" ausgewählt sowie vom Institut für deutsche Sprache die „Wörter, die Geschichte machen"– Schlüsselbegriffe des 20. Jahrhunderts, welche wichtige politische, soziale und kulturelle Erscheinungen abbilden.

---

4   Der ganze Text ist abgedruckt in Adamzik 2001, 81.
5   Vgl. auch das „Lexikon der Unwörter" von Schlosser 2000. Schlosser rief 1991 die Aktion „Unwort des Jahres" ins Leben.

Alle diese Listen sind „Wörtersammlungen als Zugang zur Welt" (Kuntzsch 2001, 20). Sie bilden ein Sprachmaterial, das von hohem didaktischem Interesse ist, weil es die gesellschaftlichen Entwicklungen sozusagen punktgenau abbildet. Die Tatsache, dass bei der Auswahl der Wörter oder Unwörter des Jahres jeder Sprecher durch eigene Vorschläge mitwirken kann, vermittelt Schülern auch, dass Sprachwandelphänomene nicht in einem abstrakten linguistischen Raum geschehen, sondern konkret bezogen auf Themen und Inhalte, über die öffentlich und privat gesprochen wird. Jeder Sprecher ist hier zur kritischen Bestandsaufnahme aufgefordert, was impliziert, dass er den weiteren Gebrauch dieser Wörter in einem gewissen Sinne auch mitsteuern kann. Ein entsprechendes Engagement könnte auch aus dem Unterricht heraus organisiert werden.

Für die Arbeit mit den Wörterlisten im Unterricht gibt es vielfältige Möglichkeiten, und die Einbeziehung des Fachs Geschichte ist nahe liegend[6]. Auch für Gruppenprojekte und größere selbstständige Arbeiten (Facharbeit) bieten sich interessante Fragestellungen an. Besonderes Potenzial bietet m.E. die interkulturelle, kontrastive Betrachtung: Die „100 Wörter des Jahres" liegen als Sammlungen auch für andere Länder und Sprachen vor. Hier kann interkultureller Sprachunterricht vor dem Hintergrund der Mehrsprachigkeit von Klassen zu einem konkreten Thema werden.

In Zusammenhang mit dem „Unwort des Jahres" gerät darüber hinaus ein weiterer Aspekt von Sprache und Sprachwandel in den Blick: der Aspekt der *Sprachkritik*. Unwörter sind Ausdrücke, die den gültigen Wert- und Moralvorstellungen einer Sprechergemeinschaft zuwiderlaufen. Dass ihnen so viel Aufmerksamkeit von Seiten der Öffentlichkeit zuteil wird, ist ein Indiz für die in den letzten Jahren ausgeprägtere Sensibilisierung gegenüber der Sprache. Die Kritik an sexistischer Sprachverwendung und die Forderung nach nichtdiskriminierender Sprache (*political correctness*) sind in ebendiesem Zusammenhang zu sehen. Besonders kritische Töne begleiten auch das zunehmende Eindringen englischer und amerikanischer Wörter in die deutsche Sprache. Im jeweiligen Einzelfall ist die Kritik unterschiedlich motiviert. Man kann fragen, ob und inwiefern sie überhaupt mit Sprache als solcher zu tun hat, ob es z.B. ‚genuine' Unwörter gibt bzw. wodurch Wörter zu Unwörtern werden.

---

6   Die Wörterlisten zusammen mit Bearbeitungsvorschlägen für den Unterricht finden sich im Themenheft „Wörter/Unwörter" der Zeitschrift Der Deutschunterricht 4/2001; vgl. insbesondere die Artikel von Eichhoff-Cyrus, Kuntzsch und Schlosser.

Zur Schärfung des kritischen Blicks halte ich es für wichtig, die Erscheinungen selbst mit Aufmerksamkeit zu prüfen, sich zu fragen, was ihr Auftreten bedingt, und darüber nachzudenken, welchen kommunikativen Zweck die jeweiligen Sprachmittel erfüllen.[7] Für die Behandlung des Themas Anglizismen können die Schüler und Schülerinnen

- sprachliches Material aus dem eigenen Umfeld zusammentragen;
- die oben genannten Wörtersammlungen nach englischsprachigen Ausdrücken durchsehen;
- sie einzelnen sprachlichen Bereichen zuordnen: Jugendsprache (Musikbereich); Sprache der Informationstechnologie; Werbesprache etc.;
- bei einzelnen Wörtern nach deutschen Entsprechungen suchen; eventuell auch solche kreieren;
- nach den Leistungen der Wörter fragen, z.b. indem man Computer- und Werbesprache anhand von Artikeln aus Fachzeitschriften und Prospekten vergleicht;
- eigene, anglizismenreiche Texte verfassen, dabei auf Möglichkeiten der Flexion achten (z.b. ich habe *upgedated*);
- eine verständliche Bedienungsanleitung für ein Handy ohne englische Ausdrücke schreiben;
- ein Quiz organisieren (Verständlichkeit von Anglizismen);
- einen englischen Muttersprachler nach deutschen Ausdrücken (Germanismen) im Englischen fragen;
- einen literarischen Text (Briefliteratur) lesen, der den französisierenden Sprachgebrauch des 18. Jahrhunderts demonstriert.

4 Sprachen in der Sprache

„Sprache, das heißt Sprachen", nennt Weinrich (2001) die kürzlich erschienene Sammlung seiner Aufsätze. Dieser Titel drückt aus, dass Menschen mehrere Sprachen sprechen (können), aber auch, dass sie im Rahmen einer Sprache an verschiedenen Sprachzuständen partizipieren. Man kann dies auch als *innere Mehrsprachigkeit* bezeichnen.

Sprachliche Varietäten (vgl. Klotz/Sieber 1993) existieren auch im schulischen Sprachkosmos, so dass daraus die Beschäftigung mit dem Thema entwickelt werden kann. Neben dem Aspekt der Mehrsprachigkeit, genuiner oder erworbener Mehrsprachigkeit, ist vor allem die fachliche Gliederung der

---

7 Zur grammatischen Integration von jugendsprachlichen Anglizismen vgl. Zifonun 2000, 69–79.

Sprache, wie sie die Unterrichtsfächer repräsentieren, für den Deutschunterricht relevant. Die Kenntnis unterschiedlicher fachsprachlicher Darstellungsformen bildet einen Aspekt von Sprachfähigkeit, der im Zuge wachsender beruflicher Mobilität auch über die Schule hinaus von erheblicher Bedeutung ist.

Thematische Aspekte, die m.E. im Vordergrund stehen, sind (a) die Frage der *sprachlichen Organisation von Wissen* im Text, (b) das Verhältnis von *Sprache und anderen semiotischen Systemen*, (c) die Rolle der *Fachtermini* sowie (d) Formen und Funktionen der *allgemeinen Wissenschaftssprache*.

a) Wie Wissen im Text vom Schreibenden zu organisieren ist, damit der Text Kohärenz gewinnt, die argumentative Verknüpfung explizit wird und die Aufmerksamkeit des Lesers gesteuert ist, das sind Fragen, die in den Bereich textgrammatischer Überlegungen gehören.

b) Vor allem in den naturwissenschaftlichen Fächern gehören formelhafte und bildliche Darstellungsverfahren zum fachlichen Instrumentarium. Was leistet eine Formel in einem mathematischen Text? Welche Arten von Informationen kann man in einer Tabelle, einem Diagramm, einem Schaubild darstellen? Welche Aufgabe übernehmen Skizzen, Abbildungen, Fotos im Hinblick auf die Übermittlung von Wissen? Bei allen Fragen geht es letztlich darum, wie Sprache und Bild im Sinne des Wissenstransfers in einem Text zusammenwirken.

c) Hinsichtlich der Fachterminologie sind es nicht die Termini der einzelnen Disziplinen selbst, die im Deutschunterricht Aufmerksamkeit verdienen. Diese gehören in den jeweiligen Fachunterricht, werden dort eingeführt und erläutert. Interessant aber ist, zu betrachten, in welcher Weise sich Fachbegriffe herausgebildet haben und wie sie sich neu bilden (wie viel metaphorischer Sprachgebrauch auch die exakten Wissenschaften kennzeichnet, wird überraschen: z.B. *der Schnelle Brüter*). Man kann sich fragen, warum es sich bei Fachtermini meist um Substantive handelt und welche spezifische Funktion den Verben und Adjektiven zukommt. Zu zeigen gilt es darüber hinaus, dass Begriffe allein noch nicht die Eindeutigkeit der fachlichen Kommunikation gewährleisten, sondern dass sie im jeweiligen Kontext definiert werden müssen. Ein Beispiel für parallele Bedeutungen bietet der häufig gebrauchte Begriff *Diskurs*, der je nach sprachphilosophischem oder -theoretischem Hintergrund Unterschiedliches meint, was für das Verstehen eines Textes nicht unerheblich ist. Aus diesem Zusammenhang kann man einsichtig machen, dass es in fachlichen, wissensvermittelnden Texten bei den Termini nicht auf stilistische Variation, sondern auf begriffliche Konstanz ankommt.

Die für das Schreiben sonst gültige Devise, Wiederholungen von Ausdrücken zu vermeiden, gilt für fachliche Texte gerade nicht. Anhand des aufmerksamen, nicht nur inhaltsbezogenen Lesens von fachlichen Texten (Lehrbuchtexte aus dem Kanon der schulischen Fächer) kann man diesen Grundsatz überprüfen. Beim eigenen Schreiben eines Fachtextes, insbesondere bei der Facharbeit, werden Schüler ihn selbst praktizieren.

d) Von der fachspezifischen Terminologie sollte der Blick auch auf diejenigen sprachlichen Kriterien gerichtet werden, die dem übergeordneten Ziel der Wissensgewinnung und -übermittlung dienen, das allen Disziplinen gemeinsam ist. Es geht um Wissenschaftssprache in ihrer fachübergreifenden Form und Funktion. Ehlich (1999) hat für diesen Aspekt den Begriff der „alltäglichen Wissenschaftssprache" geprägt und meint damit all diejenigen Ausdrücke, die grundsätzliche wissenschaftliche Tätigkeiten benennen und die weder alltagssprachlich noch terminologisch sind. Es sind Wörter und Wendungen, die sozusagen zwischen den Termini stehen. Stärker als in den Fachbegriffen spiegeln sich in den alltäglichen wissenschaftsbezogenen Ausdrücken die geistigen Verfahren, die den jeweiligen Erkenntnisprozessen zugrunde liegen.

Charakteristisch für die alltägliche Wissenschaftssprache sind v.a. Substantive wie *Diskussion, Begriff, These, Perspektive, Ansatz, Verfahren* etc., dann handlungsbezeichnende Verben wie *definieren, analysieren, einführen, zeigen, hinweisen auf* etc. Neben diesen Grundbegriffen der wissenschaftlichen Praxis gibt es eine Fülle von mehr oder weniger formelhaften Wendungen, die der Alltagssprache entnommen sind und wissenschaftsspezifische Bedeutung angenommen haben: *einen Grundsatz ableiten, etwas unter einem Begriff zusammenfassen, ein Ergebnis auswerten, auf Erkenntnissen einer Disziplin aufbauen* etc.

Nimmt man den wissenschaftspropädeutischen Auftrag des Sprachunterrichts ernst, tut sich hier ein zentraler Vermittlungsbereich auf, der bislang in Lehrplänen und Lehrwerken noch keinen adäquaten Platz gefunden hat. Im schulischen Schreiben wird er überall dort relevant, wo es um die Verarbeitung von Wissen in schriftlicher Form geht, beim Exzerpieren, Protokollieren und schließlich beim Schreiben einer Facharbeit.[8]

---

8 Vgl. Steets 1999.

5 Sprachtheorie

Die Lehrpläne für die Sekundarstufe II sehen unter dem Aspekt der Sprachreflexion auch die Auseinandersetzung mit sprachphilosophischen und -theoretischen Ansätzen vor. In den Lehrbüchern wird dem mit diversen Textauszügen zum „Ursprung der Sprache" oder zu „Sprache, Denken, Wirklichkeit" entsprochen. Mit dem Angebot, sich mit sprachwissenschaftlichen Theorien zu befassen, ist man nach ‚Überwindung' der linguistischen Phase zurückhaltend. Einen gewissen Stellenwert besitzen Kommunikationsmodelle, die systematisieren, welche Prozesse zwischen Sprecher und Hörer ablaufen. Der Erkenntniswert solcher Modelle wird im Unterricht meist nicht an Sprechsituationen getestet, sondern anhand von Texten, ohne dass der grundsätzliche kommunikative Unterschied zwischen mündlicher und schriftlicher Kommunikationssituation erhellt würde.

Will man sich im Deutschunterricht der Oberstufe, speziell im Leistungskurs, mit sprachwissenschaftlichen Theorien und Modellen beschäftigen, so erscheint es sinnvoll, dort anzusetzen, wo auch der Sprachunterricht linguistisch verankert ist. Die theoretische Basis der Überlegungen zu einem funktional verstandenen Grammatikunterricht (in den Sekundarstufen I und II) ist die Theorie des sprachlichen Handelns, insbesondere in der Form, wie sie die *Funktionale Pragmatik* entwickelt hat. Abschließend möchte ich die wichtigsten Ansätze dieser Sprachtheorie skizzieren, um einerseits ein Thema für den Unterricht vorzuschlagen und um andererseits an die Überlegungen zu einem systematischen handlungsorientierten Sprachunterricht anzuknüpfen und diese zu fundieren (vgl. S. 210–231).

Die Theorie des sprachlichen Handelns setzt im Hinblick auf die kommunikative Funktion von Sprache bei dem historisch fundierten Begriff des *Zwecks* an, über den sich Form- und Funktionsseite von Sprache verknüpfen lassen. Sprachliche Formen sind zweckmäßige Formen, deren Struktur auf den zu realisierenden Zwecken beruht. Dies gilt für alle Einheiten des sprachlichen Handelns.

Wie die Einheiten des sprachlichen Handelns aufeinander aufbauen, kann die Grafik S. 247 (Redder 1998, 67) veranschaulichen.

Die Einheiten auf der mittleren Ebene: Äußerungsakt, propositionaler Akt (Verbalisierung des Gedankens), illokutiver Akt (Benennung des Handlungszwecks) konstituieren die *Sprechhandlung*. In der Verkettung von Sprechhandlungen entstehen so genannte *Handlungsmuster*, wie sie für bestimmte Kommunikationsformen charakteristisch sind. Im schulischen Zusammenhang ist es insbesondere das Muster Frage-Antwort. Ein anderes wichtige

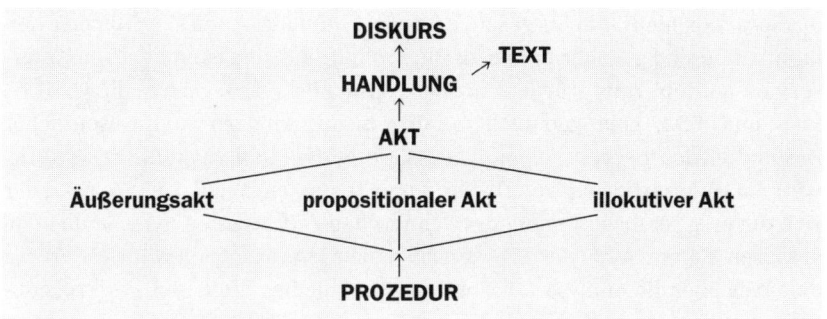

Muster (zum Beispiel im Hinblick auf mündliches und schriftliches Argumentieren) ist das des Begründens. Größere Handlungseinheiten, die sich aus einem Ensemble von Sprechhandlungen zusammensetzen, sind der *Diskurs* und
der *Text*, die sich wiederum nach einzelnen Diskurs- bzw. Textarten spezifi-
zieren lassen. Die systematische Unterscheidung zwischen *Diskurs* und *Text*
beruht darauf, dass im einen Fall Sprecher und Hörer in *einer* gemeinsamen
Sprechsituation zugegen sind, im anderen Fall diese *zerdehnt* ist und durch
entsprechende sprachliche Mittel überbrückt werden muss.

Auf der untersten Ebene erscheinen die *Prozeduren*, die sich nach funktionalen Typen unterscheiden lassen, welche sich auf entsprechende *sprachliche
Felder* beziehen:

- das *Zeigfeld* mit den deiktischen Prozeduren, die die Höreraufmerksamkeit
  steuern: *ich, du, hier, jetzt, da, damals, dieser, jener, so*;
- das *Symbolfeld* mit den nennenden (oder auch charakterisierenden) Prozeduren, die die Hauptwortarten Verb, Substantiv und Adjektiv umfassen;
- das *operative Feld* mit den operativen Prozeduren, mittels derer Sprache
  als Sprache verarbeitet wird: Phorik, Partikeln, Konjunktionen, Fragewör-
  ter, eine Reihe von Flexionsmorphemen;
- das *Lenkfeld* mit den expeditiven Prozeduren (Lenkausdrücken), die den direkten „Draht" zwischen Sprecher und Hörer herstellen: Interjektionen;
- das *Malfeld* mit den malenden Prozeduren, die zur expressiven Verbalisierung von atmosphärischen und emotionalen Zuständen dienen: v.a. durch
  intonatorische Modulation.[9]

Der Vorteil dieses sprachtheoretischen Ansatzes liegt darin, dass sprachliche
Elemente auf allen Ebenen der Betrachtung systematisch unter dem Aspekt

9   Vgl. Ehlich 1991, Redder 1998.

des sprachlichen Handelns gesehen werden. Mündliche und schriftliche Kommunikation sind gleichermaßen im Blick, ohne dass die systematischen Unterschiede ausgeblendet würden. Größere sprachliche Kategorien, die von Diskurs und Text, gelangen nicht additiv hinzu, sondern sind wesentlicher Bestandteil des theoretischen Konzepts. Unter dem Gesichtspunkt des Zwecks wird die Differenzierung von Diskurs- und Textarten möglich, ein Ansatz, der sich für eine Neubestimmung der schulischen Aufsatzarten als grundlegend erweisen könnte. Auch der Brückenschlag zur Literatur ist gewährleistet. Auf dem Weg über die Analyse der kleinsten sprachlichen Einheiten, der Prozeduren, eröffnet sich ein Zugang zur Erschließung und Interpretation von Literatur, der den Aspekt der literarischen Wirkung in den Vordergrund stellt[10].

Der Bereich, für den das Desiderat einer adäquaten sprachtheoretischen Fundierung am wichtigsten erscheint, ist der der Grammatik – gesehen als „Systematik der Mittel des sprachlichen Handelns" (Hoffmann 1999, 235f.). Wie schon im Beitrag „Lernbereich Sprache in der Sekundarstufe I" betont, halte ich das Zusammenführen der schulgrammatischen Kategorisierungen mit funktional-pragmatischen Kategorien für eine zentrale Aufgabe der Sprachdidaktik.

---

10 Siehe hierzu auch den Beitrag „Integrativer Deutschunterricht" von Peter Klotz, S. 46–59.

Schulisches Schreiben im Schnittpunkt von Schreibdidaktik und Schreibforschung

Jürgen Baurmann

Dieses Kapitel stellt vor und reflektiert, was sich seit etwa 1980 durch die Entwicklung einer Schreibforschung für die Schreibdidaktik verändert hat. Besonderes Gewicht kommt dabei der Frage nach differenzierten Schreibstrategien zu. Zudem klärt Jürgen Baurmann, was unter dem viel beschworenen prozessorientierten Schreibunterricht in der Schule zu fassen ist. Besondere Aufmerksamt gilt der Überlegung, wie Schüler es lernen können, ihre Texte planvoll zu überarbeiten. Zum Schluss widmet sich der Autor dem notorischen Thema der Evaluation und Benotung schriftlicher Arbeiten.

1 Zur Ausgangslage

Wer sich die Ausgangslage zum schulischen Schreiben zu vergegenwärtigen sucht, kann sich an drei Diskussionszusammenhängen orientieren, die auch zeitliche Einschnitte sichtbar machen. Otto Ludwigs umfassende Geschichte des deutschen Schulaufsatzes von seiner „Vorgeschichte" aus der Antike bis zum „sprachgestaltenden Aufsatz" der Nachkriegszeit (bis 1970) ermöglicht es, die historische Entwicklung des Schreibens in der Schule zu verstehen und vor diesem Hintergrund viele bis heute wirksame schreibdidaktische Entscheidungen und Unterrichtsanregungen einzuschätzen.[1] Nach 1970 waren es dann unbestreitbar „kommunikative Konzeptionen" (Haueis 1996, 1262), die „Schulaufsätze" als „Texte für Leser" (Boettcher u. a. 1973) auffassten und den Deutschunterricht prägten. Die aus den schreibdidaktischen Ansätzen resultierenden Ergebnisse und Diskussionen wurden seit 1980 durch das Aufkommen der Schreibforschung in ein neues Licht getaucht. Davon wird im folgenden Beitrag die Rede sein.

Für die Schreibdidaktik und die Praxis des schulischen Schreibens lassen sich aus dieser Gesamtsicht Befunde formulieren: Sowohl die Orientierung an einigen *Aufsatzgrundformen* als auch das Konzept des so genannten *kommunikativen Aufsatzes* greifen zu kurz. Bei beiden Ansätzen bleibt die Bedeutung des (Vor-)Wissens unklar; der komplexe Prozess des Schreibens kommt lediglich reduziert ins Blickfeld, ebenso der Zusammenhang von Schreiben, Überarbeiten und Beurteilen. Zudem bleibt offen, wie Ziele und Aufgaben für die Sekundarstufe curricular aufeinander zu beziehen sind. Zwar wird niemand

---

[1] Vgl. Ludwig 1988.

im Deutschunterricht eine strenge Abfolge einzelner Lehrplan-Elemente erwarten. Berechtigt ist allerdings der Anspruch, schulisches Schreiben solle nicht in einzelne isolierte Lernepisoden zerfallen. Weder die immer noch anzutreffende Orientierung an so genannten Aufsatzgrundformen wie Erzählung, Bericht, Beschreibung, Schilderung und (dialektische) Erörterung noch die Ausrichtung an möglichst realen Situationen, die auf kommunikativ wirksames Schreiben zielt, entgehen dieser Gefahr.[2]

Die neuere *Schreibforschung* setzt an einem Punkt an, von dem aus die gesamte Diskussion weiterentwickelt werden kann. Sie hält das Verfassen von Texten für lehr- und lernbar, bedenkt die Förderung schriftsprachlicher Fähigkeiten über mehrere Schuljahre hinweg und berücksichtigt dabei die Vielfalt des Schreibens und der Schreibprozesse.[3] Zwei Ansätze tragen diesen Intentionen Rechnung: der Versuch, das Schreiben in der Schule verwendungsorientiert von dessen Funktionen her zu entwickeln sowie für Schülerinnen und Schüler ein Feld denkbarer Strategien zu beschreiben.

Einen „ersten Versuch", *Schreibfunktionen* als offenes System zu skizzieren, hat Ludwig (1980) vorgenommen. Ludwig stellt insgesamt neun Schreibverwendungsweisen vor, die zwischen den Polen „aus sich heraus schreiben" und „kommunikatives Schreiben" liegen. Das weithin vertraute, eindeutig „kommunikative Schreiben" ist dabei nur eine der neun Funktionen. Entschiedener als zuvor werden bei Ludwig hingegen Verwendungsweisen beschrieben, die zur geistigen Aneignung, zur Speicherung oder Erarbeitung des Wissens beizutragen vermögen. In der Schreibdidaktik und Lehrplanentwicklung ist Ludwigs Versuch bereits aufgenommen worden, so durch Ossner (1995) oder im neuen Lehrplan für die Klassen 7–10 des Landes Brandenburg (2002).

Beide Ansätze fassen auf jeweils unterschiedliche Art die genannten neun Funktionen zusammen, wobei es bei Ossner letztendlich fünf Verwendungsweisen sind: eine psychische („für sich schreiben"), zwei soziale („für andere und an andere schreiben") und zwei kognitive („Schreiben zur Gedächtnisentlastung" und „Schreiben, um Erkenntnisse zu gewinnen"; Ossner 1995, 40f.). Die psychische lässt sich beispielsweise auf den Tagebucheintrag beziehen; die sozialen Funktionen realisieren sich im Beschreiben von Orten, Wegen oder Landschaften für andere. Für die kognitive Funktion mag das Erörtern eines Sachverhalts stehen (ähnlich auch im Rahmenlehrplan Deutsch, Sekundarstufe I des Landes Brandenburg 2002). Eine solche Einteilung eröffnet insofern

---

2 Vgl. dazu auch die Befunde bei Merz-Grötsch 2001.
3 Vgl. etwa Baurmann 2000.

Möglichkeiten für ein Schreibcurriculum, als einzelne Schreibaufgaben an den genannten Funktionen orientiert werden.[4]

Nun hat Ortner vor kurzem unter dem Stichwort „Schreibertypen oder Schreibstrategien?" (Ortner 2000, 346ff.) zu bedenken gegeben, dass die erwähnten funktionalen Zugangsweisen als „Mischklassifikationen" kaum für die Realität taugen und ihnen deshalb typologisch *Schreibstrategien* entgegengesetzt. Eine solche Polarisierung ist m.E. nicht zwangsläufig. Schreibstrategien können als Vorgehensweisen gesehen werden, die zur Realisierung von Schreibfunktionen taugen. Aus schreibdidaktischer Sicht ist es auch nicht zwingend, Ortners Vorschlag gegen den erwähnten verwendungsorientierten Ansatz auszuspielen – etwa mit dem Einwand, dass seine Zusammenstellung von Schreibstrategien aus der Produktion von Langtexten und aus Aussagen professioneller Autoren gewonnen worden sind. Im Sinne eines „schreiber-differenzierten Unterrichts" (vgl. dazu Baurmann/Müller 1998) bietet es sich vielmehr an, Ortners Entwurf der Schreibstrategien zusätzlich zu berücksichtigen und zu den beschriebenen Funktionen in Beziehung zu setzen.

Was sind nun Schreibstrategien? Nach Ortner (2000, insbesondere 351f.) sind es zunächst und vor allem „erprobte und bewährte Verfahren (zur) Bewältigung spezifischer Schreibanlässe und potentieller Schreibschwierigkeiten in spezifischen Schreibsituationen". Sie werden nicht zuletzt in der Schule erworben und sind personengebunden. Schreibstrategien festigen sich in Auseinandersetzungen mit Schreibaufgaben und -schwierigkeiten. Sie können in begrenztem Maße variiert und mit weiteren Vorgehensweisen kombiniert werden. Die mögliche, in vielen Fällen auch notwendige Modifikation einer Schreibstrategie hängt dabei von der Schreibsituation, der Aufgabe oder vom Status des Geschriebenen ab (etwa Notiz, Entwurf oder schon fortgeschrittene Textfassung).

Welche Schreibstrategien unterscheidet Ortner? Er entwickelt aus den Selbstzeugnissen von Autorinnen und Autoren insgesamt zehn Vorgehensweisen (Ortner 2000, 356ff.), beschreibt, würdigt und problematisiert sie – teilweise auch mit Blick auf Schule und Schreibdidaktik. Um die Fülle der Möglichkeiten zumindest anzudeuten und auch das Nachdenken über einen „schreiber-differenzierten Unterricht" weiter anzuregen, werden die Strategien hier kurz vorgestellt und jeweils an Beispielen für die Sekundarstufe I und II veranschaulicht:

- **Schreibstrategie 1:** Schreiben in einem Zug
  Beispiel: kreatives Schreiben in verschiedenen Spielarten

---

4 Zur Frage der Schreibaufgaben vgl. insbesondere Portmann 1991, 488ff.

- **Schreibstrategie 2:** (Nur) *einen* Text zu einer Idee schreiben
  Beispiel: Schulaufsatz zu einem vorgegebenen Thema
- **Schreibstrategie 3:** Schreiben von Textversionen zu einer Idee
  Beispiel: Neufassung beim Überarbeiten statt (mühsamer) Textrevision, ansonsten in Didaktik und Schule unterrepräsentiert
- **Schreibstrategie 4:** Herstellen von Texten durch die redaktionelle Arbeit an Texten (Vorfassungen)
  Beispiele: Weiterführungen und Überarbeitungen von Texten, Textlawine, Textlupe und Schreibkonferenz
- **Schreibstrategie 5:** Planendes Schreiben (etwa über Gliederung, Stichwortsammlungen, Skizzierung des Aufbaus)
  Beispiel: Verfassen von Texten auf der Basis einer Gliederung, auch die vielfältigen Hilfen zur Entlastung (Vorgaben wie Reizwörter, Bilderfolgen)
- **Schreibstrategie 6:** Einfälle außerhalb eines Textes weiterentwickeln und danach ‚nur‘ niederschreiben („zuerst denken, dann schreiben")
  In der Schule gering ausgeprägt; ein prägnantes Beispiel stellen „Prätextrevisionen" dar.[5]
- **Schreibstrategie 7:** Schrittweises Vorgehen, Schritt-für-Schritt-Schreiben
  Beispiel: Anleitungen für umfangreichere Schreibvorhaben (Projekte, Facharbeiten)
- **Schreibstrategie 8:** Synkretistisch-schrittweises, also vermischt-uneinheitliches Schreiben
  Schulisches Verfassen von Texten wehrt dies zumeist ab; am ehesten kommt es beim Schreiben nach Clustering vor
- **Schreibstrategie 9:** Moderat zerlegendes Schreiben von Produktsegmenten oder Textteilen
  schreibdidaktischer Bezug: Formen des kooperativen Schreibens, etwa am PC
- **Schreibstrategie 10:** Extrem produktzerlegendes Schreiben nach dem Puzzle-Prinzip
  Beispiel: Erstellen eines schlüssigen Textes am Computer, der u. a. auf Recherchen im Internet basiert

Ortners hier skizzierte Zusammenstellung von Schreibstrategien liegt eine Dreiteilung zugrunde. Er geht von einem „(scheinbar) *nicht-zerlegenden Schreiben"* aus (= Schreibstrategie 1) und führt anschließend Formen „*aktivitätszerlegenden Schreibens"* an (= 2 bis 8), um dann mit zwei Formen „*produktzerlegenden Schreibens"* zu schließen (= 9 und 10). Lehrer sollten damit

---

[5] Vgl. Abschnitt 3.

rechnen, dass Kinder und Jugendliche bei einer Schreibaufgabe unterschiedliche Schreibstrategien wählen. Das ist in vielen Fällen zu akzeptieren, zumal Ortners Ansatz dazu ermutigt und anregt. Darüber hinaus werden Lehrende schon bei der Planung bedenken, dass etliche Schreibaufgaben zum „Schreiben in einem Zug" auffordern, wohingegen andere Schreibaufträge es nahe legen, den komplexen Prozess in Teilaktivitäten aufzugliedern. Da Schreibstrategien als Vorgehensweisen personengebunden sind, werden Schüler dazu neigen, bestimmte Strategien zu bevorzugen, anderen hingegen eher aus dem Weg zu gehen, ohne dass sie die komplexen Wechselwirkungen zwischen Strategien und Aufgaben durchschauen. Es wird deshalb wichtig sein, beim Schreiben in der Schule für eine mögliche Passung zwischen Aufgabe und Strategie zu sorgen – etwa dadurch, dass mögliche Zusammenhänge zwischen Schreibauftrag und Vorgehensweise in der Lerngruppe besprochen werden. Glückt dies, dann können bereits erprobte, erfolgversprechende Vorgehensweisen durch weitere Schreibstrategien ergänzt werden.

Zu Zeiten einer prozessorientierten Schreibdidaktik ergeben sich im Unterricht gewiss hinreichend Möglichkeiten, den Strategien 2 bis 8 Rechnung zu tragen. Dadurch wird die gesamte Breite des „aktivitätszerlegenden Schreibens" angesprochen. Wo Lehrende Kinder und Jugendliche zu Schreibstrategien ermutigen, die ihnen bisher unbekannt sind, tragen sie erheblich zur Schreibförderung bei. Deutlich wird in solchen Zusammenhängen, dass nicht einzelne Strategien generell als ungeeignet, andere ohne Alternative als optimal herausgestellt werden. Alle bergen – je nach Kontext – Risiken und Gefahren. Die Schreibdidaktik (und auch die Schreibforschung) neigt beispielsweise dazu, im Zerlegen des Prozesses in Teilvorgänge oder in der Aufteilung der komplexen Aufgabe in Teilaufträge ein Allheilmittel zu sehen. Mit überzeugenden Argumenten zeigt Ortner (2000, 292ff.) die Begrenztheit solcher Entscheidungen. Und risikoreich sind Schreibsituationen, in denen Schreibaufgabe und Schreibstrategie ungünstig zusammentreffen: Wer einseitig das „extrem produktzerlegende Schreiben nach dem Puzzle-Prinzip" bevorzugt, wird bei umfangreicheren Schreibvorhaben an der Anforderung scheitern, die zunächst recherchierten Textteile mit Hilfe des Computers zu einem eigenen schlüssigen Text zu verarbeiten.

2 Schreiben in der Schule: prozessorientiert?

Es ist schon eine Art Gemeinplatz, das schulische Schreiben gegenwärtig als *prozessorientiert* zu bezeichnen. Aber was ist damit gemeint? Die im Folgenden erläuterten drei Merkmale tragen zur Klärung bei:

Die Theorie und Praxis des Schreibens in der Schule bezeichnet man – *erstens* – dann als prozessorientiert, wenn das Verfassen von Texten als *komplexer Vorgang* verstanden wird, dessen Teilprozesse im Unterricht nachhaltig beachtet werden. Bei der Textproduktion lassen sich *Teilprozesse* unterscheiden – etwa konzeptionelle Prozesse, Vorgänge des Formulierens, des Ausführens und Inskribierens sowie des Überprüfens und Überarbeitens (so handlungstheoretisch fundiert bei Wrobel 1995). Die einzelnen Teilprozesse verlaufen dabei nicht ausschließlich und streng sukzessiv, sondern pendeln interaktiv zwischen verschiedenen Ebenen hin und her; sie sind jederzeit wiederholbar und außerdem auf sich selbst beziehbar.[6]

Schlüssig eröffnen sich – *zweitens* – aus einer solchen Sicht des Gegenstands Möglichkeiten, die gesamte *Unterrichtsgestaltung* prozessorientiert anzulegen. Ein solches Unterrichtskonzept geht über die vertrauten Produktionsphasen *Planen, Schreiben* und *Anlegen einer Reinschrift* hinaus. Die einzelnen Fassungen zu einer Schreibaufgabe werden nicht mehr nur als notwendige Schritte auf dem Weg zur letztlich entscheidenden Endfassung wahrgenommen, sondern erhalten Bedeutung und Eigenwert im gesamten Schreibprozess. Lehrer werden durch eine solche Sichtweise ermutigt, komplexe, auch schwierige Schreibvorgänge in Teilaufgaben zu zerlegen, die zuerst gelöst oder von Einzelnen übernommen werden. Solche Maßnahmen leuchten unmittelbar ein, kommen sie doch methodischen Prinzipien wie der Schwierigkeitsisolierung, der Binnendifferenzierung im Unterricht, auch Formen des kooperativen Schreibens entgegen – ganz abgesehen davon, dass bei Textproduktionen mit Hilfe des Computers einzelne Teilprozesse deutlich unterschiedlich gewichtet werden können. Einige bleiben (zunächst) unberücksichtigt, andere werden besonders betont und beachtet.

In erheblichem Maße prägt die Prozessorientierung das schulische Schreiben dort, wo eigene Texte in so genannten Portfolios (Schreibmappen) gesammelt werden, was nach Bräuer (1998, 179) auf zweifache Weise möglich ist. Entweder werden „exemplarische Portfolios" angelegt, in denen Endfassungen beispielhaft die Entwicklung eines Verfassers über einen längeren Zeitraum hinweg dokumentieren. Oder es werden Vorarbeiten, erste Entwürfe, weitere Fassungen zu „Schreibprozess-Portfolios" zusammengestellt, deren Veränderungen nicht nur über die Ergebnisse des Schreibens, sondern vor allem über Wege beim Schreiben Aufschluss geben. Trotz des zusätzlichen Aufwands verbinden Portfolios – für alle Beteiligten sichtbar – bisherige mit künf-

---

6 Vgl. dazu Ludwig 1983b.

tigen Schreibvorgängen und legen die Verantwortung für das Schreibenlernen zunehmend in die Hand der Schüler (Näheres dazu in Abschnitt 3).

Innerhalb eines so konturierten Unterrichts wird es möglich, Schreiben und die schriftliche Reflexion dieser Tätigkeit über die gegenwärtige Praxis hinaus erheblich auszuweiten. Das Schreiben nach Mustern wird dann neben dem Verfassen epischer Kurzformen auch das Schreiben nach umfangreicheren Vorlagen einschließen (etwa das Verfassen eigener Western und Liebesromane und das Nachdenken über solche Textsorten). Nachdrücklicher, auch reflektierter werden anspruchsvolle Schreibprojekte realisiert – wie etwa das „Skizzenbuch", die „schreibende Entdeckung der Sinne" bei Stadtrundgängen oder ein fächerübergreifendes Projekt, das „Geschichtsspuren markiert und dokumentiert", um schließlich diese Erfahrungen in einem Buch der Bilder und Erzählungen festzuhalten.[7]

Über die Grundentscheidung und die Unterrichtsgestaltung hinaus ergeben sich – *drittens* – an einem weiteren bedeutsamen Punkt Möglichkeiten, das Schreiben in der Schule prozessorientiert zu fassen – nämlich hinsichtlich der *curricularen Planung*. Dabei zielen die curricularen Erwägungen darauf ab, Schülern auf möglichst vielfältige und anregende Weise Zugänge zu verschiedenen Schreibfunktionen zu eröffnen und sie zu erfolgversprechenden Schreibstrategien zu ermutigen. Ein konkretes Beispiel veranschaulicht dies. Dass man sich über eine Frage oder ein Problem durch Schreiben klarer werden kann, wird in der Schreibdidaktik seit einigen Jahren herausgestellt und auch unterrichtlich umgesetzt. Die Realisierung dieser epistemisch-heuristischen Funktion ist zweifelsohne auch schon früher bedacht worden – jedoch einseitig begrenzt auf die isolierte Vermittlung der *dialektischen Erörterung*. Erörtern als Versuch, einen Sachverhalt mit sprachlichen Mitteln zu klären, reicht aber über die dialektische Erörterung hinaus. Im Sinne einer prozessorientierten „Neubestimmung" (Baurmann/Ludwig 1990) können nach frühen Formen (*handelndes, antwortendes, nennendes* und *erzählendes Erörtern*) ab Sekundarstufe I weitere Arten des Erörterns folgen. So ermöglicht es das *beschreibende Erörtern*, wichtige Momente des Sachverhalts vorzustellen, wozu Schreibende im Text eine eigene gedankliche Ordnung entwerfen müssen. Leisten sie dies, wird der Weg zum *begründenden Erörtern* frei. Ein solches Erörtern finden wir in Stellungnahmen, in der Darlegung einer Entscheidung oder in der Auseinandersetzung mit einer Streitfrage, die sich auf ein Pro-und-Kontra-Schema stützt. *Dialogisch erörtert* wird ein Sachverhalt schließlich dort, wo es gelingt, die bisher erwähnten Formen schreibend zu nutzen, um

---

sich dem Sachverhalt und dem Leser persönlich zuzuwenden und über diese Auseinandersetzung zugleich die persönliche Einstellung zum Sachverhalt zu klären. Das Beispiel illustriert zum einen, wie der Weg von einer Schreibfunktion zu Elementen eines Schreibcurriculums verlaufen kann; es zeigt aber auch, wie viel in dieser Hinsicht noch zu tun bleibt.

Als Zwischenergebnis kann festgehalten werden, dass eine schreibtheoretische Fundierung des Gegenstandes sowie die daraus resultierenden Veränderungen der Unterrichtsgestaltung und der curricularen Planung tragende Elemente eines prozessorientierten Schreibunterrichts sind. Welche Folgerungen sich daraus für das Überarbeiten und Beurteilen ergeben, wird in den folgenden Abschnitten entfaltet.

3 Schreiben und Überarbeiten

Überarbeitungen (Textrevisionen) gehören zum Schreiben, und sie sind zu verschiedenen Zeitpunkten möglich: während und nach dem Anfertigen einer Textfassung, aber auch schon, wenn schriftliche Formulierungen erst ‚im Kopf' entstehen und noch nicht aufgeschrieben worden sind. Das Entwickeln einzelner Varianten wird in aller Regel nicht sichtbar. Wir können solche Vorgänge allerdings beim kooperativen Schreiben wahrnehmen oder dort, wo Schreiberfahrene das Verfassen ihres Textes durch lautes Denken begleiten. Rau (1994) hat die noch nicht auf dem Blatt festgehaltenen Überarbeitungen „Prätextrevisionen" genannt. Textrevisionen und Prätextrevisionen lassen sich nach dem Grad ihrer Komplexität unterscheiden – etwa als Nachträge, Korrekturen, Verbesserungen und Umsetzungen (Baurmann/Ludwig 1985). Die einzelnen Formen der Überarbeitung reichen dabei unterschiedlich ‚tief' in den Gesamtvorgang des Schreibens hinein und unterscheiden sich im Schwierigkeitsgrad: Nachträge zielen auf die kalligrafische oder typografische Ausführung des Geschriebenen, Korrekturen und Verbesserungen auf Vorgänge des Formulierens, Umsetzungen auf konzeptionelle Entscheidungen der gesamten Textproduktion.

Schreiben und Überarbeiten sind also aufeinander bezogen. Es ist folglich wichtig zu fragen, was Jugendliche in diesem Feld schon leisten oder möglicherweise hinzulernen müssen.[8] Verallgemeinert lassen sich Überarbeitungsvorgänge so beschreiben: Zunächst wird ein Missverhältnis oder eine Unstimmigkeit beim Formulieren oder im Geschriebenen erkannt, danach kann das Problem benannt und der Rahmen für eine Lösung abgesteckt werden. Die Lö-

8 Vgl. zum Folgenden Baurmann/Ludwig 1996, 17.

sung selbst besteht wiederum aus mehreren Teilhandlungen: Es müssen Lösungsmöglichkeiten gefunden, geprüft und bewertet werden. Erst danach erfolgt die Entscheidung für eine bestimmte Revision. Diese *Strategie des planvollen Untersuchens und Überarbeitens* (Flower u. a. 1986) ist die ideale Vorgehensweise, die von professionellen Autoren, aber auch bereits von schreibversierten Jugendlichen beherrscht wird. Schreibende, die diese anspruchsvolle Vorgehensweise (noch) nicht beherrschen, bevorzugen hingegen die *Strategie des Entdeckens und Neuschreibens.* Eher wahllos und beliebig werden lokal begrenzt einzelne Äußerungen, Wörter oder Sätze bearbeitet bzw. das Entdecken von Auffälligkeiten ruft eine vollständige Neufassung des eigenen Textes hervor.

Die Revisionsforschung als Teil der Schreibforschung hat sich seit einigen Jahren mit Überarbeitungen befasst und neben den erwähnten Grundlagen praxisrelevante Details erarbeitet. Aus der Fülle der Befunde sollen hier die Antworten auf zwei Fragen aufgegriffen werden: Vermag der Verfasser selbst seine Texte zu überarbeiten oder wer kann ihm dabei helfen? Und: Können Schüler mit Aussicht auf Erfolg angeleitet werden, zielstrebig und planmäßig Überarbeitungen vorzunehmen?

Zur Beantwortung der ersten Frage liefert die Revisionsforschung einige Anhaltspunkte. Schüler können zunächst eigene Texte noch nicht so gut überarbeiten.[9] Ungeübtere erkennen zwar einige Mängel in ihren Texten, führen sie allerdings auf einzelne Oberflächendetails zurück und nicht wie geübte Verfasser zielstrebig auf den gesamten Text. Es verwundert deshalb nicht, dass Ungeübtere ihre Aufmerksamkeit besonders auf die Orthographie richten. Falls sie dennoch für einzelne Auffälligkeiten Lösungen finden, die über formale oder inhaltliche Einzelheiten hinausgehen, bedeutet dies nicht zwingend, dass ihnen auch die Überarbeitungen dieser Textstellen gelingen. Sie können trotzdem scheitern – vor allem dann, wenn Kinder und Jugendliche sich noch schwer tun, mehrfach zwischen der Rolle des Schreibers und der des distanzierten Lesers zu wechseln oder wenn sie durch den gesamten Schreib- und Überarbeitungsprozess überfordert sind. Bei diesen Schwierigkeiten haben sich Beobachtungen, Anregungen und Vorschläge von Gleichaltrigen oder Erwachsenen als besonders hilfreich erwiesen.

Sucht man nach Antworten auf die Frage, ob Schüler es lernen können, planvoll Texte zu überarbeiten, dann sind vor allem die Ergebnisse einer Untersuchung als aussagekräftig und hilfreich einzuschätzen, in der Materialien zum planvollen Überarbeiten eingesetzt worden sind (Bereiter/Scarda-

---

9 Nach Fitzgerald 1987, 489ff.

malia 1987, 265ff.). In einem ersten Schritt wurden dabei Viert-, Sechst- und Achtklässlern elf Behauptungen an die Hand gegeben, die das Identifizieren von Auffälligkeiten Satz für Satz erleichtern sollten. Dieser Prüfung schlossen sich dann sechs Vorschläge zur Überarbeitung an. Die erwähnten Statements und Vorschläge wurden in dieser Studie auf zweifache Weise genutzt – einmal *während* der Textproduktion, zum anderen Satz für Satz *nach* der Textproduktion. Hinsichtlich beider Verfahren ergaben sich noch bei Sechstklässlern keine bedeutsamen Unterschiede, wohingegen bei Achtklässlern beobachtet werden konnte, dass sie bei der Verknüpfung von Schreiben und Überarbeiten mehr Text produzierten. Einige Schüler gingen den Anforderungen der präzisen Vorschläge und Anregungen aus dem Weg und verfassten einen ganz neuen Text (Strategie des Entdeckens und Neuschreibens, siehe oben). In anschließenden Interviews merkten übrigens 47% der Befragten an, dass sie die Vorgaben schon als Erleichterung und Hilfe beim Schreiben und Überarbeiten empfanden, da sie sich selbst gewöhnlich solche Fragen nicht stellen, dahinter die generell als hilfreich eingeschätzten Fragen der Lehrer vermuteten und so zum Nachdenken über das Geschriebene angeleitet wurden. 12% der Befragten empfanden die Vorgaben allerdings als zusätzliche Belastung, da sie nach eigener Aussage sorgfältiger nachdenken und für das Textschreiben noch mehr Zeit aufwenden mussten. Insgesamt gab es mehr Revisionen als ohne solche Vorgaben. Der Anteil der Achtklässler, die keine Revisionen vornahmen, sank von 22% auf 7%. Nennenswerte qualitative Verbesserungen der Texte wurden dabei allerdings nicht festgestellt. Brett (in Bereiter/Scardamalia 1987, 289ff.) setzte an diesem weniger ermutigenden Zwischenergebnis an und fragte, ob Überarbeitungen insgesamt durch geeignete Hilfen zu fördern seien. Die dabei eingesetzten Diagnosekarten (vgl. dazu auch Fix, zuletzt 2000) führten jedenfalls dazu, dass sich Revisionen häuften. Insbesondere Zwölftklässler profitieren schon nach kurzer Einarbeitung deutlich von Diagnosekarten – das zeigt sich im Vergleich zu Überarbeitungen ohne solche Hilfen. Lehrer können demnach darauf vertrauen, dass vor allem ältere und schreibgeübtere Schüler Gelerntes übertragen können, wenn sie zuvor gezielt zum Überarbeiten angeleitet worden sind.

Die *didaktisch-methodischen Folgerungen*, die sich daraus ergeben, sind vielfältig. Überarbeitungen sind fortwährend mit dem Verfassen von Texten verwoben. Darauf verweisen eigene Schreiberfahrungen ebenso wie die Modellierungen, die innerhalb der Schreibforschung entwickelt worden sind (siehe oben). Insbesondere in der Sekundarstufe I und II eröffnen sich erfolgversprechende Möglichkeiten, wenn Schüler im Sinne eines zunehmend reflektierten und selbstständigen Umgangs mit ihren eigenen Texten mit praktikablen Vorgehensweisen beim Überarbeiten vertraut werden, diese vor allem zur gemeinsamen Weiterentwicklung von Texten nutzen, wobei ihnen ggf. Vorgaben, so genannte „Überarbeitungspläne" (Baurmann 2002) zur Verfügung stehen. Die erwähnten Untersuchungen von Bereiter/Scardamalia (1987) und Fix (1999, 2000) deuten einen solchen Zusammenhang an und werden gewiss zu weiteren Versuchen ermutigen und anregen. Das Überarbeiten gehört zum Schreiben, weshalb Schreibcurricula durch ein curriculares Element zu ergänzen sind – nämlich durch Ziele und Aufgaben zum Überarbeiten von Texten. So gesehen bedeutet es, dass die Überarbeitung eines Textes eine angemessene Schreibaufgabe darstellt und als Klassenaufsatz berücksichtigt werden kann. (Aktuelle Lehrpläne von Nordrhein-Westfalen oder Schleswig-Holstein beispielsweise sehen eine solche Möglichkeit vor.)

Das Überarbeiten von Texten kann durch geeignete unterrichtliche Arrangements wirkungsvoll gestützt werden. Zu denken wäre dabei an *Schreibkonferenzen*, in deren Rahmen Gleichaltrige den Autor eines Textes beraten. Aus den gründlichen Untersuchungen, die Fix (1999) zu Schreibkonferenzen in der Sekundarstufe I durchgeführt hat, ist zu schließen, was bei der Durchführung beachtet werden sollte. Allen Beteiligten sollte klar sein, dass ein so instruktionsorientiertes Gespräch erhebliche Anforderungen an die kognitiven und verbalen Fähigkeiten stellt. Die Verfasser müssen einerseits ihre Texte verteidigen, andererseits aber auch imstande sein, zu ihren eigenen Texten eine gewisse Distanz einzunehmen. Darüber hinaus ist das, was über das Geschriebene besprochen wird, auf den eigenen Entwurf hin zu bedenken – möglicherweise entgegen eigenen Entscheidungen, die zu einem früheren Zeitpunkt getroffen worden sind. Helfer und Berater erfüllen ihre Aufgabe dann angemessen, wenn sie den beurteilten Text nicht nur verstehen, sondern ihn hinsichtlich des Schreibziels und Leserbezugs, im Blick auf den Inhalt, die verwendeten sprachlichen Mittel, auf Ordnung sowie Textaufbau einzuschätzen wissen.

Nun eignen sich nicht alle Schreibaufgaben und Textsorten gleichermaßen für eine Schreibkonferenz. Fix (2000) hat beobachtet, dass Formen des freien Schreibens auf einen Bildimpuls hin bei Schülern der Sekundarstufe I weniger Überarbeitungen auslösten als gebundene Schreibaufgaben wie die Inhaltsangabe. Heranwachsende tendieren wohl dazu, Texte zu freien Aufgaben als persönlicher zu empfinden. Das setzt aus ihrer Sicht den Vorschlägen Außenstehender von vornherein Grenzen. Bei gebundenen Schreibaufgaben hingegen ist das anders: Texte, die dabei entstehen, sind weniger persönlich und können an allenthalben anerkannten Beurteilungsmaßstäben orientiert werden. Die Inhaltsangabe gehört zudem zu den schulüblichen Schreibaufgaben, die häufig benotet werden und bei denen auch aus diesem Grund Hilfen unmittelbar einleuchten (vgl. Fix 1999 und 2000).

Angesichts der beschriebenen Anforderungen ist es zum Gelingen von Schreibkonferenzen in der Sekundarstufe I und II bestimmt hilfreich, wenn sie bereits in der Grundschule durch geeignete Vorformen vorbereitet worden sind.[10] Im konkreten Fall wird ein geeignetes Arrangement für die Schreibkonferenz sehr hilfreich sein. Das gilt etwa für die Auswahl der Teilnehmer an der Konferenz, für die Präsentation des zu besprechenden Textes sowie Zeitpunkt und Dauer der Vorbereitung. Der Lehrer wird zudem entscheiden, ob für alle Beteiligten erste Eindrücke zum Text oder gezielte Vorschläge zur Überarbeitung wichtig sind. Im ersten Fall werden die Berater sich nicht eigens auf die Schreibkonferenz vorbereiten, im zweiten Fall ist eine vorbereitende Hausaufgabe angebracht. Es förderte das Gelingen von Schreibkonferenzen, wenn sich Lehrerinnen und Lehrer in das Gespräch über den Text (zunächst) nicht einmischen. Aber beim schwierigen Übergang zur *Umsetzung* sind sie als Schreibexperten gefragt: Fix (1999, 25) schlägt in diesem Zusammenhang beispielsweise ein Karteikarten-Verfahren zur Unterstützung des planvollen Überarbeitens vor. Auf Karteikarten geben die Teilnehmer an der Schreibkonferenz die für sie problematischen *Textstellen* an, stellen dazu *Fragen* und notieren ihren *Lösungsvorschlag*. Auf diese Notizen antwortet der Lehrer. Dieses Vorgehen entspricht dem Grundmuster des Überarbeitens: Zunächst wird Auffälliges *identifiziert*, Unzulängliches in Fragen *diagnostiziert* und anschließend die *Revision* durch einen eigenen *Lösungsvorschlag* vorbereitet.

4 Schreiben beurteilen und benoten

Ein entwickeltes Maß an Schreibfähigkeiten hat schließlich derjenige erreicht, der Geschriebenes zu überarbeiten weiß. Das erfordert u. a. auch, eigene Texte zunehmend selbst beurteilen zu können. Aus dieser Feststellung ergeben sich für den Stellenwert und die Art des Beurteilens im Deutschunterricht einige Konsequenzen.

Zwischen Beurteilen und Benoten sollte unterschieden werden, wobei die übliche Einschätzung von Aufsätzen nach Ziffernnoten als ein besonderer Fall des Beurteilens anzusehen ist. Schülertexte werden dabei hinsichtlich ihrer Qualität miteinander verglichen und jeweils einer Notenstufe zugeordnet. Die Benotung wird in der Absicht vorgenommen, Lernende über den aktuellen Stand ihres Schreibvermögens zu informieren. Zugleich dienen die Noten da-

---

10 Etwa Fragelawine oder Textlupe; vgl. dazu auch Baurmann 2002.

zu, Schülerinnen und Schüler bestimmten Jahrgangsstufen oder Bildungsgängen zuzuweisen. Die Probleme dieses bewertenden Beurteilens liegen auf der Hand: Noten sind in ihrer Aussagekraft begrenzt, sie werden zudem angesichts so unterschiedlicher Anforderungen (wie informieren, motivieren oder Beitrag zur Auslese) schlicht überfordert. Wenn das Benoten von Aufsätzen überhaupt praktiziert wird (andere Länder zeigen, dass es nicht sein muss), dann sollten zumindest zwei Bedingungen beachtet werden: Das Benoten von Aufsätzen sollte aus allen diesen Erwägungen auf das Unerlässliche beschränkt bleiben und stets so angelegt werden, dass es das fördernde Beurteilen nicht behindert.

Förderndes Beurteilen als erfolgversprechende Alternative, die Kindern und Jugendlichen zu gelungeneren Texten verhelfen kann, hat im Aufsatzunterricht und in der Aufsatzdidaktik bereits eine gute Tradition. So spricht Ivo (1982) in diesem Zusammenhang von „mäeutischer Korrektur". Im Gegensatz zur „exekutierenden" sucht die „mäeutische Korrektur" – gleichsam wie eine Hebamme bei der Geburt – einem Text ,ans Licht zu helfen' und zugleich dem Schreibenden gerecht zu werden. Das (inhaltliche) Interesse des (Lehrer-)Lesers am Text, sein Lob, seine konstruktive Kritik und Hilfen im Einzelfall wirken dabei besonders ermutigend. Dehns Erwägungen (1996), sich auf Schülertexte „lernersensitiv" einzulassen und zunächst einmal sprachliche und inhaltliche Auffälligkeiten als Teil des Lernprozesses zu begreifen, sind von einer ähnlichen Intention geprägt und tragen letztlich dazu bei, dass Lernende ihre Texte zunehmend selbstständig beurteilen lernen.

Die Beurteilung von Aufsätzen oder weiteren Schülertexten stellt sich in jedem Fall als schwierig dar. Es hilft deshalb, sich zu vergegenwärtigen, was wir über Fehlerquellen und über geeignete Beurteilungsverfahren wissen. Die Beurteilungsforschung belegt, dass kürzere Aufsätze eher einheitlich, längere Aufsätze uneinheitlicher, jedoch besser beurteilt werden. Formale Merkmale wie die Handschrift, Rechtschreibleistung und Grammatik beeinflussen die Beurteilenden.[11] Widersprüchlich sind nach der Beurteilungsforschung die Antworten auf die Frage, ob Beurteiler durch Informationen über den Schreiber oder die Schreibsituation beeinflusst werden. Die Haupttendenz lässt sich so zusammenfassen: Eindeutige Informationen über die Schreiber wirken sich bei Aufsatzbeurteilungen – aufgrund vorschneller Verallgemeinerungen – im Sinne eines Haloeffekts aus; differenzierte, vielleicht auch widersprüchliche hingegen nicht. Solche Fehler lassen sich als Verstöße gegen die Standards von Beurteilungen systematisch ordnen. Wer als Schreibender beurteilt wird, darf

---

[11] Vgl. auch Ingenkamp 1977.

erwarten, dass Aufsätze vergleichbarer Qualität auch annähernd gleich beurteilt werden (*Objektivität*), dass die Beurteilung des gleichen Textes auch nach einem längeren Zeitabstand verlässlich und konstant bleibt (*Reliabilität*) und dass bei Textproduktionen möglichst nur die schriftsprachlichen Leistungen beurteilt werden (*Validität*). – Und welche Verfahren haben sich nach den Erkenntnissen der Beurteilungsforschung bewährt? Nicht zuletzt die sorgfältige Arbeit zur Aufsatzbeurteilung in der Sekundarstufe I von Grzesik/Fischer (1985) hat gezeigt, dass Schnellbeurteilungen in Teams und die Arbeit mit Kriterienkatalogen am ehesten für annähernd objektive und reliable Ergebnisse sorgen (vgl. Baurmann 2002).

Die *Folgerungen* für die schulische Praxis – vornehmlich unter prozessorientierter Sicht – sind offensichtlich. Insbesondere umfänglichere Schreibvorhaben und -projekte können und sollten durch förderndes Beurteilen begleitet werden. Mit den Verfassern wird dabei zunächst ein Schreibplan aufgestellt (oder unter ihnen selbst vereinbart), der auch Phasen fördernden Beurteilens vorsieht. Besonders begünstigt wird förderndes Beurteilen dort, wo Kinder und Heranwachsende dazu angehalten werden, alle ihre geschriebenen Texte (von den Entwürfen bis zu den Endfassungen) in Schreibmappen, so genannten Portfolios, zu sammeln (siehe Abschnitt 2). So hat Schwarz für ein Schulhalbjahr in Klasse 10 „Schreibprozess-Portfolios" als „kritisch reflektierte, sorgfältig und bewusst ausgewählte, selbstbeurteilte Dokumentationen" anlegen lassen (Schwarz 2001, 25). Nach Schwarz sind die Vorteile für das Schreibenlernen und Beurteilen augenfällig: Portfolios verbinden den bisherigen mit dem künftigen Unterricht, stärken die Lernmotivation und „wirken als Brücke zwischen Lehren, Lernen und Beurteilung". Darüber hinaus stützen Schreibmappen konkret die „Selbstorientierung"[12] und sie stärken sowohl die Eigenverantwortung für das Lernen als auch das Selbstwertgefühl von Schülerinnen und Schülern. In einem solchen Kontext ist es dann auch eher möglich, Schülertexte zu benoten, ohne dass die erwünschte, ja notwendige Beurteilung von Texten durch die Verfasser selbst gefährdet wird. Die Beteiligung von Schülern an Bewertungsvorgängen (etwa durch die gemeinsame Erarbeitung von Beurteilungskriterien) vermag eine solche Intention zusätzlich zu erleichtern und wirkungsvoll zu stützen.

---

12 Vgl. Haas 1999.

Sprechen und Zuhören, Mündlichkeit

Gisela Beste

In diesem Kapitel werden die unterschiedlichen Aspekte mündlicher Kommunikation für den Deutschunterricht erläutert. Nach einer kompakten Übersicht gegenwärtig kursierender Kommunikationsmodelle skizziert Gisela Beste unterschiedliche Kommunikationsformen des Unterrichtsgesprächs. Hierauf folgt eine umfänglichere Darstellung zum Unterrichtsgegenstand ‚Mündliche Kommunikation‘. Erfasst werden unterschiedliche Gesprächs- und Redeformen sowie andere Weisen mündlicher Präsentation. Die Autorin beschließt das Kapitel mit Hinweisen zum Problem der Bewertung mündlicher Leistungen.

Nach der so genannten kommunikativen Wende in der Sprachdidaktik der 1970er-Jahre hat die mündliche Kommunikation eine umfassende psychologische und linguistische Fundierung erfahren und gilt als Schlüsselqualifikation.[1] Immer noch aber wird beklagt, es dominiere das lehrerzentrierte Unterrichtsgespräch, welches nur eng begrenzte Rede- und Gesprächsanlässe für Schüler böte.[2] Dabei hat die pragmatische Linguistik gezeigt, wie im Kommunikationsprozess sowohl Sprecher als auch Zuhörer handeln und Schüler in eine aktivere Rolle versetzt werden können. Im Folgenden soll gezeigt werden, wie man mit diesem Ansatz im Unterricht arbeiten kann.

1 Modellierungen von Kommunikation

Für die Beschreibung von Kommunikation wurden verschiedene Modelle entwickelt. Im psychologischen Bereich hat v.a. Paul Watzlawick eine breite Rezeption bis in die Lehrwerke hinein erfahren.[3] Bei der Analyse mündlicher Kommunikation ist er von bestimmten Grundsätzen, Axiomen, ausgegangen. Zentral ist die Differenzierung zwischen *Inhalts-* und *Beziehungsaspekt*.[4] Jede Kommunikation enthält danach neben einer sachlichen Information immer auch eine Aussage über die Beziehung zwischen Sprecher und Zuhörer. In jedem Fall gilt: „Man kann nicht *nicht* kommunizieren"(Watzlawick 1969, 53). Missverständnisse entstehen Watzlawick zufolge dadurch, dass z.B. der Zuhörer statt des sachlichen Gehalts einer Äußerung vielmehr die Beziehungsebene fokussiert. Eine einfache Aussage wie „Da vorne musst du rechts abbiegen"

---

1 Vgl. KMK-Standards 1997, zit. bei Berthold 2000, 11.
2 Vgl. Steinig/Huneke 2002, 62 und Fiehler 1998, 67.
3 Vgl. z.B. Texte, Themen und Strukturen 1999, 93f.
4 Vgl. Watzlawick 1969, 53ff.

kann je nach Intonation und Mimik als Sachinformation oder persönlicher Angriff aufgefasst werden. Erweitert wurde Watzlawicks Ansatz durch Schulz von Thun. Ihm zufolge lassen sich die unterschiedlichen „Botschaften" einer „Nachricht"[5] nach vier Seiten unterscheiden: *Sachinhalt, Selbstoffenbarung, Appell* und *Beziehung*. Das, was Bühler in seinem *Organon-Modell* allgemein als *Funktionen* der Sprache (*Darstellung, Appell, Ausdruck*) beschrieben hatte, um ein Instrumentarium für die Unterscheidung von literarischen und Gebrauchstexten zu haben, wird verkürzt auf einzelne sprachliche Äußerungen übertragen.

Entscheidend neu gegenüber dem klassischen kybernetischen Modell, das von der Übertragung einer kodierten Nachricht von einem Sender an einen Empfänger ausging, ist die Betonung der nonverbalen Aspekte wie Gestik und Mimik sowie von Intonation und Modulation in der mündlichen Kommunikation. Damit gerät auch die Rolle des Zuhörenden stärker in den Blick, der z.B. durch seine Körperhaltung, Blickkontakt, Schweigen und Interjektionen wie „hm", „oh" u. Ä. aktiv auf den Kommunikationsprozess Einfluss nimmt. Da die verschriftlichten Formen mündlicher Kommunikation in der Regel jedoch diese nonverbalen Aspekte nicht oder nur unvollständig aufzeigen, ist es schwierig, mit diesen Kommunikationsmodellen im Unterricht zu arbeiten. Untersucht werden kann ernsthaft nur das mündliche Gespräch. Die Übertragung auf Dialoge in literarischen Texten gelingt meistens nicht, auch wenn sie in Lehrbüchern vorgeschlagen wird.

Gegen die Kommunikationsmodelle, die von der Übermittlung von Nachrichten ausgehen, hat die funktionale Pragmatik den Begriff der *Sprechhandlung* eingeführt.[6] Diese besteht aus *Lokution* (Äußerung), *Proposition* (Inhalt der Äußerung) und *Illokution* (Handlungsqualität). Kommunikation wird als gemeinsame Tätigkeit von Sprecher und Hörer begriffen. Themen werden kommunikativ konstituiert und nicht als vorgegeben aufgefasst. Inhalt und kommunikative Funktion der Äußerungen bilden ein Wechselverhältnis: Die Lehrerfrage enthält nicht nur eine inhaltliche Dimension, auf die inhaltlich reagiert werden soll, sondern fordert auch als Handlung die Schülerantwort. Andere Handlungsmuster sind z.B. Ankündigen, Begründen, Erklären, Beschreiben.[7] Formen mündlicher Kommunikation können also nach Handlungszwecken unterschieden werden, für die bestimmte Mittel eingesetzt werden. Damit lassen sich Kriterien gewinnen, die für die Gesprächsanalyse

---

5   Vgl. Schulz von Thun 1981.
6   Vgl. Ehlich 2000. Zur Kritik an den „Nachrichtenmodellen" vgl. auch Graefen 1999, 386ff.
7   Graefen 1999, 391ff., entwickelt ausgehend von diesen Handlungsmustern Vorschläge für die Unterrichtsarbeit im Bereich der mündlichen Kommunikation.

einsetzbar sind. Sie geben Spekulationen weniger Raum als die psychologischen Modelle von Watzlawick und Schulz von Thun, schließen aber wie diese sowohl verbale als auch nonverbale Mittel sowie Intonation und Modulation als relevante Faktoren der Kommunikation ein.

2 Mündliche Kommunikation im Unterrichtsgespräch

Die nach wie vor durch das lehrerzentrierte Unterrichtsgespräch in fragendentwickelnder bzw. gelenkter Form bestimmte mündliche Kommunikation im Unterricht entspricht einem lernzielorientierten Unterrichtsstil und fordert, dass alle Schüler in ihren Denkbewegungen dem Fragemuster des Lehrers folgen. Das Spektrum der Fragen reicht von eher weit und offen bis eng und gelenkt. Positiv sanktioniert werden in der Regel Antworten, die die Lehrenden als funktionalen Beitrag für ihr Unterrichtsskript erwarten.[8] Als problematisch wurde u. a. kritisiert, dass die Form des lehrerzentrierten Unterrichtsgesprächs außerhalb der Schule nicht praktiziert werde.[9]

In jüngster Zeit gab es Vorschläge, wie die Steuerungsqualität des fragendentwickelnden Unterrichtsgesprächs schülerorientierter genutzt werden könnte. Im Konzept *Lernen durch Lehren* (LdL) übernehmen Schüler z.B. die Gestaltung einer Stunde und werden im Vorfeld bei der Erarbeitung und Aufbereitung des Lernstoffs durch den Lehrer beraten und unterstützt. Der Lehrer wird also von den Schülern gefragt – in Umkehrung des traditionellen Unterrichtsarrangements.[10] Ein ähnliches Konzept ist das des *selbstorganisierten Lernens* (SOL).[11]

Hier handeln Schüler zeitweise als Experten für ein bestimmtes Sachgebiet und treten als Vermittler gegenüber ihren Mitschülern auf, die ihrerseits Expertenfunktionen für andere Sachgebiete übernehmen. Zugrunde liegt diesen Konzepten die kognitionspsychologisch begründete Annahme, dass Schüler intensiver lernen, wenn sie ihre Erfahrung in eigener Regie ordnen und mit Vorwissen sowie Emotionen verbinden können.[12] Der Vorteil für die Unterrichtskommunikation ist, dass die Schüler ihre kommunikative Kompetenz erweitern können, indem sie Handlungsmuster wie z.B. Informieren, Erklären, Fragen einüben. Außerdem bieten sich diese veränderten Arrangements für eine kritische Reflexion von Unterrichtskommunikation an, von der alle Betei-

---

8 Vgl. Steinig/Huneke 2002, 61ff.
9 Vgl. Grünwaldt 1998, 67.
10 Zu LdL vgl. Martin 1990.
11 Zu SOL vgl. Herold/Landherr 2001.
12 Dazu u. a. Glasersfeld 1997, 7.

ligten profitieren, insofern sie durch den Rollen- und Perspektivenwechsel ein vertieftes Verständnis füreinander entwickeln.

Als eine besondere Form des Unterrichtsgesprächs kann das *literarische Gespräch* gelten. Am Ausgangspunkt der Debatte darüber stand die Kritik, dass die Unterrichtskommunikation über literarische Texte die subjektive Bedeutungskonstitution durch die Lernenden unterlaufe, da letztlich die Beiträge der Schüler unter dem Aspekt der Leistungsfähigkeit nach schulischen Normen bewertet würden.[13] Dagegen schlägt Merkelbach eine offene Gesprächsform vor, bei der der Lehrer auf eigene „interpretative Beiträge" (Merkelbach 1998, 80) zugunsten der Moderation verzichtet und es den Schülern überlässt, ihre subjektiven Lesarten am Text und im Gespräch untereinander zu überprüfen. Diesem Ansatz geht es darum, die Lücke zwischen privater und schulischer Lektüre zu schließen und den Schülern Gesprächsanlässe für die Auseinandersetzung mit Literatur zu bieten, die an ihren unmittelbaren Leseerfahrungen anknüpfen. Dagegen ist eingewendet worden, solche Gespräche verliefen willkürlich, und offen bliebe die Frage, wie solche literarischen Gespräche „in längerfristige Lernprozesse integriert werden können, die auf Kompetenzerweiterung im literarischen Verstehen zielen" (Nutz 1997, 87).

Ein methodischer Lösungsansatz könnte sein, mit dem offenen literarischen Gespräch in die Lektüre eines längeren literarischen Textes einzusteigen, um dann, ausgehend von den Leseeindrücken der Schüler (die z.B. an das Vorlesen eines aus Schülersicht signifikanten Zitats angebunden werden können), einen gemeinsamen Arbeitsplan für den Lektüreprozess zu entwickeln.

3 Mündliche Kommunikation als Unterrichtsgegenstand

Kommunikationsfähigkeit wurde im Rahmen der „Standards für den Mittleren Schulabschluss"[14] mit Blick auf die Anforderungen der Berufs- und Arbeitswelt zu den Basiskompetenzen gezählt.

In diesem Zusammenhang lässt sich in neueren Rahmenplänen eine Tendenz beobachten, das Sprechen aus der Kombination mit dem Schreiben herauszunehmen und seine Eigenständigkeit dadurch stärker zu betonen.[15] Auch die Bedeutung des Zuhörens wird neuerdings mehr hervorgehoben, wobei darunter mehr als stilles Zuhören verstanden wird: Feedback geben über Verstandenes bzw. Nicht-Verstandenes, Wiedergeben dessen, was ein anderer ge-

---

13 Vgl. Wieler 1989.
14 Vgl. KMK-Standards, zit. bei Berthold 2000.
15 Im neuen Rahmenlehrplan Brandenburg 2002 werden z.B. Sprechen und Zuhören verknüpft.

sagt hat, durch Interjektionen wie „hm", „ja" u. Ä. Aufmerksamkeit zeigen.[16] Mündliche Kommunikation als gemeinsames Handeln von Sprecher und Zuhörer ist als Unterrichtsgegenstand in den Formen von Gespräch, Rede und Vortrag gegenwärtig. Ziel dabei ist es, Schüler zum Umgang mit den verschiedenen Formen des Sprechens und zur Abschätzung verschiedener Wirkungen zu befähigen, also ein handlungspraktisches Wissen über Sprechen und Zuhören aufzubauen und nicht beim Methodentraining stehen zu bleiben.

Gesprächsformen

In der Regel werden in Rahmenplänen und Lehrbüchern als Gesprächsformen das *Kreis-*, *Streit-* oder *Konfliktgespräch*, die *Debatte* und *Diskussion* (auch *Podiumsdiskussion*), sowie das *Bewerbungs-* und *Prüfungsgespräch* genannt.[17] Um sinnvolle Gesprächsanlässe zu finden, bieten sich die Kooperation mit anderen Fächern und das Aufgreifen von Situationen aus dem Erfahrungshorizont der Schüler an. Auch Verbindungen zu literarischen Texten sind in diesem Zusammenhang denkbar, so beispielsweise die Erfindung eines Konfliktgesprächs als Erweiterung einer Kurzgeschichte oder eines Dramas.

Besonders das *Kreisgespräch* lässt sich für Planungen und Auswertungen von Lektüren, Projekten, Klassenfahrten, Wandertagen bereits in den unteren Klassen sinnvoll einsetzen. Der Name weist auf die Sitzordnung hin: Kreis oder Hufeisen. Bei dieser Gesprächsform kann es um das Sammeln von Informationen, Meinungsbildung sowie Problemlösungen gehen.[18] Die Gesprächsleitung kann entweder vom Lehrer oder von einem Schüler übernommen werden. Entscheidend ist, dass Äußerungen nicht bewertet werden. Verlauf und Ergebnis des Gesprächs werden von den Teilnehmern bestimmt. Am Ende des Gesprächs folgt eine Zusammenfassung und evtl. eine Reflexion des Gesprächsverlaufs, z.B. in Form des „Blitzlichts", bei dem die Teilnehmenden knapp ihre Gedanken und Gefühle mitteilen. Kommunikative Kompetenz wird insofern gefördert, als sich die gemeinsame Konstitution und Differenzierung des Gesprächsthemas im Wechsel von Sprechen und Zuhören beobachten lässt.

---

16 Berthold (2000, 57ff.) schlägt dazu einige Übungen vor, deren Spektrum sowohl verbales (z.B. Hörverstehen artikulieren, ermuntern) als auch non-verbales Verhalten (z.B. Körperhaltung, Blickkontakt) umfasst.

17 Berthold (2000, 251ff.) geht darüber hinaus, wenn er Vorschläge zum Thema „Gesprächstaktiken" macht. Dabei geht es u. a. um die Fähigkeit, sich in ein Gespräch zu drängen, am Wort zu bleiben und Ähnliches.

18 Vgl. Berthold (2000, 20), der sich allgemein auf Klassengespräche bezieht. Bei Klippert (1999, 143) wird eine Variante des Kreisgesprächs beschrieben, bei der es allein darauf ankommt, bestimmte „Kommunikationsregeln" einzuüben. Auf didaktische Zusammenhänge wird nicht eingegangen.

Streit- und *Konfliktgespräche* lassen sich ähnlich gut wie das Kreisgespräch mit konkreten Erfahrungen der Schüler verknüpfen. Viele methodische Vorschläge basieren auf der psychologischen Literatur und zielen darauf, diese Gespräche konstruktiv verlaufen zu lassen: z.b. durch Reformulierung der Äußerungen des Gesprächspartners, direkte Verbalisierung eigener Gedanken und Gefühle („Ich-Botschaften"), Aufforderung an den anderen, sich aktiv an der Entwicklung von Lösungsvorschlägen zu beteiligen, Differenzierung zwischen Sachbezug und Personenbezug.[19]

Unter Bezugnahme auf die Handlungsqualität einer Äußerung kann die Grundlage für eine Problemlösung geschaffen werden, wenn es gelingt, ein Gespräch über Handlungsmotive („warum?") und -ziele („wozu?") zu führen und nach Übereinstimmungen zu suchen.

Besondere Formen des Gesprächs sind *Bewerbungs-* und *Prüfungsgespräche*. Beide Gesprächsformen sind v.a. durch das Muster „Frage-Antwort" bestimmt. Ein erfolgreicher Verlauf hängt davon ab, wie es dem Prüfling bzw. Bewerber gelingt, die Erwartungen der Fragenden zu antizipieren und darauf einzugehen bzw. sie umzustrukturieren. In jedem Fall geht es darum, die eigenen Stärken überzeugend zu präsentieren. Über Einzelheiten informieren Schulbücher und Ratgeber.[20]

Formaler strukturiert und stärker durch die rhetorische Tradition bestimmt als die genannten Gesprächsformen sind *Diskussion* und *Debatte*. In beiden Fällen stehen in der Regel Streitfragen im Zentrum, die in argumentativer Weise ausgetragen werden.[21] Eine Diskussion kann allerdings auch in Form der Zusammentragung möglichst vieler Themenaspekte durchgeführt werden. Während Diskussionen offen bleiben, führt die Debatte zu einer Abstimmung, nachdem Pro- und Kontra-Argumente vorgestellt wurden. Entscheidend ist dabei die Fähigkeit, im Sinne der eigenen Handlungsziele ein umfassendes Wissen verständlich zu präsentieren sowie flexibel und strategisch auf die Äußerungen anderer reagieren zu können.

Gesprächsanalyse

Die Analyse von Gesprächen steht vor dem Problem, einen hohen Anteil an *Nonverbalem* berücksichtigen zu müssen. Arbeitsgrundlage im Unterricht

---

19 Vgl. dazu die Vorschläge von Berthold 2000, 151ff. Die Terminologie von Sach- und Personenbezug wird von Bartsch/Marquart (1999, 25) in Anlehnung an Bühler vorgeschlagen.
20 Vgl. Deutschbuch. Orientierungswissen. Erw. Ausg. 5.–10. Jg., Berlin 2001 oder Deutsch in der Oberstufe. Braunschweig 1998.
21 Über methodische Realisierungsmöglichkeiten von Diskussion und Debatte finden sich Anregungen in diversen Schulbüchern.

können Transkripte sein, die diesen Anteil ausweisen.[22] Indem man Dialoge spricht, lässt sich die Bedeutung des Nonverbalen auf Sprecher- wie Zuhörerseite für unterschiedliche Wirkungen erproben.[23] Mögliche Untersuchungsaspekte für die Analyse mündlicher Kommunikation hat Schoenthal vorgeschlagen: Sie nennt die „Relevanz des Hörerverhaltens" z.b. durch Blickkontakt oder Vermeidung von Blickkontakt; „Macht/Dominanz/Gewalt/Manipulation", erkennbar z. B. am Ablauf des Sprecherwechsels, in der Verteilung von Frage und Antwort, am Reden und Schweigen; die Bedeutung des situativen Kontextes in der Unterscheidung zwischen öffentlich und privat, Nähe und Distanz u.Ä.; die Bedeutung von Normen etwa bei der Anrede oder bei Normverstößen (z.B. Unhöflichkeit).[24]

Um insbesondere den *Gesprächsverlauf* zu untersuchen, haben Steinig/Huneke einen Fragenkatalog formuliert, der auf folgende Aspekte eingeht: die Gesprächsorganisation (u.a. Sprecherwechsel, Struktur, Regeln), die Themenbearbeitung (u. a. Verhältnis von Zielen und Sprechhandlungen, Entwicklung einer gemeinsamen Wissensbasis, thematische Bezugnahme aufeinander) und die Beziehungsgestaltung (u. a. Umgang mit Störungen, Herstellung und Aufrechterhaltung einer Beziehung).[25]

Untersuchungskategorien, die sich auf die *Geschlechtsspezifik* von Kommunikation beziehen, hat die Linguistin Deborah Tannen entwickelt. Auch wenn das Thema in der öffentlichen Diskussion mittlerweile weniger präsent ist, hat es doch nicht unbedingt an Relevanz eingebüßt. Tannen hat Männern und Frauen unterschiedliche Gesprächsstile zugeordnet. Diese sind ihr zufolge jeweils durch bestimmte Rahmen gekennzeichnet. Rahmen sind Metamitteilungen, die v.a. durch nonverbale Mittel konstituiert werden. Sie geben Auskunft über die Handlungsziele des Sprechenden: z.B. Informationen geben, eine Verhandlung beginnen.[26]

Männern lässt sich Tannen zufolge eher ein Stil zuordnen, dem es um sachliches Berichten geht, Frauen zielten dagegen eher auf das Herstellen von Beziehungen ab.[27]

22 Materialien finden sich z.B. bei Becker-Mrotzek/Brünner 1997.
23 Auf die Deutungsprobleme bei mündlicher Kommunikation hat Schoenthal aufmerksam gemacht. Schoenthal 1995, 26.
24 Ebd.
25 Vgl. Steinig/Huneke 2002, 75f.
26 Vgl. Tannen 1992, 97ff.
27 Vgl. Tannen 1991, 78ff. Schramm (1981) ist eine immer noch anregende Darstellung zum Thema Frauen- und Männersprache aus den 80er-Jahren, die Materialien sowohl zu Sozialisationsbedingungen wie zum Gesprächsverhalten bietet.

Gesprächsanalyse unter geschlechtsspezifischem Aspekt steht vor der Herausforderung, Stereotypen nicht weiter zu festigen und stattdessen einen bewussten und flexiblen Umgang mit Handlungsmustern zu fördern. Auf der Grundlage von Gesprächsanalysen lassen sich entsprechende Regeln und Strategien mit den Schülern erarbeiten.

Redeformen

Lange Zeit wurde Rhetorik im Unterricht v.a. theoretisch als Kunst der wirkungsvollen *Rede* behandelt. In Reden wurde zumeist die Verwendung rhetorischer Mittel untersucht und man deckte Strategien sprachlicher Manipulation auf. Darüber hinaus sollten die Schüler verschiedene Typen von Rede kennen lernen (wie Fest- und Feierrede, Gerichtsrede, politische Rede), außerdem die fünf Schritte zur Vorbereitung und Durchführung einer Rede (*inventio, dispositio, elocutio, memoria, actio*). Eigene Redeversuche sollten den Lernenden dazu verhelfen, Sicherheit im freien Sprechen vor einer Gruppe zu gewinnen. Kritisiert wurde vor allem, dass die Redeanlässe stark konstruiert und realitätsfern waren.[28]

In jüngster Zeit sind vermehrt Initiativen zur Etablierung der Rhetorik in *handlungspraktischer Absicht* zu beobachten.[29] Als Ziel formuliert z.B. die Gemeinnützige Hertie-Stiftung, dass die allgemeine Redefähigkeit gefördert werden solle, um den Schülern die „Teilhabe an der demokratischen Gesellschaft und Erfolg in der Kommunikationsgesellschaft zu ermöglichen" (Kemman 2000, 2). Methodische Vorschläge zur Überwindung von Redeangst, Formulierung eines Redebeitrages in Form des Fünfsatzes, Entwicklung einer Gliederung sowie zum Umgang mit nonverbalen Mitteln finden sich bei Klippert (1999, 160ff.), allerdings ohne didaktische Einbindung.

Eine größere Rolle als die Rede selbst spielen heute eher unterrichtsbezogene Artikulationsformen wie Referat, Statement und Präsentation. Damit rücken andere Lernziele in den Vordergrund.

Eine konkrete Situation, die grundsätzlich Redefähigkeit erfordert, ist das Halten eines *Referats*. Anders als bei der Rede dominiert der Informationszweck. Entsprechend hat der Referent auf das Vorwissen seiner Zuhörer zu reagieren und Wege anzubieten, wie die neuen Informationen in bestehendes Wissen integriert werden können. Um die kognitive Verarbeitung dieser neu-

---

28 Zur Kritik an der Rhetorik als Modell für die Entwicklung von Kommunikationskompetenz vgl. Graefen 1999, 379ff.
29 Vgl. etwa die Initiative der Gemeinnützigen Hertie-Stiftung auf der Grundlage des Gutachtens von Ansgar Kemman 2000: Wie kann in Deutschland Rhetorik in Schule und Hochschule wieder eingeführt werden?

en Informationen zu unterstützen und zu einer verständlichen Darstellung zu kommen, schlägt Beisbart vor, dass der Referent die Rezipientenrolle antizipiert und sich Fragen stellt wie:

- *Wie lässt sich die ursprüngliche Frage formulieren, die zu meinem Thema (oder der Lösung des Problems) geführt hat? Wie bin ich selber an den Gegenstand herangegangen? Was hat mich daran besonders interessiert? (...) Lässt sich eine bestimmte Perspektive einnehmen? (...) Welche Möglichkeiten der Beteiligung für die Zuhörer über den ‚inneren Nachvollzug' hinaus lassen sich finden?* (Beisbart 1998, 196)

Weitere Strategien in der Planungsphase sind das Anfertigen eines Stichwortzettels bzw. von Karteikarten, auf denen Einleitungssatz, Gliederungspunkte, wichtige Thesen bzw. Kerngedanken und die abschließende Zusammenfassung notiert werden. Medien sollten kritisch daraufhin überprüft werden, wie sie funktional in Verbindung mit den inhaltlichen Aussagen eingesetzt werden können. Ein neueres Problem besteht darin, dass fertige Texte aus dem Internet ohne Quellenangabe als eigene Leistung ausgegeben werden. Hier helfen die Verlagerung der Vorarbeiten in den Unterricht, die Forderung nach einem Arbeitsbericht sowie eine enge thematische Eingrenzung.

Eine kürzere Form, redend zu informieren, ist die *Präsentation.* Sie vermittelt die Ergebnisse einer längeren Arbeit unter Verwendung von Schaubildern, Tabellen und Statistiken auf Folien, Plakaten, Metaplanmaterialien oder auch Charts einer Powerpoint-Präsentation. Auch hier ist entscheidend, dass gesprochener Text und Visualisierungen rezipientenorientiert aufeinander bezogen sind. Allgemeine Voraussetzungen einer gelungenen Präsentation sind Lesbarkeit der Visualisierung, Verständlichkeit und Zweckorientierung des gesprochenen Textes sowie der funktionale Einsatz nonverbaler Mittel (Blickkontakt).[30] Präsentationen haben im Unterricht inzwischen eine so große Bedeutung erhalten, dass sie sogar in einigen Bundesländern als Prüfungsleistung im Abitur gewertet werden. Reagiert wurde damit auf Anforderungen der Arbeits- und Berufswelt.

Vorlesen, Rezitation und mündliches Erzählen

Sprache in ihrer *akustisch-ästhetischen Qualität* gehört nicht in den klassischen Bereich der Kommunikationswissenschaft. Kommunikationsrelevant wird sie im Hinblick auf die Bedeutung der nonverbalen Mittel sowie der Into-

---

30 Hinweise zur Gestaltung von Präsentationen finden sich bei Klippert 1999, 194, sowie in Deutschbuch. Orientierungswissen, 13 (vgl. Anm. 20).

nation und Modulation für die Realisierung des Handlungsziels. Beim *Vorlesen* wird ein Text nicht einfach nur wiedergegeben, sondern der Vortrag zielt auf eine bestimmte Wirkung beim Hörer. Dabei kann man spannende oder komische Unterhaltung bieten und darüber hinaus auch den Hörer in seinem Textverstehen beeinflussen. Voraussetzungen sind gute Textkenntnisse und die Fähigkeit, Stimmführung, Pausen und Blickkontakt zuhörerbezogen einzusetzen.[31] Auf die besondere lernpsychologische Bedeutung des Vorlesens für die Lesefähigkeitsentwicklung hat neuerdings die PISA-Studie hingewiesen.[32] Vorleseanlässe im Unterricht lassen sich in Form einer Lesekonferenz arrangieren, bei der die Schüler in Kleingruppen selbst ausgewählte Stellen aus literarischen Texten vorlesen.

Im Unterschied zum Vorlesen wird bei der *Rezitation* der Text frei (d. h. ohne Vorlage) vorgetragen. Auch hier kann die wirkungsvolle Präsentation unter Einbeziehung nonverbaler Mittel eine bestimmte Interpretation vermitteln. Unterstützt wird die Rezitation durch Gestik, Mimik und ggf. Requisiten.

Gegenüber den reproduktiven Kommunikationsformen wie Vorlesen und Rezitation lässt sich das *Erzählen* eher als mündliche Textproduktion auffassen, an der die Zuhörer durch ihre Reaktion (Nachfragen, Kommentare, Bestätigung) aktiv beteiligt sind.[33] Erzählanlässe im Unterricht bieten Reizwortreihen oder Erlebtes (auch Gelesenes und Gesehenes). Gezielt kann auch das Erzählen von Witzen geübt werden, um die gelungene Platzierung einer Pointe zu trainieren.

In all diesen Fällen sollte es im Unterricht darum gehen, dass die Schülerinnen und Schüler verbale und nonverbale Mittel im Verhältnis zum Handlungsziel einzuschätzen und einzusetzen lernen.

4 Mündliche Kommunikation im Unterricht bewerten

Das Problem der Bewertung resultiert im Wesentlichen aus der Tatsache, dass mündliche Kommunikation flüchtig ist. Gleichwohl ist für die „mündliche Mitarbeit" eine Note zu erteilen, ebenso sind Lern- und Leistungsfortschritte im Bereich der kommunikativen Kompetenz als Unterrichtsgegenstand zu bewerten und zu benoten. Auf die Schwierigkeiten, die dabei entstehen, hat Fiehler hingewiesen (Fiehler 1998, 53ff.). Normative Setzungen wie „Im-ganzen-Satz-Sprechen" und „Unterbrechungen vermeiden" können in bestimmten

---

31 Beisbart (1998, 231) macht darauf aufmerksam, dass sowohl sinnunterstützend als auch sinnhintertreibend vorgelesen werden kann.
32 Deutsches PISA-Konsortium (Hg.) 2001, 77.
33 Vgl. Steinig/Huneke 2002, 66.

Gesprächssituationen dysfunktional sein, wenn es darum geht, möglichst schnell zu agieren oder wenn die Gesprächsteilnehmer keine entsprechenden Erwartungen haben.

Daher ist es sinnvoll, mit Schülern gemeinsam zu besprechen, welche Ziele durch die Wahl einer bestimmten Gesprächs- oder Redeform erreicht werden sollen und welche Mittel diese Funktion jeweils am besten erfüllen. Daraus lassen sich Kriterien ableiten, die dann als Bewertungsgrundlage dienen können. Um der Flüchtigkeit der mündlichen Kommunikation zu begegnen, können Transkripte analysiert und daran Maßstäbe für praktische Übungen entwickelt werden. Auch die Bewertung der „mündlichen Mitarbeit" im Unterricht lässt sich auf diese Weise transparent machen. Um Gesprächsverhalten allgemein mit Schülern zu untersuchen, hat Klippert einen Vorschlag gemacht, der u. a. Themenbezug, Eingehen auf Vorredner, Knappheit und Präzision des Ausdrucks nennt und auf einer Skala eine Gewichtung ermöglicht.[34] Empfehlenswert ist, Gesprächsverhalten im Unterrichtsgespräch immer wieder einmal zum Gegenstand der Reflexion im Unterricht zu machen, um zu überprüfen, welche Ziele erreicht bzw. (noch) nicht erreicht wurden und die jeweiligen Gründe dafür zu erörtern.

Insgesamt ist festzustellen, dass gerade die Doppelseitigkeit von mündlicher Kommunikation in Form des Unterrichtsgesprächs und als Unterrichtsgegenstand vielfältige Anlässe bietet, die Funktionalität von Sprechhandlungen zu beobachten und die Entwicklung eines handlungspraktischen Wissens bei den Schülern zu fördern. Kommunikationskompetenz bedeutet dann, dass sich die Schüler selbst Kommunikationsziele setzen können und über die passenden sprachlichen und nichtsprachlichen Mittel aktiv verfügen.

---

[34] Vgl. Klippert 1999, 153.

Unterrichtsplanung

Michael Kämper-van den Boogaart

In diesem Kapitel steht mit der Unterrichtsplanung ein Thema im Zentrum, das gerade Lehrpersonen in der Ausbildung vielfach beschäftigt. Der Autor weist zunächst auf die einschlägige und fachübergreifende Literatur zum Thema hin und geht auf die Skepsis gegenüber Planungseuphorie und Planungsformalismus ein. Im Anschluss widmet er sich fachspezifischen Kernproblemen. Hierzu zählen die Fragen nach Sachanalyse und didaktischer Analyse sowie nach der Formulierung von Lernzielen. Hinweise auf Phasenmodelle, wie sie insbesondere für den Literaturunterricht entwickelt wurden, finden sich im Schlussteil dieses Kapitels.

Über Techniken und Rezepte der Unterrichtsvorbereitung gibt es eine Menge Bücher. Am verbreitetsten ist wahrscheinlich der „Leitfaden zur Unterrichtsvorbereitung" von Hilbert Meyer, der 1980 zum ersten Mal erschien und bis zum Jahr 2000 eine Auflage von fast 200.000 Exemplaren erreichte. Was in diesem Band und auch in anderen – zumeist trockeneren – Hilfswerken aufgeführt ist, muss an dieser Stelle nicht wiederholt werden. Konzentrieren wir uns stattdessen auf die jüngere Diskussion, in der die Bedeutung vorausschauender Unterrichtsplanungen relativiert wird, und auf Aspekte, die besonders für den Deutschunterricht relevant sein dürften. Hier wird es um Fragen der didaktischen Analyse, der so genannten Phasierung und der Lernzielformulierung gehen.

1 „Feiertagsdidaktik" *vs.* situative Unterrichtsplanung

Kritik großdidaktischer Planungsmodelle

Was man in der Literatur zu Methoden der Unterrichtsplanung findet, ist zu einem großen Teil Resultat didaktischer Theorien. Für diese Theorien hat Hilbert Meyer (1993), mit Blick auf die Alltagspraxis, den polemischen Begriff *Feiertagsdidaktiken* geprägt. Meyers durchaus fair operierende Polemik setzt aus einer empirischen Perspektive an. An den Modellen zur Unterrichtsvorbereitung, wie sie vor allem von der bildungstheoretischen (auch: kritisch-konstruktiven) Didaktik, der lerntheoretischen Didaktik (auch: Berliner bzw. Hamburger Modell), der informationstheoretischen und lernzielorientierten (auch: curricularen) Didaktik vorgelegt wurden, kritisiert er namentlich dreierlei. *Erstens* moniert er, dass sich diese didaktischen Theorien an der empirischen Arbeitsplatzstruktur von Lehrern desinteressiert zeigen. Darunter fasst er die Bedingungen, denen jeder Unterrichtspraktiker im sozialen Feld der Schule ausgesetzt ist. *Zweitens* konstatiert er ein unreflektiertes Wissenschaftsdefizit dieser Theorien.[1] Trotz erhabener Ansprüche seien die jeweiligen Kernprämissen weder falsifizierbar noch verifizierbar. Wertfreiheit und überzeitliche Geltung seien nicht wirklich gegeben. *Drittens* fokussierten die Theorien einseitig den Lehrer als Akteur. Die Schüler würden nur als Objekte des Unterrichts wahrgenommen oder gar zu dessen Voraussetzungen degradiert. Bedenkenswert ist ebenfalls, was Meyer als sekundären Effekt solcher Theorien für die Praxis betrachtet. Lehrer, die während ihrer Ausbildung auf die aufwändigen Planungsverfahren dieser Didaktiken verpflichtet worden sind, müssten ihre spätere Praxis als defizitär empfinden. Eingebunden in einen sie vielfach fordernden Berufsalltag, kämen sie bei weitem nicht zu so umfangreicher Planungsarbeit. Da diese aber als Bedingung gelingenden Unterrichtens gelte, sei ein notorisch schlechtes Gewissen vorprogrammiert.

Über Meyers Kritik ist viel geschrieben worden. Dasselbe gilt für seine Apologie der Kurzvorbereitung und sein Verständnis für eine *Türklinkendidaktik* – Positionen, die die Stellungnahme von 1980 fortschreiben (Meyer 2001). Die große Zeit der Feiertagstheorien ist indes verstrichen, auch die Unterrichtsdidaktik hat mit Beginn der 1990er-Jahre ihre *„Alltagswende"* eingeleitet. Jüngere Didaktikkonzepte wie zum Beispiel die Vorschläge zu einem handlungsorientierten Unterricht erheben, wenn sie sich denn realistisch präsentieren, bescheidenere Geltungsansprüche. Seit empirische Arbeiten aus der Unterrichtsforschung den Schluss zulassen, dass das Unterrichtsgeschehen weit weniger planbar ist, als dies die Theorien früherer Jahre glauben machten, bildet die Planungskompetenz nicht mehr unangefochten die Spitze der an eine Lehrkraft herangetragenen „Qualitätserwartungen". Zudem hat sich in diesem Punkt die Blickrichtung verändert: Tendierte man auf der Folie der „Feiertagsdidaktiken" dazu, den Ort der pädagogischen Planungsaktivitäten am häuslichen Schreibtisch zu sehen, rückt heute stärker in den Blick, dass ein flexibler Unterricht auch Ad-hoc-Planungen im Klassenzimmer erfordert. Man spricht von *situativer Unterrichtsplanung*[2] und unterscheidet unter diesem Aspekt zwischen der *vorausschauenden Planung* und der *Stegreif-Planung*. Letztere wird als die probate Reaktion der Lehrperson angesehen, wenn die Unterrichtssituation sich anders als vorausgeplant entwickelt und Modifikationen der ursprünglichen Planung erforderlich werden. Dieses Planungsverhalten entwickelt sich also im Unterrichtsverlauf, wird aber durch eine vorausschauende Planung begünstigt, die sich

1 Siehe meinen Beitrag „Fachdidaktik und Wissenschaft", S. 75–94.
2 Vgl. Mühlhausen 1994.

nicht rigide auf einen Unterrichtsverlauf fixiert, sondern die Notwendigkeit zu Umstellungen antizipiert und sich eine gewisse Offenheit erhält. In der etwas modischen Differenzierung von Kompetenzfeldern heißt dies, dass die *Planungskompetenz* durch eine *Handlungskompetenz* zur praktischen Geltung gebracht werden muss. Schlichter gesagt: Der am Schreibtisch entstandene Plan muss auch situationsgerecht ausgeführt werden. Dies geschieht beispielsweise nicht, wenn ein Lehrer seinerseits alle geplanten Schritte umsetzt, jedoch ignoriert, dass die Schüler einem ganz anderen Plan folgen bzw. die Situation abweichend beurteilen. Um dies zu verhindern, bedarf es offenkundig einer *Wahrnehmungskompetenz*. Gemeint ist das Vermögen, im laufenden Unterricht zu erfassen, wie die in Handlungen realisierte Schreibtischplanung bei den Schülern ankommt. Gefragt ist hier nicht zuletzt die Fähigkeit zur raschen Interpretation des wahrnehmbaren Verhaltens von Schülern. Unzureichend wäre eine Interpretation, die lediglich konstatiert, dass die Lernenden scheinbar nicht so wollen wie der Plan, und die hieraus folgert, die Schüler zu ihrem „Glück", nämlich zu plangemäßem (Re-)Agieren zwingen zu müssen. Wir kennen solche Interpretationen und entsprechendes Lehrerverhalten aus dem parodistischen Resümee: *Der Plan war gut, aber die Schüler waren schlecht.*

Die gegen den technokratischen Aberwitz entwickelten und um Differenzierung bemühten Hinweise zum realen Planungsverhalten basieren auf der Beobachtung alltäglichen Unterrichts. Zweifellos sind sie nicht frei von Trivialitäten. Hier sollte man sich nicht durch Terminologien und Ableitungen blenden lassen. Gleichwohl dürften solche Differenzierungen geeignet sein, Planungs- und Verlaufsprobleme des Unterrichtens besser zu erfassen und ein realistischeres Bild dessen zu entwickeln, was Professionalität im Lehrerberuf heißt. Unter diesem Aspekt öffnen sie aber auch den Blick auf eine Schwierigkeit. Überlegt man sich, wie Professionalisierung abläuft und durch Ausbildung gefördert werden kann, stößt man unweigerlich auf das Problem, genauer zu formulieren, was eigentlich die betreffenden Kompetenzen ausmacht. Im Lehrerzimmer würde man sicher Antworten hören wie: *Das ist halt die Erfahrung.* Oder, noch unangenehmer für die Ohren von Ausbildern: *Das ist eine Frage des Talents.*

Handlungs- und Erfahrungswissen

In der Unterrichtsforschung werden zur Kennzeichnung des Lehrervermögens kognitionspsychologische Wissensmodelle in Anschlag gebracht. So wird, ausgehend von US-amerikanischen Forschungen, von *pedagogical content knowledge* (PCK) gesprochen. Wenn man so will, hat dieser Begriff in der deutschen Pädagogik seinen Vorläufer in der Unterscheidung zwischen pädagogischem Wissen und Erziehungswissenschaft, sofern pädagogisches Wissen sich dann eher auf die

Handlungserfahrungen des Praktikers erstreckte. Als Erfahrungswissen wird auch das Konstrukt PCK gefasst und in Beziehung zu Fachwissen, curricularem und pädagogischem Wissen gesetzt, wobei PCK ein Amalgam aus Fachlichem und Pädagogischem darstellen soll.[3] In der Forschung wird PCK als eine kasuistische Wissensform beschrieben, also als solche, die bereits erfahrene Handlungsfälle in Form von Geschichten konserviert, welche in einer neuen Handlungssituation als Interpretations- und Aktionshilfe abgerufen werden können.

Die Schlussfolgerungen, die aus solchen und vergleichbaren Betrachtungen gezogen werden, sind begrenzt. Wert wird vornehmlich auf die Forderung gelegt, der Reflexion von Unterrichtserfahrungen einen ähnlich breiten Raum einzuräumen wie der reinen Entfaltung von Planungskompetenzen. In diesem Kontext steht auch die Forderung, aufgegebene Konzepte zu einer einphasigen Lehrerausbildung neu zu bedenken. Nachdruck wird hierbei auf die Feststellung gelegt, dass es im Sinne einer Professionalisierung der Ausbildung darauf ankomme, frühzeitig unverzichtbare Erfahrungen im Unterricht zu gewinnen und an der Universität zu reflektieren.

Was dennoch für Feiertagsplanungen spricht

Wie auch Meyer einräumt, wird die Auseinandersetzung mit den besagten Feiertagsdidaktiken durch die Erkenntnisse und Vermutungen zum „tatsächlichen" Handlungswissen von Lehrern selbst dann nicht obsolet, wenn es stimmt, dass sich empirisch kaum Anhaltspunkte dafür finden lassen, dass „wirkliche" Lehrer bei ihren Unterrichtsplanungen in Kategorien didaktischer Theorien denken.[4] Ein Grund hierfür liegt darin, dass es schwerlich plausibel ist, Aussagen über erforderliche Lehrerkompetenzen zu machen, ohne sich – in Form von Theorien – darüber zu verständigen, was guter Unterricht oder sinnvolles Lernen heißen soll. Unter diesem Aspekt besitzen bildungs- oder lerntheoretisch abgeleitete Unterrichtsplanungen, wie sie in der Regel in der zweiten Phase der Lehrerausbildung oder während der Praktika an der Universität verlangt werden, eine Funktion: Sie verbinden allgemeine Zielvorstellungen mit konkreten Bildern fachlichen Unterrichtens und versuchen sich daran, hier stringente Beziehungen oder Ableitungen herzustellen.[5] In diesem Sinne sind sie Modelle für eine Auseinandersetzung über Qualitätsfragen, die für eine intersubjektive Reflexion der Praxis hilfreich sein dürften.[6]

---

3   Vgl. Bromme 1995, 205–216.
4   Vgl. Bromme 1992. Zu berücksichtigen sind aber auch die Relativierungen dieses Befundes durch die empirischen Untersuchungen von Terhügge 2001.
5   So auch Mühlhausen 1994, 76f.
6   Vgl. auch die Argumentation in Peterßen 2000, 296ff.

Deswegen werden im Folgenden zentrale Punkte dieser Modelle aus fachdidaktischer Sicht angesprochen, ohne hiermit den Arbeiten von Meyer und anderen Konkurrenz machen zu wollen.

2 Sachanalyse – Didaktische Analyse

Das Verhältnis von Sachanalyse und didaktischer Analyse ist ein notorischer Streitpunkt in allgemein didaktischen Modellen zur Unterrichtsplanung. Die Kontroversen, die in diesem Punkt ausgetragen wurden, müssen hier nicht noch einmal aufgerollt werden, da sie in den einschlägigen Leitfäden und Handbüchern zur Unterrichtsplanung nachzulesen sind.[7] Zudem: Die Auffassung, dass es in der Unterrichtsvorbereitung eine reine Analyse der Sache geben könne, wird heute kaum mehr vertreten. Stattdessen wird von Wechselwirkungen u. Ä. gesprochen. Auch wird der Begriff der Analyse vielfach zugunsten einer unverfänglicheren Bezeichnung wie „Didaktische Reflexion" u. a. zurückgenommen.

Gleichwohl ist es so, dass viele der schriftlichen Vorbereitungen von Unterrichtsstunden oder -reihen zunächst Ausführungen zum Thema enthalten, die sich eher fachwissenschaftlich geben, um dann didaktische Anmerkungen anzufügen. Diese enthalten neben pädagogischen Legitimationen, oft nach Klafkis Perspektivenschema, auch Angaben zur didaktischen Reduktion oder besser Transformation. Dass es auf dem Papier zu einer solchen Abfolge kommt, ist darstellungslogisch erklärbar. Anzunehmen ist, dass in Wirklichkeit vernetzter geplant wird, dies aber nur schwer in die Form von Unterrichtsentwürfen übertragen werden kann. Folgenreicher für den Unterricht dürfte im Übrigen ein anderes Problem solch ausgearbeiteter Entwürfe sein. Viel spricht nämlich dafür, dass die Entwurfsmuster mit ihrer Sequenz der zwei „Analysen" dazu verführen, wichtige Teile des Unterrichtsgeschehens in der Vorbereitung zu vernachlässigen. In der Regel ist es so, dass die Sache oder der Inhalt als das *Thema* des Unterrichts verstanden wird. In einfachen Fällen wird das Unterrichtsthema mit dem Titel eines literarischen Textes oder – vor allem für eine einzelne Stunde – bestimmter Aspekte dieses Textes ausgedrückt. Zum Beispiel: *Der Schimmelreiter.* Oder: *Rahmenstruktur in der Novelle „Der Schimmelreiter".* Die Ausführungen zur Sache tragen dann zusammen, was sich literaturwissenschaftlich über den Text oder seine Aspekte sagen lässt und was so auch in *Kindlers Literatur Lexikon* stehen könnte (oder steht). Die didaktischen Reflexionen erörtern dann vornehmlich, weshalb der soeben er-

---

7 Zum Beispiel: Peterßen 2000, 21ff. und Meyer 1994, 72ff.

klärte Text für die gegebene Lerngruppe bedeutsam ist, was sich an ihm exemplarisch und im Einklang mit dem Lehrplan lernen lässt und welche zuvor beschriebenen Aspekte elementarisiert werden müssen. Falls diese nicht in die didaktischen Überlegungen integriert sind, folgen unterrichtsmethodische Erwägungen, die den geplanten Unterricht in seiner Schrittfolge skizzieren und plausibel machen sollen, weshalb die ausgewählten Unterrichtsschritte den richtigen Weg zum avisierten Unterrichtsziel darstellen. Das ist zwar in der Praxis etwas aufwändig, wirkt aber in der Abfolge hin zum ‚Produkt Unterrichtsstunde‘ konsequent. Problematisch sind nach meiner Erfahrung zwei Aspekte dieser Konsequenz, die sich in zwei Thesen am Beispiel von *Der Schimmelreiter* beschreiben lassen.

These 1: Die Planung ist bei allem Planungsaufwand in der Regel nicht aufwändig genug.

Im Unterschied zum wirklichen Unterricht suggeriert nämlich der Plan, dass es nur eine Sache gäbe, die in der Vorbereitung zu klären wäre. Realiter wird die geplante Stunde aber eine Reihe von Sachen enthalten, die Lerngegenstände sind, ohne im Stundenthema explizit genannt zu werden. So mag beispielsweise auf der Ebene der didaktisch-methodischen Reflexionen geplant werden, das Verständnis der Novelle Storms über das Verfassen einer Inhaltsangabe zu sichern. Mit diesem Schritt steht neben der Textsorte Novelle eine weitere zur Disposition: eben die Inhaltsangabe.[8] Da die Schüler eine solche schreiben und vortragen müssen (nicht aber eine Novelle), wird die ‚Sache‘ Inhaltsangabe für sie keine unwichtige sein und der Lehrer wäre gut beraten, sich darauf einzustellen. Genau diese Vorbereitung erfolgt aber häufig nicht, ein Umstand, der für Berufsanfänger unangenehme Folgen haben kann. Dies gilt besonders, wenn auch das Studium eine Beschäftigung mit der unter Didaktikern kontroversen Textsorte[9] nicht vorsah und wenn das Lehrbuch nur eine unzureichende Erklärung über das Prozedere von Inhaltsangaben bietet. Dass die Schüler das Schreiben von Inhaltsangaben schon beherrschten, weil diese als Thema in einer früheren Klasse „dran" war, ist im Übrigen eine Annahme, auf deren Zutreffen man sich lieber nicht verlassen sollte. Konsequenz: Wenn man am Grundmodell festhält, wären für eine Stundenplanung gleich mehrere Sachanalysen und didaktische Analysen anzuraten.

These 2: Das Zusammenspiel von Sachanalyse und didaktischer Analyse zum Zwecke der Legitimation geplanten Unterrichts kann allgemeine didaktische Grundsätze konterkarieren.

---

8 Zur Problematik der Inhaltsangabe vgl. S. 106f.
9 Vgl. Abraham 1994; Fix/Melenk 2000.

Wenn man sich ganz allgemein über den Literaturunterricht unterhält, wird man viel Zustimmung erfahren, sobald man sagt, die Idee der einen richtigen Interpretation sei längst hinfällig. In der Tendenz widersprechen aber viele didaktische Analysen diesem Votum. Sie tun dies, weil sich zum Beispiel der Verfasser einer Unterrichtsplanung zu *Der Schimmelreiter* bemüßigt sieht, den Gegenwartsbezug der Novelle (bzw. ihrer Lektüre) herauszustreichen. Fündig wird er hier bei einem Thema wie: *Naturbedrohungen sind Erfahrungen, die den Aberglauben vieler Menschen stützen.* In der Konsequenz wird der Planende seinen Unterricht so einrichten, dass diese thematische Schicht der Novelle besonders akzentuiert und entsprechend (miss-?)verstanden wird. Dies muss nicht mit dem Credo von der einzig richtigen Interpretation einhergehen – die Vorentscheidung führt aber zu Festlegungen, die hiervon abweichende Textverständnisse und Interessen der Schüler, unbeschadet ihrer Plausibilität, als Störungen wahrnehmen lässt.

Was bedeutet diese Kritik für die Praxis von Unterrichtsvorbereitung? Zunächst einmal nimmt die Kritik auf, was zuvor über die Bedeutung situativer Planungen und professioneller Kompetenzen gesagt wurde. Die tatsächliche Unterrichtssituation ist höchst selten auf *einen* Unterrichtsinhalt konzentriert. Wird der Anspruch schülerorientierten Unterrichtens halbwegs umgesetzt, kommt es hingegen immer wieder zu Überraschungen. Diese gehen sehr häufig von Sachverständnissen aus, die der Unterrichtende für selbstverständlich gegeben oder für gesichert hält. Dies kann Vorstellungen wie die über die Inhaltsangabe betreffen, scheinbar alltägliche Tätigkeiten wie das Beschreiben oder Analysieren berühren. Und natürlich evoziert auch ein Text wie *Der Schimmelreiter* so manche Frage, die dem Autor einer didaktischen Analyse als nicht gerade zentral erschien.

Um gegen solche Irritationen vorausschauender Planungen gewappnet zu sein, rät Mühlhausen zum Aufbau eines *Überraschungsarchivs*. Dabei handelt es sich gewissermaßen um mentale Karteikarten für die Lösung einschlägiger Fälle.[10] Offensichtlich sind allerdings zum Aufbau solcher Archive bereits eine Reihe von Erfahrungen nötig. Für den Berufsanfänger mag eine praktikablere Alternative darin bestehen, sich während der Phase der Schreibtischplanung über die zentrale „Sache" hinaus genauer mit all dem zu beschäftigen, was von den Schülern als Aktivität erwartet wird.[11] Hier nämlich kann man in erster Linie mit Nachfragen rechnen: Wie geht denn das?

---

10 Vgl. Mühlhausen 1994, 204ff.
11 Dies schließt als Minimalanforderung ein, sich in der Planung an allen von den Schülern im Unterricht erwarteten Arbeiten zunächst einmal selbst zu versuchen.

Die in der zweiten These aufgeworfene Frage ist wohl nur ähnlich unzufrieden stellend zu beantworten. Gerade Lehrkräfte, die sich durch Rahmenpläne gezwungen sehen, poetische Texte für ethische Ziele zu instrumentalisieren, stehen vor der Schwierigkeit, dass es zu einem offenen Spiel im Umgang mit Texten, einer Reaktion auf plurale Sinnstrukturen kaum kommen kann.[12] Ein solches Spiel setzte eine didaktische Analyse voraus, die weniger auf ein Zentrum – ein zentrales Verstehensziel – hin angelegt ist, sondern stattdessen unterschiedliche Verstehensmöglichkeiten antizipiert und mit den Verstehensmöglichkeiten[13] der Schüler in Verbindung bringt. Sieht man indes keine Chance, dem „pädagogischen Wahn" zu entkommen,[14] sollte man wenigstens ehrlich sein und den Schülern vorab mitteilen, auf welche thematischen Aspekte man hinauswill.[15] Vielfach verläuft eine solche Vorbereitung der Schüler suggestiv. Dies ist vor allem der Fall, wenn diese in einer frühen Phase (s.u.) auf „das" Thema eines Buches eingestimmt werden. So ist es natürlich ein Unterschied, ob vor der Auseinandersetzung oder gar Lektüre von Peter Härtlings Roman *Ben liebt Anna* eine Vorverständigung über Aussiedlerfamilien oder über Liebe stattfindet.

3 Lehr- und Lernziele

Auch über Lehr- und Lernziele, über Lernzielgliederung und das Problem der Operationalisierung wird an zentraler Stelle in allen Büchern geschrieben, die Rat bei der Planung von Unterricht geben. Ebenso finden sich in sämtlichen Lehrplänen Zielvorgaben des Unterrichts, die es zu berücksichtigen gilt. Das alles soll hier nicht wiederholt werden. Zum Stand der Dinge nur so viel: Mit einer zunehmenden Skepsis gegenüber der Planbarkeit von Unterricht und angesichts der Forderung, in den Schülern individuelle Lerner zu sehen, ist man in den letzten Jahren zurückhaltender geworden, in der Lernzielfrage einen entscheidenden Faktor gelungenen Unterrichts zu sehen. Diese Zurückhaltung drückt sich auch in veränderten Formulierungen aus, die in Studienseminaren kursieren. So findet man in schriftlichen Unterrichtsplanungen immer häufiger statt kategorischer Formulierungen wie *Die Schüler erfassen den Sinn von YX, indem sie XZ machen* eher essayistische Wendungen, die von den Zielvorstellungen des Lehrenden vor dem Unterricht handeln.

---

12 Siehe den Beitrag „Textnahes Lesen und Rezeptionsdidaktik" von Elisabeth Paefgen, S. 191–209 sowie Kämper-van den Boogaart 2000c.
13 Vgl. Spinner 1995a, 81–96.
14 Vgl. Fingerhut 1987, 3–19.
15 Dies geht natürlich auch in einer gemeinsamen Verständigung und kooperativen Planung.

Ausgeklügelte Lernzielarchitekturen mit ihren vielsträngigen Ableitungen stoßen zur Zeit also auf wenig Euphorie. Gleichwohl wird gegen die Alternative einer vagen Offenheit an formulierten Zielen festgehalten. Allerdings ist man zumal im Deutschunterricht vorsichtiger geworden, was die Überprüfbarkeit erreichter Ziele betrifft. Zu unterscheiden sind Ziele, deren Erreichen man im Unterricht durch die Beobachtung von Schülerverhalten (z.B. in Tests) sehr wohl überprüfen kann, und Ziele, die so gesteckt sind, dass eine Überprüfung während der Zeit des Unterrichts nur Pseudoergebnisse zeitigt. Hierzu zählen insbesondere die persönlichkeitsbildenden Ziele, die im Lehrplan prominent aufgeführt sind.

Während in der Frage der Lernziele gegenwärtig ein gewisser Realismus waltet, ist es nun die unter dem Thema *Das Lernen lernen* entwickelte Rede von den Lernstrategien und -techniken, auf die sich große Hoffnungen richten. Wie Eikenbusch in einer erfrischend skeptischen Sichtung vorliegender Programme deutlich macht, ist hier, gelinde gesagt, Vorsicht geboten.[16] Dies gilt insbesondere für Methoden, die sich für Inhalte und Handlungen aller Art empfehlen und mit ihren Ansprüchen jede kopernikanische Wende blass erscheinen lassen.

4 Phasenmodelle im Literaturunterricht

▪▪ *Wenn man nun entdeckt, daß alltäglicher Unterricht fast lückenlos und unabhängig von allen anderen Variablen dem Dreischritt „Einführung", „Darbietung" und „Anwendung" folgt, dann ist für die Rekonstruktion der tiefenstrukturellen Basis dieser Oberflächenstruktur eine gattungsgeschichtliche Rekonstruktion von Lehrsituationen erhellend, die uns z.B. entdecken läßt, daß dieser Dreischritt recht genau der Liturgie des christlichen Gottesdienstes sowie der Darstellung der Leidensgeschichte von Jesus Christus in den Evangelien entspricht [...]. Möglicherweise steckt darin eine sehr konstante Menschheitserfahrung mit dem Erfolg von lehrhaften Prozessen, die sich in unreflektierten Lehrprozessen, z.B. der familialen Aufzucht, so verfestigt hat, daß ein Lehrer aufgrund seiner eigenen Sozialisation völlig außerstande ist, ein anderes Artikulationsschema zu realisieren, wenn ein Modell der Unterrichtsplanung ihm dieses vorgäbe, wie etwa Heinrich Roths lernpsychologisch begründetes fünfphasiges Modell, was sich allerdings auch mühelos auf drei Dimensionen reduzieren läßt* (Lenzen 1980, 158–179, 168).

---

16 Eikenbusch 2001, 185ff.

Diese Beobachtung des Erziehungswissenschaftlers Lenzen hat namentlich Literaturdidaktiker nicht abgehalten, alternative Phasenmodelle zu präsentieren. Zwei solcher Modelle sollen hier vorgestellt werden. Dabei gilt allerdings, was Lenzen für Roth anmerkt: Auch diese Modelle lassen sich schnell zum „Dreischritt" reduzieren. Ebenso gilt die Erklärung, die Jürgen Kreft zu seinem eigenen Phasenmodell ausspricht: „Wer die Prinzipien des 4-Phasen-Modells voll begriffen hat, der braucht es kaum noch" (Kreft 1977, 402) – und vermeidet jeden Schematismus.

Krefts Phasenmodell

Krefts 1977 konzipiertes Schema einer vierphasigen Sequenz für den Literaturunterricht spielte in der Lehrerausbildung der 1970er und 1980er-Jahre eine nicht zu unterschätzende Rolle. Auch heute noch wird man in vielen Unterrichtsarrangements die Einflüsse des Hamburger Literaturdidaktikers erkennen können.[17] Krefts Hauptphasen tragen die Bezeichnungen:

- Phase der bornierten Subjektivität
- Phase der ‚Objektivierung'
- Phase der Aneignung
- Phase der Applikation

Die *erste Phase*, berühmt geworden durch ihre schillernde Bezeichnung, lässt sich als rezeptionsdidaktisch informierte Antwort auf eine Praxis wahrnehmen, die vor allem ein stark wissenschaftspropädeutisch ausgerichtetes Unterrichtsverständnis befördert hat(te). Während sich diese Praxis dadurch auszeichnet(e), Schüler unmittelbar nach der Lektüre mit Leitfragen zu konfrontieren, die zu den geplanten Lerngegenständen und Interpretationsansätzen führen, insistierte Kreft darauf, dass Schüler sich zunächst einmal an den Text verlieren sollten, um zu ihren eigenen Fragen über den Text zu gelangen. Kreft spricht von einer „Inkubationszeit", die durch die Lehrperson positiv mitgestaltet werde, wenn ästhetische Formen der Textdarbietung gewählt würden und vor allem Gelassenheit obwalte. Das Gelingen der ersten Phase erweise sich durch Fragen und Äußerungen der Schüler zum Text. Kommt es hierzu, schließt sich die *zweite Phase* dynamisch an. Widerstreitende Wahrnehmungen bestimmen das Gruppengespräch und motivieren zur Überprüfung der eigenen Beobachtung und zu ihrer Korrektur. Diese als Entfaltung eines hermeneutischen Zirkels gefasste Verständigung zielt bei aller Textnähe nicht auf eine unkritische Verschmelzung mit dem Text, sondern richtet sich

---

17 Zu Kreft siehe auch meinen Beitrag „Fachdidaktik und Wissenschaft", S. 75–94.

auf das vom Text intendierte Problem. Die Sicht auf dieses erlaube auch eine kritische Haltung, die Orientierung auf eine andere „Wahrheit" als die vom Text intendierte. Mit diesem Vermerk will sich Kreft von einer unkritischen Hermeneutik absetzen. Die Nebenwirkungen dieser Operation sind jedoch nicht zu vernachlässigen: Er unterstellt nämlich, dass das Problem des Textes klar fassbar sei – eine Annahme, die literaturtheoretisch schwer haltbar ist. Unterrichtspraktisch jedenfalls setzt die Operation voraus, dass sich die Gruppe darüber verständigt, was sie als das Problem oder die Probleme des Textes behandeln *will*. Während in der zweiten Phase Interpretation in objektivierenden Aussagen erfolgt, nimmt die *dritte Phase* den „subjektiven Faktor" wieder auf. Hier geht es darum, dass die Schüler die Erfahrungen durch Text und Interpretation auf sich und ihr Weltkonzept wirken lassen bzw. sich dieser Wirkungen bewusst werden. Wie Kreft glücklicherweise einräumt, kann dies im Unterricht nicht einfach gemacht, sondern durch ihn im günstigen Fall erleichtert werden. Auch in diesem Schritt kommen wie im ersten wieder verstärkt kreative Verarbeitungsformen zum Zuge. Die *vierte Phase* markiert einerseits einen Abschluss, der sich durch Projekte wie Theateraufführungen materialisieren kann. Andererseits soll hier der Blick auf die historischen Horizonte des Textes und seiner Rezeption geöffnet und Perspektiven für weitere Lektüren gefunden werden.

Waldmanns Phasenmodell

Ein Fünfphasenmodell literarischen Textverstehens (vier Phasen und eine so genannte Vorphase) entwickelte Günter Waldmann, der mit seinen Arbeiten nachhaltigen Einfluss auf einen produktionsorientierten Deutschunterricht ausübte.[18] Das Modell fußt auf literaturtheoretischen Überlegungen, die Waldmann u. a. in einer Auseinandersetzung mit Dilthey und Gadamer entwickelt. Dabei geht es ihm wesentlich darum, den Modus eines genuin literarischen Verstehens zu fassen. Sein Ergebnis, eine *Modellskizze einer literarischen Hermeneutik*, gewinnt er nicht über empirische Operationen bzw. über Beobachtungen zum tatsächlichen Leseverhalten, sondern eher auf ideengeschichtlichem Weg. Auf diesem Weg sucht der Autor zahlreiche Begleiter, die keineswegs alle zum Kreis hermeneutischer Theoretiker zählen. Stattdessen werden Stichworte strukturalistischer, poststrukturalistischer, radikalkonstruktivistischer, rezeptionsästhetischer oder auch semiotischer Herkunft recht umstandslos in eine Passform gefügt. Das Resultat sind unter diesen Umständen Setzungen, die

---

[18] Siehe Waldmann 1998 und den Beitrag „Handlungs- und produktionsorientierte Verfahren" von Kaspar Spinner, S. 175 – 189.

davon handeln, was bei einem Leser ablaufen muss, wenn er einen literarischen Text verstehen will. Waldmanns Modell ist demnach normativ geprägt. Gleichwohl dürfte es konsensträchtig sein, sofern man einem Lesemodell anhängt, das der legitimen Kultur (Bourdieu) bzw. dem Hochkulturschema (Schulze) entspricht oder unter didaktischen Akzenten auf Teilhabe an dieser Kultur zielt. Das Modell hält die folgenden Verstehensprozesse fest:

- *sinngemäßes Lesen*: ein Lesen, das das Gelesene in Bezug zu dem je eigenen aktualisierten Sinnsystem setzt und die Differenz des literarischen Textes gegenüber Alltagstexten und Realität wahrnimmt
- *literarische Aufnahme des Textes*: eine subjektive Aneignung über Imaginationen
- *den intertextuellen Status des Textes erkennen*: seine Affinität und Distanz zu anderen Texten und literarischen Merkmalen
- *den Text in seinem historischen Kontexte erfassen*: kultur- und sozialgeschichtliche Prägungen erkennen und auf die eigene Erfahrungswelt beziehen.

Von diesen vier Momenten eines angemessenen Verstehensprozesses leitet Waldmann sein Phasenmodell ab. Seine Logik: Ein Unterricht, in dessen Zentrum das Verstehen von Texten steht, muss so angelegt sein, dass alle Verstehensmomente realisiert werden, was idealtypisch sukzessive, also in Phasen, geschehen soll.

Die Argumentation ist plausibel, sofern man ihre Prämissen teilt. Deren Problematik betrifft zum einen die normative Prägung des Lesemodells, zum anderen die Annahme eines sukzessiven Verstehensprozesses. Ob tatsächlich die genannten Verstehensmomente hintereinander – und nicht etwa ganzheitlich, spiralförmig oder netzartig – realisiert werden, scheint mir nicht zuletzt eine Frage des Lesertypus zu sein.[19] Selbst wenn man in analytischer Perspektive am Prinzip eines schrittweisen Verständnisaufbaus festhielte, wäre gerade nach hermeneutischen Maßstäben anzunehmen, dass ein fortschreitendes Verstehen auf die Ebenen der früheren Verstehensprozesse zurück-

---

19 Diese Relativierung nimmt Waldmann selbst vor. Für sein Phasenmodell hat sie aber geringe Konsequenzen (ebd., 26 u. 86–88). Im gesprächsorientierten Unterricht lässt sich das Problem vernetzter Rezeptionsergebnisse leicht erfahren. So gehört für den Lehrenden eine gewisse Persistenz dazu, will er darauf beharren, dass von den Lernenden in Äußerungen zum Text unterschiedliche Ebenen und Geltungsansprüche differenziert und in Stufen sukzessive realisiert werden, wie dies Zabkas m. E. im Vergleich zu Waldmann differenzierterer und in jedem Fall wissenschaftspropädeutisch geeigneterer Vorschlag (1999) impliziert. Um ein universelles Phasenmodell kann es bei Zabka schon deswegen nicht gehen, weil er je nach Text und Situation unterschiedliche Vertiefungsniveaus vorsieht. Zabka 1999, 4–23.

wirkt. So dürften z.b. die Erfahrungen des sinngemäßen Lesens modelliert werden, sobald auf der Ebene des kontextuellen Lesens neue Textbedeutungen konstruiert werden.

Dass dem Begehren nach einem planbaren Unterricht die Vorstellung einer phasierten Lektüre entspricht, soll nicht verkannt werden. Verständlicherweise spricht Waldmann davon, den komplexen Vorgang literarischen Verstehens handhabbar machen zu wollen.[20] Gleichwohl scheint mir der Anspruch überzogen, dass ein Phasenmodell auf dem tatsächlichen Vorgang des Verstehens beruhen könne.

Waldmanns Vorphase wird als fakultative Station skizziert: Hier geht es um eine spielerische Einstimmung, die für die literarische Praxis sensibilisieren soll. Es folgen die eigentlichen vier Phasen:

- Lesen und Aufnehmen literarischer Texte
- Konkretisierende subjektive Aneignung literarischer Texte
- Textuelles Erarbeiten literarischer Texte
- Textüberschreitende Auseinandersetzung mit literarischen Texten

Die Ausführungen zur *ersten Phase* sind aus nahe liegenden Gründen ambivalent. Wie dieser Teil des Unterrichts geplant werden soll, hängt nämlich erheblich von den Rezeptionskompetenzen und Lesemotivationen der Schüler und der Art des zu behandelnden Textes ab. So kann es in dieser Phase ebenso möglich sein, die Lektüre durch gemeinsames Lesen, mediale Aufbereitungen u. a. zu erleichtern, wie sie zu erschweren, indem man durch Textverfremdungen, Auslassungen etc. einer zu routinierten und oberflächlichen Lesehaltung Hürden entgegenstellt. In der *zweiten Phase* kommt es nach Waldmann darauf an, allen Schülern Räume zu subjektiven, aber textbasierten Imaginationen zu geben. Der Akzent liegt hier auf individualisierenden Arrangements (statt Frontalunterricht) und auf kreativen Formen der Auseinandersetzung. Im Zentrum der *dritten Phase* steht die Literarizität der Texte, eine Wahrnehmung ihrer spezifischen poetischen Verfassung. Die *vierte Phase* situiert den Text in übergreifende Zusammenhänge und versucht sich an der Entwicklung eines Gesamtverständnisses und seiner Formulierung durch die Schüler.

Um zu beurteilen, ob diese Phasenbeschreibungen der Komplexität des Verstehensmodells gerecht werden, sollte man Waldmanns Abhandlung im Original lesen. Erkennbar wird aber in der verknappenden Wiedergabe vielleicht, dass die Diskrepanzen zu Kreft vergleichsweise gering ausfallen. Ein gravierender Unterschied besteht allerdings im unterrichtspraktischen Angebot:

---

[20] Ebd., 27.

Waldmann konkretisiert sein Modell nämlich in Form eines systematischen Katalogs produktionsorientierter Unterrichtsmethoden. Waldmanns Leser findet also praktische Anregungen für die einzelnen Unterrichtsphasen, die er natürlich nach eigener Maßgabe in der konkreten Unterrichtsplanung zusammenstellen und durch diskursive Verfahren ergänzen sollte.

V ANHANG

Literaturverzeichnis

ABRAHAM, ULF (1994): Lesarten – Schreibarten. Formen der Wiedergabe und Besprechung literarischer Texte. Stuttgart.

ABRAHAM, ULF (1998): Übergänge: Literatur, Sozialisation und Literarisches Lernen. Opladen/Wiesbaden.

ABRAHAM, ULF: Vorstellungs-Bildung und Deutschunterricht. In: Praxis Deutsch 154/ 1999, 14–22.

ABRAHAM, ULF: Der Bildungsauftrag des Faches Deutsch im Rahmen der BPV-Bildungsveranstaltung in Augsburg. Zukunft des Gymnasiums – Gymnasium der Zukunft. In: BPV 7/2001, 21–24.

ABRAHAM, ULF u. a. (Hgg.) (1998): Praxis des Deutschunterrichts. Arbeitsfelder, Tätigkeiten, Methoden, Donauwörth.

ABRAHAM, ULF / LAUNER, CHRISTOPH (Hgg.) (2002): Weltwissen erlesen. Literarisches Lernen im fächerverbindenden Unterricht. Baltmannsweiler.

ADAMZIK, KIRSTEN (2001): Sprache: Wege zum Verstehen. Tübingen/Basel.

ADL-AMINI, BIJAN / KÜNZLI, RUDOLF (Hgg.) (1991): Didaktische Modelle und Unterrichtsplanung. München.

AFFLERBACH, SABINE (1997): Zur Ontogenese der Kommasetzung vom 7. bis zum 17. Lebensjahr. Frankfurt am Main u. a.

AFFLERBACH, SABINE (2001): Grammatikalisierungsprozesse bei der Entwicklung der Kommasetzungsfähigkeiten. In: Feilke u. a. (Hgg.), 155–166.

ANDRESEN, HELGA (1985a): Schriftsprache und die Entstehung von Sprachbewußtsein. Wiesbaden.

ANDRESEN, HELGA (1985b): Schriftspracherwerb und die Entstehung von Sprachbewußtheit. Opladen.

ANWEILER, OSKAR u. a. (1996): Bildungssysteme in Europa. Weinheim.

ARENDT, DIETER (1974): Literaturdidaktik und Fachwissenschaft. In: Brackert / Reitz (Hgg.), 228–266.

ARNOLD, HEINZ LUDWIG / DETERING, HEINRICH (Hgg.) (2001): Grundzüge der Literaturwissenschaft. München.

ASSMANN, ALEIDA / ASSMANN, JAN (Hgg.) (1987): Kanon und Zensur. Archäologie der literarischen Kommunikation II. München.

AUERNHEIMER, GEORG (1990): Einführung in die interkulturelle Erziehung. Darmstadt.

AUGST, GERHARD (2001): Kommasetzung und Grammatik(unterricht). In: Mitteilungen des Deutschen Germanistenverbandes 1/2001, 84–97.

BADE, KLAUS J. (Hg.) (1992): Deutsche im Ausland – Fremde in Deutschland. Migration in Geschichte und Gegenwart. München.

BAGIV (Hg.) (1985): Muttersprachlicher Unterricht in der Bundesrepublik Deutschland. Sprach- und bildungspolitische Argumente für eine zweisprachige Erziehung von Kindern sprachlicher Minderheiten. Hamburg.

BARK, JOACHIM (1996): Kanongerede. Eine Bestandsaufnahme in polemischer Absicht. In: Mitteilungen des Deutschen Germanistikverbandes 3/1996, 3–8.

BARK, JOACHIM / FÖRSTER, JÜRGEN (Hgg.) (2000): Schlüsseltexte zur neuen Lesepraxis. Poststrukturalistische Literaturtheorie und -didaktik. Stuttgart.

BARSCH, ACHIM u. a. (Hgg.) (1994): Empirische Literaturwissenschaft in der Diskussion. Frankfurt am Main.

BARTHES, ROLAND (1987): S/Z. Frankfurt am Main (1. Aufl. in frz. Spr. 1970).

BARTSCH, ELMAR / MARQUART, TOBIAS (1999): Grundwissen Kommunikation. Ausgangsfragen, Schlüsselthemen, Praxisfelder. Stuttgart.

BAUMANN, TILL (2001): Mehrsprachigkeit an deutschen Schulen – ein Länderüberblick. In: In der Diskussion Nr. 10. Berlin, Beauftragte der Bundesregierung für Ausländerfragen.

BAUR, RUPPRECHT S. / MEDER, GREGOR (1990): Die Rolle der Muttersprache bei der schulischen Sozialisation ausländischer Kinder. In: Diskussion Deutsch 106/1990, 119–135.

BAUR, RUPPRECHT S. u. a. (Hgg.) (1992): Interkulturelle Erziehung und Zweisprachigkeit. Interkulturelle Erziehung in Praxis und Theorie 15. Baltmannsweiler.

BAURMANN, JÜRGEN (1980): Textrezeption und Schule. Grundlagen – Befunde – Unterrichtsmodelle. Stuttgart.

BAURMANN, JÜRGEN (2000): Förderung und Entwicklung schriftsprachlicher Fähigkeiten. Der Beitrag der Schreibforschung. In: Witte u. a. (Hgg.), 146–159.

BAURMANN, JÜRGEN (2002): Schreiben, überarbeiten, beurteilen. Ein Arbeitsbuch zur Schreibdidaktik. Seelze.

BAURMANN, JÜRGEN / FEILKE, HELMUT (1997): Freies Arbeiten. Praxis Deutsch 141/1997, 18–27.

BAURMANN, JÜRGEN u. a. (2000): Denkschrift Deutschdidaktik. In: Didaktik Deutsch 9/2000, 73–83.

BAURMANN, JÜRGEN / HOPPE, OTFRIED (1984): Handbuch für Deutschlehrer. Stuttgart.

BAURMANN, JÜRGEN / LUDWIG, OTTO (1985): Texte überarbeiten. Zur Theorie und Praxis von Revisionen. In: Boueke / Hopster (Hgg.): Schreiben – Schreibenlernen. Rolf Sanner zum 65. Geburtstag. Tübingen, 254–276.

BAURMANN, JÜRGEN / Ludwig, Otto (1990): Die Erörterung – oder: ein Problem schreibend erörtern? Versuch einer Neubestimmung. In: Praxis Deutsch 99/1990, 16–25.

BAURMANN, JÜRGEN / MÜLLER, ASTRID (1998): Zum Schreiben motivieren – das Schreiben unterstützen. Ermutigung zu einem schreiber-differenzierten Unterricht. Basisartikel. In: Praxis Deutsch 149/1998, 16–22.

BAURMANN, JÜRGEN / WEINGARTEN, RÜDIGER (Hgg.) (1995): Schreiben: Prozesse, Prozeduren und Produkte. Opladen.

BAURMANN, JÜRGEN / LUDWIG, OTTO (1996): Schreiben: Texte und Formulierungen überarbeiten. In: Praxis Deutsch 137/1996, 13–21.

BAYERISCHES STAATSMINISTERIUM FÜR UNTERRICHT UND KULTUS (Hg.) (2000): Dr. Usus rettet das Universum (CD-ROM). Unterbrunn.

BEAUFTRAGTE DER BUNDESREGIERUNG FÜR AUSLÄNDERFRAGEN (Hg.) (2001): Migrationsbericht der Ausländerbeauftragten im Auftrag der Bundesregierung 2001. Berlin.

BECK, JOHANNES (1994): Der Bildungswahn. Essay. Reinbek.

BECKER-MROTZEK, MICHAEL (1997): Zum Verhältnis von Sprachwissenschaft und Sprachdidaktik. In: Didaktik Deutsch 3/1997, 16–32.

BECKER-MROTZEK, MICHAEL (2002): Funktional-pragmatische Unterrichtsanalyse. In: Kammler / Knapp (Hgg.), 58–78.

BECKER-MROTZEK, MICHAEL / BRÜNNER, GISELA (1997): Gesprächsanalyse und Gesprächsführung. In: RAAbits Deutsch/Sprache. Impulse und Materialien für die kreative Unterrichtsgestaltung. 13. Ergänzungslieferung. Heidelberg.

BEISBART, ORTWIN (1998): Vorlesen / Vortragen. In: Abraham u. a. (Hgg.) (230–232)

BEISBART, ORTWIN u. a. (Hgg.) (1993): Leseförderung und Leseerziehung. Theorie und Praxis des Umgangs mit Büchern für junge Leser. Donauwörth.

BELGRAD, JÜRGEN (1996): Analytische, ästhetische und mimetische Qualitäten. Kategorien einer Didaktik des Literaturunterrichts. In: Belgrad/Melenk (Hgg.), 83–98.

BELGRAD, JÜRGEN / FINGERHUT, KARLHEINZ (Hgg.) (1998): Textnahes Lesen. Annäherungen an Literatur im Unterricht. Baltmannsweiler.

BELGRAD, JÜRGEN / MELENK, HARTMUT (Hgg.) (1996): Literarisches Verstehen – Literarisches Leben. Positionen und Modelle zur Literaturdidaktik. Baltmannsweiler.

BELKE, GERLIND u. a. (1986): Planung mehrkultureller Erziehung. In: Diskussion Deutsch 90/1986, 424–438.

BELL, GORDON (Hg.) (1995): Educating European Citizens – Citizenship Values and the European Dimension. London.

BEREITER, CARL / SCARDAMALIA, MARLENE (1987): The Psychology of Written Composition. Hillsdale.

BERKEMEIER, ANNE (1999): Sprachbewusstheit bei Lernenden entdecken. In: Klotz / Peyer (Hgg.), 85–108.

BERKEMEIER, ANNE / HOPPE, ALMUT (2001a): Einleitung. In: Berkemeier / Hoppe (Hgg.) (2001b), 6–9.

BERKEMEIER, ANNE / HOPPE, ALMUT (Hgg.) (2001b): Grammatik und Grammatikunterricht. Mitteilungen des Deutschen Germanistenverbandes 1/2001.

BERTELSMANN STIFTUNG (Hg.) (1995): Lesen in der Schule. Perspektive der schulischen Leseförderung. Gütersloh.

BERTHOLD, SIEGWART (2000): Im Deutschunterricht Gespräche führen lernen. Unterrichtsanregungen für das 5.–13. Schuljahr. Essen.

BERTSCHI-KAUFMANN, ANDREA (1998): Kinderliteratur und literarisches Lernen. Lese- und Schreibentwicklung im offenen Unterricht. In: Richter / Hurrelmann (Hgg.), 199–214.

BERTSCHI-KAUFMANN, ANDREA / GSCHWEND-HAUSER, RUTH (1996): „Im Spiegel steht ein dicklicher Typ, das bin ich“ – Jugendliteratur in der Lesewerkstatt. In: Hohmann / Rubinich (Hgg.), 159–170.

BERTSCHI-KAUFMANN, ANDREA / KUNZ, MARCEL (1996): Wenn Pippi Langstrumpf Robin Hood begegnet. Junge Erwachsene lesen und verarbeiten die Bücher ihrer Kindheit. In: Praxis Deutsch 135/1996, 62–65.

BIERMANN, HEINRICH / SCHURF, BERND (Hgg.) (1999): Texte, Themen und Strukturen. Deutschbuch für die Oberstufe. Berlin.

BILLIEZ, JACQUELINE (Hg.) (1998): De la didactique des langues à la didactique du plurilinguisme. Grenoble.

BLEISSEN, ISABELLA (1995): Satirische Texte. Stuttgart.

BOETTCHER, WOLFGANG / SITTA, HORST (1978): Der andere Grammatikunterricht. München.

BOETTCHER, WOLFGANG u. a. (1973): Schulaufsätze – Texte für Leser. Düsseldorf.

BOGDAL, KLAUS-MICHAEL (Hg.) (1993): Neue Literaturtheorien in der Praxis. Opladen.

BOGDAL, KLAUS-MICHAEL / KAMMLER, CLEMENS (Hgg.) (2000): (K)ein Kanon. 30 Schulklassiker neu gelesen. München.

BOGDAL, KLAUS-MICHAEL / KORTE, HERMANN (Hgg.) (2002): Grundzüge der Literaturdidaktik. München.

BONFADELLI, HEINZ (1999): Leser und Leseverhalten heute – sozialwissenschaftliche Buchlese(r)forschung. In: Franzmann u.a. (Hgg.), 86–144.

BOOS-NÜNNING, URSULA (1981): Muttersprachliche Klassen für ausländische Kinder: Eine kritische Diskussion des bayerischen „Offenen Modells". In: Deutsch lernen 2/1981, 40–70.

BORN, WOLFGANG / OTTO, GUNTER (Hgg.) (1978): Didaktische Trends. München.

BORNELEIT, PETER u.a. (2001): Mathematikunterricht in der gymnasialen Oberstufe. In: Tenorth (Hg.) (2001b), 26–53

BOTERAM, NORBERT (Hg.) (1993): Interkulturelles Verstehen und Handeln. Beiträge aus Erziehungs-, Sozial- und Sprachwissenschaften. Pfaffenweiler.

BOUEKE, DIETRICH (Hg.) (1974): Deutschunterricht in der Diskussion. Forschungsberichte. Paderborn.

BOUEKE, DIETRICH / HOPSTER, NORBERT (Hgg.) (1985): Schreiben – Schreibenlernen. Rolf Sanner zum 65. Geburtstag. Tübingen.

BOURDIEU, PIERRE (1970): Elemente zu einer soziologischen Theorie der Kunstwahrnehmung. In: Ders. (1974), 159–201.

BOURDIEU, PIERRE (1974): Zur Soziologie der symbolischen Formen. Frankfurt am Main.

BOURDIEU, PIERRE (1987): Die feinen Unterschiede. Kritik der gesellschaftlichen Urteilskraft. Frankfurt am Main.

BRAAK, I. (1972): Poetik in Stichworten. Literaturwissenschaftliche Grundbegriffe. Eine Einführung. Kiel.

BRACKERT, HELMUT / RAITZ, WERNER (Hgg.) (1974): Reform des Literaturunterrichts. Frankfurt am Main.

BRÄUER, GERD (1998): Schreibend lernen. Grundlagen einer theoretischen und praktischen Schreibpädagogik. Innsbruck.

BRÄUER, GERD (Hg.) (2001): Pedagogy of Learning in Higher Education. An Introduction. London.

BRAUKMANN, WERNER (2001): Die Facharbeit. Berlin

BREDEL, URSULA (Hg.) (2002): Didaktik der deutschen Sprache – ein Handbuch. Paderborn.

BREMERICH-VOS, ALBERT (1993a): Grammatikunterricht – ein Plädoyer für das Backen kleinerer Brötchen. In: Ders. (Hg.) (1993b): Festschrift für Hubert Ivo, 102–129.

BREMERICH-VOS, ALBERT (1993b): Handlungsfeld Deutschunterricht im Kontext. Frankfurt am Main.

BREMERICH-VOS, ALBERT (1996): Hermeneutik, Dekonstruktivismus und produktionsorientierte Verfahren. Anmerkungen zu einer Kontroverse in der Literaturdidaktik. In: Belgrad / Melenk (Hgg.), 25–49.

BREMERICH-VOS, ALBERT (2002): Empirisches Arbeiten in der Deutschdidaktik. In: Kammler / Knapp (Hgg.), 16–29.

BRINKER, KLAUS (1992): Linguistische Textanalyse. Eine Einführung in Grundbegriffe und Methoden. Berlin.

BRINKMANN, GÜNTER (Hg.) (1994): Europa der Regionen. Herausforderung für Bildungspolitik und Bildungsforschung. Studien und Dokumentation zur vergleichenden Bildungsforschung Bd. 57. Köln.

BROCK, COLIN / TULASIEWICZ, WITOLD (1999): Education in a Single Europe. London.

BROMME, RAINER (1992): Der Lehrer als Experte. Zur Psychologie des professionellen Wissens. Bern u. a.

BROMME, RAINER (1995): What exactly is ‚pedagogical content knowledge‘? Critical remarks regarding a friutful research program. In: S. Hopmann / K. Riquarts (Hgg.): Didaktik and/or curriculum. Kiel, 205–216.

BRUMLIK, MICHA / LEGGEWIE, CLAUS (1992): Konturen der Einwanderungsgesellschaft: Nationale Identität, Multikulturalismus und ‚Civil Society‘. In: BADE (Hg.), 430–442.

BRUNER, JEROME (1987): Wie das Kind sprechen lernt. Bern/Stuttgart/Toronto.

BRÜNNER, GISELA / GRAEFEN, GABRIELE (Hgg.) (1994): Texte und Diskurse. Methoden und Forschungsergebnisse der funktionalen Pragmatik. Opladen.

BUDDE, MONIKA (2000) Sprachsensibilisierung: eine Übertragung des Language-Awareness-Konzepts auf den Deutschunterricht multikultureller Klassen der Sekundarstufe I. Diss. CD-ROM, Univ. Kassel

BÜHLER, CHARLOTTE (1918): Das Märchen und die Phantasie des Kindes. In: Dies. / Hetzer, Hildegard: Das Märchen und die Phantasie des Kindes. München 1958, 17–71.

BUSSE, ULRICH (2001): Anglizismen im Gegenwartsdeutsch. Eine Taskforce für die deutsche Sprache oder alles bloß Peanuts? In: Der Deutschunterricht 4/2001, 42–50.

CANDELIER, MICHEL (1998): L'éveil aux langues à l'école primaire, le programme européen ‚Evlang‘. In: Billiez, 299–308.

CHRIST, HANNELORE u. a. (1995): „Ja, aber es kann doch sein …" In der Schule literarische Gespräche führen. Frankfurt am Main.

CHRIST, HERBERT u. a. (Hgg.) (1980): Fremdsprachenunterricht in Europa. Homburger Empfehlungen für eine sprachenteilige Gesellschaft. Augsburg.

CHRISTMANN, URSULA / GROEBEN, NORBERT (1999): Psychologie des Lesens. In: Franzmann u. a. (Hgg.), 145–223.

CHRYSAKOPOULOS, CHRISTOS / OOMEN-WELKE, INGELORE (1986): Griechische und türkische Muttersprachenklassen. In: Diskussion Deutsch 90/1986, 389–401.

COHEN, PHILIP (1993): Verbotene Spiele. Theorie und Praxis antirassistischer Erziehung. Hamburg.

COHN, RUTH C. (1992): Von der Psychoanalyse zur themenzentrierten Interaktion. Stuttgart.

COMBE, ARNO / HELSPER, WERNER (Hgg.) (1996): Pädagogische Professionalität. Untersuchungen zum Typus pädagogischen Handelns. Frankfurt am Main.

CONRADY, PETER (Hg.) (1989): Literatur-Erwerb. Frankfurt am Main.

COSTAS I COSTA, MERCÈ u. a. (Hgg.) (2001): Student Teaching Praxis in Europe/ Schulpraxis in Europa. Freiburg.

CRÄMER, CLAUDIA u. a. (Hgg.) (1998): Lesekompetenz erwerben und fördern. Braunschweig.

DAHLKE, BIRGIT u. a. (Hgg.) (2000): LiteraturGesellschaft DDR: Kanonkämpfe und ihre Geschichte(n). Stuttgart/Weimar.

DAHRENDORF, MALTE (1975): Literaturdidaktik im Umbruch. Aufsätze zur Literaturdidaktik, Trivialliteratur, Jugendliteratur. Düsseldorf.

DAHRENDORF, MALTE (Hg.) (1995): Grenzen der Literaturvermittlung: Leseverweigerung – Sprachprobleme – Analphabetismus. Beiträge Jugendliteratur und Medien, 6. Beiheft.

DAINAT, HOLGER / KRUCKIS, MARTIN (1995): Die Ordnungen der Literatur(wissenschaft). In: Fohrmann / Müller (Hgg.), 146–151.

DATEN UND FAKTEN ZUR AUSLÄNDERSITUATION ([20]2002, [19]2000, [18]1999, [17]1998): Berlin, Beauftragte der Bundesregierung für Ausländerfragen.

DEHN, MECHTHILD (1996): Zur Entwicklung der Textkompetenz in der Schule. In: Feilke/ Portmann (Hgg.), 172–185.

DEHN, MECHTHILD (2000): Alphabetisierung als Leseförderung – Lesenlernen und Lesenlehren in der Schule. In: Stark u. a. (Hgg.), 82–106.

DEHN, MECHTHILD u. a. (1999): Lesesozialisation, Literaturunterricht und Leseförderung in der Schule. In: Franzmann u. a. (Hgg.), 568–637.

DEHN, WILHELM (1981): Das Interesse am Schreiben. In: Der Deutschunterricht 1/1981, 26–41.

DELNOY, RESY u. a. (1995): Education in Mother Tongue. Studies in Mother Tongue Education 6. Nijmegen.

DEUTSCHES PISA-KONSORTIUM (Hg.) (2002): PISA 2000 – Die Länder der Bundesrepublik Deutschland im Vergleich. Opladen.

DEUTSCHES PISA-KONSORTIUM (Hg.) (2001): PISA 2000. Basiskompetenzen von Schülerinnen und Schülern im internationalen Vergleich. Opladen.

DIE LITERARISCHE EXKURSION (1998). In: Staatsinstitut für Schulpädagogik und Bildungsforschung (Hg): Literarisches Leben und Schule. Materialien und Modelle zum Literaturunterricht am Gymnasium. Donauwörth, 249–272.

DIEDERICH, JÜRGEN / TENORTH, HEINZ-ELMAR (1997): Theorie der Schule. Ein Studienbuch zu Geschichte, Funktionen und Gestaltung. Berlin.

EGGERT, HARTMUT (2002): Literarische Texte und ihre Anforderungen an die Lesekompetenz. In: Groeben / Hurrelmann (Hgg.) (2002a), 186–194.

EGGERT, HARTMUT u. a. (1975a): Schüler im Literaturunterricht. Ein Erfahrungsbericht. Köln.

EGGERT, HARTMUT u. a. (1975b): Die im Text versteckten Schüler. Probleme einer Rezeptionsforschung in praktischer Absicht. In: Grimm (Hg.) (1975), 272–294.

EGGERT, HARTMUT / GARBE, CHRISTINE (1995): Literarische Sozialisation. Stuttgart.

EGGERT, HARTMUT / RUTSCHKY, MICHAEL: Rezeptionsforschung und Literaturdidaktik. Zu ihrem wechselseitigen Verhältnis. In: Der Deutschunterricht 2/1977, 13–25.

EGGERT, HARTMUT / RUTSCHKY, MICHAEL (Hgg.) (1978): Literarisches Rollenspiel in der Schule. Heidelberg.

EHLERS, SWANTJE (1998): Lesetheorie und fremdsprachliche Lesepraxis aus der Perspektive des Deutschen als Fremdsprache. Tübingen.

EHLICH, KONRAD (1991): Funktional-pragmatische Kommunikationsanalyse – Ziele und Verfahren. In: Flader (Hg.) , 127–143.

EHLICH, KONRAD (1994): Funktionale Etymologie. In: Brünner / Graefen (Hgg.), 68–82.

EHLICH, KONRAD (1997): Sprachliches Feld und literarischer Fall: Eichendorffs Lockung. In: Ders. (Hg.): Eichendorffs Incognito. Wiesbaden, 163–194.

EHLICH, KONRAD (1999): Alltägliche Wissenschaftssprache. In: Info Deutsch als Fremdsprache 26/1999, 3–24.

EHLICH, KONRAD (2000): Sprechhandlung. In: Glück (Hg.), 682f.

EHLICH, KONRAD u. a. (Hgg.) (2001): Hochsprachen in Europa. Entstehung, Geltung, Zukunft. Freiburg.

EHLICH, KONRAD / STEETS, ANGELIKA (2000): Schreiben im Studium. In: Einsichten 2/2000, 47–50.

EICHLER, WOLFGANG / HENZE, WALTER (1994): Sprachwissenschaft und Sprachdidaktik. In: Lange / Neumann / Ziesenis (Hgg.), Bd.1, 129–152.

EIKENBUSCH, GERHARD (2001): Qualität im Deutschunterricht der Sekundarstufe I und II. Berlin.

EISENBEISS, ULRICH (1993): 12- bis 16-Jährige als Leser. In: Beisbart u.a. (Hgg.), 92–99.

EISENBERG, PETER / FEILKE, HELMUTH (2001): Rechtschreiben erforschen. In: Praxis Deutsch 170/2001, 6–15.

EISENBERG, PETER / KLOTZ, PETER (Hgg.) (1993): Sprache gebrauchen – Sprachwissen erwerben. Stuttgart u.a.

EISENBERG, PETER / MENZEL, WOLFGANG (Hgg.) (1995): Grammatik-Werkstatt. In: Praxis Deutsch 129, 14–26.

ENNEMOSER, MARCO u. a. (2002): Empirisches Beispiel: Fernseheinfluss und Lesefähigkeit. In: Groeben / Hurrelmann (Hgg.) (2002a), 236–250.

ENZENSBERGER, HANS MAGNUS (1988): Bescheidener Vorschlag zum Schutze der Jugend vor den Erzeugnissen der Poesie. In: Ders., Mittelmaß und Wahn. Gesammelte Zerstreuungen. Frankfurt am Main, 23–41 ([1]1976).

ERLINGER, HANS-DIETER (2001): Medienerziehung im Deutschunterricht und hochschulcurriculare Konsequenzen. In: Erlinger / Marci-Boehncke (Hgg.) (2001).

ERLINGER, HANS-DIETER / MARCI-BOEHNCKE, GUDRUN (Hgg.) (2001): Deutschdidaktik und Medienerziehung – Kulturtechnik Medienkompetenz in Unterricht und Studium. München.

ETXEBERRIA, FELIX (2000): Políticas educativas en la Unión Europea. Barcelona.

EWERS, HANS-HEINO (Hg.) (1992): Erscheinungsformen des Komischen in der Kinder- und Jugendliteratur. Weinheim u.a.

FEILKE, HELMUTH (2000): Vom Sprechen zur Sprache. In: Der Deutschunterricht 3/2000, 3–8.

FEILKE, HELMUTH (2001): Über sprachdidaktische Grenzen: Von „Erfindern", „Entdeckern" und „Mentoren". In: Didaktik Deutsch, 10/2001, 4–25.

FEILKE, HELMUTH u. a. (Hgg.) (2001): Grammatikalisierung, Spracherwerb und Schriftlichkeit. Tübingen.

FEILKE, HELMUTH / PORTMANN, PAUL R. (Hgg.) (1996): Schreiben im Umbruch. Schreibforschung und schulisches Schreiben. Stuttgart.

FIEHLER, REINHARD (1998): Bewertungen und Normen als Problem bei der Förderung von Gesprächsfähigkeit. In: Der Deutschunterricht 1/1998, 53–64.

FIGUEROA, PETER (1993): Europa, Vielfalt, Ungleichheit, Rassismus und die Folgen für die Erziehung. In: Boteram (Hg.), 136–143.

FINGERHUT, KARLHEINZ (1982): Umerzählen. Ein Lesebuch mit Anregungen für eigene Schreibversuche in der Sekundarstufe II. Frankfurt am Main.

FINGERHUT, KARLHEINZ (1987): Die folgenlose Literatur und der pädagogische Wahn. Deutschdidaktik, Literaturunterricht und Gegenwartsliteratur. In: Oellers (Hg.), Bd. 3, 3–19

FINGERHUT, KARLHEINZ (1991): Umarbeiten – Überarbeiten – Ergänzen. Von der Phantasiearbeit im produktiven Literaturunterricht. In: Kruse u.a. (Hgg.), 350–371.

FINGERHUT, KARLHEINZ (1992): Arbeit am Kanon. Formen der Interferenz zwischen literarischem und pädagogischem Diskurs am Beispiel von Heines „Buch der Lieder" und „Wintermärchen". In: Bremerich-Vos (Hg.) (1993b), 37–58.

FINGERHUT, KARLHEINZ (1993a): Textstruktur, Interpretation und produktive Aneignungen. Untersuchungen an Kafka-Texten und deren Lektüre. In: Deutschunterricht 4/1993, 26–48.

FINGERHUT, KARLHEINZ (1993b): Die unendliche Suche nach der Bedeutung: Franz Kafka in der Schule. In: Praxis Deutsch 120/1993, 13–21.

FINGERHUT, KARLHEINZ (1995): Das Verhältnis von Fachwissenschaft und Fachdidaktik in der Zeit von 1964 bis 1994. In: Jäger (Hg.) , 87–104.

FINGERHUT, KARLHEINZ (1996a): Kafka in der Schule. Berlin.

FINGERHUT, KARLHEINZ (1996b): Literaturdidaktik – eine Kulturwissenschaft. In: Belgrad / Melenk (Hgg.), 50–72.

FINGERHUT, KARLHEINZ (1997): Kanon, Kommentar und Schullektüre. Didaktische Arbeit am Kanon unter den Bedingungen der Postmoderne. In: Deutschunterricht 4/1997, 180–190.

FINGERHUT, KARLHEINZ (1998): Man kann nicht alles ganz anders sehen. Über einen eigenen Weg der Literaturdidaktik. In: Didaktik Deutsch Sonderheft 1998, 53–75.

FINGERHUT, KARLHEINZ (2002): Didaktik der Literaturgeschichte. In: Bogdal/Korte (Hgg.), 147–165.

FIRGES, JEAN / MELENK, HARTMUT (1985): Landeskunde: Stereotypen – schädlich – unvermeidlich – nützlich? In: Donnerstag, Jürgen / Knapp-Potthoff, Annelie (Hgg.): Kongressdokumentation der 10. Arbeitstagung der Fremdsprachendidaktiker, 97–114.

FISZER, BRIGITTE (1996): Réflexions sur une future citoyenneté européenne. In: Friebel (Hg.), 41–48.

FITZGERALD, JILL (1987): Research on Revision in Writing. In: Review of Educational Research. 57/1987, 481–506.

FIX, MARTIN (1999): „Deine Geschichte find ich irgendwie komisch!" Schreibkonferenzen als Ausgangspunkt für Sprachreflexion. In: Praxis Schule 5–10, 2/1999, 24–29.

FIX, MARTIN (2000): Textrevisionen in der Schule. Prozeßorientierte Schreibdidaktik zwischen Instruktion und Selbststeuerung. Empirische Untersuchung in achten Klassen. Baltmannsweiler.

FIX, MARTIN / MELENK, HARTMUT (2000): Schreiben zu Texten. Schreiben zu Bildimpulsen. Das Ludwigsburger Aufsatzkorpus. Baltmannsweiler.

FLADER, DIETER (Hg.) (1991): Verbale Interaktion. Stuttgart.

FLOWER, LINDA S. / HAYES, JOHN R. / CAREY, LINDA / SCHRIVER, KAREN / STRATMAN, JAMES: Detection, Diagnosis, and the Strategies of Revision. In: College Composition and Communication 37/1986, 16–55.

FOHRMANN, JÜRGEN / MÜLLER, HARRO (Hg.) (1995): Literaturwissenschaft. München.

FÖRSTER, JÜRGEN (Hg.) (2000): „Schulklassiker" lesen in der Medienkultur. Stuttgart/ Leipzig.

FRANK, HORST JOACHIM (1976): Dichtung, Sprache, Menschenbildung. Geschichte des Deutschunterrichts von den Anfängen bis 1945. 2 Bde. München.

FRANZMANN, BODO (2000): Leseförderungskonzepte auf dem Prüfstand. In: Stark u.a. (Hgg.), 338–346.

FRANZMANN, BODO (2001): Die Deutschen als Leser und Nichtleser: Ein Überblick. In: Stiftung Lesen (Hg.). Leseverhalten in Deutschland im neuen Jahrtausend: Eine Studie der Stiftung Lesen. Mainz.

FRANZMANN, BODO u.a. (Hgg.) (1999): Handbuch Lesen. Im Auftrag der Stiftung Lesen und der Deutschen Literaturkonferenz. München.

FREDERKING, VOLKER (1995): Umgang mit dem Fremden. Assoziative, produktive und imaginative Verfahren zu einem aktuellen Problem. In: Spinner (Hg.) (1995b), 169–191.

FREDERKING, VOLKER (Hg.) (1998): Verbessern heißt verändern. Neue Wege, Inhalte und Ziele der Ausbildung von Deutschlehrer(inne)n in Studium und Referendariat. Baltmannsweiler.

FRIEBEL, WIM (Hg.) (1996): Education for European Citizenship. Freiburg.

FRIEDLÄNDER, KÄTE: Über Kinderbücher und ihre Funktion in Latenz und Vorpubertät. In: Internationale Zeitschrift für Psychoanalyse und Imago, 26/1941, 232–251.

FRITZSCHE, JOACHIM (1994a): Zur Didaktik und Methodik des Deutschunterrichts. Bd. 2: Schriftliches Arbeiten. Stuttgart.

FRITZSCHE, JOACHIM (1994b): Zur Didaktik und Methodik des Deutschunterrichts. Bd. 3: Umgang mit Literatur. Stuttgart.

FROMMER, HARALD (1981a): Statt einer Einführung: Zehn Thesen zum Literaturunterricht. In: Der Deutschunterricht 2/1981, 5–9.

FROMMER, HARALD (1981b): Verzögertes Lesen. Über Möglichkeiten, in die Erstrezeption von Schullektüren einzugreifen. In: Der Deutschunterricht 2/1981, 10–27.

FROMMER, HARALD: Warum nicht Nacherzählen? Eine methodische Anregung für den Literaturunterricht auf allen Stufen. In: Der Deutschunterricht, 2/1984, 21–32.

FROMMER, HARALD (1988): Lesen im Unterricht. Von der Konkretisation zur Interpretation. Sekundarstufe I und II. Hannover.

FROMMER, HARALD (1992): Erzählen. Eine Didaktik für die Sekundarstufe I und II. Frankfurt am Main.

FRÜHWALD, WOLFGANG u.a. (Hgg.) (1991): Geisteswissenschaften heute. Frankfurt am Main.

FTHENAKIS, WASSILIOS E. (Hg.) (1985): Bilingual-bikulturelle Entwicklung des Kindes. Ein Handbuch für Psychologen, Pädagogen und Linguisten. Staatsinstitut für Frühpädagogik. Ismaning.

FUHRMANN, HELMUT (1983): Zehn Thesen zum Kanon-Problem und ein Kanon-Vorschlag. In: Diskussion Deutsch 71/1983, 327–335.

FUNKE, REINHOLD (2000): Wann ist grammatisches Wissen in Funktion? In: Der Deutschunterricht 4/2000, 58–68.

GADAMER, HANS G. (1975): Wahrheit und Methode. Tübingen.

GAGNÉ, GILLES / PURVES, ALAN C. (Hgg.) (1993): Papers in Mother Tongue Education 1. Münster.

GAISER, GOTTLIEB (1993): Literaturgeschichte und literarische Institutionen. Zu einer Pragmatik der Literatur. Literatur und Wissenschaft. Meitingen.

GANSEL, CARSTEN (1997): Zwischen Einstiegsliteratur und literarischer Autonomie? Kinder- und Jugendliteratur und ihre Chancen im Literaturunterricht. In: Der Deutschunterricht, 3/1997, 80–86.

GARBE, CHRISTINE (1993): Frauen – das lesende Geschlecht? Perspektiven einer geschlechtsdifferenzierten Leseforschung. In: Literatur und Erfahrung, 26, 27/1993, 7–34.

GARBE, CHRISTINE (2002): Geschlechtsspezifische Zugänge zum fiktionalen Lesen. In: Bonfadelli, Heinz / Bucher, Priska (Hgg.): Lesen in der Mediengesellschaft. Stand und Perspektiven der Forschung. Zürich, 235–244.

GARBE, CHRISTINE u. a. (Hgg.) (1998): Lesen im Wandel: Probleme der literarischen Sozialisation heute. Lüneburg.

GDS s. GRAMMATIK DER DEUTSCHEN SPRACHE (1997).

GEIßLER, ROLF (1970): Prolegomena zu einer Theorie der Literaturdidaktik. Hannover.

GENUNEIT, JÜRGEN (1998): Lesetexte für Leseungewohnte. In: Crämer u. a. (Hgg.), 145–150.

GERTH, KLAUS (1977): Satire. In: Praxis Deutsch, 22/1977, 8–11.

GERTH, KLAUS (1989): J.W. Goethe: „Auf dem See". Zum Verhältnis von Kommunikation, Textanalyse und Interpretation. In: Praxis Deutsch 98/1989, 58–63.

GERTH, KLAUS (1992): Das Komische. In: Praxis Deutsch, 125/1992, 19–26.

GEWEHR, WOLF (1978): Zur Konzeption eines integrativen Grammatikunterrichts. In: Born u. a. (Hgg.) (1978): Didaktische Trends. München.

GIESECKE, HERMANN (1998): Pädagogische Illusionen. Lehren aus 30 Jahren Bildungspolitik. Stuttgart.

GLASERSFELD, ERNST VON (1997): Wege des Wissens – Konstruktivistische Erkundungen durch unser Denken. Heidelberg.

GLINZ, HANS (1952): Die innere Form des Deutschen. Bern.

GLÜCK, HELMUT (Hg.) (²2000): Metzler Lexikon Sprache. Stuttgart/Weimar.

GOGOLIN, INGRID (1994): Der monolinguale Habitus der multilingualen Schule. Münster.

GRAEFEN, GABRIELE (1999): Mündliche Kommunikation (wie und wozu?). Eine Auseinandersetzung mit Modellierungen des Lehrziels „mündliche Kommunikation". In: „Rhetorik". Mitteilungen des Deutschen Germanistenverbandes 3/1999, 374– 396.

GRAF, WERNER (1995): Fiktionales Lesen und Lebensgeschichte. Lektürebiografien der Fernsehgeneration. In: Rosebrock (1995a), 97–125.

GRAF, WERNER (1998): Das Schicksal der Leselust. Die Darstellung der Genese der Lesemotivation in Lektüreautobiografien. In: Garbe u. a. (Hgg.), 65–100.

GRAMMATIK DER DEUTSCHEN SPRACHE (1997), hrsg. v. Zifonun, Gisela u. a., 3 Bde., Berlin.

GRANZOW-EMDEN, MATTHIAS (1999): Grammatik ist, wenn man trotzdem fragt. Vom „Elend der Grammatiker-Fragen" bei der Kasus-Ermittlung. In: Klotz / Peyer (Hgg.), 169–181.

GREINER, ULRICH (1997): Brauchen wir einen neuen Literatur-Kanon? In: Die Zeit 21/ 16.5.1997.

GRIMM, GUNTER (Hg.) (1975): Literatur und Leser. Theorien und Modelle zur Rezeption literarischer Werke. Stuttgart.

GRIPSRUD, JOSTEIN (1994): Guter und schlechter Geschmack – Gute und schlechte Kultur? Zur Frage der Qualität in der Kulturdebatte und in der Kulturarbeit. In: Hengst, Heinz (Hg.): Von, für und mit Kids. Kinderkultur aus europäischer Perspektive. Hamburg.

GROEBEN, NORBERT (Hg.) (1999): Lesesozialisation in der Mediengesellschaft. IASL (= Internationales Archiv für Sozialgeschichte der deutschen Literatur), 10. Sonderheft. Tübingen.

GROEBEN, NORBERT / HURRELMANN, BETTINA (Hg.) (2002a): Lesekompetenz. Bedingungen, Dimensionen, Funktionen. Weinheim, München.

GROEBEN, NORBERT / HURRELMANN, BETTINA (Hg.) (2002b): Medienkompetenz. Voraussetzungen, Dimensionen, Funktionen. Weinheim, München.

GROSS, MONIKA (2002): *Einsteins Dreams* von Alan Lightman im Deutsch- und Philosophieunterricht der Sekundarstufe II. In: Abraham / Launer (Hgg.), 163–172.

GROSSE, SIEGRIED (Hg.) (1983): Schriftsprachlichkeit. Düsseldorf.

GRÜBEL, RAINER (2001): Wert, Kanon und Zensur. In: Arnold / Detering (Hgg.), 601–622.

GRÜNWALDT, HANS JOACHIM (1998): Zur Didaktik und Methodik mündlicher Kommunikations-Übungen. In: Der Deutschunterricht 1/1998, 65–73.

GRZESIK, JÜRGEN (1990): Textverstehen lernen und lehren. Geistige Operationen im Prozeß des Textverstehens und typische Methoden für die Schulung zum kompetenten Leser. Stuttgart.

GRZESIK, JÜRGEN / FISCHER MICHAEL (1985): Was leisten Kriterien für die Aufsatzbeurteilung? Theoretische, empirische und praktische Aspekte des Gebrauchs von Kriterien und der Mehrfachbeurteilung nach globalem Ersteindruck. Opladen.

GÜLICH, ELISABETH / RAIBLE, WOLFGANG (Hg.) (1975): Textsorten. Frankfurt am Main.

HAAS, GERHARD (1995): Lesen für die Schule, gegen die Schule, in der Schule: Spannende Verhältnisse. In: Rosebrock (1995a), 211–228.

HAAS, GERHARD (1997): Handlungs- und produktionsorientierter Literaturunterricht. Theorie und Praxis eines „anderen" Literaturunterrichts für die Primar- und Sekundarstufe. Seelze.

HAAS, GERHARD (1999): In der Schule Leistungen bewerten, ohne pädagogische Prinzipien außer Kraft zu setzen. Bewerten und Benoten im Offenen Unterricht. Basisartikel. In: Praxis Deutsch 155/1999, 10–19.

HAAS, GERHARD (2001): Kinder- und Jugendliteratur im Unterricht. In: Lange u.a. (Hgg.), 721–737.

HARMGARTH, FRIEDERIKE (1997): Lesegewohnheiten – Lesebarrieren: Schülerbefragung im Projekt „Öffentliche Bibliothek und Schule – neue Formen der Partnerschaft". Ergebnisse der Schülerbefragung 1995/1996. Gütersloh.

HASSENSTEIN, FRIEDRICH (1994): Literaturwissenschaft und Literaturdidaktik. In: Lange u.a. (Hgg.) (2001), Bd. 2, 447–465.

HAUEIS, EDUARD (1988): Didaktik im Spannungsfeld von „offiziellen" und „inoffiziellen" Formen von Sprachbewußtsein. In: Osnabrücker Beiträge zur Sprachtheorie 39/1988, 65–81.

HAUEIS, EDUARD (1996): Aspekte und Probleme des Schreibunterrichts: Aufsatzunterricht. In: Günther / Ludwig (Hgg.): Schrift und Schriftlichkeit. Ein interdisziplinäres Handbuch internationaler Forschung. 2. Halbband. Berlin / New York, 1260–1268.

HAUEIS, EDUARD (1998): Wie einfach ist der einfache Satz? In: Didaktik Deutsch 4/1998, 33–42.

HAUEIS, EDUARD u. a. (1999): Research in Mother Tongue in a Comparative Perspective. Occasional Papers 8.

HAWKINS, ERIC (1984) (^{2}1987): Awareness of Language: An Introduction. Cambridge.

HAWKINS, ERIC (Hg.) (1985 ff.): *Series* Awareness of Language. Cambridge.

HEGELE, WOLFGANG (1996): Literaturunterricht und literarisches Leben in Deutschland (1850–1990). Historische Darstellung – Systematische Erklärung. Würzburg.

HEIN, JÜRGEN (1990): Kanon-Diskussion in Literaturdidaktik und Öffentlichkeit. Eine Bestandaufnahme. In: Kochan (Hg.). 311–346.

HEINZ, A. (1996): Schreiben als Therapie? – Psychische Funktionen des Schreibens, deren therapeutische Bewertung und Konsequenzen für den Unterricht. In: Belgrad / Melenk (Hgg.), 116–133.

HELMERS, HERMANN (1979): Didaktik der deutschen Sprache. Stuttgart.

HENTIG, HARTMUT VON (1982): Die entmutigte Republik. Frankfurt am Main.

HERETH, HANS-JÜRGEN (1996): Die Rezeptions- und Wirkungsgeschichte von Kurt Schwitters, dargestellt anhand seines Gedichtes „An Anna Blume". Frankfurt am Main.

HERMAND, JOST (1994): Geschichte der Germanistik. Reinbek.

HEROLD, MARTIN / LANDHERR, BIRGIT (2001): SOL. Selbstorganisiertes Lernen. Ein systemischer Ansatz für Unterricht. Baltmannsweiler.

HERRLITZ, HANS-GEORG (1964): Der Lektürekanon des Deutschunterrichts im Gymnasium. Heidelberg.

HERRLITZ, WOLFGANG (1987): Muttersprachenunterricht im europäischen Vergleich. In: Der Deutschunterricht 2/1987, 94–103.

HEYDEBRAND, RENATE (1998): Kanon Macht Kultur – Versuch einer Zusammenfassung. In: Dies. (Hg.): Kanon Macht Kultur. Theoretische, historische und soziale Aspekte ästhetischer Kanonbildungen. Stuttgart/Weimar, 612–631.

HICKETHIER, KNUT (1999): Medienkultur und Medienwissenschaft im Germanistikstudium. In: Lecke (Hg.), 85–112.

HINTZ, INGRID (2000): „Andere Bücher habe ich nur gelesen, bei diesem muss ich nachdenken". Methoden lernen und anwenden mit dem Lesetagebuch. In: Praxis Deutsch, 164/2000, 33–39.

HINTZ, INGRID (2002): Das Lesetagebuch. Baltmannsweiler.

HOFFMANN, LUDGER (1993): Thema und Rhema in einer funktionalen Grammatik. In: Eisenberg / Klotz (Hgg.) (1993), 135–148.

HOFFMANN, LUDGER (1999): Reflexion über Sprache. In: Mitteilungen des Deutschen Germanistenverbandes. 2/1999, 235–237.

HOHMANN, JOACHIM S. (Hg.) (1994): Deutschunterricht zwischen Reform und Modernismus. Blicke auf die Zeit 1968 bis heute. Frankfurt am Main.

HOHMANN, JOACHIM S. / RUBINICH, JOHANN (Hgg.) (1996): Wovon der Schüler träumt: Leseförderung im Spannungsfeld von Literaturvermittlung und Medienpädagogik. Frankfurt am Main.

HOHMANN, MANFRED (1983): Interkulturelle Erziehung – Versuch einer Bestandsaufnahme. In: Ausländerkinder in Schule und Kindergarten 4/1983, 4–8.

HOLLE, KARL (Hg.) (1997): Konstruktionen der Verständigung. Die Organisation von Schriftlichkeit als Gegenstand didaktischer Reflexion. Lüneburg.

HÖLSKEN, HANS-GEORG (1993): Leseverstehen als kognitive Textverarbeitung. In: Beisbart u.a. (Hgg.), 47–54.

HOMBERGER, DIETRICH (1992): Zehn Jahre „Verzeichnis grundlegender grammatischer Fachausdrücke". Anmerkungen zu einem denkwürdigen Jubiläum. In: Diskussion Deutsch 126/1992, 398–403.

HOPPE, ALMUT / SCHÜTZ, SUSANNE (2001): Wie wird die Kommasetzung gelernt? In: Berkemeier / Hoppe (Hgg.) (2001b), 98–107.

HOPPE, OTFRIED (1979): Theorie oder Praxis? Notwendige Unterscheidungen zwischen Hochschultheorie und schulischer Praxis. In: Hopster (Hg.) (1979b), 66–111.

HOPSTER, NORBERT (1979a): Deutschdidaktik als Handlungswissenschaft? In: Ders. (Hg.) (1979b), 51–65.

HOPSTER, NORBERT (Hg.) (1979b): Hochschuldidaktik „Deutsch". Paderborn.

HOPSTER, NORBERT (Hg.) (1984): Handbuch „Deutsch". Paderborn.

HORATIUS, QUINTUS FLACCUS (1991): Opera, hrsg. von Wickham, Eduardus C. Oxford.

HURRELMANN, BETTINA (1987): Textverstehen im Gesprächsprozess. Zur Empirie und Hermeneutik von Gesprächen über den Geschlechtertausch – Erzählungen. In: Dies. u. a. (Hgg.) (1987), 57–82.

HURRELMANN, BETTINA (1992): „Lesen ist Familiensache" – wirklich? In: Neue Sammlung, 2/1992, 235–250.

HURRELMANN, BETTINA (1994): Leseförderung. In: Praxis Deutsch, 127/1994, 17–26.

HURRELMANN, BETTINA (1995): Über die Hintergründe verhinderter Lesebereitschaft. Empirische Befunde. In: JuLit 1/1995, 24–36.

HURRELMANN, BETTINA (2002): Prototypische Merkmale von Lesekompetenz. In: Groeben/Hurrelmann (Hgg.) (2002a), 275–286.

HURRELMANN, BETTINA u. a. (Hgg.) (1996): Familienmitglied Fernsehen. Fernsehgebrauch und Probleme der Fernseherziehung in verschiedenen Familienformen. Opladen.

HURRELMANN, BETTINA u. a. (Hgg.) (1987): Man müsste ein Mann sein...? Interpretationen u. Kontroversen zu Geschlechtertausch-Geschichten in der Frauenliteratur. Düsseldorf.

IGL, JOSEF / POLLINGER, SABINE (1999): Lesetagebuch. Ein Unterrichtsvorschlag zum Buch ‚Mensch Karnickel' von R. Herfurtner. In: Schulmagazin 5 bis 10, 12/1999, 29–36.

ILKHAN, IBRAHIM / OOMEN-WELKE, INGELORE (1990): Türkische Hauptschüler im mittleren Neckarraum – Eine Studie zu Sprache und sozialer Situation von 156 türkischen Schülern. In: Lernen in Deutschland 3/1990, 87–94.

IMEN INTERNATIONAL MOTHER TONGUE EDUCATION NETWORK (Hg.) (1984ff.): Studies in Mother Tongue Education. Nijmegen.

IMEN INTERNATIONAL MOTHER TONGUE EDUCATION NETWORK (Hg.) (1993ff.): Mother Tongue Education Research Series. Münster.

INGENDAHL, WERNER (1999): Sprachreflexion statt Grammatik. Ein didaktisches Konzept für alle Schulstufen. Tübingen.

INGENKAMP, KARLHEINZ (1977): Die Fragwürdigkeit der Zensurengebung. Texte und Untersuchungsberichte. Weinheim/Basel.

ISB STAATSINSTITUT FÜR SCHULPÄDAGOGIK UND BILDUNGSFORSCHUNG MÜNCHEN (Hg.) (1997): Handreichungen. ‚Schriftlicher Sprachgebrauch' im Deutschunterricht am Gymnasium. Bd 2. Oberstufe. Donauwörth, 66f.

ISB STAATSINSTITUT FÜR SCHULPÄDAGOGIK UND BILDUNGSFORSCHUNG MÜNCHEN (Hg) (1998): Literarisches Leben und Schule. Materialien und Modelle zum Literaturunterricht am Gymnasium. Donauwörth.

ISER, WOLFGANG (1970): Die Appellstruktur der Texte. Konstanz.

ISER, WOLFGANG (1976): Der Akt des Lesens. Theorie ästhetischer Wirkung. München.

ISER, WOLFGANG (1979): Der implizite Leser. Kommunikationsformen des Romans von Bunyan bis Beckett. München.

ISER, WOLFGANG (1988): Die Appellstruktur der Texte. In: Warning (Hg.), 28–252.

IVO, HUBERT (1969): Kritischer Deutschunterricht. Frankfurt am Main.

IVO, HUBERT (1975): Handlungsfeld Deutschunterricht. Frankfurt am Main.

IVO, HUBERT (1982): Lehrer korrigieren Aufsätze. Beschreibung eines Zustands und Überlegungen zu Alternativen. Frankfurt am Main.

IVO, HUBERT (1990): Warum nicht zehn Werke für alle verbindlich? Bildungspolitische Erinnerungen an Hessens Weg aus verordneten Geschichtsbildern. In: Kochan (Hg.), 289–310.

IVO, HUBERT (1994): Muttersprache – Identität – Nation. Sprachliche Bildung im Spannungsfeld zwischen einheimisch und fremd. Opladen.

IVO, HUBERT (1996): Über den Tag hinaus. Begriff einer allgemeinen Sprachdidaktik. In: Didaktik Deutsch 1/1996, 8–29.

IVO, HUBERT / NEULAND, EVA (1991): Grammatisches Wissen. Skizze einer empirischen Untersuchung über Art, Umfang und Verteilung grammatischen Wissens (in der Bundesrepublik). In: Diskussion Deutsch, 121/1991, 437–493.

JÄGER, LUDWIG (Hg.) (1995): Germanistik: Disziplinäre Identität und kulturelle Leistung. Vorträge des deutschen Germanistentages 1994. Weinheim.

JÄGER, LUDWIG / SWITALLA, BERND (Hgg.) (1994): Germanistik in der Mediengesellschaft. München.

JAUß, HANS ROBERT (1970): Literaturgeschichte als Provokation der Literaturwissenschaft. In: Ders. (1970): Literaturgeschichte als Provokation. Frankfurt am Main, 144–207.

JAUß, HANS ROBERT (1984): Ästhetische Erfahrung und literarische Hermeneutik. Frankfurt am Main.

JOSTING, PETRA (2001): Medienverbund, Deutschunterricht und Medienkompetenz. In: Beiträge Jugendliteratur und Medien, 3/2001, 174–185.

KAFKA, FRANZ (1990): Briefe an Felice und andere Korrespondenz aus der Verlobungszeit. Hrsg. von Erich Heller und Jürgen Born. Frankfurt am Main.

KAFKA, FRANZ (1994): Auf der Galerie. In: Schriften, Tagebücher Briefe. Kritische Ausgabe. Drucke zu Lebzeiten. Frankfurt am Main.

KAFKA, FRANZ (1995): Historisch – Kritische Ausgabe sämtlicher Handschriften, Drucke und Typoskripte. Hrsg. von Roland Reuß und Peter Staengle. Frankfurt am Main.

KAMMLER, CLEMENS (1995): Was kommt nach Dürrenmatt und Frisch? Plädoyer für einen anderen Umgang mit Gegenwartsliteratur in der Schule. In: Diskussion Deutsch, 142/1995, 127–135.

KAMMLER, CLEMENS (1997): Kann uns nur noch ein Kanon retten? Anmerkungen zu einer „Zeit"-Debatte. In: Der Deutschunterricht 4/1997, 97–98.

KAMMLER, CLEMENS / KNAPP, WERNER (Hgg.) (2002): Empirische Unterrichtsforschung und Deutschdidaktik. Baltmannsweiler.

KAMMLER, CLEMENS / SWITALLA, BERND (2001): Qualität des Deutschunterrichts auf der gymnasialen Oberstufe – Kernkompetenzen. In: Tenorth (Hg.) (2001b), 103–123.

KÄMPER, HEIDRUN (2001): Jugendsprache um 1900 und die schöne Literatur. In: Der Deutschunterricht 1/2001, 47–58.

KÄMPER-VAN DEN BOOGAART, MICHAEL (1996): Mit Bourdieu durch die Literaturdidaktik spaziert. In: Didaktik Deutsch (1/1996), 30–52.

KÄMPER-VAN DEN BOOGAART, MICHAEL (1997a): Schönes schweres Lesen. Legitimität literarischer Lektüre aus kultursoziologischer Sicht. Wiesbaden.

KÄMPER-VAN DEN BOOGAART, MICHAEL (Hg.) (1997b): Das Literatursystem der Gegenwart und die Gegenwart der Schule. Baltmannsweiler.

KÄMPER-VAN DEN BOOGAART, MICHAEL (1998): Literaturkritik und ‚Literarisches Leben' im Oberstufenunterricht. Probleme und Anregungen. In: Deutschunterricht / Berlin 11/1998, 519–528.

KÄMPER-VAN DEN BOOGAART, MICHAEL (2000a): Die Debatte um einen schulischen Lektürekanon: Dilemma oder Chance der Literaturdidaktik? (Unveröffentlichter Vortrag).

KÄMPER-VAN DEN BOOGAART, MICHAEL (2000b): Leseförderung oder Literaturunterricht: Zwei Kulturen in der Deutschdidaktik? Anmerkungen zu einem didaktischen Zielkonflikt. In: Didaktik Deutsch 9/2000, 4–22.

KÄMPER-VAN DEN BOOGAART, MICHAEL (2000c): Tonio Kröger. In: Förster (Hg.) (2000), 8–40.

KEMMAN, ANSGAR (2000): Wie kann in Deutschland Rhetorik in Schule und Hochschule wieder eingeführt werden? Gutachten für die Gemeinnützige Hertie-Stiftung. Frankfurt am Main.

KEPSER, MATTHIS (2002): Stella Luna und Verdi von Janell Cannon im Deutsch- und Sachunterricht der Primarstufe. In: Abraham / Launer (Hgg.) (2002), 82–92.

KLAFKI, WOLFGANG (1991): Neue Studien zur Bildungstheorie und Didaktik. Zeitgemäße Allgemeinbildung und kritisch-konstruktive Didaktik. Weinheim und Basel.

KLAFKI, WOLFGANG (1996): Neue Studien zur Bildungstheorie und Didaktik. Weinheim.

Klippert, Heinz (1995): Kommunikationstraining. Übungsbausteine für den Unterricht. Weinheim/Basel.

KLOTZ, PETER (1983): Sprachliche Beobachtungen im Rahmen eines Unterrichtsversuches Deutsch-Erdkunde. In: Birkenhauer, Josef (Hg.) (1983): Sprache und Denken im Geographieunterricht. Paderborn.

KLOTZ, PETER (1991): Grammatisches Grundwissen und Schulgrammatik – am Beispiel des deutschen Modalsystems. In: Diskussion Deutsch 121/1991, 494–508.

KLOTZ, PETER (1996): Grammatische Wege der Textgestaltungskompetenz. Theorie und Empirie. Tübingen.

KLOTZ, PETER (1999): Auf Verbindungen warten können. Von sprachtypischen Klammerstrukturen zu sprachlichem Wissen. In: Klotz / Peyer (Hgg.), 185–199.

KLOTZ, PETER u. a. (Hgg.) (1996): „Didaktik Deutsch" – Ein Organ für eine wissenschaftliche Fachdidaktik. In: Didaktik Deutsch 1/1996, 4–7.

KLOTZ, PETER / PEYER, ANN (Hgg.) (1999): Wege und Irrwege sprachlich-grammatischer Sozialisation. Baltmannsweiler.

KLOTZ, PETER / SIEBER, PETER (Hgg.) (1993): Vielerlei Deutsch. Umgang mit Sprachvarietäten in der Schule. Stuttgart.

KNOBLOCH, JÖRG (1992): Lesen und lesen lassen. Literaturunterricht bei Tag und Nacht, im Klassenzimmer und in einem Zug. Lichtenau.

KOCHAN, DETLEF C. (Hg.) (1990): Literaturdidaktik – Lektürekanon – Literaturunterricht. Amsterdam/Atlanta.

KÖCHER, RENATE (1993): Lesekarrieren – Kontinuität und Brüche. In: Lesesozialisation, Bd.2, 215–310

KODRON, CHRISTOPH / OOMEN-WELKE, INGELORE (1995): Europa sind wir! Teaching Europe in multicultural society. Freiburg.

KOHRS, PETER (Hg.) (1998): Deutsch in der Oberstufe. Paderborn.

KÖLLER, WILHELM (1983): Funktionaler Grammatikunterricht. Hannover.

KÖPPERT, CHRISTINE (1997): Entfalten und Entdecken. Zur Verbindung von Imagination und Explikation im Literaturunterricht. München.

KÖPPERT, CHRISTINE (1999): Innere Bilder zu „laufenden Bildern". Wahrnehmung, Vorstellungsbildung, vorstellungsgetragene Deutung am Beispiel von ‚Schindlers Liste'. In: Praxis Deutsch 154/1999, 53–59.

KÖSTER, JULIANE (1995): Konstruktion und Hellsicht. Würzburg.

KREFT, JÜRGEN (1977): Grundprobleme der Literaturdidaktik. Heidelberg.

KREJCI, MICHAEL (1993): Lesen oder erfahren? In: Beisbart u. a. (Hgg.), 65–71.

KRUSCHE, DIETRICH (2001): Zeigen im Text. Anschauliche Orientierung in literarischen Modellen von Welt. Würzburg.

KRUSE, JOSEPH u. a. (Hgg.) (1991): Literatur. Verständnis und Vermittlung. Eine Anthologie zum 65. Geburtstag von Wilhelm Gössmann. Düsseldorf, 350–371.

KRYWALSKY, DIETER u. a. (Hgg.) (1992): Kennwort. Ein literaturgeschichtliches Arbeitsbuch. 11 Grundkurs. Hannover.

KÜBLER, HANS-DIETER (1996): Kompetenz der Kompetenz. Eine Lieblingsmetapher der Medienpädagogik. In: Medien praktisch 798/1996, 11–15.

KÜGLER, HANS (1971): Literatur und Kommunikation. Ein Beitrag zur didaktischen Theorie und methodischen Praxis. Stuttgart.

KÜGLER, HANS (1996): Die bevormundete Literatur. Zur Entwicklung und Kritik der Literaturdidaktik. In: Belgrad / Melenk (Hgg.), 10–24.

KUHS, KATHARINA (1989): Sozialpsychologische Faktoren im Zweitspracherwerb. Eine Untersuchung bei griechischen Migrantenkindern in der Bundesrepublik Deutschland. Language Development. Tübingen.

KUHS, KATHARINA / STEINIG, WOLFGANG (Hgg.) (1998): Pfade durch Babylon. Konzepte und Beispiele für den Umgang mit sprachlicher Vielfalt. Freiburg.

KULTUSMINISTERIUM DES LANDES NORDRHEIN-WESTFALEN (Hg.) (1994): Lektüre von Ganzschriften im Fach Deutsch der Sekundarstufe I des Gymnasiums in NRW. Düsseldorf.

KUNTZSCH, LUTZ (2001): Wörter der Jahre, Unwörter, 100 Wörter des Jahrhunderts – Wörter, die Geschichte machten. Vorschläge zu ihrer Verwendung im Deutschunterricht. In: Der Deutschunterricht 4/2001, 16–29.

KUNZE, REINER (1976): Die wunderbaren Jahre. Prosa. Frankfurt am Main.

KÜNZLI, RUDOLF (1991): Didaktik zwischen Lehrplan und Unterricht. In: Adl-Amini / Künzli (Hgg.), 180–209.

KÜPPERS, JUDITH / SOUVIGNIER, ELMAR (2002): „Textdetektive" lösen ihre Fälle: Mit Strategie und Spaß. In: Forschung Frankfurt 1–2/2002, 51–53.

LANDESINSTITUT FÜR ERZIEHUNG UND UNTERRICHT (Hg.) (2000): Gestaltendes Interpretieren. Grundlagen, Texte, Aufgaben, Klausuren. Handreichungen für zentrale Klassenarbeit und schriftliche Abiturprüfung. Stuttgart.

LANGE, CLAUDIA / BENTLAGE, ULRIKE (Hgg.) (2000): Das Lesebarometer – Lesen und Mediennutzung in Deutschland. Eine Bestandsaufnahme zum Leseverhalten. Gütersloh.

LANGE, GÜNTER u. a. (Hgg.) (1986, ⁵1994, ⁶1998, ⁷2001): Taschenbuch des Deutsch-unterrichts. 2 Bde. Baltmannsweiler.

LANGE, GÜNTER u. a. (Hgg.) (1993): Textarten – didaktische Hilfen für den Unterricht. Baltmannsweiler.

LANGE, GÜNTHER (1999a): Die Laufrichtung ändern. Überlegungen zu veränderten Bewertungsverfahren im Literatur- und Schreibunterricht. In: Praxis Deutsch 155/1999, 58–62.

LANGE, GÜNTHER (1999b): Lust am Projekt. Chancen kulturellen Lernens im Deutschunterricht. Baltmannsweiler.

LANGEMACK, LISELOTTE (1989): Das Lesetagebuch. Ein Tip für den Deutschunterricht der Klassen 5–10. In: Pädagogik 3/1989, 12–20.

LECKE, BODO (1974): Massenmedien – Massenkommunikation. In: Bremer Kollektiv: Grundriss einer Didaktik und Methodik des Deutschunterrichts für die Sekundarstufe I und II. Stuttgart.

LECKE, BODO (1986): Wie lernt und wie lehrt man Literatur? – Zur aktuellen Diskussion über „Literarische Bildung" in der Literaturdidaktik der Bundesrepublik Deutschland. In: German Studies in India/Indo-German, 2–3/1986, 121–128.

LECKE, BODO (1987): „Literarische Bildung": immer noch, nie mehr oder schon wieder? In: Oellers (Hg.), Bd. 3: Literatur und Literaturunterricht in der Moderne. Tübingen, 129–145.

LECKE, BODO (1994): Die „curriculare Wende" der Didaktik und die Entstehung des kritisch-politischen Deutschunterrichts. In: Hohmann (Hg.), 44–68.

LECKE, BODO (1996a): Literaturdidaktik vs. Medienpädagogik – kontrovers oder komplementär? In: Hohmann / Rubinich (Hgg.) (1996), 19–50.

LECKE, BODO (1996b): Literaturdidaktik vs. Medienpädagogik – kontrovers oder komplementär? In: Ders. (Hg.) (1996c), 151–168.

LECKE, BODO (11996c): Literaturstudium und Deutschunterricht auf neuen Wegen. Frankfurt am Main u.a.

LECKE, BODO (1997): TV-Serien und ihre literarischen Erzählmuster – Ein Thema für den Deutschunterricht. In: Kämper–van den Boogaart (Hg.) (1997b), 166–183.

LECKE, BODO (Hg.) (1999): Literatur und Medien in Studium und Deutschunterricht. Frankfurt am Main u.a.

LECKE, BODO (2000): „Geschäftsauslagen für Lebensmuster"? Die Lifestyle-Angebote der soap operas für Jugendliche am Beispiel „Verbotene Liebe", In: Schäfer, Eva (Hg.): Internet. Film. Fernsehen – Zur Nutzung aktueller Medien als Folie für Selbst- und Weltbilder. München, 135–147.

LENZEN, DIETER (1991): Didaktische Theorie zwischen Routinisierung und Verwissenschaftlichung – Zum Programm einer Theorie alltäglichen pädagogischen Handelns. In: Adl-Amini / Künzli (Hgg.), 158–179.

LEONARD, HANS-WALTER u. a. (Hgg.) (1995): Pädagogische Erkenntnis. Grundlagen pädagogischer Theoriebildung. Weinheim/München, 13–58.

LESESOZIALISATION (1993): Bd.1: Hurrelmann, Bettina u.a.: Leseklima in der Familie. Bd.2: Bonfadelli, Heinz u. a.: Leseerfahrungen und Lesekarrieren. Gütersloh.

LESSING, GOTTHOLD EPHRAIM (1968): Sämtliche Schriften, hrsg. von Karl Lachmann, besorgt durch Franz Muncker, (Repr. von 1886–1924). Stuttgart/Leipzig/Berlin.

LINKE, ANGELIKA (2000): Informalisierung? Ent-Distanzierung? Familiarisierung? Sprach(gebrauchs)wandel als Indikator soziokultureller Entwicklungen. In: Der Deutschunterricht 3/2000, 66–77.

LINKE, ANGELIKA / OOMEN-WELKE, INGELORE (1995): Herkunft, Geschlecht und Deutschunterricht. Freiburg.

LIPÓCZI, SAROLTA / OOMEN-WELKE, INGELORE (Hg.) (1999): Students East – West. Sprachen, Gesellschaften, Künste, Bildung. Arbeitsbuch. Freiburg 2000.

LIPPKE,WOLFGANG (1994): Erziehung und Ausbildung in Europa. Siegen.

LOBIN, HENNING (Hg.) (1999): Text im digitalen Medium. Linguistische Aspekte von Textdesign, Texttechnologie und Hypertext Engineering. Opladen.

LOCHNER, MARKUS (2002): Hallo Sam, hier bin ich! von Russel Stannard im Deutsch- und Religionsunterricht der 7. Jahrgangsstufe. In: Abraham / Launer (Hgg.), 115–127.

LUCHTENBERG, SIGRID (1995): Interkulturelle sprachliche Bildung: Zur Bedeutung von Zwei- und Mehrsprachigkeit für Schule und Unterricht. Münster.

LUCHTENBERG, SIGRID (1999): Interkulturelle kommunikative Kompetenz: Kommunikationsfelder in Schule und Gesellschaft. Opladen.

LUDWIG, OTTO (1983a): Funktionen geschriebener Sprache und ihr Zusammenhang mit Funktionen der gesprochenen und inneren Sprache. In: Zeitschrift für germanistische Linguistik (ZGL) 8/1980, 74–92.

LUDWIG, OTTO (1983b): Einige Gedanken zu einer Theorie des Schreibens. In: Grosse (Hg.) (1983), 37–73.

LUDWIG, OTTO (1988): Der Schulaufsatz. Seine Geschichte in Deutschland. Berlin/New York.

LUDWIG, OTTO (2002): PISA 2000 und der Deutschunterricht. In: Der Deutschunterricht 2/2000, 82–85.

LUDWIG, OTTO / SPINNER, KASPAR H. (2000): Mündlich und schriftlich argumentieren. In: Praxis Deutsch 160/2000, 16–22.

LUHMANN, NIKLAS (1992): Die Wissenschaft der Gesellschaft. Frankfurt am Main.

LUHMANN, NIKLAS / SCHORR, EBERHARD (1979): Reflexionsprobleme im Erziehungssystem (Nachwort 1988), Frankfurt am Main.

LUHMANN, NIKLAS / SCHORR, KARL EBERHARD (Hgg.) (1986): Zwischen Intransparenz und Verstehen. Frankfurt am Main.

MAIER, HANS (1979): Eindeutschung um jeden Preis? In: Süddeutsche Zeitung 230/5.10. 1979, 10.

MARCI-BOEHNCKE, GUDRUN / GAST, WOLFGANG (1997): Zwischen ‚Faust‘ und der daily soap. Medienpädagogik im Fach Deutsch. In: medien + erziehung 5/1997, 293–302.

MARTIN, JEAN-POL (1990): Zum Aufbau didaktischer Teilkompetenzen beim Schüler. Tübingen.

MATT, PETER VON (1997): In: Greiner, Ulrich. Brauchen wir einen neuen Literatur-Kanon? In: Die Zeit 21/16. 5. 1997.

MECKLING, INGEBORG (1972): Kreativitätsübungen im Literaturunterricht der Oberstufe. München.

MEIßNER, FRANZ-JOSEPH / REINFRIED, MARCUS (Hg.) (1998): Mehrsprachigkeitsdidaktik. Tübingen.

MELENK, HARTMUT (1996): Literarisches Verstehen – Literarisches Schreiben. In: Belgrad / Melenk (Hgg.), 193–216.

MELENK, HARTMUT (1998): Aspekte der Kommasetzung in der 8. Klasse. Ergebnisse eines Forschungsprojekts. In: Didaktik Deutsch 4/1998, 10–21.

MELENK, HARTMUT (2001): Kommasetzung und Grammatikkenntnisse. In: Melenk / Knapp (Hgg.), 169–188.

MELENK, HARTMUT / KNAPP, WERNER (Hgg.) (2001): Inhaltsangabe – Kommasetzung. Schriftsprachliche Leistungen in Klasse 8. Baltmannsweiler.

MENZEL, WOLFGANG (1995): Die indirekte Rede. Grammatik und Textanalyse am Beispiel eines Textes von Thomas Bernhard. In: Praxis Deutsch 129/1995, 61–65.

MENZEL, WOLFGANG (1999): Grammatik-Werkstatt. Theorie und Praxis eines prozessorientierten Grammatikunterrichts für die Primar- und Sekundarstufe. Seelze-Velber.

MENZEL, WOLFGANG (2000): Handlungsorientierter Literaturunterricht. Sonderheft Praxis Deutsch 2000.

MERKELBACH, VALENTIN (1993a): Produktionsorientierter Literaturunterricht und kreatives Schreiben. In: Merkelbach, Valentin (Hg.) (1993b): Kreatives Schreiben. Braunschweig, 151–165.

MERKELBACH, VALENTIN (1998): Über literarische Texte sprechen. Mündliche Kommunikation im Literaturunterricht. In: Der Deutschunterricht 1/1998, 74–82.

MERZ-GRÖTSCH, JASMIN (2001): Schreiben als System. Bd. 2: Die Wirklichkeit aus Schülersicht. Eine empirische Analyse. Freiburg.

MEYER, HILBERT (1993): Leitfaden zur Unterrichtsvorbereitung. Berlin.

MEYER, HILBERT (1987): UnterrichtsMethoden, 2 Bde., Berlin.

MEYER, HILBERT (2001): Türklinkendidaktik. Aufsätze zur Didaktik, Methodik und Schulentwicklung. Berlin.

MINISTERIUM FÜR BILDUNG, JUGEND UND SPORT DES LANDES BRANDENBURG (Hg.) (2002): Rahmenlehrplan Deutsch. Sekundarstufe I. Berlin, Potsdam.

MINISTERRAT DER DEUTSCHEN DEMOKRATISCHEN REPUBLIK, MINISTERIUM FÜR VOLKSBILDUNG (Hg.) (1987): Lehrplan Deutsche Sprache und Literatur, Teil Literaturunterricht, Kl. 5–10, Berlin.

MITTEILUNGEN DES DEUTSCHEN GERMANISTENVERBANDES (1997). Kompetenzen und Schlüsselqualifikationen 4/1997.

MÜHLHAUSEN, ULF (1994): Überraschungen im Unterricht. Situative Unterrichtsplanung. Weinheim/Basel.

MÜLLER-MICHAELS, HARRO (1972): Literaturdidaktik als normsetzende Handlungswissenschaft. In: Vogt (Hg.), 17–21.

MÜLLER-MICHAELS, HARRO (1978): Literatur im Alltag und Unterricht. Ansätze zu einer Rezeptionspragmatik. Kronberg/Taunus.

MÜLLER-MICHAELS, HARRO (1982): „Wie lächerlich wollen wir denn aussehen?" In: Diskussion Deutsch 68/1982, 598–602.

MÜLLER-MICHAELS, HARRO (1993): Was bleibt? Begründung eines Kanons in Denkbildern, In: Deutschunterricht 1/1993, 5–13.

MÜLLER-MICHAELS, HARRO (1994a): Deutschkurse. Modell und Erprobung angewandter Germanistik in der gymnasialen Oberstufe. Weinheim.

MÜLLER-MICHAELS, HARRO (1994b): Kanon tut not. In: Sichtung, Kommentierung und Ergänzung. Anmerkung zur Befragung der Ganzschriftenlektüre an Gymnasien. S I in NRW, 65–69.

MÜLLER-MICHAELS, HARRO (1994c): Kanon der Irritationen. Varianten literarischer Identitätsbildung. In: Deutschunterricht 10/1994, 462–471.

MÜLLER-MICHAELS, HARRO (1996): Kanon – Denkbilder für das Gespräch zwischen Generationen und Kulturen. In: Mitteilungen des Deutschen Germanistenverbandes 3/1996, 44–51.

MÜLLER-MICHAELS, HARRO (1999): Literarische Anthropologie in didaktischer Absicht. Begründung der Denkbilder aus Elementarerfahrungen. In: Deutschunterricht 3/1999, 164–174.

NEULAND, EVA (1993): Reflexion über Sprache. Reformansatz und ungelöstes Programm der Sprachdidaktik. In: Bremerich-Vos (Hg.), 83–101.

NIEKRAWITZ, CLEMENS (1990): Interkulturelle Pädagogik im Überblick. Von der Sonderpädagogik für Ausländer zur interkulturellen Pädagogik für alle. Oldenburger Forschungsbeiträge zur interkulturellen Pädagogik Bd. 2. Oldenburg.

NIEMANN, HEIDE (1996): Leseförderung. In: Hohmann / Rubinich (Hg.), 67-77.

NÜNDEL, ERNST / SCHLOTTHAUS, WERNER (1978): Ausgerechnet Agamemnon. Wie Lehrer mit Texten umgehen. München/Wien.

NUTZ, MAXIMILIAN (1995): Grammatisches Verstehen, Sprachbewusstsein und literarisches Verstehen. In: Der Deutschunterricht 4/1995, 70–82.

NUTZ, MAXIMILIAN (1997): Schülerzentrierte Literatur-Gespräche – Gespräche über Literatur? In: Didaktik Deutsch 3/1997, 86–92.

NUTZ, MAXIMILIAN (1999): Literaturgeschichte? – Differenzerfahrung und kulturelles Gedächtnis. In: Spinner (Hg.) (1999c), 21–32.

O'DELL, SCOTT (1983): Insel der blauen Delphine. München.

OECD (Hg.) (2001): OECD PISA. Programme for International Student Assessment. Schülerleistungen im internationalen Vergleich. Im Auftrag der Kultusminister der Länder in der Bundesrepublik Deutschland und in Zusammenarbeit mit dem Bundesministerium für Bildung und Forschung.

OELKERS, JÜRGEN (1999): Lehrpläne als Steuerungsinstrument? Vortrag in München. Zürich.

OELKERS, JÜRGEN (2001): Bildung, Kanon, Effizienz: Herausforderungen des Gymnasiums. Zürich.

OELLERS, NORBERT (Hg.) (1987): Germanistik und Deutschunterricht im Zeitalter der Technologie – Selbstbestimmung und Anpassung, 4 Bde., Tübingen.

OERTER, ROLF (1999): Theorien der Lesesozialisation – Zur Ontogenese des Lesens. In: Groeben (Hg.), 27–55.

OEVERMANN, ULRICH (1996): Theoretische Skizze einer revidierten Theorie professionalisierten Handelns. In: Combe / Helsper (Hgg.), 70–182.

OOMEN-WELKE, INGELORE (1985): Innenansicht einer Türkenklasse: Erfahrungen und Reflexionen aus der Arbeit in einem ‚nationalen Modell'. In: Deutsch lernen 2/1985, 3–45.

OOMEN-WELKE, INGELORE (1994a): Veränderte Lernsituationen in der Multikulturellen Gesellschaft. Perspektiven und Konsequenzen für den Deutschunterricht. In: Schweizer Schule 7–8/1994, 17–35.

OOMEN-WELKE, INGELORE (1998): „ …Ich kann da nix!" Mehr zutrauen im Deutschunterricht. Freiburg.

OOMEN-WELKE, INGELORE (1999): Sprachen in der Klasse. In Praxis Deutsch 157/1999, 14–23.

OOMEN-WELKE, INGELORE (2001): „Aufgaben kriegen, die man auch schaffen kann!" In: Pädagogik 12/2001, 28.

OOMEN-WELKE, INGELORE (Hg.) (1994b): Brückenschlag. Von anderen lernen – miteinander handeln. Deutsch im Gespräch. Stuttgart.

OOMEN-WELKE, INGELORE / SEN, ZEKI (1986): Modellversuch „türkische Grundschulklasse" in Baden-Württemberg. In: Yakut / Steffen (Hgg.), 171–175.

ORTNER, HANSPETER (2000): Schreiben und Denken. Tübingen.

OSKAMP, IRMTRAUD M. (1996): Jugendliteratur im Lehrerurteil. Historische Aspekte und didaktische Perspektiven. Würzburg.

OSSNER, JAKOB (1993): Praktische Wissenschaft. In: Bremerich-Vos (Hg.) (1993b), 186–199.

OSSNER, JAKOB (1988): Systematische und didaktische Überlegungen. In: Osnabrücker Beiträge zur Sprachtheorie 39/1988, 82–104.

OSSNER, JAKOB (1995): Prozessorientierte Schreibdidaktik in Lehrplänen. In: Baurmann / Weingarten (Hgg.), 29–50.

PAEFGEN, ELISABETH K. (1996a): Reicher Materialfundus. In: Praxis Deutsch 135/1996, 13–15.

PAEFGEN, ELISABETH K. (1996b): Schreiben und Lesen. Ästhetisches Arbeiten und literarisches Lernen. Opladen.

PAEFGEN, ELISABETH K. (1996c): Verstehen Leser den Text oder (nur) sich selbst? Diskussion der ‚Lebensroman'-These im rezeptionstheoretischen Kontext. In: Literatur für Leser 2/1996, 136–149.

PAEFGEN, ELISABETH K. (1997): Literaturtheorie und produktionsorientierter Literaturunterricht. Ein Mißverhältnis? In: Deutschunterricht 5/1997, 248–255.

PAEFGEN, ELISABETH K. (1998): Textnahes Lesen. Sechs Thesen aus didaktischer Perspektive. In: Belgrad / Fingerhut (Hgg.), 14–23.

PAEFGEN, ELISABETH K.(1999a): Einführung in die Literaturdidaktik. Stuttgart/Weimar.

PAEFGEN, ELISABETH K. (1999b): Der Literaturunterricht heute und seine (un)mögliche Zukunft. In: Didaktik Deutsch 7/1999, 36–55.

PAULE, GABRIELA (2002a): Der Zahlenteufel von Hans Magnus Enzensberger im Deutsch- und Mathematikunterricht der Orientierungsstufe. In: Abraham / Launer (Hgg.) (2002), 106–114.

PAULE, GABRIELA (2002b): Die Verwirrungen des Zöglings Törleß von Robert Musil im Deutsch- und Mathematikunterricht der 11. Jahrgangsstufe. In: Abraham / Launer (Hgg.) (2002), 153–162.

PAULSEN, GARY (1995): Allein in der Wildnis. Hamburg.

PAYRHUBER, FRANZ-JOSEF (1999): Leseinteressen von Jugendlichen und Schullektüre in der Sekundarstufe. In: Franzmann u. a. (Hgg.), 589–592.

PETERßEN, WILHELM H. (2000): Handbuch Unterrichtsplanung. 9. aktualisierte und überarbeitete Ausgabe. München.

PFISTER, M. (1984): Das Drama. Theorie und Analyse. München.

POHL, INGE (1995): Soziokultureller Hintergrund beim Lesen von Übersetzungstexten. In: Linke / Oomen-Welke, 141–164.

POMMERIN, GABRIELE (1998): „Wer alles schrie vor Freude, als das Blau geboren wurde?" Kreatives Schreiben und Literatur – ein Wechselspiel im interkulturellen Sprachunterricht. In: Kuhs/Steinig (Hgg.), 199–224.

PORTMANN, PAUL R. (1991): Schreiben und Lernen. Grundlagen der fremdsprachlichen Schreibdidaktik. Tübingen.

PORTMANN-TSELIKAS, PAUL R. / SCHMÖLZER-EIBINGER, SABINE (Hgg.) (2001): Grammatik und Sprachaufmerksamkeit. Innsbruck.

POST-LANGE, EVA (2000): Deutsch integrativ, 8. Jahrgangsstufe. Puchheim.

PRAMPER, WOLFGANG (1999): Lese-Lern-Maschine 1. 5.– 6. Sj. Selbstständiges Lernen im Unterricht oder zu Hause. Berlin.

PRAMPER, WOLFGANG (1999): Lese-Lern-Maschine 2. 7.– 9. Sj. Selbstständiges Lernen im Unterricht oder zu Hause. Berlin.

RANK, BERNHARD / ROSEBROCK, CORNELIA (Hgg.) (1997): Kinderliteratur, literarische Sozialisation und Schule. Weinheim.

RASTNER, EVA MARIA (Hg.) (2000): auf!brüche. Aktuelle Trends der Deutschdidaktik. Innsbruck u. a.

RAU, CORNELIA (1994): Revisionen beim Schreiben. Zur Bedeutung von Veränderungen in Textproduktionsprozessen. Tübingen.

REDDER, ANGELIKA (1994): Diskursanalysen in praktischer Absicht – Forschungszusammenhang und Zielsetzung. In: Osnabrücker Beiträge zur Sprachtheorie 49/1994, 5–15.

REDDER, ANGELIKA (1998): Sprachwissen als handlungspraktisches Bewußtsein – eine funktional-pragmatische Diskussion. In: Didaktik Deutsch 5/1998, 60–75.

REDDER, ANGELIKA (1999): „Rhetorik" – Grundlagen einer bildungspolitischen Konjunktur und reale Basis im sprachlichen Handeln. In: „Rhetorik". Mitteilungen des Deutschen Germanistenverbandes 3/1999, 316–328.

REDDER, ANGELIKA (2000): Sprachliche Formen und literarische Texte – eine interdisziplinäre Aufgabe. In: Osnabrücker Beiträge zur Sprachtheorie 61/2000.

REDDER, ANGELIKA (2002): Deutsch: vertraut, fremd und verfremdet. In: Der Deutschunterricht 3/2002, 59–66.

REICH, HANS H. (1993): Die Entwicklung interkultureller Curricula. In: Sachunterricht und Mathematik in der Primarstufe 9/1993, 419– 423.

REICH-RANICKI, MARCEL (2001): Arche Noah der Bücher. In: Der Spiegel 25/18.6. 2001, 206–223.

RICHTER, KARIN / HURRELMANN, BETTINA (Hgg.) (1998): Kinderliteratur im Unterricht. Theorien und Modelle zur Kinder- und Jugendliteratur im pädagogisch-didaktischen Kontext. Weinheim und München.

RIEDNER, URSULA RENATE (1996): Sprachliche Felder und literarische Wirkung. Exemplarische Analysen an Brigitte Kronauers Roman „Rita Münster". München.

RIEDNER, URSULA RENATE (2001): Schreiben, Text und Mehrsprachigkeit. Zur Textproduktion in mehrsprachigen Gesellschaften am Beispiel der deutschsprachigen Minderheiten in Südtirol und Ostbelgien. Tübingen.

RINCK, MIKE (2000): Situationsmodelle und das Verstehen von Erzähltexten: Befunde und Probleme. In: Psychologische Rundschau 3/2000, 115–122.

RINGER, FRITZ K. (1987): Die Gelehrten. Der Niedergang der deutschen Mandarine 1890–1933. München.

ROBINSOHN, SAUL B. (1969): Bildungsreform als Revision des Curriculums. Neuwied.

ROSEBROCK, CORNELIA (1995a): Literarische Sozialisation im Medienzeitalter. Ein Systematisierungsversuch zur Einleitung. In: Dies. (Hg.) (1995b), 9–30.

ROSEBROCK, CORNELIA (Hg.) (1995b): Lesen im Medienzeitalter. Biografische und historische Aspekte literarischer Sozialisation. Weinheim/München.

ROSEBROCK, CORNELIA (1997): Kinder- und Jugendliteratur im Unterricht – aus der Perspektive der Lehrerbildung: In: Rank / Rosebrock (Hgg.), 7–28.

ROSEBROCK, CORNELIA (1999): Zum Verhältnis von Lesesozialisation und literarischem
Lernen. In: Didaktik Deutsch, 6/1999, 57–68.

ROSEBROCK, CORNELIA (2000a): Lesebiografien Jugendlicher als Zugänge zur lebensge-
schichtlichen Bedeutung von Lektüreerfahrungen. In: Stark u. a. (Hgg.) (2000),
22–35.

ROSEBROCK, CORNELIA (2000b): Literaturdidaktik und Lesekultur. In: Dies.: Informationen zur Deutschdidaktik 2/2000, 35–48; [= Lesen in der Medienwelt. Hrsg. v. Werner Wintersteiner. Innsbruck, Wien, München].

ROSEBROCK, CORNELIA (2001): Schritte des Literaturerwerbs. In: Lesezeichen. Mitteilungen des Lesezentrums der Pädagogischen Hochschule Heidelberg 10/2001, 5–36.

ROSEBROCK, CORNELIA / ZITZELSBERGER, OLGA (2002): Der Begriff Medienkompetenz als
Zielperspektive im Diskurs der Pädagogik und Didaktik. In: Groeben / Hurrelmann
(Hgg.) (2002b), 148–160.

ROSENBUSCH, HEINZ S. / SCHOBER, OTTO (Hgg.) (1986): Körpersprache in der schulischen
Erziehung. Pädagogische und fachdidaktische Aspekte nonverbaler Kommunikation. Baltmannsweiler.

RÖTTGER, BRIGITTE (1974): Literaturdidaktik und Literaturwissenschaft. Wandlungen
fachdidaktischer Theoriebildungen. In: Boueke (Hg.), 36–55.

RUDOLPH, GÜNTER (2001): Kreativer und systematischer Umgang mit den Wortarten. In:
Deutschunterricht 1/2001, 17–21.

RUNGE, GABRIELE (1997a): Lesesozialisation in der Schule. Untersuchungen zum Einsatz
von Kinder- und Jugendliteratur im Unterricht. (Diss.) Würzburg.

RUNGE, GABRIELE (1997b): Nur keine Experimente! Was und wie häufig lassen Lehrer lesen? Ergebnisse einer empirischen Untersuchung. In: Praxis Deutsch 143/1997,
4–10.

RUNKEHL, JENS (2000): Literatur im Netz und Netzliteratur. In: Der Deutschunterricht
1/2000, 33–44.

RUPP, GERHARD (1987): Kulturelles Handeln mit Texten. Fallstudien aus dem Schulalltag. Paderborn.

RUPP, GERHARD (Hg.) (1997): Wozu Kultur? Frankfurt am Main.

SANDER, THEO u. a. (1996): Teacher Education in Europe: Evaluation and Perspectives.
National Reports prepared for a European Evaluation Conference 1995. Osnabrück.

SCANZIO, FABRIZIO (Hg.) (2001): Imaginer l'Europe. Thèmes et méthodes pour un stage
de formation. Freiburg.

SCHEFFER, BERND (1992): Interpretation und Lebensroman. Zu einer konstruktivistischen Literaturtheorie. Frankfurt am Main.

SCHEFFER, BERND (1993): Interpretation und Blamage. Vor dem Gesetz – Präambeln aus
konstruktivistischer Sicht. In: Bogdal (Hg.), 140–158.

SCHEFFER, BERND (1995): Klischees und Routinen der Interpretation: Vorschläge für eine veränderte Literaturdidaktik. In: Der Deutschunterricht 3/1995, 74–83.

SCHELLER, INGO (1980): Erfahrungsbezogener Unterricht. Aneignung Verarbeitung Veröffentlichung. Oldenburg.

SCHELLER, INGO (1996): Szenische Interpretation. In: Praxis Deutsch 136/1996, 22–32.

SCHEUERL, HANS (1990): Das Spiel. Untersuchungen über sein Wesen, seine pädagogischen Möglichkeiten und Grenzen. Weinheim/Basel.

SCHLOBINSKI, PETER (2001): Einleitung. Deutschunterricht und Medienanalyse. In: Deutschunterricht 2/2001, 58–67.

SCHLOBINSKI, PETER / SIEVER, TORSTEN (2000): Kommunikationspraxen im Internet. In: Der Deutschunterricht 1/2000, 54–65.

SCHLOSSER, HORST DIETER (2000): Lexikon der Unwörter. Gütersloh.

SCHMIDT, SIEGFRIED J. (1975): Ist die Fiktionalität eine literarische oder texttheoretische Kategorie? In: Gülich / Raible (Hgg.), 66ff.

SCHMIDT, SIEGFRIED J. (1999): Literaturwissenschaft als Medienkulturwissenschaft. Anmerkungen zur Integration von Literatur- und Medienwissenschaft(en). In: Lecke (Hg.), 64–83.

SCHMITT, RUDOLF (Hg.) (2001): Grundlegende Bildung in und für Europa. Beiträge zur Reform der Grundschule 112. Frankfurt am Main.

SCHMUDE, JÜRGEN (1979): Das Scheitern wird vorprogrammiert. In: Süddeutsche Zeitung 117/20.9.1979, 12.

SCHNAITMANN, GERHARD W. (Hg.) (1996): Theorie und Praxis der Unterrichtsforschung. Donauwörth.

SCHOBER, OTTO (1998): Deutschunterricht für die Grundschule. Studientexte zur Grundschulpädagogik und -didaktik. Bad Heilbrunn.

SCHOBER, OTTO (2001): Lesebuch. In: Lange u. a. (Hgg.),Bd. 2, 484–506

SCHOENTHAL, GISELA (1995): Anregungen aus der angewandten Gesprächsforschung für die schulische Gesprächserziehung. In: Der Deutschunterricht 1/1995, 25–29.

SCHÖN, ERICH (1990): Die Entwicklung literarischer Rezeptionskompetenz. Ergebnisse einer Untersuchung zum Lesen bei Kindern und Jugendlichen. In: Siegener Periodikum zur Internationalen Literaturwissenschaft 9, 2/1990, 229–276.

SCHÖN, ERICH (1996): Zur aktuellen Situation des Lesens und zur biografischen Entwicklung des Lesens bei Kindern und Jugendlichen. Oldenburg.

SCHÖN, ERICH (1999): Geschichte des Lesens. In: Franzmann u. a. (Hgg.),1–85.

SCHÖNERT, JÖRG (1997): Philologische Kompetenz als Schlüsselqualifikation für den Arbeitsmarkt der Informationsgesellschaft. In: Mitteilungen des Deutschen Germanistenverbandes 4/1997, 56–59.

SCHÖNERT, JÖRG (1999): ‚Kultur‘ und ‚Medien‘ als Erweiterungen zum Gegenstandsbereich der Germanistik in den 90er Jahren. In: Lecke (Hg.), 43–64.

SCHRAMM, HILDE (Hg.) (1981): Frauensprache – Männersprache. Ein Arbeitsbuch zur geschlechtsspezifischen Sprachverwendung. Frankfurt am Main.

SCHUBERT-FELMY, BARBARA (2001): Wege der Imagination – Lesewege. Augsburg.

SCHULE OHNE RASSISMUS (1995): Handbuch. Bundeskoordination c/o Aktion Courage – SOS Rassismus. Bonn.

SCHULZ VON THUN, Friedemann (1981): Miteinander reden. 3 Bde. Reinbek.

SCHURF, BERND (1995): Bewertung produktiver Schülerarbeiten im Deutschunterricht der Sekundarstufe I. In: Deutschunterricht 7, 8/1995, 338–347.

SCHURF, BERND (Hg.) (2001) Deutschbuch. Orientierungswissen. Berlin.

SCHUSTER, KARL (1991): Einführung in die Fachdidaktik Deutsch. Baltmannsweiler.

SCHUSTER, KARL (1998): Mündlicher Sprachgebrauch im Deutschunterricht. Denken – Sprechen – Handeln. Baltmannsweiler.

SCHWANITZ, DIETRICH (2000): Die Welt, 3/15. Januar 2000, 4.

SCHWARZ, JOHANNA (2001): Die eigenen Stärken veröffentlichen. Portfolios als Lernstrategie und alternative Leistungsbeurteilung. In: Qualität entwickeln: evaluieren. Friedrich Jahresheft XIX, 24–27.

SCHWENK, HELGA (1988): Das Sprachvermögen zweisprachiger türkischer Schüler. Giessener Beiträge zur Fremdsprachendidaktik. Tübingen.

SCHWITTERS, KURT (1973): An Anna Blume. In: Das literarische Werk. Bd. 1. Lyrik, hrsg. v. Friedhelm Lach. Köln, 58f.

SEIFERT, WALTER (1975): Literarische Prosaformen im Unterricht. In: Sowinski (Hg.) (1975), 232–253.

SEYLER, KARL-HEINZ (1999): Deutsch integrativ, 9. Jahrgangsstufe. Puchheim.

SIEBER, PETER (1994): Sprachfähigkeiten – besser als ihr Ruf und nötiger denn je. Aarau.

SIEBER, PETER (2000): Neue Wege in der Lernkultur. In: Rastner (Hg.) (2000), 57–70.

SIGUAN, MIQUEL (2001): Die Sprachen im Vereinten Europa. Tübingen.

SIMANOWSKI, ROBERTO (2001): Von der Lyrikmaschine zum Internetroman. In: Der Deutschunterricht 2/2001, 15–30.

SOWINSKI, BERNHARD (Hg.) (1975): Fachdidaktik Deutsch. Köln/Wien.

SPINNER, ELISABETH / SPINNER, KASPAR H. (1984): Kinder und Jugendliteratur. In: Baurmann / Hoppe (1984), 362–373.

SPINNER, KASPAR H. (1987): Interpretieren im Deutschunterricht. In: Praxis Deutsch, 81/1987, 17–23.

SPINNER, KASPAR H. (1989a): Literaturunterricht und moralische Entwicklung. In: Praxis Deutsch 95/1989, 13–19.

SPINNER, KASPAR H. (1989b): Textanalyse im Unterricht. In: Praxis Deutsch 98/1989, 19-23.

SPINNER, KASPAR H. (1989c): Fremdverstehen und historisches Verstehen als Ergebnis kognitiver Entwicklung. In: Der Deutschunterricht 4/1989, 19–23.

SPINNER, KASPAR H. (1993): Entwicklung des literarischen Verstehens. In: Beisbart u.a. (Hgg.), 55–64.

SPINNER, KASPAR H. (1994): Neue und alte Bilder von Lernenden. Deutschdidaktik im Zeichen der kognitiven Wende. In: Beiträge zur Lehrerbildung, 2/1994, 146–158.

SPINNER, KASPAR H. (1995a): Die Entwicklung literarischer Kompetenz beim Kind. In: Rosebrock (Hg.) (1995b), 81–96.

SPINNER, KASPAR H. (Hg.) (1995b): Imaginative und emotionale Lernprozesse im Deutschunterricht. Frankfurt am Main.

SPINNER, KASPAR H. (1997): Von Kants Einbildungskraft zu den imaginativen Verfahren im gegenwärtigen Literaturunterricht. In: Rupp (Hg.), 95–101.

SPINNER, KASPAR H. (1999a): Lese- und literaturdidaktische Konzepte. In: Franzmann u.a. (Hgg.) (1999), 593–601.

SPINNER, KASPAR H. (1999b): Die eigenen Lernwege unterstützen. Die sogenannte kognitive Wende in der Deutschdidaktik. In: Ders. (Hg.) (1999d), 5–9.

SPINNER, KASPAR H. (Hg.) (1999c): Neue Wege im Literaturunterricht. Informationen, Hintergründe, Arbeitsanregungen, Hannover.

SPINNER, KASPAR H. (2001a): Deutsch in der gymnasialen Oberstufe: Probleme und Perspektiven. In: Tenorth (Hg.) (2001b), 142 –154.

SPINNER, KASPAR H. (2001b): Kreativer Deutschunterricht. Identität – Imagination – Kognition. Seelze.

SPRACHBUCH „Sprachschlüssel" (1998): Schulalltag. In: Band 8, Stuttgart, Düsseldorf, Leipzig, 30–42.

STÄNDIGE KONFERENZ DER KULTUSMINISTER (1983): Verzeichnis grundlegender grammatischer Fachausdrücke. In: Raasch, Albert (Hg.): Grammatische Terminologie. Tübingen, 13–18.

STANZEL, FRANZ K. (1997): Europäer. Ein imagologischer Essay. Heidelberg.

STARK, WERNER u. a. (Hgg.) (2000): Von der Alphabetisierung zur Leseförderung. Stuttgart.

STEETS, ANGELIKA (1999): Schreiben in der Oberstufe – Überlegungen zu einer wissenschaftspropädeutischen Schreibausbildung. In: Mitteilungen des Deutschen Germanistenverbandes 3/1999, 399–421.

STEINDL, MICHAEL / WIMMER, GERTRUD (1983): Bilinguale Materialien für ausländische Jugendliche: Berufliche Grundbildung. München.

STEINIG, WOLFGANG / HUNEKE, HANS-WERNER (2002): Sprachdidaktik Deutsch. Eine Einführung. Berlin.

STICHWEH, RUDOLF (1994): Wissenschaft, Universität, Professionen. Soziologische Analysen. Frankfurt am Main.

Stotzka, Wilfried (1998): Staatliche Europa-Schule Berlin – bilinguales Lernen vom Vorschulalter an. In: Kuhs / Steinig (Hgg.), 87–101.

STORRER, ANGELIKA (1999): Kohärenz in Text und Hypertext. In: Lobin (Hg.), 33–65.

STRECKER, BRUNO (2001): Grammatik in Forschung und Unterricht. In: Mitteilungen des Deutschen Germanistenverbandes 1/2001, 10–17.

SUCHAROWSKI, WOLFGANG / WACHWITZ, ELKE (2001): Fachdidaktik Deutsch heute. Überlegungen zu einer Didaktik im Fach Deutsch auf der Basis konstruktivistischer Modelle (= Deutsch-Didaktik Rostock, 7/2001), 3–26.

SUTER, BEAT (2001): Hyperfiction: ein neues Genre. In: Der Deutschunterricht 2/2001, 4–14.

SUTER, BEAT / AUER, JOHANNES (2002): Kommentierte Liste zu Hypertext und Hyperfiction. In: Deutschunterricht 2/2002, 75–82.

TANNEN, DEBORAH (1991): Du kannst mich einfach nicht verstehen. Warum Männer und Frauen aneinander vorbeireden. Hamburg.

TANNEN, DEBORAH (1992): Das hab' ich nicht gesagt. Kommunikationsproblem im Alltag. München.

TENORTH, HEINZ-ELMAR (1986): „Lehrerberuf s. Dilettantismus". Wie die Lehrprofession ihr Geschäft verstand. In: Luhmann / Schorr (Hgg.), 275–322.

TENORTH, HEINZ-ELMAR (2000): Geschichte der Erziehung. Einführung in die Grundzüge ihrer neuzeitlichen Entwicklung. Neuauflage. Weinheim/München.

TENORTH, HEINZ-ELMAR (2001a): Kerncurricula für die Oberstufe – Zur Einleitung. In: Ders. (Hg.) (2001b), 10–20

TENORTH, HEINZ-ELMAR (Hg.) (2001b): Kerncurriculum Oberstufe. Mathematik – Deutsch – Englisch. Expertisen – im Auftrag der Ständigen Konferenz der Kultusminister. Weinheim/Basel.

TERBRÜGGE, ANDREA (2001): Unterrichtsplanung zwischen didaktischen Ansprüchen und alltäglicher Berufsanforderung. Eine empirische Studie zum Planungshandeln von Lehrerinnen und Lehrern in den Fächern Deutsch, Mathematik und Chemie. Frankfurt am Main u. a.

TERHART, EWALD (2000): Perspektiven der Lehrerbildung. Abschlussbericht der von der KMK eingesetzten Kommission. Weinheim.

THOMÉ, GÜNTHER (1999): Orthographieerwerb. Frankfurt am Main u.a.

TULASIEWICZ, WITOLD / ADAMS, ANTHONY (Hg.) (1998): Teaching the Mother Tongue in a Multilingual Europe. London.

ULRICH, WINFRIED (2001a): Didaktik der deutschen Sprache. Ein Arbeits- und Studienbuch in drei Bänden. Texte – Materialien – Reflexionen. 3 Bde. Stuttgart.

ULRICH, WINFRIED (2001b): Wie und wozu Grammatikunterricht? In: Deutschunterricht 1/2001, 4–11.

VOGEL, HARALD (Hg.) (1980): Der Deutschunterricht in der Grundschule. Konzepte und Modelle zu seiner didaktischen Begründung und Praxis. Baltmannsweiler.

VOGEL, W. (2000): Charakteristika digitaler Texte. In: Computer und Unterricht. Anregungen und Materialien für das Lernen in der Informationsgesellschaft. 40/2000, 62–63.

VOGT, JOCHEN (Hg.) (1972): Literaturdidaktik. Düsseldorf.

VOIGT, GERHARD (2001): Schwierigkeiten beim Grammatikunterricht. In: Mitteilungen des Deutschen Germanistenverbandes 1/2001, 18–25.

VOLLSTÄDT, WITLOF u. a. (Hgg.) (1999): Lehrpläne im Schulalltag. Eine empirische Studie zur Akzeptanz und Wirkung von Lehrplänen in der Sekundarstufe I. Opladen, 12.

WAGNER, REINHOLD / PELSTER, THEODOR (Hgg.) (1992): bsv Colleg Deutsch 1. Arbeitstechniken, Sprachgebrauch, Literatur für die gymnasiale Oberstufe. München.

WAGNER, W.-R. (2000): TextRaum-Internet – Exkursionen in eine verändernde Medienlandschaft. In: Computer und Unterricht. Anregungen und Materialien für das Lernen in der Informationsgesellschaft. 40/ 2000, 6–11.

WALDMANN, GÜNTER (1980): Literatur zur Unterhaltung. 2 Bde. Reinbek bei Hamburg.

WALDMANN, GÜNTER (1984): Grundzüge von Theorie und Praxis eines produktionsorientierten Literaturunterrichts. In: Hopster (Hg.), 98–141.

WALDMANN, GÜNTER (1992): Produktiver Umgang mit Lyrik. Eine systematische Einführung in die Lyrik, ihre produktive Erfahrung und ihr Schreiben. Für Schule und Hochschule sowie zum Selbststudium. Baltmannsweiler.

WALDMANN, GÜNTER (1998): Produktiver Umgang mit Literatur im Unterricht: Grundriss einer produktiven Hermeneutik. Baltmannsweiler.

WARNING, RAINER (Hg.) (1975): Rezeptionsästhetik. München.

WATZLAWICK, PAUL u. a. (1969): Menschliche Kommunikation. Formen, Störungen, Paradoxien. Bern u. a.

WEBER, MAX (1991): Schriften zur Wissenschaftslehre. Stuttgart.

WEDEL-WOLFF, ANNEGRET VON (2000): Diagnose und Förderung beim weiterführenden Lesen. In: Stark u. a. (Hgg.), 247–264.

WEHSE, RAINER (Hg.) (1983): Märchenerzähler – Erzählgemeinschaft. Kassel.

WEINRICH, HARALD (1983): Textgrammatik der deutschen Sprache. Mannheim.

WEINRICH, HARALD (2001a): Klammersprache Deutsch. In: Ders. (2001b), 82–100.

WEINRICH, HARALD (2001b): Sprache, das heißt Sprachen. Tübingen.

WEMBER, FRANZ B. (1999): Besser lesen mit System. Ein Rahmenkonzept zur individuellen Förderung bei Lernschwierigkeiten. Neuwied u.a.

WERLEN, ERIKA (1996): Theorie und Praxis eines integrativen Deutschunterrichts. In: Der Deutschunterricht 6/1996, 3–8.

WERMKE, JUTTA (1996): Medienpädagogik und Fachdidaktik Deutschunterricht. 9/1996, 440–450.

WERMKE, JUTTA (1997): Integrierte Medienerziehung im Fachunterricht: Schwerpunkt Deutsch. München.

WIELAND, REGINA / HUNEKE, HANS-WERNER (1998): Warum Deutschlehrer/innen nicht nur Deutsch können sollen. Eine Rückbesinnung auf die polyglotten Wurzeln des eigensprachlichen Unterrichts. In: Frederking (Hg.), 125–146.

WIELER, PETRA (1989): Sprachliches Handeln im Literaturunterricht als didaktisches Problem. Bern/Frankfurt am Main.

WIELER, PETRA (1998): Gespräche über Literatur im Unterricht. Aktuelle Studien und ihre Perspektiven für eine verständigungsorientierte Unterrichtspraxis. In: Der Deutschunterricht 1/1998, 26–37.

WIELER, PETRA (2000): Mündlichkeit als Schnittpunkt von Sprach- und Literaturdidaktik. In: Didaktik Deutsch 8/2000, 18–32.

WILKENDING, GISELA (1972): Ansätze zur Didaktik des Literaturunterrichts. Darstellung – Analyse. Weinheim/Basel.

WILKENS, GABRIELE S. / NEUMANN, URSULA (2002): Multikulturalität und Mehrsprachigkeit als Lernbedingungen im Literaturunterricht. In: Bogdal / Korte (Hgg.) (2002), 78ff.

WILLENBERG, HEINER (1995): Die Strategien des Lesens und Lernens sind individuell gemischt. In: Empirische Pädagogik 2/1995, 263–283.

WILLENBERG, HEINER (1999): Lesen und Lernen: Eine Einführung in die Neuropsychologie des Textverstehens. Heidelberg/Berlin.

WILLENBERG, HEINER (2001): Aktiver Wissenserwerb: Vor dem Lesen und nach dem Lesen. In: Deutschunterricht 2/2001, 19–25.

WILPERT, GERO VON (1969): Sachwörterbuch der Literatur. Stuttgart.

WINKLER, MICHAEL (1995): Die Schwierigkeiten des Zentaurus. Über Grundlagenforschung in der Pädagogik. In: Leonard u. a. (Hgg.) (1995), 13–58.

WINKO, SIMONE (2001): Literarische Wertung und Kanonbildung. In: Arnold / Detering (Hgg.), 597f.

WINNER, ELLEN (1988): The Point of Words. Children's Understanding of Metaphor and Irony. Cambridge/Massachusetts.

WINTERSTEINER, WERNER (1999): Pädagogik des Anderen. Bausteine für eine Friedenspädagogik in der Postmoderne. Münster.

WINTERSTEINER, WERNER (Hg.) (1994): Das neue Europa wächst von unten. Klagenfurt.

WITTE, HANSJÖRG u. a. (Hgg.) (2000): Deutschunterricht zwischen Kompetenzerwerb und Persönlichkeitsentwicklung. Baltmannsweiler.

WITTENBERG, HILDEGARD (Hg.) (1991): Europäische Nachbarn. Ein Lesebuch für die Oberstufe. Stuttgart.

WROBEL, ARNE (1995): Schreiben als Handlung. Überlegungen und Untersuchungen zur Theorie der Textproduktion. Tübingen.

YAKUT, ATTILA / STEFFEN, GABRIELE (Hg.) (1986): Projekt Ausländerkinder in der Schule – Fernstudienmaterialien für die Lehrerfortbildung. Tübingen.

ZABKA, THOMAS (1999): Subjektive und objektive Bedeutung. Vorschläge zur Vermeidung eines konstruktivistischen Irrtums in der Literaturdidaktik. In: Didaktik Deutsch 7/1999, 4–23.

ZANDER, SÖNKE (Hg.) (1977): Deutschunterricht in der Grundschule. Bad Heilbrunn.

ZIEHE, THOMAS (1996): Vom Preis des selbstbezüglichen Wissens. In: Combe / Helsper (Hgg.) (1996), 924–942.

ZIESENIS, WERNER (1993): Drama. In: Lange u. a. (Hgg.) (1993), 22–30.

ZIFONUN, GISELA (2000): Grammatische Integration jugendsprachlicher Anglizismen. In: Der Deutschunterricht 4/2000, 69–79.

ZIFONUN, GISELA u. a. (1997): Grammatik der deutschen Sprache. 3 Bde. Berlin.

Register

Abbilddidaktik 85, 120
Adverbiale 218, 228, 235
Allgemeine Didaktik 39
Alltagswende 275
Altersspezifisch, Altersspe-
    zifik 100, 101, 103
Analoges Denken 177
Assoziatives Schreiben 129
Ästhetische Bildung 86,
    98ff.
Ästhetische Erfahrung 133
Aufsatz 22, 117, 133f., 259
Ausländerpädagogik 63
Aussiedler 61, 281
Autonomie 13f., 21, 79, 83,
    86, 118, 123, 133, 181
Autorität 74f., 78f., 206

Ballade 31, 94, 157, 183
Benoten 260ff., 272f.
Berufswissenschaft 83f.
Beurteilung (von Schüler-
    leistungen), Beurteilen
    34, 131, 135f., 189, 194,
    259, 261f.
Bildergeschichte 110
Bildung, Bildungstheorie
    19, 82
Bildungspolitik 15, 24, 63,
    93
Brauchtum, didaktisches
    94
Bücherbox 112

CD-ROM 96
Cluster 129, 130, 137, 252
Curriculum, Curriculum-
    theorie 15ff., 32, 212,
    232

DDR 28, 146
Deklination, Kasus 54f.
Dekonstruktivismus 177
Denkbild 99, 150f.
Didaktik Deutsch 75ff., 89,
    91
Didaktische Analyse 278ff.
Differenzerfahrung 13,
    120ff.
Diskurs 50, 78, 85, 93,
    123ff., 140, 151, 238,
    244ff.
Diskussion (als Unter-
    richtsverfahren) 130f.,
    140f. 267f.
Drama, dramatischer Text
    36, 113ff., 121, 124,
    184, 191

Eltern 26f., 64, 239
Emanzipation 25, 87, 145
Empathie 98, 102, 108,
    118, 121
Empirie 84
EPA 26, 28
Epik, epischer Text 41, 43,
    123f., 191, 197
Epische Kurzform 104, 173
Epochen 32, 122, 139, 149
Erlebnisgeschichte 129
Erörtern, Erörterung 127f.,
    134ff., 250, 255
Erzählen 42, 105ff., 124,
    128, 162, 177, 226, 271f.
Erziehungswissenschaften
    62, 82ff., 277
Essay 92, 129, 136ff., 206f.
Ethnie 156
EU, Europa 70ff.

Europäische Schulen 65f.
Evaluation, Assessment
    14, 32, 260ff.
Exemplarität 144, 150
Exploring Language 74
Exzerpieren, Exzerpt
    128ff., 137, 140, 245

Fächerübergreifend
    12f., 32, 35, 46, 48,
    56f., 123
Fachlichkeit 46f.
Fachsprachen 57
Fachterminologie 30f.,
    133, 217f., 244f.
Feiertagsdidaktik 274f.
Fernsehen 32ff., 40f. 44,
    155, 158
Fiktionsbewusstsein 101,
    108
Film 32, 36, 40f. 43, 97,
    111, 176, 187f.
Förderkurs 63
Fremdverstehen, Alterität
    93, 98f., 103, 120, 123,
    163, 168
Funktionaler Grammatik-
    unterricht 214, 216,
    219, 229

Gastarbeiter 61, 67
Gattung, Gattungspoetik
    441ff., 123ff., 132, 139,
    141, 188, 190
Gedicht, Lyrik 53f., 86,
    124, 139ff., 179, 186,
    191, 201ff.
Genera dicendi 38, 41ff.

Generative Transforma-
tionsgrammatik (GTG)
214
Generativität 251
Germanistik 34, 48, 51,
75ff., 84, 87
Geschichte des Deutsch-
unterrichts 20ff., 62ff.,
83ff.
Geschlecht, Gender 123,
155f., 159, 269f.
Gesprächsanalyse 264f.,
268ff.
Gesprächsformen 267f.
gestalterisches Schreiben
125f., 128f.
Grammatik 46, 210ff.,
217ff., 233ff.
Grammatik-Werkstatt 215
Groß- und Kleinschrei-
bung 50, 219, 227ff.
Grundschule 63, 67, 100,
105, 260

Halluzinatorik 207
Handlungsorientierung
40, 46f., 51, 120, 123,
178, 190, 216, 246, 275
Heimlicher Kanon 147,
152
Hermeneutisch, Herme-
neutik 38, 120, 124f.,
189, 284
Heterogenität, heterogene
Lerngruppen 95f.
Hörbuch 188
Hörkassetten, CD 96f.,
154
Hörspiel 32, 44, 109ff.,
145, 153
Hypertext 130, 154, 170,
188

Ich-Entwicklung 98f.
Identifikation, Anteilnahme 42, 102, 160, 168,
209

Identitätsfindung 98, 193
Ideologiekritik 38f., 43,
63, 87f., 145
Imagination 93, 98,
109ff., 176, 181, 189,
285f.
Indirekte Rede 234ff.
Indirekter Sprachge-
brauch 101
Individualisierung 90, 178
Informierendes Schreiben
130f.
Inhaltsangabe 94, 103,
106f., 131, 234, 259,
279f.
Integration, integrativ 24,
34ff., 46ff., 69, 97, 214,
225
Interkulturalität 66ff.,
187f.
Internet 37, 40, 130,
137ff., 188, 252
Interpretation 102f.,
106f., 117, 120, 133,
175ff., 184, 203ff.,
272, 280
Intertextualität 151, 199
Ironie, ironisch 68, 100ff.,
137

Jugendbuch 109, 111ff.
Jugendsprache 240ff.
Jungen 96, 155f.

Kanon 16, 91, 142ff.
Kerncurricula 15ff., 152,
232, 238
Kindheit 108, 154, 159ff.
Kinderbuch 161
Klassenarbeit 189
Klassik, Klassiker 139,
143
KMK (Kultusministerkon-
ferenz) 14ff., 26, 28ff.,
215, 218
Kognitionspsychologie
100

Kommasetzung, Inter-
punktion 50, 91, 213,
225ff., 230f.
Kommunikation 31, 35,
39, 85, 158, 170, 236,
263ff.
Kommunikative Wende
39, 214, 262
Kompetenzen 13, 30, 37,
50, 57, 85, 98ff., 118,
162, 210, 226, 272
Konjunktiv 52, 234ff.
Konstruktivismus 88, 92,
119, 141, 175f., 205f.,
284
Korrigieren (v. Texten)
260ff.
Kreativität 98f., 130, 177f.
Krise der Interpretation
75, 203ff.
Kulturdidaktik 123
Kulturelles Gedächtnis
35, 120
Kulturwissenschaft 35, 120

Language Awareness
(LA) 72ff.
Lebenswelt 47, 58, 82,
154, 165f.
Lehramtsstudium 76
Lehrerrolle, professionel-
les Selbstverständnis
76
Lehrplan 12ff., 46, 94,
145f., 279, 282
Leistungskurs 29, 246
Leitmedien 34, 155
Lernertypen 59
Lernprozess 86, 90, 95,
112f., 182, 261
Lernpsychologie 59, 177,
272, 282f.
Lernstrategie 282
Lernziele 13, 15ff., 174,
281f.
Lesealter 157, 163
Lesebuch 115f., 147

Leseförderung 35, 153ff., 184f.
Lesekompetenz 32, 64, 154ff., 162, 166ff.
Lesekonstruktionen 160
Lesemotivation 99, 150, 156ff., 164f., 171ff., 286
Leseprotokoll 112
Lesesozialisation 153ff.
Lesestrategien 32, 171f.
Lesetagebuch 113f.
_inguistische Wende 75, 213, 217
Literalität 34
Literarästhetische Rezeptionskompetenz 161ff.
Literarische Erfahrung 96, 153, 162f. 166
Literarische Sozialisation 91, 153ff., 164
Literarische Topographie 123
Literarisches Gespräch 140f.
Literarisches Leben 92, 153ff., 180
Literaturgeschichte 22, 36, 76, 119f.
Literaturverfilmung 32, 36, 41, 108
Literaturwissenschaft 43, 76, 83ff., 141, 211

Mädchen 96, 155
Medienkompetenz 37ff.
Medienpädagogik 34ff.
Medientheorie 38
Medienverbund 97, 111
Metaphorik 100
Methodentraining 267
Migranten-Literatur, Migrationsliteratur 67
Migration 61, 67, 156
Mittelalterliche Literatur 23, 139
Mittelhochdeutsch 22f.

Modularisierung 59
Modus, Modi 52, 213
Monolingualer Habitus 64
Moral 163
Motivgeschichte 120
Multikulturalität 61, 71
Mündliche Mitarbeit 272f.
Mündlicher Sprachgebrauch 49f., 117
Muttersprachlicher Unterricht 65, 90

Nacherzählung 103ff.
Neurobiologie 90

Organon-Modell 118, 264

Pädagogik 69, 81f., 276
Pädagogische Hochschule, PH 87
Parabolik, parabolisch 101, 104
Partizipation, Teilhabe 67, 77, 82, 140, 270, 285
Pedagogical Content Knowledge (PCK) 276f.
Phantasie 98
Phantasiegeschichte 129
Phasenmodelle 282ff.
Philologisch 55, 83, 161f.
PISA 14, 32, 64, 72, 103, 155f., 166ff., 172ff., 210ff., 272
Political correctness 67, 242
Portfolio 254, 262
Poststrukturalismus 197ff., 284
Pragmatik 47, 246, 264
Pragmatische Texte 132f.
Präsentation 36, 134f., 260, 271f.
Praxisrelevanz 83ff.
Précis 128, 131, 208f.
Privates Lesen, Privatlektüre 96, 107f., 172, 266

Probehandeln 98
Proben (Grammatik) 223
Produktionsorientierung 31, 97, 116ff., 122, 141, 175ff., 215, 284, 287
Projektion 102, 204
Prozessorientierung 253ff., 262
Pubertät 96, 102, 159ff., 172f.

Rahmenplan 25, 27f., 146
Rassismus 70
Reading Literacy 154, 166ff.
Rechtschreiben 50, 226ff.
Rechtschreibprogramme 227f.
Referat 131, 134, 270f.
Reflexion über Sprache 18, 32, 73, 211f., 231f.
Reformpädagogik 178ff.
Regelbildungen (Grammatik) 213f., 227
Regelklassen 63
Rezension 107, 180
Rezeptions-/Wirkungsgeschichte 55, 144
Rezeptionsästhetik, Rezeptionstheorie 84, 120, 175ff., 199ff.
Rezeptionsorientierte Didaktik, Rezeptionsdidaktik 191ff., 199, 283
Rezitation 272
Rhetorik 43f., 270
Risikogruppe (PISA) 156, 171
Robinsonade 109ff.

Sachanalyse 278ff.
Satzglieder 223ff.
Schlüsselkompetenzen 30
Schreibaufgaben 126f. 183f. 189, 203, 207, 253, 259

Schreibdidaktik, -didaktisch 90, 178f., 186, 226f., 249ff.
Schreiben 31, 50, 71, 90, 117, 125ff., 177ff., 183f., 186ff., 193ff., 203
Schreibforschung 213, 226ff., 245, 249ff.
Schreibfunktionen 250, 255f.
Schreibkonferenz 130, 252, 259ff.
Schreibstrategien 251ff., 255
schriftlicher Sprachgebrauch 49, 149
Schriftspracherwerb 90, 159, 170
Schulbuch 26, 32, 147
Schulerfolg 64f.
Schülerorientierung 46f., 58f., 120, 178, 184, 280
Schulgrammatik 90, 214, 218, 221
Schulprofil 13f.
Sequenzierung 15
Serie 42f., 187f.
situativer Unterricht 214, 275
Soap opera 41ff.
Sozialschichten, soziale Schicht 155
Sprachangebotsunterricht 50
Sprachbewusstheit 60, 90, 211, 222
Sprachbuch 63, 225
Sprachhandlungen 52, 57, 118, 140
Sprachtheorien 215f., 246ff.
Sprachwandel 239ff.

Sprachwissen 36, 53ff., 169f., 212ff., 223
Sprechen über Texte 140f.
Standards 17f., 26, 77, 210, 261, 266
Stereotyp 42, 72, 270
Strukturalismus 92, 193, 214, 284
Stundentafel 17, 20, 23, 28, 79, 91
Subjektive Theorien 88
Subjektivität 82, 118, 136f. 208, 283
Substitution 102
Symbole, Symbolverstehen 101, 162
Syntax 221f., 239f.
Systemtheorie 78
Szenische Inszenierung/Interpretation 117, 181

Text(grammatik) 237f., 244
Textanalyse 50, 92, 127, 131ff., 162, 175, 189
Textauswahl 122, 150ff.
Textbegriff 36, 96f.
Textbeschreibung 50, 106
Texterschließung 103, 116, 125, 209
Texterschließungskompetenz 99ff.
Textlinguistik 237
Textnahes Lesen 103f., 106, 191ff., 206, 209
Textsequenzen 115ff., 130
Textsorten 26, 41ff., 56f., 67, 100, 107, 154, 170, 183, 255, 259, 279
Textüberarbeitung/-revision 252, 256
Textwiedergabe 234f.
Thema-Rhema 50, 57, 257
Trivialliteratur 145, 179

Überraschungsarchiv 280

Umerzählen 180
Unterhaltungsliteratur 159ff.
Unterrichtsgespräch 120, 140, 164, 175, 178, 265f., 273
Unterrichtsinhalte 12, 18, 40, 280
Unterrichtsplanung, Planungsstil 11, 30, 77, 274ff.
Unterrichtsvorbereitung 76, 274, 278f.
Unwort 241f.

Varietäten 243
Video 43, 97, 106, 155, 184, 188
Vorlesen 97, 104, 271f.
Vorstellungsbild, Imagination 93, 97, 103, 108ff., 116, 176, 181, 189

Weltanschauung 78, 80, 146
Wertung, 50, 129, 189
Wirtschaftlichkeit 23
Wissenschaftssystem/-theorie 78f., 81
Wissenschaftsorientierung 47, 77ff., 82, 86
Wissenschaftspropädeutisches Schreiben 128, 137, 245
Wortarten 211, 216ff., 224, 229, 247

Zentralabitur 14
Zweitsprache Deutsch 62f., 68